媒介融合与传媒转型丛书·广播电视系列

史可扬 刘 湜◎著

电视栏目和频道辨析
第三版

中山大学出版社
SUN YAT-SEN UNIVERSITY PRESS
·广州·

版权所有 翻印必究

图书在版编目（CIP）数据

电视栏目和频道辨析/史可扬，刘湜著 . —3 版. —广州：中山大学出版社，2022.4

（媒介融合与传媒转型丛书·广播电视系列）

ISBN 978 - 7 - 306 - 07434 - 8

Ⅰ. ①电… Ⅱ. ①史… ②刘… Ⅲ. ①电视节目制作 Ⅳ. ①G222.3

中国版本图书馆 CIP 数据核字（2022）第 026103 号

出 版 人：	王天琪
策划编辑：	邹岚萍
责任编辑：	邹岚萍
封面设计：	曾 斌
责任校对：	赵 婷
责任技编：	靳晓虹
出版发行：	中山大学出版社
电 话：	编辑部 020 - 84111996，84113349，84111997，84110779
	发行部 020 - 84111998，84111981，84111160
地 址：	广州市新港西路 135 号
邮 编：	510275　　　传 真：020 - 84036565
网 址：	http://www.zsup.com.cn　E-mail:zdcbs@ mail.sysu.edu.cn
印 刷 者：	佛山市浩文彩色印刷有限公司
规 格：	787mm×960mm　1/16　19 印张　370 千字
版次印次：	2007 年 2 月第 1 版　2014 年 8 月第 2 版　2022 年 4 月第 3 版
	2022 年 4 月第 4 次印刷
印 数：	8001～10000 册
定 价：	55.00 元

如发现本书因印装质量影响阅读，请与出版社发行部联系调换

作者简介

　　史可扬，北京师范大学艺术与传媒学院影视与传媒系教授、博士研究生导师。主要研究方向为影视学、传播学及影视传播学。出版影视类专著十余部，发表影视学及传播学专业论文百余篇。

　　刘湜，中国传媒大学博士，北京师范大学艺术学（影视方向）博士后，北京体育大学新闻与传播学院副教授。主要研究方向为影视传播、视觉文化与媒介素养、新媒体传播。发表多篇影视学、传播学研究文章。

内容简介

本书是一部关于电视栏目和频道研究的专著。

全书按照电视栏目和频道的类型，分别对谈话、新闻、综艺娱乐、电视文艺和文化娱乐、社会教育、生活服务、纪录片和纪录片栏目、综合频道、栏目和频道的策划等，从历史、理论、现状及个案等方面做了清晰的阐释和辨析，既追求理论的深度与完整，又兼顾实践的可借鉴与可操作性；既有学理知识的系统梳理，又有专业领域的精深研究。

本书可以作为新闻传播、广播电视方向研究生、本科生的专业用书，也可供业内人士和对广播电视感兴趣的广大读者阅读与参考。

第三版前言

本书第三次改版，要感谢读者的不弃和中山大学出版社编审、本书责任编辑邹岚萍女士的热情相助。

本版在保留前两版基本框架的基础上，突出一个"新"字，主要做了如下工作。

1. 全书除第五、第八、第九章外，绪论、第一至四章、第六章、第七章均增加一节，专论"媒体融合"这一新现象给相应栏目和频道带来的冲击与影响，以及后者的应对之策。

2. 对书中大量数据和资料做了更新，力求反映栏目和频道的最新发展状况。

3. 每一章的栏目及节目例证都根据现状做了更新和调整，以使其符合当今栏目和频道发展的实际。

4. 对全书做了润色和订正，力求概念更为准确、表述更为清晰、文字更为简洁。

5. 鉴于读者获取信息的渠道已大大丰富，很容易查找到各类栏目和频道的实例介绍，故删除了第二版各章附录的"本章栏目和频道选介"。

尽管做了以上更新，作者仍然和做第二版时有相同的感慨：当下栏目和频道更新换代的速度超过了以往任何历史时期，面对栏目和频道几乎每时每刻都在"诞生"或"消失"、新媒体的冲击和媒介融合下的电视生存新境遇，一次修订肯定无法弥补所有不足，还望读者多加批评指正。

需要说明的是，为了保证高效和专业，本版力邀北京体育大学刘湜副教授加入。作为专业的电视传播学者，刘湜老师协助我做了很多工作，并对本版具有方向性意义的绪论第三节做了改写。我的博士研究生和硕士研究生也参与了以下章节的初稿写作。

袁萱：绪论第二节；

赵一鸣：第一章第五节、第二章第五节、第三章第七节；

朱金琪：第四章第五节、第六章第六节、第七章第四节。

此外，她们还对全书的资料和数据更新付出了巨大的劳动。

在此，对上述人员一并表示诚挚的谢意。

史可扬

2021年盛夏于北京师范大学

第二版前言

此书得以再版，首先要感谢读者的厚爱，其次要感谢责任编辑邹岚萍女士的鼎力相助。

这几年来，我国电视频道和栏目变化、革新的速度可以用"瞬息万变"来形容，这也是在旧作基础上做此次修订的主要原因。

第二版在保留第一版基本框架结构的基础上，主要做了以下工作。

1. 每一章的栏目例证都根据最新资料做了更新和调整，以使其符合电视栏目发展的现状。

2. 全书所有数据和资料都做了更新，力求反映电视栏目和频道的最新发展状况。

3. 对书中的定义、概念、术语和重要观点做了订正，尽量做到概念准确明晰、观点客观公正。

4. 对全书做了梳理和文字加工，力求逻辑更为严密，表述更为流畅。

应该说明的是，当下电视栏目和频道更新换代的速度，超过了以往任何历史时期，面对几乎每时每刻都在"诞生"和"消亡"的电视栏目和频道，一次修订肯定无法弥补所有不足，还望读者多加批评指正。

史可扬
2014 年初夏于北京师范大学

目　　录

绪论　电视栏目和频道概述 …………………………………………（1）

　第一节　电视栏目概述 …………………………………………（1）

　　一、电视栏目的界定 …………………………………………（1）

　　二、电视栏目的发展 …………………………………………（3）

　　三、电视栏目的特征 …………………………………………（4）

　　四、电视栏目的分类 …………………………………………（6）

　第二节　电视频道概述 …………………………………………（10）

　　一、频道的界定 …………………………………………（10）

　　二、专业频道的发展历程 …………………………………………（11）

　　三、专业频道的优势 …………………………………………（14）

　　四、频道专业化存在的问题 …………………………………………（15）

　　五、专业频道的生存与发展策略 …………………………………………（18）

　第三节　融媒体时代电视媒体面临的挑战与机遇 …………………………………………（23）

　　一、融媒体概述 …………………………………………（23）

　　二、融媒体时代电视媒体发展的挑战 …………………………………………（26）

　　三、电视媒体的发展机遇 …………………………………………（30）

第一章　电视谈话类栏目 …………………………………………（33）

　第一节　电视谈话类栏目的界定及发展历程 …………………………………………（33）

　　一、电视谈话类栏目的界定 …………………………………………（33）

　　二、我国电视谈话类栏目产生的背景 …………………………………………（34）

　　三、我国电视谈话类栏目的发展历程 …………………………………………（35）

　第二节　谈话类栏目的类别 …………………………………………（37）

　　一、新闻类 …………………………………………（37）

　　二、娱乐类 …………………………………………（38）

　　三、社会民生话题类 …………………………………………（39）

　　四、专题类 …………………………………………（40）

　第三节　谈话类栏目的元素 …………………………………………（43）

一、主持人 ………………………………………………………… (43)
　　二、现场嘉宾与观众 ……………………………………………… (45)
　　三、话题 …………………………………………………………… (46)
　　四、环境和氛围 …………………………………………………… (46)
　第四节　谈话类栏目的价值、问题及其解决对策 ……………………… (47)
　　一、社会文化价值 ………………………………………………… (47)
　　二、传播学价值 …………………………………………………… (48)
　　三、谈话类栏目存在的问题及其解决对策 ……………………… (50)
　第五节　融媒体对谈话类栏目的影响 …………………………………… (52)
　　一、融媒体对谈话类栏目的冲击 ………………………………… (52)
　　二、融媒体时代谈话类栏目的发展变化 ………………………… (54)
　　三、融媒体时代谈话类栏目的应对之策 ………………………… (55)

第二章　电视新闻栏目和频道 …………………………………………… (58)

　第一节　我国电视新闻栏目的概况和分类 ……………………………… (58)
　　一、我国电视新闻栏目的概况 …………………………………… (58)
　　二、电视新闻栏目的分类 ………………………………………… (61)
　第二节　消息类新闻栏目解析 …………………………………………… (63)
　　一、早间新闻 ……………………………………………………… (64)
　　二、午间新闻 ……………………………………………………… (68)
　　三、晚间新闻 ……………………………………………………… (72)
　　四、消息类新闻的特质 …………………………………………… (75)
　第三节　电视深度报道解析 ……………………………………………… (77)
　　一、专题新闻 ……………………………………………………… (78)
　　二、新闻连续报道与系列报道 …………………………………… (78)
　　三、新闻评论 ……………………………………………………… (80)
　　四、新闻调查 ……………………………………………………… (82)
　　五、深度报道的特征和趋势 ……………………………………… (84)
　第四节　新闻频道概述 …………………………………………………… (87)
　　一、新闻频道的发展状况 ………………………………………… (87)
　　二、新闻频道的理念与定位：以中央电视台新闻频道为例 …… (90)
　　三、新闻频道的栏目分类：以中央电视台为例 ………………… (92)
　　四、新闻频道的主要问题 ………………………………………… (92)
　第五节　融媒体对新闻栏目的影响 ……………………………………… (94)
　　一、融媒体对新闻栏目的冲击 …………………………………… (95)

二、融媒体时代新闻栏目的发展变化 …………………………… (96)
　　三、融媒体时代新闻栏目的应对之策 …………………………… (98)

第三章　综艺娱乐类栏目 ……………………………………………… (101)
　第一节　综艺娱乐类栏目概述 ……………………………………… (101)
　　一、综艺娱乐类栏目的界定 ……………………………………… (101)
　　二、我国综艺娱乐类栏目的发展历程 …………………………… (102)
　第二节　综艺晚会 …………………………………………………… (105)
　　一、综艺晚会的界定 ……………………………………………… (105)
　　二、综艺晚会的类型 ……………………………………………… (106)
　　三、综艺晚会的特征 ……………………………………………… (107)
　第三节　游戏类栏目 ………………………………………………… (107)
　　一、游戏类栏目的界定 …………………………………………… (107)
　　二、游戏类栏目的特征 …………………………………………… (108)
　第四节　益智类栏目 ………………………………………………… (109)
　　一、益智类栏目的界定 …………………………………………… (109)
　　二、益智类栏目的特征 …………………………………………… (110)
　第五节　真人秀栏目 ………………………………………………… (111)
　　一、真人秀栏目的界定 …………………………………………… (111)
　　二、真人秀栏目的特征 …………………………………………… (112)
　　三、对真人秀栏目的批评 ………………………………………… (114)
　第六节　综艺娱乐类栏目综述 ……………………………………… (115)
　　一、综艺娱乐类栏目的特征 ……………………………………… (115)
　　二、综艺娱乐类栏目存在的问题 ………………………………… (117)
　　三、综艺娱乐类栏目的生存策略 ………………………………… (118)
　第七节　融媒体时代对综艺娱乐类栏目的影响 …………………… (119)
　　一、融媒体对综艺娱乐类栏目的挑战 …………………………… (120)
　　二、融媒体时代综艺娱乐类栏目的发展 ………………………… (121)
　　三、融媒体时代综艺娱乐类栏目的应对之策 …………………… (124)

第四章　电视文艺和文化类栏目 ……………………………………… (128)
　第一节　电视文学栏目 ……………………………………………… (129)
　　一、电视文学的界定 ……………………………………………… (129)
　　二、电视文学的特征 ……………………………………………… (129)
　　三、电视文学的种类 ……………………………………………… (131)

第二节　电视艺术栏目 ………………………………………… (134)
　　一、电视音乐 …………………………………………………… (134)
　　二、音乐电视 …………………………………………………… (136)
　　三、电视戏曲 …………………………………………………… (138)
第三节　电视文艺专题 ………………………………………… (139)
　　一、电视文艺专题的起源 ……………………………………… (139)
　　二、电视文艺专题的界定 ……………………………………… (140)
　　三、电视文艺专题的审美特征 ………………………………… (142)
　　四、电视文艺专题的类型与结构 ……………………………… (144)
第四节　电视文化栏目 ………………………………………… (147)
　　一、电视文化栏目的界定 ……………………………………… (147)
　　二、电视文化栏目的分类 ……………………………………… (147)
第五节　融媒体时代文艺和文化类栏目的变革 ………………… (149)
　　一、融媒体时代对文艺和文化类栏目的影响 ………………… (149)
　　二、融媒体时代文艺和文化类栏目的变化 …………………… (150)
　　三、融媒体时代文艺和文化类栏目的发展对策 ……………… (152)

第五章　社会教育类栏目和频道 …………………………… (154)

第一节　社会教育类栏目概述 ………………………………… (154)
　　一、社会教育类栏目的界定 …………………………………… (154)
　　二、我国社会教育类栏目的发展历程 ………………………… (154)
　　三、社会教育类栏目的分类 …………………………………… (155)
第二节　社会教育类栏目的特征 ………………………………… (158)
　　一、内容专题化 ………………………………………………… (158)
　　二、对象广泛性 ………………………………………………… (159)
　　三、结构形式多样化 …………………………………………… (159)
第三节　个案分析——法制栏目 ………………………………… (160)
　　一、法制栏目概述 ……………………………………………… (160)
　　二、法制栏目的原则 …………………………………………… (163)
　　三、法制栏目存在的问题及解决对策 ………………………… (171)

第六章　生活服务类栏目和频道 …………………………… (173)

第一节　生活服务类栏目的界定和发展历程 ………………… (173)
　　一、生活服务类栏目的界定 …………………………………… (173)
　　二、生活服务类栏目的发展历程 ……………………………… (174)

三、生活服务类栏目的分类 ……………………………………………（176）
　第二节　生活服务类栏目的特性 ………………………………………（179）
　　一、以实用信息为中心的内容定位 ……………………………………（179）
　　二、平民化的受众定位 …………………………………………………（181）
　　三、提高生活品质的文化品位 …………………………………………（182）
　第三节　生活服务类栏目分类解析 ……………………………………（183）
　　一、职介类栏目 …………………………………………………………（183）
　　二、饮食服务类栏目 ……………………………………………………（186）
　　三、房产家居类服务栏目 ………………………………………………（188）
　　四、旅游服务类栏目 ……………………………………………………（190）
　　五、医疗保健栏目 ………………………………………………………（192）
　第四节　生活服务类栏目存在的问题和发展趋势 ……………………（194）
　　一、生活服务类栏目存在的问题 ………………………………………（195）
　　二、生活服务类栏目的发展趋势 ………………………………………（196）
　第五节　专业生活频道概述 ……………………………………………（197）
　　一、国内专业生活频道概况 ……………………………………………（198）
　　二、专业生活频道存在的问题和生存策略 ……………………………（199）
　第六节　融媒体时代生活服务类栏目的变革 …………………………（202）
　　一、融媒体时代对生活服务类栏目的影响 ……………………………（202）
　　二、融媒体时代生活服务类栏目的发展对策 …………………………（205）

第七章　电视纪录片和纪录片栏目 …………………………………………（208）
　第一节　纪录片的本体特征 ……………………………………………（208）
　　一、纪录片的界定 ………………………………………………………（208）
　　二、我国电视纪录片的历史 ……………………………………………（209）
　　三、我国纪录片栏目的发展 ……………………………………………（213）
　　四、纪录片频道 …………………………………………………………（216）
　第二节　纪录片的类型 …………………………………………………（217）
　　一、历史文献类纪录片 …………………………………………………（217）
　　二、科学类纪录片 ………………………………………………………（218）
　　三、人物类纪录片 ………………………………………………………（219）
　　四、人文类纪录片 ………………………………………………………（220）
　　五、人类学纪录片 ………………………………………………………（221）
　第三节　纪录片栏目化 …………………………………………………（222）
　　一、我国纪录片栏目的现状 ……………………………………………（222）

二、纪录片栏目化的生存策略 …………………………（222）
　　三、纪录片栏目化的利弊 …………………………（226）
第四节　融媒体时代电视纪录片的变革 …………………………（227）
　　一、融媒体时代对电视纪录片的影响 …………………………（227）
　　二、融媒体时代电视纪录片的变化 …………………………（228）
　　三、融媒体时代电视纪录片的对策 …………………………（231）

第八章　电视综合频道 …………………………（234）

第一节　我国电视综合频道的发展历程 …………………………（234）
　　一、中央电视台综合频道的成长期 …………………………（235）
　　二、省级卫视全国辐射的扩张期 …………………………（236）
　　三、中央地方两级的自觉发展期 …………………………（238）
第二节　综合频道的定位 …………………………（239）
　　一、中央电视台的大综合定位 …………………………（239）
　　二、省级卫视的特色综合定位 …………………………（240）
　　三、区域综合频道的小综合定位 …………………………（241）
　　四、综合频道的受众定位 …………………………（241）
第三节　综合频道的节目编排 …………………………（243）
　　一、新闻是综合频道的重要内容 …………………………（243）
　　二、电视剧地位举足轻重 …………………………（247）
　　三、综艺娱乐类栏目占据综合频道 …………………………（248）
第四节　综合频道的经营 …………………………（250）
　　一、盈利模式 …………………………（250）
　　二、综合频道的传播策略 …………………………（251）
第五节　综合频道的品牌建设 …………………………（253）
　　一、品牌活动：媒体活动力收获媒体影响力 …………………………（254）
　　二、品牌形象：媒体诉求传达 …………………………（254）
　　三、差异化品牌道路 …………………………（255）

第九章　电视栏目和频道的策划 …………………………（257）

第一节　电视策划人 …………………………（257）
　　一、创新思维 …………………………（257）
　　二、品牌意识 …………………………（258）
　　三、经营意识 …………………………（259）
　　四、知识和能力 …………………………（260）

第二节　电视栏目策划流程 ……………………………………… (261)
　　一、收集信息 ……………………………………………………… (261)
　　二、信息资料的采集方法 ………………………………………… (267)
　　三、创意构思 ……………………………………………………… (268)
　　四、成本核算 ……………………………………………………… (271)
第三节　电视策划方案 ……………………………………………… (272)
　　一、栏目的内容定位 ……………………………………………… (272)
　　二、形式策划 ……………………………………………………… (274)
　　三、运作方式 ……………………………………………………… (277)
　　四、频道的规划和设置 …………………………………………… (277)
　　五、栏目策划方案 ………………………………………………… (281)

主要参考文献 ……………………………………………………… (287)

绪论　电视栏目和频道概述

本书立足于我国电视现状，对融媒体时代的电视栏目和频道做辨析。在对具体栏目和频道进行分析之前，首先要厘清电视栏目和频道的概念、历史发展、特征和种类。

第一节　电视栏目概述

对电视栏目进行辨析，先要弄清与电视栏目相关的基本概念、历史和基本理论。

一、电视栏目的界定

电视栏目借用了报纸专栏形式，是指由固定主持人主持、内容主题明确、风格和形式统一、定时定量定期播出的节目单位。

"电视栏目"的称谓是对报纸专栏的借用。"栏"是报纸编辑的一个基本构成单位，将报纸版面分隔成几个竖长条块，这样的一个竖长条块就称为一栏；将内容相近或有某种联系的几条新闻编排在一起，"通常带有头花，有固定的栏目名称或总标题，以四周围框或勾线与版面的其他内容隔开，形成相对独立的格局。组成专栏的稿件都有某种共同性，或是同一主题、同类题材，或是同一特征、同一体裁"[①]，就成了栏目。而栏目如果刊登在报纸相对固定的版面，又有作家专门定期为该栏目写文章，这个栏目就成了专栏。专栏一般都有固定的名称和位置，在报刊版面中具有相对的独立性，可以进行单独而集中的稿件组合。

"电视专栏"一词与"电视栏目"有一定的区别，但在大多数情况下是同一的。电视栏目"一般以栏目名称、特定的标志图像和间奏乐等与节目其他

[①] 《广播电视简明辞典》，中国广播电视出版社1989年版，第31页。

部分区分开,其所有内容或同一主题、同类题材,或同一体裁、同一特征等,又与整个节目和谐统一,使节目布局与结构层次化、精致化、延续化"①,它有固定的播出时间和周期。

电视节目走向栏目化是电视台水平提高和技术成熟的表现,是电视发展的必然,其作用如下。

1. 有利于电视台建立现代管理体制　因为,通俗地说,栏目化就是对节目内容分门别类。节目编排,是指电视台根据自己的立场、对节目做出选择和决定的一切活动,主要是决定节目条数、播送时间、播送顺序和播送的结构等。电视节目栏目化使整个电视台的节目编排、播出趋向于合理、规范、有序,是电视节目管理走上现代化的重要标志。因此,电视栏目不仅是一些内容相同的节目的集合体,而且成为节目经营与运作、电视管理的基本单位。由此,电视与市场经济全面接轨,电视节目成为特殊商品,经营理念进入电视领域,电视经营成为具体的、有规律可循的事务。

栏目化的运作使电视事业的管理体制开始从简单的行政管理向规范有序、符合新闻传播规律和市场经济规律的节目生产管理体制过渡。制片人以对节目负责的管理者形象出现,节目的好坏直接决定着他们的生存,他们不再只对上级负责,更重要的是对节目负责、对观众负责。这样,在电视机构传统的行政管理体系之外出现了节目管理体系,并且节目管理体系对行政管理体系的冲击越来越大,节目管理越来越具体化,对电视媒体的管理作用越来越重要。电视传播机构内部行政管理体系的职能和工作方法面临着全面调整与重新定位,而电视节目栏目化有利于节目的调整和定位。

2. 有利于创造品牌　一个栏目的成功就意味着一批优秀节目的诞生。好的栏目不但使栏目自身名誉、效益双丰收,还能带动栏目所在的整个时间段。在这个时间段内,开机率、收视率可以成倍增长,广告客户纷至沓来。中央电视台②《东方时空》栏目开播,收视率节节上升,很快就稳定在1.8%以上,每年广告收入更是以数千万元计;《新闻30分》的成功开办,使中央电视台的午间时段成为又一个黄金时段,收视率稳定在5%以上,又与后来出现的《今日说法》栏目相得益彰,将中央电视台午间同时段栏目打造得更加红火。湖南电视台的《快乐大本营》《玫瑰之约》《晚间新闻报道》的年广告收入也都曾分别达到数千万元。

成功的栏目还造就了一大批具有栏目形象代表意义的主持人,风格突出的

---

① 甘惜分:《新闻学大词典》,河南人民出版社1993年版,第248页。
② 中央电视台自2018年3月扩充并更名为"中央广播电视总台",但呼号仍保持"CCTV"不变。为简洁起见,本书仍一律使用"中央电视台"用语。

主持人也使栏目更加出彩，大大提升了栏目的知名度。成功的主持人、名牌的栏目更成为电视台的资源，在激烈的竞争中，富有个性的栏目大大提升了所在媒体的整体形象，在电视市场上产生极大的品牌效应，增强了电视台在媒体竞争中的实力。

3. 有利于电视台与观众之间的双向交流　现代接受美学、传播学理论都认为，一切传播，其效果必须在受众身上体现，只有从受众的反馈中，才能确定传播的目的是否达到，单一的不考虑对象的传播模式正在被淘汰，新的面对面双向交流的传播模式被确立。面对面交流能产生一种极大的信任感、尊重感，而且能在交流中激发双方的思想、兴趣。电视尽管具备面对面的交流条件，但也长期处于传统的单向传播中，直到节目栏目化之后，它才找到了双向交流的最佳手段：观众可以直接参与到节目中，参与镜头、话筒前的活动；可以直接与主持人面对面、近距离交谈，畅所欲言；可以任意选择自己喜欢的栏目，对其他不感兴趣的栏目则可回避，直到自己想看的栏目出现。特别是对象性栏目与公共服务性栏目的发展，使得节目不仅可以做到"雅俗共赏"，也能"雅俗分赏"，从而最大范围地赢得观众。

而且，由于栏目都有确定的内容和时间定位，这为满足观众的特定需要、养成收视习惯提供了极大的便利。

4. 有利于充分发挥电视的多种功能　电视具有认识、教育、审美三大功能，但是，要求每一个节目都三者齐备是不现实的。节目栏目化后，各专栏节目分工明确，针对性强，题材广泛，内容丰富，短小精悍，形式自由，能及时地反映生活，或传递信息，传播知识，提供娱乐和服务，或兼而有之，它们各司其职，各显其能，使电视的多种功能得到全面发挥。

二、电视栏目的发展

电视发展的初期，无论国内还是国外，播出的节目都只是一些简短的新闻、零碎的文艺节目和大量的电影等，电视台被称作"空中影院"。世界上最早的专栏节目是20世纪40年代末出现于美国的《骆驼新闻大篷车》。到80年代初，栏目化播出已经进入发达时期，如日本NHK电视台，1981年有21个专栏，第二年就增加到66个专栏。在美国，以三大广播电视网为代表的电视专栏节目早在20世纪六七十年代就比较发达，80年代则进入鼎盛时期。苏联中央电视台在80年代也开始把电视节目栏目化作为发展方向，先后开办了新闻、科学与知识、少儿、文艺、体育等七大类的近百个专栏。与电视专栏发展同步，与电影明星齐名的电视明星主持人出现了，如美国新闻栏目《晚间新闻》主持人沃尔特·克朗凯特、《60分钟》主持人丹·拉瑟、《今晚国际新

闻》主持人彼德·詹宁斯,法国《健谈》主持人毕柏,日本《彻子的房间》主持人黑柳彻子,等等。

我国电视真正进入栏目化阶段已是20世纪80年代以后。1983年,中央电视台《为您服务》栏目调整节目内容,固定播出时间,由沈力出任专职节目主持人,这是我国第一个电视栏目。此时,专栏节目才以它特有的魅力走进我国电视台,按时播出各种固定的或不固定(特别)的专栏节目成为全国各主要电视台努力的目标。

20世纪80年代初期,中央电视台率先提出宣传管理要实行"栏目化"。1984年7月开始实行酝酿已久的栏目化播出;1985年,中央电视台全部节目实行栏目化播出,当时共开办栏目80多个。至20世纪90年代末,全国省级以上电视台已全部实现栏目化。

在多样化的专栏节目发展中,尤其值得一提的是服务性节目的开办,其对开拓电视传播功能、转变传播者的角色和地位都具有重要的意义。从中央电视台开播之初设立的《实用知识》《气象预报》《节目预告》等栏目,到20世纪70年代末,全国电视台普遍办起的定期或不定期的服务性栏目,内容有为生产建设服务的各种信息,也有为日常生活服务的各种常识。特别是中央电视台1979年8月开办的《为您服务》专栏,在社会上引起了强烈的反响。在此之后,各地涌现出一大批生活服务性栏目,如广东电视台的《家庭百事通》、浙江电视台的《生活杂志》、天津电视台的《观众之友》和云南电视台的《电视与观众》等。

经过40多年的不懈努力,电视节目品牌化、栏目个性化、频道专业化已经成为我国电视人追求的目标,并取得了令人瞩目的成绩,这从屏幕上可以切身感受到。但是,目前还不能说创建名牌电视栏目的工作已经完成。以中央电视台为例,全台共有栏目数百个,而一年一度的中央电视台优秀栏目评选,入选优秀栏目的也不过十几个,大多数栏目还流于平庸,没有特色。其他各电视台的情况也大抵如此。应该说,栏目个性化、名牌化的发展空间还非常大,任重而道远。

三、电视栏目的特征

(一) 固定化

固定化是栏目最基本的特性,也是其最直观的特征,它要求有固定的栏目名称、播出时间、时长、片头、主持人等,便于受众定期、定时收看。

1. 固定的栏目名称 栏目名称犹如一个人的姓名,一经确立便不能随意更改。如《新闻联播》《开心辞典》《曲苑杂坛》《今日说法》等，多年固定不变。名称固定是基本的，它仿佛给一个栏目定了性，是一个栏目的标签，是栏目内容的符号和概称，只有性质稳定，这个事物才能稳定。固定的栏目名称还可以产生类似广告的效应，天长日久，名称会深深地印在观众的脑海里，使人一听到某栏目的名称便联系到其表现内容；如果经常更换栏目名称，不仅给观众以不稳定的感觉，而且不能给观众留下确切印象，仿佛匆匆过客，面貌模糊不清。

2. 固定的播出时间和时长 这是栏目得以实施的保证。所谓专栏节目，必定是编排在某一个特定的时段，并在准确的时间播出。比如《新闻联播》每天19：00、《焦点访谈》基本上每天19：38准时开播。在固定时间准时播出，一方面是整个电视台统筹安排节目的要求，另一方面也是为了方便观众，使他们不至于错过自己喜欢的节目。这种播出的准时性具有社会集体意义，已在广大观众脑海里形成了一个明确的概念，因此，当电影和电视剧中出现以《新闻联播》为背景的场景时，人们自然而然就会明白其中的时间意义。

要做到栏目准时播出，各栏目中的节目长度就必须固定，一个栏目内的节目不能各期长短不一，节目长度相对固定是节目得以按时播出的保证。比如，《焦点访谈》每期13分钟，《新闻调查》每期50分钟，《新闻联播》每期30分钟（特殊情况除外），《共同关注》每期20分钟，等等。节目长度的规范化是实行节目栏目化与正点播出的重要前提。从栏目安排表中可以看出，电视台对各种栏目、节目的长度都做了非常具体的规定，要求以秒为单位，播出口，可以负5秒，但必须是正秒。现场直播节目可以负5分钟，但不能超时，否则将会影响后续栏目的播出，甚至打乱整个栏目的播出时间表，如果出现这种情况，总编辑有权对超时的节目进行硬性处理。

3. 固定的片头 它是栏目的标识，也是栏目给予观众的第一印象。一个栏目要想让观众识记，有一个时间过程，需要反复刺激观众。因此，固定的片头及片尾是栏目的重要特征之一，举凡字体、图案、音乐、徽记等都应该固定。

4. 相对固定的栏目主持人 在西方，很多重要栏目都将主持人作为栏目最重要的元素，主持人与固定栏目相伴而生、相辅相成，栏目因主持人而具有人格意义，主持人在栏目中展示自己的魅力。栏目必须有固定或相对固定的主持人，一个固定的栏目主持人，有利于与观众沟通，甚至往期栏目还会成为大家交流中的共同话题。

5. 特定的节目内容、类型性质 栏目的设立应该经过严格和缜密的科学论证，其宗旨、内容、形式等都有具体明确的规定和规范，在整个频道乃至电视台有其不可替代的独特性，因此，一档栏目必须保持其特定的内容和类型，

只有如此，栏目的地位才能得到保障。

（二）综合性

这种综合性体现在栏目的具体内容与表现形式上。

1. 具体内容的复合性 每一期栏目的具体内容，可以是复合性的。可以是曲艺性节目的综合，如中央电视台的《曲苑杂坛》；可以是服务节目的综合，如中央电视台的《生活》《为您服务》；也可以兼有新闻、知识、教育、文艺、服务等多方面的内容，如中央电视台的《东方时空》《焦点访谈》等。

2. 栏目形式的多样性 一个栏目的表现形式是丰富多样的，可以是报道式，可以是纪录片，可以是专题片，可以是访问式或讲话式，也可以是上述各种形式的交错使用，灵活多样，并无定法。如《东方时空》《焦点访谈》等的表现形式都极具综合性。

（三）观众高度参与

与其他电视节目形态相比，专栏节目最具有观众色彩，它是一种极为开放的节目形态，不仅表现为其内容的现实性、日常性、亲和性，更表现为观众的参与性：观众走入镜头、走进演播室等，许多节目都是在他们的直接参与下才完成的，观众不仅是接受者，而且是节目不可缺少的组成部分。此外，观众的反馈信息还影响、制约着节目内容与形式的选择。观众的这种"深度参与"在专栏节目中体现得最为充分。

四、电视栏目的分类

处于不断发展变化中的栏目创作，使栏目的分类也具有了动态性，而且，按照不同的标准，可以划分出不同的栏目类别。

（一）按栏目表现对象划分

1992年11月至1993年11月，中央电视台先后三次组织部分专家、学者参加"电视专题节目分类界定"的大型研讨活动，基本统一了对界定标准的认识，拟出了专题分类条目，对分类条目及其定义逐条逐目进行了分析。这项界定工作在"涵盖周全、分类准确、界定周密、表述精当"的方针指导下，把电视专题节目分为四大类，即报道类、栏目类、非栏目类和其他类。在栏目类下，再根据各类别的性质和特点采用不同的划分标准。

1. 对象型栏目 是指向特定对象播出并侧重表现特定范畴或兼而有之的专题节目的形态，一般根据观众的职业、年龄及其他方面的特点分别设置。对象节目的内容和形式要充分考虑特定收视对象的兴趣、爱好和特殊需要，通常兼有新闻性、教育性、娱乐性、社会性和服务性的功能。①

比如，按职业设置的对象型栏目有《人民子弟兵》《当代工人》《农民之友》《商界名家》等；按年龄设置的对象型栏目有儿童栏目《七巧板》、少年栏目《第二起跑线》、青年栏目《十二演播室》、老年栏目《夕阳红》等；按性别设置的对象型栏目有《半边天》《女人天下》《女性时空》等；按地域设置的对象型栏目有少数民族栏目《民族之林》、港澳台栏目《天涯共此时》和对外栏目《中国报道》等。

当前屏幕上设置的对象型栏目大致有军人栏目、青少年栏目、妇女栏目、老年栏目、残疾人栏目、少数民族栏目、港澳台栏目、对外栏目等。

2. 公共型栏目　是指面向广大电视观众播出的专题栏目。与对象型栏目相比，公共型栏目无特定对象，而是面向全社会，其选题也多为电视观众普遍关心的题材，栏目类中的多数栏目属于此种类型的栏目形态。② 如中央电视台的《东方时空》《焦点访谈》《经济半小时》等就是比较典型的公共型栏目。

公共型栏目主要有社会性栏目、经济栏目、文化栏目、体育栏目、科技栏目及卫生栏目等。

（1）社会性栏目。这类栏目内容涵盖面广，反映各个领域发生的重大的或有典型意义的人物事件和现象，以及现实生活中发生的、对社会产生一定影响的行为和事件，大都是社会热门话题和人们关注的焦点，具有较强的纪实性、政论性和一定的思想倾向，并对被报道的人物、事件、现象做出一定深度的分析、探讨，对公众舆论、社会时尚和人们的行为方式起着一定的导向作用。其基本报道手法是采访、摄影，表现形式多样，如专访、座谈讨论、社会调查、追踪报道等。社会性栏目观众面广，较易受到观众的普遍关注，容易产生轰动效应，其中以中央电视台的《焦点访谈》《社会经纬》（现被《法治在线》取代）等为代表。

（2）经济栏目。这类栏目是我国改革开放不断深入的产物。1984年，中央电视台开办了全国第一个经济栏目《经济生活》，之后，各省级、市级电视台都成立了专门制作经济栏目的部门。其中，中央电视台的《经济半小时》《天下财经》《央视财政评论》等均有较大影响。经济栏目主要报道国内外经济问题，分析经济现象，阐释经济政策，普及经济知识，提供经济信息。

（3）文化栏目。它是指专门对文化现象、事件和问题进行报道和探讨的栏目，包括介绍文化艺术界各类人物、介绍和鉴赏文学艺术作品、报道与组织

---

① 参见《中国电视专题节目界定分类条目》，《电视研究》1994年第10期。
② 参见《中国电视专题栏目界定分类条目》，《电视研究》1994年第10期。

各类文化活动、探讨各种文化现象与事件等，代表性栏目如中央电视台的《文化访谈录》《文化视点》。

（4）体育栏目。它是公共型专题栏目中较为观众喜闻乐见的栏目之一，如《体育大世界》《体育大观》《体坛巡礼》《体坛大观》等。体育栏目以报道国内外各项体育竞赛为主体，另外还包括介绍体育人物、提供比赛背景资料、进行体育评论等。除固定栏目外，每逢国内外大型赛事活动开展，还会安排临时性栏目。

（5）科技栏目。这类主要传播科学知识、介绍科技成果，如中央电视台的《走近科学》《科学·探索》。

（6）卫生栏目。栏目传播卫生知识。以中央电视台原《健康之路》最为著名，它以介绍常见病及多发病的防治、生理知识、优生优育、妇幼和老年保健、饮食卫生、国内外医药学新成果为主要内容。

（二）按栏目表现内容划分

北京广播学院电视系学术委员会1993年编写了《中国应用电视学》，其中采用了按节目内容分类的方法，将电视专栏分成新闻信息类、综艺娱乐类、社会教育类、文艺类、生活服务类五大类别。①

1. 新闻信息类 主要指屏幕上传播新闻信息，分析、解释与评论新闻事实的各种新闻性栏目。它包括：①消息类新闻栏目。如《新闻联播》《晚间新闻报道》等。②深度报道类新闻栏目，主要是对当前具有普遍意义的事件、问题或社会现象进行评论。如"焦点"类栏目和《新闻调查》等。

2. 综艺娱乐类 包括综艺栏目、游戏栏目、文艺晚会等。

3. 社会教育类 社会教育栏目简称社教栏目，即面向公众、以社会教育为宗旨的专栏节目，它的主要功能是传授知识、疏导理念、修正思想和指导行为。按题材和内容可细分为：①社会、政治、法律类。即以反映一个时期内重大社会问题、社会现象、重大政治事件、历史事件等为内容的栏目，如法治栏目。②经济类。即以经济信息、经济政策、经济活动、经济服务为内容的栏目。

4. 文艺类 按照《中国应用电视学》的分类，电视文艺专栏又细分为三大类：欣赏性专栏、综合性专栏和竞赛性专栏。以2000年中央电视台第三套节目改版为标志——由戏曲·音乐·综艺频道改为综艺频道。改版后的综艺频道较为全面地体现了文艺专栏的设置情况。这次改版以创作精品栏目、繁荣电视文艺为宗旨，融戏曲、综艺、音乐、资讯服务、文学、谈话、歌舞、广告包

---

① 参见朱羽君等主编《中国应用电视学》，北京师范大学出版社1993年版。

装等各类节目于一体，设置了丰富多彩的文艺栏目，后来又经过多次改版和调整，出现了《星光大道》《开门大吉》《综艺喜乐汇》等栏目，深受观众喜爱。

5. 生活服务类 这类节目是指"那些实用性强，采用传信息、做咨询、当参谋、反映群众呼声等方式，为帮助社会各界解决各种实际问题提供方便，对受众的心理和生活需要有直接影响作用的电视节目"①，是近年来较为活跃的栏目之一。

根据不同的标准，生活服务类栏目又可进一步细分。比如，依节目形态，可分为单项型服务节目和综合型服务栏目，前者如中央电视台财经频道的烹调类节目《厨王争霸》，后者如北京电视台生活频道的《生活面对面》。以功能为标准，可分为：指导型服务栏目，如电视直销类栏目；公益型服务栏目，如《股市行情》《艺术品投资》《天气预报》《节目预告》等；广告型服务栏目，如《都市消费》等。

（三）按栏目表现形式划分

如果把电视栏目的表现形式罗列出来，将是一个十分庞杂的体系，且因为有些栏目对多种表现形式的兼容，很难用一个界定较清晰的概念将其归类阐述。因此，这里只对电视专栏最基本的形式类别做一些分析，以便在对各种电视专栏的解析中进一步了解这些基本形式和体裁的适用性，并希望以此作为开拓电视专栏创作新思路的基点。

1. 专题式 这是电视专栏节目中最基本、最常用的形式。专题作为电视专栏最常用的体裁，与我国电视诞生之初的栏目形态单一有关。直到20世纪80年代中期，绝大部分电视媒体的栏目仍基本上由专题片充任。关于电视专题片，理论界倾向于把它归入电视纪录片，认为它们是同类别的两种表现手法，只不过电视纪录片更趋向纪实性，而电视专题片则趋向表现性。

2. 杂志式 杂志式栏目的"杂"，在于其内容的包容性和形式的灵活性，因而被各电视媒体的栏目广泛采用，极大地丰富和活跃了电视节目。

3. 访谈式 访谈式栏目是继综艺娱乐类栏目热之后，在当今电视台最为活跃、最普遍使用的栏目类型。访谈（谈话）式栏目作为电视专栏中重要的形态之一，不仅适用于新闻的深度报道，而且大量应用于教育性、知识性、服务性甚至娱乐性栏目。

---

① 朱羽君等主编：《中国应用电视学》，北京师范大学出版社1993年版，第68页。

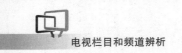
电视栏目和频道辨析

第二节 电视频道概述

随着电视事业的发展,栏目化不可能永远是基础,它必定会被新的形式所取代。目前,以频道为单位的节目版面编排方式已经出现,它是电视发展的必然方向。

可以说,电视已进入以频道专业化作为栏目设置与编排基础的时代。尽管在20世纪末期中央电视台开始实施频道专业化,电视理论界也从学术上开始对之进行探讨,但全国性的电视媒体向频道专业化方向转化,还源于21世纪初我国兴起的广播电视集团化。

我国广播电视集团化的典型模式是以电视台作为集团的核心层。而要形成这个核心,必须整合现有区域内的电视媒体,加强有线电视台与无线电视台的合并,统一频道规划,逐步实现频道的专业化、对象化。

自2000年8月在兰州召开全国广播影视厅局长会议后,全国各地加快了有线电视台与无线电视台合并工作的步伐,到2001年6月底,已在全国范围内全面完成了合并任务,自此,我国电视进入多频道时代。从栏目编排这个专业角度看,电视专栏也随之进入了频道专业化的发展阶段。

一、频道的界定

"频道"原本是一个纯技术名词,是指声波、电波、光波等波传送的频率范围。电视频道是指电视信号在传送和播出时,高频影像信号和伴音信号占有的一定宽度的频带。频带是声波、无线电波或光波在传送时介于两个特定频率之间的所有频率范围。电视节目把声、画转换成特定频率的电波信号并传播出去,电视接收装置再把电波信号还原为声、画。因为一个特定频道只能传送一路电波信号,所以,接收时,一个频道可以收看到一套节目。一家电视台如果有两套以上的节目,就必须通过两个以上的相应频道播出。现在人们通常借用"频道"这个词指代一套节目。一家电视台有了不同的频道,节目系统的构成中就增加了"频道"这一重要的层次。

按一般看法,把各种专业频道分为三个层次。第一是大众化专业频道,如新闻、电影、电视剧、娱乐、体育等频道;第二是分众化专业频道,如财经、历史、探索、国家地理等频道;第三是小众化专业频道,如机场、高尔夫等频道。截至2021年6月,中央电视台已经有各类频道19个,涵盖了以上三种类型;省级电视台的专业频道也发展迅猛。

就频道资源而言，综合频道已经饱和，分众化或小众化的专业频道尚未适应国内的传媒市场，大众化的专业频道仍是目前频道专业化的首选。如电影频道、体育频道等，其所获得的高收视率、高效益已经为实践所印证。因为这些频道兼顾了大众化和专业化，既可以满足目标受众群体的收视需求，又可以保证对大众收视市场的占有率，此种定位是相对优化的专业频道模式所具有的特征。

国内卫视频道的专业化实践显示，许多频道很难兼顾自身资源的各种优势，或是偏重一方而忽视另一方，或是风格化与专业化对峙。各地的专业频道一般都比较侧重于本地文化特征，这固然有助于增强对本地受众的亲和力，实现差异化的风格传播，但这种偏安一隅的定位策略与卫视跨地域覆盖的目标追求是极不相称的。

对频道而言，目标受众群体定位如果忽视了频道专业主题下的多样性和多层次性，那么这种窄化或片面化的受众定位必然导致在节目编排上缺乏大局观念，从而可能丧失部分潜在的收视群体。

二、专业频道的发展历程

频道专业化在美国和欧洲的一些国家早有成功经验，而且专业化程度已经很高，不仅有"国家地理""科学探索""历史"等在国际上影响广泛的专业频道，还有更加细化的如"购物频道""高尔夫频道""家庭及庭院频道""钓鱼频道""科幻小说频道"等。

在我国，1986年以前，同一家电视台开办的两套节目是按传输方式和覆盖范围划分的。节目频道分工真正出现是在1988年，当时的广东电视台按照系列频道的思路，将第一、第二套节目分为广东电视台岭南台、珠江台，力争从节目设置、播出安排上突出系列布局，各具特色。

电视节目明确打出频道专业化大旗是在1993年。这一年，北京电视台分别将6第、第21、第27频道调整为综合、文体、教育频道，各套节目的专业化分工得以明确。中央电视台于1995年元旦开办第四套节目，通过卫星面向全世界播出，对外宣传频道正式诞生。这之后，尤其是在2002年各地无线台和有线台频道资源整合以后，全国出现了许多拥有五六个频道甚至更多频道的大台，2010年中央电视台则开办了16个频道，各个频道都具有各自的专业化名称，综合频道、财经频道、文艺频道、影视频道、体育频道等频道标志出现在荧屏上。在频道的统一包装策划上，中央电视台的财经频道、文艺频道、体育频道，北京电视台的生活频道，等等，开始显现出专业化的形象。与世界先进水平相比，我国频道专业化落后了大概20年。在我国，频道专业化的领头羊当属中央电视台，它先是于1987年推出经济信息频道，之后相继开设了体育、电影、文艺、科教、戏曲等频道。截至2021年，中央电视台拥有综合、电影、电视剧、综艺、财经、科教、国际、英语、体育、新闻、少儿、音乐、戏曲、纪录、社会与法、农业农村、国防军事等多个专业频道。继中央电视台之后，以湖南经济电视台为代表的省级专业频道陆续问世，2002年，随着国家有线、无线电视合并政策的出台，各地电视频道专业化改革大面积推开。在各电视台创办的各种专业频道中，除了人们所熟知的电视剧频道、电影频道、经济频道、文艺频道、科教频道、体育频道等之外，有的还别出心裁、独树一帜地以纪实频道、足球频道、女性频道、廉政频道等定位命名。海南卫视更是开省级卫视专业化之先河，于2002年2月全面改版为旅游卫视，2019年呼号恢复为海南卫视。进入21世纪以来，频道专业化已成为我国电视媒体发展的新趋势。

根据我国频道专业化发展的现状，结合国际电视专业频道的发展实际，我国专业频道的发展大体可以分为两个阶段，即专业频道的类型化阶段和细分化阶段，也称初级阶段和高级阶段。其中，在类型化阶段，在原有栏目的基础上，对各频道的同类栏目进行撤并、归类、扩充，从而形成具有某种特征的专业频道，即大众化专业频道。这种频道的栏目构成包括具有频道定位特征的主打栏目、追求共赏效果的电视剧等大众化节目，其实施专业化的目的只是便于大众在不同时间，根据不同心态、环境，从众多的频道中搜寻到自己喜爱的节目。在细分化阶段，则是将类型栏目划分为更小的单元，专业化程度更高，以满足特定受众的特别需求，给予不同受众特色鲜明的节目。

笔者认为，从总体来看，我国频道专业化经历了节目专业化→栏目专业化→频道专业化的过程，这个过程又呈现出三个阶段：类型化阶段、细分化阶段和收缩阶段。

（一）专业频道的初级阶段——类型化阶段

专业频道按照节目内容、受众群体等方式来划分内容定位，从而体现专业化、对象化、个性化的特征。专业频道的节目既有频道定位的特色性节目，也穿插通俗性、大众化的专业节目。

随着电视网络传输技术的进步和国家广播电视政策的逐步放开，1998年底，中央电视台率先提出"频道专业化，栏目个性化，节目精品化"的改革理念。2000年前后，业界兴起了一轮关于"频道专业化"实践的探索。当时，省级卫视分化出品类繁多的专业频道，专业频道数量骤然增加。在这种发展趋势下，电视节目也逐步向专业化发展。2001年，中央电视台明确了专业化的经营发展战略。节目专业化是栏目专业化的基础，栏目专业化是频道专业化的基础。经过精心筹划，2004年7月9日，中央电视台科学·社教频道（CCTV-10）和戏曲频道（CCTV-11）正式开播。事实上，我国电视频道专业化目前还处于类型化阶段。

（二）专业频道的高级阶段——细分化阶段

目前，中央电视台已开办21套开路播出的节目，开通一个高清晰度电视试验播出频道。21个开路频道为综合频道、财经频道、综艺频道、中文国际频道、体育频道、体育赛事频道、电影频道、国防军事频道、电视剧频道、纪录频道、科教频道、戏曲频道、社会与法频道、新闻频道、少儿频道、音乐频道、奥林匹克频道、农业农村频道、4K超高清频道、8K超高清频道、中视购物频道，内容几乎涵盖社会生活的各个领域。同时开办了30多个数字电视付费频道和28个网络电视频道。数字电视付费频工程道包括风云足球、第一剧场、风云剧场、世界地理、风云音乐、怀旧剧场、高尔夫·网球、央视文化精品、兵器科技和女性时尚等频道。网络电视频道包括新闻、央视关注、纪录、旅游、历史、英语、杂技、电视剧、综艺、相声、气象、科技、美食、小品、音乐、体育、生活、卡通王国、时尚、京剧、少儿、经济、法制、教育、游戏、话剧、魔术、人物等。

细分化阶段是将专业频道进行高度专业化分工，特别是将类型栏目划分成更小的单元。这个过程充分考虑了特定受众的特别需求，发展出分众化专业频道和小众化专业频道。但细分化发展还不够充分，不能算严格意义上的专业化频道。

（三）专业频道的收缩阶段

经过一段时间的发展之后，大量同质化的专业频道陷入无序竞争。2020年11月，国家广播电视总局（以下简称广电总局）印发《关于进一步加强专业电视频道建设管理的意见》，明确了加强专业电视频道建设管理的指导思想、原则和方向，细化了专业电视频道设置的政策要求及基本原则，突出了加快高清化、融合化发展的重点任务和思路举措。意见强调，要建立优胜劣汰机制，通过开展考核评价、强化激励惩戒措施，积极支持优秀专业频道做优做强，对严重偏离频道定位、内容导向不正、节目质量低劣、综合效益低下或不具备开办能力的专业频道坚决实施退出。广电总局传媒机构管理司将指导各省级广播电视主管部门、中央各有关单位，结合实际研究制定本辖区或本单位加强专业频道建设管理方案，抓好贯彻落实。面对全新发展格局，广电总局推动加快频道精简精办、媒体融合，为专业频道发展指明了新路径。专业频道不能局限于播放功能，需要精兵简政，并实现新媒体大小屏幕联动。

随后，各省级电视台也出台了相应的新管理意见，原则上不再新增专业频道，县级广播电视播出机构不得开办专业频道。例如，浙江省广播电视局2020年12月5日出台了《关于进一步加强专业电视频道建设管理的意见》的政策解读——《浙江省广播电视局关于进一步加强专业电视频道建设管理的实施意见》（浙广电发〔2020〕90号）。福建省广播电视局出台了《福建广播电视局关于进一步加强专业电视频道建设管理的实施意见》（闽广〔2020〕283号），指出："各专业频道的专业节目日播出时长不得低于该频道节目播出总时长的60%，其中晚上19点至21点专业节目播出比例不得低于70%。新闻、纪实、购物等专业频道的专业节目比例一般应达到100%。少儿、动画频道要播出以少年儿童为主要服务对象、适宜少儿收看的节目。除影视类频道外，其他专业频道原则上不得播放与专业内容无关的电影、电视剧。"[1] 专业频道开始由粗放发展向集约性方向收缩。

三、专业频道的优势

电视媒体为什么要走频道专业化之路？

一是多频道并存的必然选择。有线与无线电视台合并之前，各省级台一般只有一两个电视频道。自从2002年我国广播电视体制实行改革、有线与无线电视台实施合并重组后，各台频道数量成倍增加，少则四五个，多则十来个，加上省会城市台和教育电视台的电视频道，数量更多。如在沈阳市，辽宁电视台、沈阳电视台和辽宁教育电视台共有12个电视频道。多频道并存，不可能都办成清一色的新闻综合频道，也不可能办成清一色的综艺频道或其他频道，如果不想把多个频道办成一副面孔，最现实的选择只能是进行频道专业化细分，无论这种细分是依节目类型而定，还是依受众市场而定。

二是多元化需求的必然要求。频道专业化，本意就是以频道为单位进行内容定位的划分，使其节目内容和频道风格能较集中地满足某些特定领域受众的需求。随着信息时代的到来，受众在信息供求市场上呈现出系统化、专业化、个性化的消费趋势。而媒体运营要获得成功，必须将受众分类，区别对待，这一切意味着媒体正逐步迈向分众时代、小众时代。显然，在分众时代的背景下，面对一个广泛而分散的受众群体，以受众为本位的电视媒体不能置不同受众的不同需求于不顾，唯一的选择就是在充分了解和研究受众的基础上，适时推出专业频道，走频道专业化之路，而有线、无线电视合并后所占有的多频道

---

[1] 《福建省广播电视局关于进一步加强专业电视频道建设管理的实施意见》，2020年12月23日，https://www.sohu.com/a/442894636_683129。

资源，又为频道专业化的实现提供了资源与技术上的支持和保证。实现频道专业化，就可以最大限度地适应和满足目标观众的收视习惯，刺激目标观众的收视需求，以形成分类收视群体的约会意识。

三是市场竞争的必然产物。如今媒体之间的竞争越来越激烈，电视媒体不仅要面临境内同行业的竞争，还要应对境外电视媒体的竞争以及广播、报刊和互联网的竞争。受众在选择媒体，媒体必须以其特色和价值追求有选择地吸引相关的受众，这种选择就是媒体的市场定位。在现代竞争型传播市场上，任何一家媒体都不可能以满足所有人的所有需要作为自己传播运作的定位，必须有所选择，有所为有所不为，根据不同的细分市场确定频道的竞争策略，提高频道在细分市场的竞争能力。只有准确定位，才能最大限度地减少区域内频道之间的价值冲突和无序竞争。可以说，电视市场的激烈竞争是引发频道专业化热的基本动力。

通过 20 余年的实践，专业频道已经显出了许多优势。

一是个性化栏目涌现。目前，我国的专业频道设置大致有新闻频道、财经频道、生活频道、电影频道、电视剧频道、文艺频道、体育频道、科教频道、少儿频道、女性频道和法制频道等。

二是有利于品牌栏目的生长。品牌是质量和信誉的保证，代表的是这个产品的形象。电视品牌，也就是拥有很高的受众忠诚度和重复收视率的电视栏目。而有了专业频道，就可以集中精力树立频道的拳头产品，培育品牌，并借此带动整个频道的发展。

三是有利于栏目的内涵增加和外延扩展。专业频道的设立，可以使电视台对某一专业领域的题材做深入而广泛的报道。因为频道专业化使电视媒体有了较为充裕的频道资源，能容纳更多的定向节目内容来集中反映某些特定领域的需求。专业频道是以整个频道为单位进行定位划分的，只有按照各自的专业定位向纵深发展，才能充分发挥专业频道的功能作用。

四、频道专业化存在的问题

（一）频道设置重叠，内容大同小异

目前，全国各台共拥有各类频道 3000 多个，各省级电视台除了上星频道为综合性频道外，其余基本冠以专业频道的名称。但如果细心考察，就不难发现，这些频道的名称惊人地一致，几乎都以影视剧频道、综艺频道、财经频道、体育频道、生活频道、科教频道等命名，而且这些频道的内容类型、节目安排也大同小异，个性鲜明的专业频道屈指可数。即使在同一区域，频道设置

的趋同性也很严重,一个省会城市同时拥有多个定位相同的频道已不足为奇。有人说,我国电视市场虽然有几千个频道,但除去行政区域名称,就只剩下生活、影视、经济、科技、综艺、娱乐、体育等十几种,这话不无道理。

出现这些问题主要有三大原因。一是专业频道定位出现偏差。不少专业频道并没有朝着专业化的道路发展,反而在一定程度上演变成综合频道。即便是中央电视台经济频道,也历经了三次改版。1996—2003 年,对节目类型、节目数量、节目占比都进行了大刀阔斧的改革,尽管以专业化发展为方向,但在实践层面依然可以看到综合化的影子。二是对原有模式的因循守旧。这一方面体现在节目类型上,另一方面体现在运营模式上。在节目类型上,节目内容同质化严重,节目形式创新性不足,专业节目相互抄袭模仿:节目类型、包装风格、播出时段都呈现出突出的趋同性。事实上,一个创新性节目的诞生需要打破传统思维定式,并经历较长的孵化过程,而这一过程所需的大量的人力和资金投入都会影响现阶段的经济效益。新开发的节目收视率不稳定,需要承担更多的风险,导致很多专业频道难以大刀阔斧地进行改革。从运营模式来看,广告费与收视率捆绑,造成了专业频道长期过度依赖广告费生存。广告主为谋求更高的收视率,更倾心于大众化的节目,也使得专业频道在专业性节目和大众化节目之间徘徊。传统的运营模式过于保守,在一定程度上限制了专业频道对专业性节目方向的把控。三是缺乏优质的节目内容。除了中央电视台和少数上星电视台,大部分电视台的自制能力较弱,自己生产的节目难以满足播出需要,更无法满足观众对专业化的要求。电视界很难生产出可供数以千计的电视台播出的专业节目,出现了专业频道对专业电视产品的大量需求与有限的电视生产能力的矛盾。[①] 目前这一状况仍未改变。

(二) 专业频道不专业

专业频道是相对于综合频道而言的。综合频道以新闻为龙头,包括文艺、社会教育、国际资讯等各类节目;无论男女老少,不分社会层次和文化取向,力图将观众"一网打尽";而专业频道则按照一定的划分标准(或节目内容,或观众群分类),对现有的综合性节目进行归类、重组和划分,从而体现专业化、对象化、个性化的频道优势。

但在单一的盈利模式导向下,专业频道节目的专业性很难得到发展。电视台和频道都为了追求收视率而纷纷走大众化路线,导致"众台一面"的情况出现。目前,大量的专业频道主要布局在新闻、财经、娱乐的基础层面,类型同质化严重,创新性不足。电影、电视剧、财经、体育等常规分类成为主流,

---

① 参见孔德明《电视频道专业化发展面临的四大矛盾》,《南方电视学刊》2001 年第 3 期。

专业频道相似程度很高，个性化不足。一方面，这样初级的专业化难以发展出具有品牌效应的专业频道，难以对观众形成足够的吸引力。另一方面，制作大量大众化节目造成了恶性竞争。不同的频道制作相似的节目，既浪费制作资源，又导致过度竞争。

然而，专业频道不"专业"，却是时下业内外对专业频道诟病最多的问题，甚至被挖苦为"挂专业频道羊头，卖综合频道狗肉"①。的确，专业频道只有用符合频道定位的专业化的内容来支撑才能满足专业化要求，这是常识，也是所有频道策划者和决策者都明白的道理。但由于受自办节目生产制作能力不足、内容市场资源匮乏、经营创收任务艰难等条件的制约，难以坚持纯粹的专业方向，许多所谓的专业频道只是名义上的，实际上却行综合频道之实。加之，尽管专业频道都在实施制播分离制度，但执行力度不够，并未完全调动电视台外部的力量；节目自由竞争度不足，缺乏公司化运作模式，难以集中人力、物力、财力来发展高水平的媒体内容产品。专业频道还在相对封闭的体系中运行，对民间公司节目制作经验的学习与借鉴非常有限，需要进一步扩大制播分离制度的应用范围，以进一步提升频道发展的动力和节目的自主创造力。

（三）收视份额少，广告收入低

电视媒体面对的是两种消费者，即观众和广告主。从理论上讲，频道专业化后有利于不同观众分层按需收视，有利于为广告主搭建一个指向明确的广告投放的平台，但无论是从收视率看，还是从广告投放的效果看，都并没有理论上预想的那么乐观。收视率不高、广告收入少是目前电视专业频道存在的通病，无论是中央电视台还是地方台，广告收入的份额主要来自专业化的综合频道或大众化的综合频道已是不争的事实。究其原因，其一，许多专业频道本身定位不明确，频道形象模糊，无论是对观众还是对广告主，都缺乏应有的吸引力；其二，广告主投放广告主要基于收视率和千人成本，在这方面，综合频道明显优于专业频道。

因此，频道专业化的首要问题就是对受众细分市场的选择与确定。在频道多元化的今天，一个频道不应该也不可能在整个市场上与其他频道展开竞争，而应该确定自己最具吸引力的细分市场，针对各个市场的特性和需求选择并采取策略。一个总的原则，就是要尽力突出自己的个性，以个性立频道，以特色立频道。同样是面对大众群体，同样是大众化内容，定位方式一变，就会别有洞天、柳暗花明。

如果把专业频道的第一个层次即大众化专业频道视作大路的话，那么，则

---

① 武京杭：《电视湘军虚火上升》，《南方周末》2001年12月6日。

可以把专业频道的第二个层次即分众化专业频道和第三个层次即小众化专业频道比作街道和小巷，而我国的受众市场目前还处在从大众受众时代向细分受众时代过渡的阶段，受众群对某一类专业内容的需求尚未达到不可或缺的程度。在我国目前的条件下，开办像高尔夫频道、钓鱼频道这样的小众化频道不符合国情，只会落入陷阱，这是由目前电视媒体单一的盈利模式和受众的消费水平、需求水平决定的。

总之，频道专业化是大势所趋。如何在我国现有的频道资源的基础上寻求频道专业化的突破方向，既是电视界探讨的热门话题，也是电视界探索的严峻课题。

五、专业频道的生存与发展策略

（一）改革机制，创新运营

受到新媒体的冲击，一方面，专业频道的广告收入大幅下降；另一方面，相比于新媒体，专业频道节目日渐出现保守陈旧之态，原有的机制已经无法适应现在的竞争环境，必须在机制和运营上做出改变。

比如，2015年江苏省教育频道开始实施独立制片人和独立项目制度。通过层级化管理，给予制片人和项目负责人更多的权限以调动资源，提高他们生产创作的积极性，并激发制作团队的活力，从而在竞争的环境下促进了项目的迭代升级。

面对"互联网+"模式，专业频道尝试打破传统盈利模式，实现线下盈利。例如，游戏竞技频道通过举办大量有影响力的游戏对抗赛、游戏选拔赛来获得收益。电视是继电脑和手机之后进入互联网的第三大智能终端入口。随着智能电视的兴起，电视OTT平台通过版权采购、自制、独播等方式来建设视频内容。在"互联网+电视"的背景下，新媒体和传统媒体需要相互整合资源，并且重新定义电视专业频道的价值。专业频道也有机会成为媒介生态圈的入口，在媒介生态链中成为一个联动其他媒介的节点。电视专业频道内容精良，成为智能电视OTT平台内容的重要来源。电视专业频道、视频网站等产业和终端产业相互影响、相互共生，形成一条完整的新媒介生态链。这样的新媒介产业背景给电视专业频道拓展出一个新的发展契机：内容有多元的出口，电视专业频道与互联网电视共赢。

（二）明确市场定位

专业频道的市场定位并不是建立在电视台运营者单方面设定的路线上，而是建立在对目标市场和目标人群调查分析的基础上。对细分市场深入调查能够推进专业频道内容产品与受众需求的匹配度。专业频道要想在竞争中获得领先地位，一方面，需要尽可能找准市场定位，尽可能占有目标市场份额。另一方面，需要聚焦具体的目标群体，尽可能吸引更多的目标受众。受众在选择信息内容的时候是主动的，会被特定领域的内容所吸引，也会因高质量的内容而在专业频道停留更长的时间。受众也被称为有目标的信息选择者，他们愿意关注与自己观念、兴趣相一致的信息，因此，专业频道对目标受众心理和需求的研究要做到又"专"又"准"，这样才能有效地吸引更多的受众，使目标信息选择者牢牢地聚合在自己的频道中。尽管目标受众并不是最大数量的受众群体，但是专业领域的目标受众对细分内容更具忠诚度，开发潜力也极高。

目标市场和目标人群不是完全稳定的，而是随着社会文化的变化而变化。专业频道在保持特色的基础上，也需要与时俱进，做出适当的调整。如中央电视台第八套节目最初的定位是文艺频道，经过一段时间的实践后，调整为电视剧频道，由于定位明确、单纯，收视率有了较大提升。

（三）要处理好三大矛盾

1. 综合化和专业化的矛盾 关于频道的发展方向，目前我国电视界的观点可以归纳为两类，即频道专业化与频道综合化。前者认为，频道专业化符合世界电视发展潮流和社会化大生产的需要，有助于满足不同观众群体对不同电视节目的收视需求；后者则认为，由于观众的时间及空间有限，因此应该在同一频道集中不同内容的精品节目，频道改革应加强和完善综合频道，即频道综合化。而从电视实践看，频道改革也基本上是采取上述两种模式：一是以综合频道为主，以专业频道为辅，以面带点。目前，我国中央及省级电视台基本上都采用此种模式。二是以专业频道为主，以综合频道为辅，以点带面。各地有线电视台特别是都市电视台、教育电视台基本上都采用此种模式。

应该说，这提出了一个非常有代表性的问题，即如何在有限的频道资源内，兼顾频道的大众化和个性化，因为大众化是频道收视率的保证，个性化是频道得以立足的根本。因此，在电视逐步向分众化和窄播化快速发展的今天，是采取综合为主的频道模式，还是采用专业为主的频道模式，应该具体情况分析。不过，从目前各国电视台的收视份额、收视率及广告收入来看，综合频道仍占绝对优势。例如，中央电视台一套（CCTV-1）、四套（CCTV-4）、九套（CCTV-9）3个综合频道的收视份额、广告收入均高于其他频道。从全球来看，综合频道依然为各主要电视媒体的主打频道。美国的三大电视网，即哥伦比亚广播公司（Columbia Broadcasting System，CBS）、美国广播公司（American Broadcasting Corporation，ABC）、美国全国广播公司（National Broadcasting

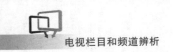

Company, NBC)都是凭借以权威新闻为主的综合频道而闻名于世。在世界电视100强中，前25名依然是以综合频道为主的电视台。

但从电视发展的趋势看，专业化应该成为频道的基点，因为它代表了未来电视发展的基本走向。

2. "自我本位"还是"观众为主"的矛盾 换句话说，依据什么设置频道？电视界有两种观点：一种观点认为，应该以节目内容为依据进行频道规划设置，即以电视台为本位，有什么样的节目资源就设置什么样的频道；另一种观点认为，应该以观众的收视需求为依据进行频道规划设置，即根据电视观众的共同需求来编排频道和栏目。

哪一种方式更好？这涉及评价频道成功与否的标准问题。对一个专业频道来说，能否满足本专业领域内观众的需要，以及满足广大观众对这一专业领域信息的需要，是衡量一个专业频道成功与否的决定因素。消费决定生产，而观众是频道的消费者，所以，应该以观众为本位。频道的生存和发展，实质上是在竞争激烈的电视市场上寻找生存之路的问题，面对的是最基本的两个市场，即观众市场和广告市场。就观众市场而言，观众对电视的要求，如果从分类学的角度看，仍然是资讯和娱乐两大板块，这样，对一个专业频道而言，播出的内容必须考虑观众的实际需求。就广告市场而言，我国电视业95%左右的资金来源于广告市场，这意味着广告收入直接影响甚至决定一个频道的命运。在这种情况下，以观众为本位也是更为科学有效的，因为它对收视市场的细化、对观众收视心理的尊重和满足，保证了频道可以生产出"适销对路"的产品，并能按重点收视群的爱好来制作和编排节目，做到有的放矢。因此，应该将观众市场的专业化作为设置电视专业频道的基本依据。

3. 计划模式和市场化的矛盾 在频道经营管理上，以中央电视台为例，目前主要采取两种模式：一是自营型，即频道由自己经营、自己管理，利益自享，风险自担。这种模式是主要的，也是目前我国绝大多数电视台采用的频道经营管理模式。二是联营型，即电视台拿出全部或部分频道、全部或部分栏目与其他单位合作进行经营管理，如电影频道（CCTV-6）、国防军事频道（CCTV-7）。在一定意义上，前者可以称作计划模式，后者可以叫作市场化运作。

一个电视台究竟采用何种模式，应该具体问题具体分析。决定电视台经营管理模式的因素很多，包括所有制形式、功能定位、财务状况、人才储备、节目源等。其中，最根本的是功能定位和财务状况。我国有具体的国情，电视台作为党和政府的喉舌，具有鲜明的意识形态特色，它不可能像西方国家的电视台特别是商业电视台那样，完全实行市场化运作。但是，随着改革的逐步深化，在一些专业频道最大程度地推行市场化机制，也许是必然趋势。

（四）频道专业化要注意的问题

毋庸讳言，目前我国其他专业频道的处境并不乐观，有的甚至从一开始就陷入了困境，收视率不高，收益下降，更谈不上建立自己的品牌，形成自己的特色。针对这种情况，我们要从以下几方面进行思考。

1. 频道专业化不应该削弱电视的传统优势 当前的电视生存环境已经非比往昔，它面临着平面媒体、网络媒体等多种媒体日益激烈的竞争和挤压。尤其是近几年，网络以兼具大众传播媒介和个人通信媒介的优势对电视媒介造成了巨大的威胁，电视受众在不断减少和分化。频道的频繁改版、栏目的急剧变脸等，都可以视为电视在这一新的"生态环境"下的突围之举，那么，频道专业化是不是明智的选择？这要比较网络媒体和电视媒体的优劣才能明了。

众所周知，电视作为传统媒体的优势在于大众性和普及性，它能够建立起一种社会共识，增强社会生活所必需的凝聚力，通过传播范围和抵达阶层广泛的电视播出渗入社会心理之中，在社会文化的整合、舆论和公共话题的引导、时尚的制造等方面起着其他媒体尤其是网络媒体无法替代的作用。相比较而言，网络最显著的特点就是为人们提供了互动性的个性化、专业化服务，这也正是电视媒体逊色于网络媒体的地方。在这个意义上，电视频道专业化——变广播为窄播、受众细分、对一定领域受众和受众特定兴趣的满足等，可以看作电视对自身劣势的纠正和弥补，有其合理和可取之处。

但是，电视频道专业化的程度越高、受众市场的分众化越细，就意味着电视和媒体网络的差异性在缩小，趋同性在增加，也就有丧失电视的独有优势和特色的危险。而在市场竞争中，是否有自己的个性化服务和特色，是否具有不可替代、舍我其谁的地位和作用，往往是其成败与否的决定性因素，这点我们可以从海南卫视全面改版为旅游卫视中得到一些启示。虽然旅游卫视已经以其比较鲜明的个性赢得了一些赞许和收视率，但与互联网比较起来，它所提供的旅游专业知识和信息的丰富性明显处于下风，尤其在个性化和多样化服务方面，几乎无法与网络相提并论，这还不包括网络提供的诸如预订车（机）票、旅馆等电视无法完成的任务。我们看到，旅游卫视所提供的更多还是类似风光专题片的"旅游游记"。所以，在电视频道"改版热""专业热"的潮流下，怎样既借鉴和学习其他媒体的经验和长处，又不丧失自己的传统优势，确实是应该认真思考的问题。

2. 频道专业化应该因时制宜和因地制宜 频道专业化，并不是电视台内部的孤立事件，它受到诸如电视产业经营、集团化进程的影响，也与各地区的文化发展政策、文化管理体制等密切相关。处于所在辖地不同管理体制、不同环境、不同级别的电视台在频道改版时应该因时制宜、因地制宜地进行。

目前我国的媒介体制存在着一个很大的矛盾，一方面，它的管理仍然是建立在行政区划基础上的条块分割，每家电视台的管理体制和经营理念大致相同，频道设置和栏目编排也大同小异；另一方面，各家电视台又纷纷上星，如同面目相似乃至相同的星星在同一片天空下闪烁，其结果是观众收看到的电视节目在一定程度上存在着彼此克隆、似曾相识、没有特色的弊端。就以专业频道的设置来说，目前上星的30多家以省级为主的电视台，已经暴露出重复和"一窝蜂"的问题，这无疑既是一种极大的资源浪费，也制约了电视栏目的发展。所以说，频道专业化并不仅是电视台自身的事情，更不是对频道进行重新定位和划分这样简单的事情，而是涉及整个电视行业的统筹和规划，更是与我国电视媒介产业经营、集团化的体制改革进程密切相关的一项事业。可以预见，如果现行的管理体制不改革，当某一天中央电视台凭借其独有的"天时地利"将受众市场按专业划分完毕后，地方电视台如果没有出奇制胜的法宝，将无法生存。

因此，我国的电视行业只有真正地打破已有的管理体制束缚，尤其是打破条块分割的行政区划运行方式，或者"全国一盘棋"，实行跨越式、超常规的发展和跨媒体、跨地区、跨行业的经营战略，或者各地电视台被允许有充足的空间开办特色频道和栏目，采取资本重组的集团化运行方式，频道专业化的发展才可能有一个良好的前景。

3. 频道专业化要适应我国电视新的运营规律 电视媒体将要遵循企业运营和发展的操作规律，改变传统的运营模式，即由国家拨款，公益化、行政化的事业模式，转向自我发展、市场运作、以服务为中心的产业模式。

说到底，电视的生存和发展是靠赢得最大数量的消费者——观众和广告投资人——而实现的。尤其是在我国，电视台盈利主要靠出售"广告"，从这个意义上说，频道专业化的成败，主要看它能否吸引广告主，而广告收入与收视率呈正比例关系，故而收视率是频道的生命线。

那么，专业频道对这两类消费者的吸引力如何？从理论上来说，专业频道由于观众更集中、针对性更强，会为广告主搭建一个更好的广告平台。但是，由于专业频道本身如何定位并不是很明确，电视广告的成本相对较高，影响力又相对较弱，广告的投放并没有理论上预想的那么乐观。因此，就目前看，在市场竞争中，弱势、新生的专业频道如果单靠广告收入还难以生存和发展。从观众的角度看，目前虽然已经有了付费电视，但在相当长的一段时期内，我国大多数观众除了交纳有线电视网络的月租费外，收看电视节目仍然是免费的，而且，即便付费，面对同样付费的网络和数量众多的其他频道，观众也未必会专情于专业频道。因此，无论从广告主的角度还是从观众角度分析，频道专业化都面临着严峻的挑战，有着漫长的路要走。

第三节 融媒体时代电视媒体面临的挑战与机遇

20世纪50年代末至21世纪初,电视媒体以其近乎垄断的渠道优势、丰富的视听内容、超强现场感、同步直播等媒介特征,几乎成为垄断型媒介。但随着社会的发展、互联网技术的升级和传播方式的演进,媒介形态日益丰富,媒体迎来了新的革命周期,新兴媒体冲击并改变着传统媒体的生态环境、传播格局、运作方式,促进了传播主体、受众、渠道等各方面的汇流融合,相互借力,相互促进,相互制约,相互衍生,使媒体融合成为无法阻挡的发展潮流。全球化的媒体融合不仅引发了媒体内部的新型革命,也带来了社会话语权的结构性变化,更是对各领域产生了深刻而巨大的影响,媒体融合发展已经成为新时代传播的标签。融媒体正是当前技术发展下出现的一种媒介新环境,处于急速发展阶段。它是以现代信息技术为载体的媒介传播方式,实现了对传统平台的融合,有助于信息传播渠道和手段的延展,使得媒体传播空间以倍数增长。

一、融媒体概述

作为近十几年来传媒发展的主导战略选择与实践探索方向,"媒体融合/媒介融合"及其概念内涵、发展进程、实践方式等,引发了学界、业界的诸多思考和讨论。

(一) 融媒体的概念与实践

融媒体是指充分利用互联网这一载体,把广播、电视、报刊这些既有共同点又存在互补性的不同媒体在人力、内容、宣传等方面进行全面整合,实现"资源通融、内容兼容、宣传互融、利益共融"的新型媒体。

"融媒体"概念于2009年被首次提出①,相较于"全媒体"概念,作为媒体融合高级阶段的"融媒体"概念,带来的是"媒介门类融会贯通"的理念更新。随后有人撰文指出:"如果说,'十一五'期间,地方台大多完成了媒体资源的整合,建立了声、屏、报、网等各类媒体汇总的平台,并初步实现了全媒体框架,那么,未来5年,如何融合各类媒体资源,使全媒体真正变成融媒体,则是我们必须面对的要深入思考并探索实践的课题。"② 作者认为,"全

---

① 参见庄勇《从"融媒体"中寻求生机的思考与探索》,《当代电视》2009年第4期。
② 周珏:《从全媒体到融媒体的转变与提升》,《当代电视》2010年第12期。

媒体"侧重于品类齐全,"融媒体"旨在门类的融会贯通。2014年,有人明确建议用"融媒体"代替"全媒体",认为,在传统媒体与新媒体融合发展时,"全媒体"常被解读为"介质品种完全、记者装备齐全"的媒体发展模式,因而媒体常会追求介质品种的"全媒体",而不去关注各个介质之间是否能够融合,会追求记者的"全装备",而较少关注记者是否具备了"全方位作战"的能力。相反,"融媒体"除了包含全媒体之"全"的意思外,还注重各个介质之间的"融",即打通介质、平台,再造新闻生产与消费各个环节的流程,熟稔各类采编技能等,能以最小的运营成本达到最大的传播效果。①

而业界的"融媒体"实践,一定程度上受助于中央关于传统媒体与新兴媒体融合发展的顶层设计。2014年8月,习近平总书记在中央全面深化改革领导小组第四次会议强调,推动传统媒体和新兴媒体融合发展,要遵循新闻传播规律和新兴媒体发展规律,强化互联网思维,坚持传统媒体和新兴媒体的优势互补、一体发展,坚持先进技术为支撑、内容建设为根本,推动传统媒体和新兴媒体在内容、渠道、平台、经营、管理等方面的深度融合,着力打造一批形态多样、手段先进、具有竞争力的新型主流媒体。为了创建这样的新型主流媒体,《光明日报》社于2014年10月创建"融媒体中心",人民日报社的"中央厨房"也于2016年3月正式上线,"打破了过去媒体的板块分割的运作模式,专门设立总编调度中心,建立采编联动平台,统筹采访、编辑和技术力量,实现'一次采集、多元生成、多渠道传播'的工作格局",致力于"为整个媒体行业搭建一个支撑优质内容生产的公共平台,聚拢各方资源,形成融合发展合力"②。

从"融媒体"概念初次提出时的"充分利用互联网载体",到中央指导性意见中的"遵循新兴媒体发展规律""强化互联网思维",再到业界"融媒体平台"搭建中对互联网的深度依赖,可以发现,"网络嵌入深度化"已然成为"融媒体"实践的发展趋势。换言之,为了能建设"策、采、编、发"全流程打通的融合机制,建设包括报纸、网站、移动互联网产品以及社交媒体平台在内的多层次、多载体传播系统,为了能通过信息再加工和深加工来提升内容质量和产品多样性、通过个性化的算法推送和精准营销来提升用户接收体验和媒体黏性,以及通过建立一个开放、协作的内容生态系统来开展跨区域的媒体融合,"融媒体"实践必须更充分地发掘互联网的载体优势,更有意识地利用大数据、云计算、数据可视化等新技术,更依赖于互联网技术的数据化、智能化与移动化发展。

---

① 参见栾轶玫《建议用"融媒体"代替"全媒体"》,《光明日报》2014年12月27日。
② http://www.haiwainet.cn/, 2017-01-23。

（二）融媒体的基本特征

1. 传输载体互联网化　媒体融合的诱发因素很多，但最根本的是互联网的发展。目前，所有传播载体均向网络化演进。报纸、杂志、电视、手机、平板电脑，甚至车载导航仪、游戏机等，几乎所有终端设备都把"接入互联网"作为默认功能属性，为用户随时随地联网获取所需内容提供技术支持，互联网成为传统媒体和新媒体共同的主要传播载体，网络的交互性、即时性等特质因而成为媒体融合的典型特征。不止新媒体如此，诸如电视这样的传统媒体也可以通过高速互联网实现电视内容的搜索、点播和时移播出。

2. 新旧媒体交叉渗透　数字技术统一了文字、图片、音视频等内容的传播格式，网络技术使得媒体的传播载体趋同，原本泾渭分明的电波媒体和网络媒体的边界变得模糊，彼此不断交叉渗透，取长补短，共生共融，甚至连报纸、杂志等平面媒体也通过客户端为读者提供视频内容。新旧媒体的交叉渗透主要体现在两个方面：一是内容的相互调用，数字化编码的内容可以在不同媒体间无障碍传播。比如，电视剧在视频网站与电视台同步或异时播出，而优质网络的内容资源也越来越多地被电视频道所采用。二是传播形态的融合。跨媒体、跨终端已成常态，电子杂志、在线报纸、网络广播、网络电视等都是新旧媒体不断交叉渗透的产物，它们兼具两种或多种媒介传播形态的优势，充分考虑了内容消费者的需求和使用偏好。

3. 传播功能全媒体化　媒体传播功能的全媒体化是不同媒体深度融合的必然结果，这突出表现为有线电视网络的全媒体化、互联网的全媒体化以及所有媒体机构开展全媒体业务。因此，媒体在融合的同时，进入了大竞争阶段。音视频节目服务已不再只是各电台之间、各电视台之间的竞争，而且是各门户网站、音视频网站、通讯社、杂志、报纸等共同竞争的场域。平面媒体与电子媒体的互相进入和媒介形态的转换，形成了超媒体，开启了对受众眼球的空前争夺，传统的广播电视管理体制和管理办法在媒体融合时代已捉襟见肘，亟待改革。

4. 产品形态视频化　在媒体深度融合阶段，媒体产品形态趋于视频化。仅从信息的表达形式来看，视频原本就是表达的最高级别，视频化的内容对用户而言，体验友好、信息量大、具象直观、带入感强，最具表现力和信息冲击力，而用户原创内容（user generated content，UGC）更是极大满足了用户表现自我、即时即兴分享互动的需求，对用户有着极大的吸引力。近年来，视频本身也随着技术的升级而不断丰富其表达形式，从高清到超高清，从3D到裸眼3D，从虚拟现实到现实增强，等等，收看体验和播放效果的优化更是让视频内容牢牢抓住了用户。未来，越来越多的信息将以视频形式呈现。美国的一项研究表明，视频、语音、数据三种业务捆绑可以使离网率降低 50%，比语音和数据两种业务捆绑降低 25%；同时，ARPU 值有可能分别提高达 3 倍和 2 倍；其中，语音花费占 31.8%，数据花费占 19.6%，视频花费占 48.6%。①

中国互联网络信息中心（China Internet Network Information Center，CNNIC）2020 年 4 月发布的《第 45 次中国互联网络发展状况统计报告》显示，截至 2020 年 3 月，中国网络视频（含短视频）用户规模达 8.50 亿，较 2018 年底增长 1.26 亿，占网民整体的 94.1%，短视频用户规模为 7.73 亿，占网民整体的 85.6%，网络视频的影响力已远远超过电视媒体。

5. 媒体消费的个性化 媒体融合时代也是媒体消费的个性化时代。由于消费者由被动接受转变为主动搜寻，以传者为中心向以受者为中心演变。Web 2.0 时代，受众角色发生转变，信息接收人同时也可以是信息发布者，双重角色的重合，给媒体传播带来了一场变革。Web 3.0 时代，通过在线应用程序和网站接收互联网上的信息，向用户提供新的信息或者数据。在海量信息面前，消费者享有多元化的媒介终端，人人都成了传播路径上的一个节点，主动且有选择地接收并发布他感兴趣的内容。此外，"非线性"的传播让消费者不必再囿于某时某刻某个媒体传播的内容是什么，他可以在任何时间、任何地点通过搜索、浏览、定制来满足自己的消费需求。当这些都由消费者来决定时，其个性化消费需求得以充分释放，也为媒体产业创新打开了无限空间。

二、融媒体时代电视媒体发展的挑战

由互联网新兴媒体发起的媒体变革，可以是说对传统媒体的一次成功逆袭，它由工具的变革带来了理念的变革和传播模式、产业模式的变革，带来的不仅是挑战，更是机遇，让传统媒体可以装上全能的翅膀，突破传统电视媒体传播的局限。

媒体融合重构了传播格局，传统的电视媒体所拥有的垄断资源越来越少，影响力日渐式微，而新兴媒体进入高速发展期。

（一）传统业务不适应多屏化，传播空间日益狭窄

在融媒体时代到来之前，电视是受众获取信息的主要途径，电视节目在传播中占据着重要地位，无论是新闻节目、专题节目还是综艺节目，都备受青睐。如开办于 20 世纪 90 年代、我国最早的一档电视新闻杂志性栏目《东方时

---

① 参见《成功的 IT 创始精英访谈之思科 CEO：约翰·钱伯斯——洞察力惊人的总裁》，https://blog.csdn.net/weixin_34205076/article/details/92252438。

空》,创下了收视率的最高纪录,很多观众准时准点等待栏目播出,当时的一些节目话题也形成了社会效应。

媒体融合蓬勃发展的态势,加速了不同媒体之间影响力和市场份额的消长,因为在一定时期内,用户总量是基本不变的,新媒体类型不断出现,接收终端多屏化分散了用户量,传统电视观众正在减少。比如,2011年,美国电视用户数量为1.147亿户,同比减少约120万户,这是1990年以来的首次下降。2012年,美国大约有500万户家庭不再通过天线、有线或卫星收看电视节目,而是通过电视机收看美国奈飞(Netflix)或苹果在线音视频节目。截至2020年12月,中国网络视频用户规模达92677万人,"95后"是互联网的原住民,他们几乎不看电视。①

(二)传统传播观念不适应交互化,单向传播造成受众流失

在融媒体时代,用什么终端看视频,这对用户来说是偏好与兴趣,而对电视台来说,则是一个关乎生死存亡的重大问题。过去,人们看视频只有一个选择:地点是在客厅或办公室,工具只有电视机,电视节目面对的都是单向的传播渠道,仅由电视台提供,采用点对面的传播方式。传播渠道主要是有线网、卫星网和地面网,它们全都采取广播式传播。传播以供给为中心,人围着电视转,电视台独占优势。

现在,人们看视频有了更多的选择,在以出色的交互式传播体验著称的新媒体全新的传播方式面前,以传者为中心的传统观念已经过时。新媒体的核心可归纳为"所有人对所有人的传播",传受双方界限模糊。媒体融合带来的改变之一正是传播方式的转变,受众变成了传者,由被动接受媒体传播的内容变为积极主动地参与信息的制播、分享和讨论,电视节目内容的消费者也成为内容的创作者、传播者。特别是移动互联网4G普及和5G开始应用之后,人们可以随时随地看视频,观看工具也由电视机变成了智能电视机、平板电脑、智能手机、机顶盒、投射仪以及联网的任何屏幕与设备,在技术上形成了视频传播的6A(anytime、anywhere、anynetwork、anyscreen、anycontent、anyone)现象,形成了交互式传播和按需传播,这使得传播以用户为中心,终端跟着人走,点播回看皆应所需。因此,现在,栏目的覆盖与到达意义不大,关键在于人们的选择,电视频道只是人们观看视频的方式之一,电视台也只是提供视频服务的主体之一,电视赖以生存的观众基础正在剧烈震荡,传统电视台优势不再突出,劣势渐显。

---

① 《2020年中国网络视频用户规模、用户使用率急营销的主要模式分析》,https://www.cnyxx.com/industry/202102/933620.html。

传统电视节目虽具有形象化、视听融为一体、具有感染力等优势，过去在人们的生活中占据重要位置，但由于是单向传播，互动效果较差，内容形式单一，等等，使得观众体验度、可视度逐渐降低。与此同时，随着网络技术的发展，新媒体网络节目层出不穷，通过无线通信网、互联网等向用户提供娱乐信息，占据了年轻一代观众的收视阵地。在当今社会，人们的生活节奏不断加快，休闲时间也变得越来越充足与零碎，新媒体能够适应人们对休闲娱乐的各种需求，同时，新媒体具有一定的互动性，可以使人们随时随地分享信息。除此之外，手机电视的发展使得人们在手机上就能够随时随地观看视频，这也对电视节目产生了巨大冲击。

传统电视节目长久以来一直是"一对众"的传播方式，即由电视台制作节目，通过电视信号传播给电视机前的受众，这种方式在传统媒体时代是信息发布的唯一方式，受众只能接受。但是，随着信息数字化的发展，网络、自媒体等新的传播手段的形成和发展，使得人们不再满足于单纯地接收信息，而是希望有更多的选择和参与机会。以现在的很多电视节目来说，观众可以通过扫描屏幕上的二维码，与节目进行实时互动。还有一些节目在播出过程中直接将观众发来的信息在屏幕下方以直播的方式滚动播出，这既是对电视节目互动性的探索和推进，也是为了更好地满足受众多方面的需求。

（三）传统盈利模式不适应多样化，广告竞争渐居下风

电视台的盈利模式主要是广告，大多数电视台经营收入来源单一，基本上全部来自广告，版权经营尚未被纳入统计项目，其收入微不足道。近年来，随着电视广告管理政策的收紧和要求的提高，除少数几个强势卫视频道外，大多数电视台尤其是省级地面频道和城市台广告收入减少，收入仅够"养人"，事业难以发展。与之相对应的是，一方面，新兴视频媒体逐渐形成了超级视频传媒产业模式，以视频业务为依托，打造用户平台，促进与其他产业的融合，开拓包括线上线下在内的综合运营的融合产业模式，形成了可持续发展的产业支撑。另一方面，传统的电视广告产业在广告业中的比重逐年下跌。这说明，在广告市场，网络媒体的龙头地位已经确立。这个市场主要是民营机构在主导，少数民营网络媒体机构利用市场和资本优势进入了广告垄断发展阶段。因此，电视台要守住原有阵地、拓展新阵地，都变得更加困难。

我国电视媒体普遍存在盈利模式单一、过于依赖广告的问题。传统媒体广告增幅放缓，日益受到新媒体的蚕食，传统媒体的广告市场基础正在松动，互联网广告特别是在线视频广告爆发式增长，而电视、广播、报纸、杂志、电影等五种传统媒体的广告几乎都是负增长。能否改变主要依靠广告和收视率的传统盈利模式，适应盈利模式多样化的迫切要求，找到新的盈利增长点，这是我

国电视媒体面临的重大挑战。

(四) 传统体制不适应社会化运营，融合面临体制掣肘

一方面，传统体制对传媒业有着严格的市场准入制度和行业市场壁垒，报纸、杂志、电台、电视台等媒体都是政府主办，由国家事业单位专营，社会机构、民营资本禁止入内，因而形成了传统媒体的体制保护和体制红利。而在另一方面，互联网络一诞生就由民营机构运营，与其伴生的网络媒体则是有社会资本投资、在风险投资的支持下发展壮大的，它们天生就是社会化、民营化的媒体。以互联网为代表的社会化新媒体还有两个显著特点。其一，去中心化，即人人皆是信源，传播网络是开放的，信息有非常多的"入口"，属于社会化的制作；其二，海量信息，且更新速度非常快。对舆论的监管若还是采用传统的下发通知、领导批示等"堵"的方法或是借助媒体发声来"稀释"舆论的方法势必都是行不通的，因此，传统媒体与网络媒体的竞争，在体制层面上说，就是国有传媒体制与民营传媒体制的竞争。

随着媒体融合的渐次推进，传媒产业的社会化运营已是大势所趋，建构媒介融合体制也是传媒体制改革的重要任务。目前，一方面，社会资本进入传统媒体存在政策屏障，即使进入传统媒体开办的网站，也存在一定的困难。另一方面，除党报党刊之外，报纸、杂志等平面媒体已经全面转企，成为市场主体，但广播电视媒体经营性机构和业务转企、进入市场还存在观念与体制机制的问题。这使得广电与其他媒体的融合面临诸多障碍。要实现媒体的市场融合，需要建立一个更为开放的市场体系，赋予每一个参与主体平等的准入地位，推进主体融合和管理融合。

随着网络化特别是移动互联网 4G 的普及以及 5G 的应用，所有产业市场格局都在重构，所有行业都在植入互联网基因，所有互联网运营机构都可以成为媒体，这一进程的推进和传媒政策的相对开放使得视频传播市场格局和产业链发生了空前的变革。一是内容制作社会化。节目制作准入门槛大幅降低，社会机构都可以申请制作牌照，电视台的内容制作遭遇越来越强大的竞争对手，一些民营制作公司拥有强大的市场活力和灵活的机制，节目尤其是综艺娱乐节目的制作能力和水平快速提升，大量进入电视台，电视台初显节目制作空心化的苗头。二是传播平台的社会化。在技术上，任何网络媒体都可以做到节目集成传播，一些智能电视机运营商和视频网站通过 OTT 直接向电视机传播节目，而 App 本身就是一个基于 PC 互联网和移动互联网的节目集成平台。集成平台的社会化改变了节目的组织形态，人们可以在媒体上各取所需，电视台节目的频道形态越来越难以满足互联网时代人们的个性需求。三是人才向体制外流动加剧。过去，视频节目制作与运营人才主要集中在电视台，随着民营机构的兴起和人才市场价格的提升,电视台人才外流速度加快,尤其是骨干人才外流严重,损害了电视台的创新能力和竞争能力,传统电视台的空心化趋势难以逆转。四是体制机制改革滞后。民营视频传媒公司实行完全意义上的现代企业制度和市场机制,频繁地开展资本运作和并购重组,进行产业链协同运作,实力快速增强;电视台实行事业体制,尽管可将经营性业务转为企业经营,实行制播分离,但总体而言,依然存在事业体制机制的瓶颈效应,依然处于相对封闭和分散运营的状态,其运营管理过度依赖政策保护,难以适应市场经济环境,产业规模和实力逐渐落后于民营龙头企业。

三、电视媒体的发展机遇

挑战与机遇从来就是一体两面的,挑战的背后就是机遇,电视应充分利用自身优势,借助新兴媒体的"翅膀",实现超速发展。

(一)电视依然占据主流媒体地位

2017年,第19届中国电视覆盖及收视状况调研成果显示,电视主流媒体地位稳固,以97%的接触率居于首位。手机/PAD等移动终端接触率持续增长,以73.2%稳居第二,全面串起用户的碎片时间。数据显示,电视单个频道的全国平均覆盖规模达9.1亿人。2017年,中央电视台/中国教育电视台24个频道中,17个频道的全国覆盖人口超过11亿人。中央电视台一套、七套等10个频道的全国覆盖人口均为12.5亿人以上。49家省/副省/市级卫视频道中,湖南卫视、江苏卫视、山东卫视、浙江卫视、北京卫视等10家省级卫视的全国覆盖人口均为11亿人以上。卫星电视频道覆盖规模继续扩大,高清频道成为新的覆盖增长点。2017年,全国卫星电视频道累计覆盖达到610亿人次,较上年增长近35亿人次。2017年,超七成(54家)卫星电视频道已经布局高清频道,在全国累计覆盖93.5亿人次。有线数字电视用户规模仍然是最大的,直播卫星数字电视、IPTV均跻身三大主流电视传播通路。2017年,共有7.8亿人通过有线数字电视接收电视信号,占比为58.8%;IPTV用户规模增长至1.9亿人,增幅达49%。此外,OTT TV全国用户规模保持快速增长态势,2017年较上年增长6000余万人,年增幅达482%。综上可以看出,虽然电视媒体在多屏时代受到新兴媒体的挑战是无法避免的,但并不意味着新兴媒体就可以轻而易举地取代电视媒体的地位。[①]

[①] 参见崔燕振《2017年全国电视覆盖与收视状况调研成果重磅发布》,https://www.sohu.com/a/203612732_505891。

（二）5G 技术为电视媒体提供了更广阔的平台

5G 技术的出现，为电视媒体的发展提供了更广阔的平台。第一，5G 技术加快了用户获取信息的速度。举一个简单的例子，一个带 5G 的摄像头就可以完成一条现场新闻的即时监督和直播，无须复杂的设备和转播车，就可以保证没有延时的全新感受，打破了电视媒体传播的局限性，让人们随时随地都可以获得最新的信息。第二，电视媒体的优势与 5G 技术的结合可以带来新的发展机会。对电视媒体来说，一条新闻在播出之前需要经过记者采访、相关部门制作等流程，并且，一般情况下，从采编人员进行信息采集到最终定稿需要几个小时，新闻的传播速度很大程度上受到制作周期、截稿时间等客观因素的制约。全新的新闻采编形式出现，这种内容更加正规、深度、即时，显然更能吸引观众的眼球。这也让电视媒体尤其是城市的主流媒体迎来"王者归来"的机会。

（三）电视对新兴媒体挑战的应对

新兴媒体发展速度日新月异，传统媒体虽然暂时不可能完全被新兴媒体取代，但新兴媒体持续增长所受到的关注度给传统媒体的生存和发展带来了巨大的危机，如果不能够对自身进行改革创新，不远的将来，也许传统媒体真的会被新兴媒体完全取代。因此，传统媒体必须采取合适的应对措施，和新兴媒体和谐共生，甚至互利共赢。

1. 提升电视的传播权威性，提升公信力　新兴媒体不断发展壮大，种类也越来越多，在这种大的环境下，核心竞争力至关重要，电视媒体必须发挥自身的独特优势和核心竞争力，才能在激烈的竞争中生存和发展，而这一核心竞争力就是传播的权威性和公信力。电视媒体在多年的发展演变过程中，积累了浓厚的文化底蕴和雄厚的群众基础，其公信力也是新兴媒体所无法比拟的。网络媒体具有自发性和开放性，管理体制较为松散，发布者更注重信息的快速性，导致受众对很多新闻的真假难以辨别，有些媒体甚至歪曲事实真相，混淆视听，造成负面的社会影响。这就需要传统媒体进行权威性的解读，将新闻事件挖掘得更有深度，因此，电视媒体担负着较大的社会责任。作为党和政府的"喉舌"，它们不能仅仅把盈利与否作为衡量发展与否的标准，传播最真实的事件，维护社会利益，为和谐社会做出贡献，是电视媒体超越其他媒体的优势。

2. 发挥自身优势，拓宽传播途径　虽然新兴媒体的快速发展，使得一部分受众群体对电视媒体的依赖度降低，但电视媒体有其不可替代的作用，在这个高科技时代，电视媒体一定会实现持续发展。例如，电视媒体在播报新闻和

电视节目的同时，也可以利用手机、微信、微博等平台实现与受众群体的实时互动，根据互动内容及时对节目内容进行更新和修改，最大程度地满足大众的需求。在一些突发事件的报道上，注重多角度的传播和报道，将新闻内容全方位、多维度地展示给大众。丰富以往记者单一的报道渠道，吸纳大众的手机摄像等照片、视频的内容，用来补充自己原有的新闻摄取渠道，使新闻内容更丰富、更具说服力。

3. 与新兴媒体融合发展，实现共赢 较之新兴媒体而言，电视媒体有更雄厚的资金实力和人才队伍。电视媒体要发展，就要放下身段，主动寻求与新兴媒体的合作共赢，吸收新兴媒体的优点，弥补自身的缺点。电视媒体可以利用新兴媒体的普遍性，为电视媒体的报道提供多元化的素材，将其中一些优秀的素材放在大众媒体上，进行覆盖面更广的报道，并加以更有深度、更客观的分析。有实力的电视媒体可以采用收购新兴媒体的方式，将新兴媒体与电视媒体予以融合，借助新兴媒体中互联网的广泛参与性，助力电视媒体扩大影响。例如，腾讯公司开发了微信红包等新兴媒体业务，成为大众新宠。中央广播电视总台春节联欢晚会便成功地与腾讯公司合作，让观众们一边看节目，一边参与答题互动，参与微信抢红包活动，使得自身的收视率得到了提升，吸引了青年观众的目光。

第一章 电视谈话类栏目

第一节 电视谈话类栏目的界定及发展历程

一、电视谈话类栏目的界定

电视谈话类栏目的英文为"TV talk show",其字面意思是"电视交谈展示",港台电视业界则音译为"电视脱口秀",这一翻译很传神。

但对电视谈话类栏目的界定历来说法不一。本书认为,电视谈话类栏目是指主持人在演播现场与访谈对象就特定的话题进行讨论,并接受场内外受众参与的一种栏目类型。它是将人际之间的口头传播引入屏幕,并将这种传播方式直接作为栏目的内容和形式的栏目形态。

电视谈话类栏目起源于美国,电视史学家一般都把美国全国广播公司(NBC)1954年推出的《今夜秀》看作电视谈话类栏目的先河。经过半个多世纪的发展,在西方国家,电视谈话类栏目已成为电视栏目的主体样式之一,占整个西方电视栏目总量的60%～70%。以美国为例,上百档各式各样的夜间和日间谈话类栏目在商业电视网、有线电视网和地方电视频道播出。而在英国,电视谈话类栏目也被安排在黄金时段播出。从内容来看,美国的电视谈话类栏目主要分为"新闻·信息"类栏目、"综艺·喜剧·采访"类栏目、"人际关系·自立·心理分析和日常生活"类栏目、为特殊观众专门设置的谈话类栏目等四类。其中"新闻·信息"类栏目在美国被认为是最为地道的谈话类栏目,包括《拉里·金现场》《夜线》《里韦拉讨论》等新闻讨论、嘉宾采访和热线电话相结合的栏目。而在"人际关系·自立·心理分析和日常生活"类栏目中,反映私人问题和不正常人际关系的娱乐性节目一直以来都是美国数量最大的谈话类栏目,著名的有《奥普拉·温弗瑞秀》《大卫·莱特曼深夜秀》《珍妮·琼斯秀》等。

相比较而言,我国的电视栏目强调参与性和传播优秀文化、教育民众的功能。因此,在话题的选择上,我国的电视谈话类栏目强调的是教育性、指导性，在嘉宾的选择上注重的是权威性和专业性，在嘉宾和观众的现场表现上，尽量回避尖锐的矛盾和冲突，强调的是困惑的解决和心态的调适。自《东方之子》《实话实说》开播以来，各个台基本都有自己的谈话类栏目，每逢庆典节日，以相应话题的谈话类栏目作为一种特别栏目更是成为惯例，同一时段有几个谈话类栏目同时播放也不鲜见。但整体而言，在栏目运作上，话题及其切入角度、栏目的形式不是跟着主持人的个性和风格走，而是追踪"社会热点"，强调宣传作用，吸引力、趣味性、话题的深度和广度都有所欠缺。

虽然中西具体语境有所不同，但从本质上来讲，电视谈话类栏目都是通过建立一种全国性或地域性的谈话系统来实现它作为"公共领域"的功能。为大众提供了一种公共话语空间。当代电子媒介的平民化性质造成了这种公共空间的私人化，电视谈话类栏目就是此种公共领域私人化的典型代表。

二、我国电视谈话类栏目产生的背景

（一）社会转型与价值多元化

我国的电视谈话类栏目（以下称谈话类栏目）诞生于20世纪90年代初（1993年，我国第一档谈话类栏目、东方卫视的《东方直播室》开播），而这一时期中国社会正发生重大转型。

在一定意义上，谈话类栏目的兴起反映了处于转型期的我国大众的一种价值取向。一方面，人们的思想观点长期没有机会在公共场合得以展现，而谈话类栏目的出现则为这种交流和碰撞提供了一方舞台。另一方面，随着社会改革的不断深入，人们的价值追求越来越多元化，反映在审美取向上，则是开始转向世俗化，强调个人的价值，对社会问题的思考也趋于个人化和平民化。观众不再满足于媒体和主持人居高临下式的说教，开始有了对娱乐、幽默、轻松节目的需求；他们也不再满足于只做传播过程中被动的接受者，而是希望参与节目，并能表达自我，这也直接导致了我国传媒的传播理念的深刻变革。媒体开始关注普通人的生存状态，并以这种关注为我国当时趋于僵化的电视栏目注入了生机和活力。可以说，谈话类栏目的创立与发展，是电视媒体从传统传播理念到现代传播理念的一次成功突破。更重要的是，它使人们生活的这个社会产生了某种改变，并且这种改变已远远超出了它在传播学上的意义，而是有着很强的现实意义。

而且，在社会转型过程中，各种价值观念的冲突是难以避免的，这种冲突势必在一定程度上导致社会秩序紊乱、民众心理失衡、行为失范等，谈话类栏目就是在这种背景下诞生的。这是由于，一方面，价值冲突使谈话类栏目的论辩成为可能;另一方面,人们心理的失衡、行为选择的失范,以及由此而日益增长的个体痛苦和对社会的不满为这些谈话类栏目提供了丰富的原料。

不平、不解和愤懑的情绪需要找一个宣泄的通道,谈话类栏目无疑是一个有效的缓解压力、宣泄情绪的窗口,它从文化整合上对人们心理健康的培养、对社会秩序的建立和维护发挥了作用。

(二)电视传播观念的转变

电视栏目制作的重点转向与百姓息息相关的生活:内容上注重从日常生活中提取话题,形式上多强调平民百姓的广泛参与,使用平实质朴的语言交流。

传播观念的转变带来了我国电视栏目的繁荣,电视谈话类栏目体现了这种观念的转变。

综上所述,处于转型时期的我国社会为电视谈话类栏目的产生和发展创造了良好的外部环境,不仅为谈话类栏目创造了宽松的谈话氛围,提供了丰富的话题来源,而且促进了电视从业者的传播观念的转变,兼顾社会效益和经济效益,努力创造出为大众喜闻乐见的谈话类栏目样式和内容。

(三)心态开放,交流欲提升

随着改革开放的深入,中国社会正发生了巨大的变化,与此同时,新情况、新问题不断涌现,人们的思想观念也在发生深刻的变化。了解社会事件的缘由和他人的见解,越来越成为现代人观察社会环境、把握现实世界,进而做出决策的重要参照。

交流是人获得本质属性的方式之一。电视在本质上就是交流的工具,谈话类栏目顺应了电视的这一本性,敞开自我,了解他人,是谈话类栏目的固有功能。

三、我国电视谈话类栏目的发展历程

继上海东方电视台《东方直播室》开播之后,全国各省市电视台相继推出一批谈话类栏目,如广州电视台的《羊城论坛》、山东电视台的《社会话题》等。紧接着,仅中央电视台各个频道就开办了《文化视点》《五环夜话》《读书时间》《对话》等一系列谈话类栏目,该种电视栏目类型在国内日渐成熟。目前,全国约有近 200 档电视谈话类栏目。

概括说来,我国谈话类栏目经历了两个发展阶段。

第一阶段:1993 年 1 月—1996 年 3 月。这一阶段以《东方直播室》为开端,谈话类栏目的数量不多,尚未引起业界重视,但是也出现了较高水准的谈

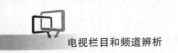

话类栏目。

上海东方电视台首创的电视直播谈话类栏目《东方直播室》，涉及社会、家庭、法律、经济、文化、历史等各方面热点问题，其特色是讲究谈话的自然，追求谈话的真实，而这一点正是当今许多电视谈话类栏目所欠缺的。《东方直播室》的创办者在谈话类栏目伊始就认识到了这一点的重要性。

另一个颇具代表性的栏目是中央电视台的《东方之子》。它一改我国电视栏目对人物理解和刻画的模式化、表面化的传统，以面对面访谈的形式，通过人物自己的叙述来展示人物的人生经历和人格魅力，从而挖掘更深层次的人文内涵。

这种谈话类栏目充分体现了对人的尊重，电视传媒也由此实现了从单向传播到双向传播的一大跨越。

第二阶段：1996年3月至今。这一阶段的特点是，中央电视台以及各地方电视台的谈话类栏目蓬勃发展，并逐渐有了各自的特色，话题、形式越来越丰富，各个谈话类栏目之间形成了相互竞争的态势。

谈话类栏目发展至今，从最初的一哄而上、单纯靠话题的异和奇来吸引观众，走向了以个性见长而谋求生存与发展的阶段，谈话类栏目的种类也日趋丰富，有访谈式、讲述式、论辩式等。

谈话类栏目不再是单一的谈话，而是在谈话的同时融合了多种电视文体——新闻、纪实、娱乐等。例如，湖南电视台的《零点追踪》，以发生在我国各地的大案要案为主要关注对象，兼有新闻的时效性、专题片的评论性、纪录片的纪实性、电视剧的模拟表现、对戏剧结构的借用等，发挥各种艺术形式的优势和特长。中央电视台的《经济半小时》《国际观察》等，把新闻题材和谈话形式相结合，节目放一段新闻，主持人就请演播室的"特约观察员"（多为经济、金融业界的专家）做一番评论，借助外脑对新闻的来龙去脉进行深入的剖析，在谈话中加深了节目的力度和深度。

当代谈话类栏目还出现了许多新形式。如，北京卫视《谁在说》采用首席观察人点评、网上直播方式，河南电视台引进了综艺形式，如按键选择、题板注释、纸条交流、外景报道和互联网调查等。有的电视台还大胆采用了直播形式，并利用热线电话吸引更多的观众参与。

而以《鲁豫有约》《鲁豫有约大咖一日行》《艺术人生》《我的艺术清单》《可凡倾听》等为代表的讨论型谈话类栏目、以《非常静距离》《超级访问》《开讲啦》《天天向上》等为代表的综艺娱乐型谈话类栏目，以及《面对面》《对话》等社会性深度谈话类栏目，是曾经以及当下传播较为广泛、具有一定代表性的访谈栏目。

第二节 谈话类栏目的类别

  按不同的标准,谈话类栏目可以分为不同的类型,例如,按栏目功能,可分为娱乐性谈话类栏目、严肃性谈话类栏目;按栏目播出方式,可分为现场直播型谈话类栏目、录制播出型谈话类栏目;按有无现场观众,可分为无现场观众类谈话类栏目、现场观众类谈话类栏目;按受众定位,可分为女性谈话类栏目、男性谈话类栏目、老年人谈话类栏目、青少年谈话类栏目;等等。如此之多的分类方法,各有千秋,很难说哪一种更可取、更科学。本书根据常见的分类方法,从内容的角度对谈话类栏目进行分类,大体可分为新闻类栏目、娱乐类栏目、社会民生话题类栏目、专题类栏目四大类,下面分而述之。

一、新闻类

  新闻类谈话栏目(以下简称新闻类栏目),即就某一新闻或专业话题与现场嘉宾和现场观众进行采访、讨论的谈话类栏目,既包括多人访谈,又包括二人对谈。现场嘉宾选取的多是新闻的发布者、执行者,专家以及当事人,强调准确性、权威性、贴近性。主持人、嘉宾或观众共同对某一新闻事件进行讨论,以帮助人们了解新闻事件和公众舆论对这一事件的看法。
  这类栏目往往围绕当前社会热点、难点、焦点问题或者令人关注的新闻事件而引发的社会话题来进行讨论,一般为比较严肃的"硬话题"。
  新闻类栏目多在演播室或某个特定场所进行,基本构成为主持人、嘉宾、相关的静态及动态新闻片,有的也有观众参与。在主持人用几个关键性的问题把事件引出来之后,演播室或是出现于电子屏幕的嘉宾就开始谈论,与此同时,直拨电话也对全世界的观众开通,而且,随着网络对电视的渗透,在线互动、电子邮件等形式也被引入谈话现场。
  这类栏目是对新闻、专题节目的一个有效配合。比较著名的有:美国的《拉里·金现场》,在演播室及时就新闻事实对嘉宾进行采访;中央电视台《东方时空》原子栏目《东方之子》,以名人访谈形式与记者对话;中央电视台财经频道的《对话》,围绕热门经济话题与焦点人物对话;中央电视台的《国际观察》、凤凰卫视的《新闻今日谈》,紧扣时事新闻,由固定主持人和相关专家进行对谈。
  可以将新闻类栏目进一步细分为知识信息类栏目和新闻人物访谈栏目。

（一）知识信息类

知识信息类栏目直接展示信息源，既提高了信息的准确性，又以谈话促使观众进行思考，与观众达成一种新的、更为积极与健康的对话方式。如中央电视台的《央视论坛》，栏目淡化了新闻事实本身的动态报道，突出了主持人和嘉宾的谈话，将新闻作为背景、由头，从"评事"走向"论理"，通过嘉宾的声音表达媒体的观点，通过权威人士的深度分析让观众知道"应该了解的"事实。同类的栏目还有凤凰卫视的《时事开讲》，栏目中，嘉宾、主持针对当时最热门的国内外新闻话题，从不同角度对事件做出分析评论。再如话题性的事实评论栏目《新闻今日谈》，主持人与时事评论员针对当天最热门的时事问题做深入的分析及评论，让观众能直击事件背后鲜为人知的事实，更全面地透视事件的真相。

（二）新闻人物访谈

新闻事件和新闻人物是分不开的，故这类栏目也常常邀请新闻人物到演播室做客，对之访谈。如，中央电视台的《新闻会客厅》，以主持人和现场嘉宾为主要组合形式，关注的是当日或近期国内发生的重大新闻事件中的人，强调开掘新闻事件中当事人和关联人的亲历、亲为和亲感，突出新闻中人性和新闻性的结合。中央电视台财经频道的《对话》，也常将重要新闻人物请进演播室。在这类栏目中，新闻性最为重要，栏目常常以新闻人物为由头，在此基础上构筑对话空间，由此引发深层次的思考。

二、娱乐类

娱乐类谈话栏目（以下简称娱乐类栏目），指借助谈话的框架，通过特殊的人物选择，在栏目中设计表演活动或特殊的情景，并通过即兴提问等多种方式，充分展现话语中的娱乐元素的谈话类栏目。

人们需要一种人人可参与、可以轻松获得的愉悦和乐趣，从言语中直接获得愉悦和放松是一个简单而有效的途径，娱乐类栏目作为脱口秀类栏目的边缘性发展，以谈话为基本载体，或是借助设计的表演活动，或是通过随意即兴的问话，运用多种方式充分展现话语中的戏剧性、娱乐性。

比如，美国的《大卫·莱特曼深夜秀》《杰·莱诺谈话节目》都是在深夜播出的充斥各种娱乐因素的滑稽访谈。星空卫视曾经的《星空不夜城》更是把谈话的娱乐性作为栏目的主要元素，栏目开始是主持人播几段笑话或段子，中间插入嘉宾的才艺展示，谈话内容也完全是带有私密性的话题，满足观众的好奇心理；而中国台湾地区的《非常男女》则通过对私人话题的公开谈论，既为渴望相识相知的异性提供一个在话语中展现自我的舞台，又满足了人们潜在的窥视欲望，客观来看，也为了解社会风气、婚恋观念以及解读情感因素开启了一个温馨有趣的窗口，具有很强的娱乐效果。至于中国台湾地区的《康熙来了》，则把谈话变成了纯粹的插科打诨，虽然在格调上有可商榷之处，但其对娱乐性的追逐可见一斑。

娱乐类栏目的一种方式是以主持人与单个受众交流的形式为主，有时也出现多人交流的情况，内容以个人的感情抚慰为主，话题多涉及家庭、恋爱、婚姻甚至隐私。如中央电视台原《艺术人生》、凤凰卫视的《鲁豫有约》、国内30余家电视台合力打造的《超级访问》等。主要是和娱乐界著名人物之间的谈话，气氛温和，避免争论，同时还可以挖掘明星们鲜为人知的一面。对观众来说，这种栏目是对日常生活的一种调剂，因为其中不仅有耀眼的明星出场，而且谈话话题和内容相对轻松。

如《超级访问》中最具有娱乐性的当属连线场外亲友嘉宾的环节，围绕一位现场嘉宾，栏目组采访嘉宾20位以上的亲友，并出其不意地通过大屏幕将他们一一展现在现场嘉宾面前，连嘉宾本人都直呼意外，颇具娱乐效果。

娱乐类栏目的另一种方式是着重于娱乐、放松，如同平常生活中朋友间的聊天，更具生活原生态特性，消解严肃主题，以怡情为主，娱乐观众，放松身心。最典型的栏目形态有凤凰卫视曾经的《锵锵三人行》、北京卫视曾经的《夫妻剧场》等。

以《锵锵三人行》为例，它实际上脱胎于美国电视的夜间谈话类栏目。该栏目有一套固定的模式：栏目开始时，主持人发表一番似乎不着边际的议论，但是其内容大多与当前的热门话题相关。栏目中聊天的话题很松散，注重营造日常聊天谈笑风生、天马行空的氛围，以某一话题为由头起兴，主持人和嘉宾则坐在一块，像朋友聚会一样无中心、无主题地海聊神侃，说到哪儿是哪儿，往往以开放式的结尾收场。这类栏目极具个性化，主持人视域的宽窄决定着话题的深浅，受众青睐度取决于主持人的个人魅力、对谈话"场"的控制和氛围的营造。

三、社会民生话题类

社会民生话题类栏目，指以日常生活中的平常事件为讨论由头、由大众参与的人际倾诉或以讨论为主体的电视谈话类栏目。

从民生话题的内容来看，它关注的是寻常百姓的身边事、麻烦事、有趣事，以普通百姓为核心角色，用民众的眼光和话语，表达民众的情感和呼声，

反映民声、民意、民情，体现亲民、爱民、服务于民的宗旨。

这类栏目具有较强的故事性和情节性，谈话的本身强调平等交流和人情味，其注重的不是权威性，而是大众参与性，以及正常人际沟通所产生的愉悦感、轻松感。选题一般不具备新闻性，但为公众所关注。关注普通人的生活，讴歌普通人的真实情感。如北京电视台的《生活广角》、凤凰卫视的《冷暖人生》等。

在这类栏目中，主持人的主要是作为一个倾听者、一个组织者，来调动现场气氛，控制话题的行进方向，营造一种日常人际交往的友好氛围。而嘉宾在现场的谈话是节目的重要组成部分，现场观众则是节目气氛的营造者，也是节目中一些趣味横生的枝杈的生成处，有时候甚至能将栏目带上一个新的高度。

此外，这类栏目强调谈话本身的展示作用，让人身心得到释放，因此，在满足人倾诉和参与的需求之余，还注重谈话的形式要素，以便在内容之外形成很强的可视性。比如，以幽默元素作为人际互动的催化剂，瞬间拉近人际距离；利用冲突元素，以张弛有度的谈话力度，激发观众极大的收视欲望。

四、专题类

专题类谈话栏目（以下简称专题类栏目）围绕某一专业领域如文化、影视、经济、股市、体育、科技等领域的话题进行较为深入的讨论，通常会邀请这些领域的专业人士参与讨论、点评。这类栏目一般安排在专业频道（频率）或者特定时间播出，以吸引特定的受众群。

此类谈话类栏目还可以细分为以下几类。

（一）辩论类

辩论类谈话栏目（以下简称辩论类栏目）通常以讨论或辩论的方式展开，以大家普遍关注的话题作为中心或讨论的由头，由主持人、嘉宾或者现场观众共同参与探讨。其基本特色是，安排两个或两个以上的出镜者，而栏目主持人基本上是不变的，他是这档栏目的标识、形象代言人。栏目以讨论聊侃的形式进行，侧重于发挥媒介传递信息、交流思想、引导舆论、监视环境的功能，是谈话类栏目整合大众传播和人际传播的典范。

辩论类栏目就像"群言堂"，每期关注一个中心话题，针对当下人们普遍关心的社会现象、新闻事件、观念思潮等进行论辩，为交流思想、启发智慧提供新的谈话平台。从栏目形态来说，辩论类栏目主要是谈话人在演播现场就某个话题展开讨论、交流、评说和争辩，提出各自的观点和看法。话题的选择至关重要，它关系到谈话人参与栏目的热情和兴趣，同时又直接影响着栏目现场内外观众的情绪，进而影响谈话栏目的效果，而多种社会热点、焦点问题的设置都体现出栏目内容的多样化、多元性和包容性。另外，演播室如同一个不分胜负的辩论赛场，这个特点尤其体现在话题结论的开放性上。

凤凰卫视的《时事辩论会》最具有典型性，从辩论的内容到形式，都是理性的争辩较量。其节目定位为"扣紧时事，让事实越说越清；交锋观点，使真理越辩越明"，每次设定一个时事热点话题，并特意从内地、香港或海外邀请多位背景各异、才智过人的嘉宾参与，形成热烈的争辩气氛。通过多角度的辩论，使观众能洞悉事件的不同侧面，对事件的真相、本质有更透彻的了解。

凤凰卫视另一档栏目《一虎一席谈》也是具有理性思辨色彩的辩论类栏目。嘉宾一般都是相关方面的权威、专家学者、社会人士，能言善辩，讨论起来时唇枪舌剑，各抒己见。现场气氛激烈，谈话交锋与碰撞，引发现场和场外观众脑力冲击、震荡。

相比较而言，辩论类栏目更注重让观众对各种值得关注的严肃问题有一个更深入、更全面的了解，无论是宏大叙事，还是鸡毛蒜皮的话题，无论是精英化诉求，还是平民化视角，节目风格、形式相对中规中矩，都希望能够给那些处于困境中的普通人以有效的帮助。在当下，这类栏目日益成为谈话类栏目的主流类型，是主流话语、精英话语和大众话语合谋最为成功、到位的谈话类栏目的类型之一。

（二）访谈类

访谈类谈话栏目（以下简称访谈类栏目）也可以看作专题类的一种。主持人调动电视的各种表现元素，以现场访谈或者连线等方式，与被访者、嘉宾和观众对话交流。在访谈类栏目中，访谈上升为一种平等交流，因而对话不仅是一种技巧，更是一门艺术。

人物专访是访谈类栏目的主要类型，它以为观众介绍一个或多个有个性、有影响的人物为主，通过主持人对栏目的主角、相关人物进行访谈的方式，展现人与人之间对话交流的过程，呈现鲜活的人或真实的生活，让观众充分了解他人的思想和人生经历、对生活的理想和追求，观照他人的生活方式，分享个体内心的生命体验。

人物专访中，被访对象既可以是专家权威、政界高端和风云人物，也可以是草根平民，但都着重于对个体生命的展示，围绕一个人，以人为立足点来做文章。如中央电视台的《高端访问》《对话》《艺术人生》《鲁健访谈》《我的艺术清单》，东南卫视的《鲁豫有约大咖一日行》，江苏卫视的《时代问答》，东方卫视的《财富人生》，阳光卫视的《杨澜访谈录》，浙江卫视的《与卓越

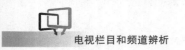

同行》，等等。

如，《杨澜访谈录》定位锐意求新，突出人文和国际化特色。栏目以精彩人物、精彩话题为主要特色，关注人的性格特征和独到见解，以历史的深度和广度，表现个体与社会的相互作用，寻找人类智慧的光芒。《杨澜访谈录》创办于2001年2月9日，首访的是前国家主席刘少奇的夫人王光美，受访对象主要是各国政界要人和科技、社会、文化界精英，以名人的故事抓住观众的心；谈话内容涉及对时政、经济的深入分析，文化、艺术领域最新潮流的展示，畅谈个人成长经历，分享成功人士的成功经验。话题设置以人的经历、感受和智慧为中心，剥丝抽茧地讲述人物故事，从成败得失、人生百味中体现人的智慧和感悟，让观众通过屏幕去接触那些平常可望而不可即的世界名人，拉近距离，建立沟通。

（三）讲述类

讲述类栏目也是专题谈话类栏目的一类。它通过访问人与被采访者谈话的形式，以被采访者的讲述为主，来展现人物背后的故事，并让专家、嘉宾以及演播厅的观众对讲述中有疑问的情节和有争议的观点进行讨论，发表自己的观点和看法。比如中央电视台的《讲述》《社会记录》，湖南卫视的《真情》，凤凰卫视的《李敖有话说》《口述历史》《世纪大讲堂》，北京电视台的《档案》《最佳现场》《光荣绽放》，安徽卫视的《爱传万家——说出你的故事》，等等，都在受众中颇有口碑。

演讲类栏目可以看作讲述类栏目的变异形态，由主讲人就某一话题做专题演说，演讲的选题一般是当下人们所关注或感兴趣的事件，要求论点与论据逻辑性强，语言精练生动、通俗易懂。如，凤凰卫视2004年3月8日—2007年1月播出的《李敖有话说》，由李敖一手包办，以历史事实为基本素材。互动对话型演讲式栏目《世纪大讲堂》，特邀国内外众多名家讲学论道，跨学科、跨领域互动式讨论与交锋，将严肃的学术话题融于活泼的电视形式，形成了一个经典的论坛。与此类似的是陕西卫视曾经的《开坛》栏目，虽然由于地域、频道整体关注度等原因而影响不大，但其话题的新锐、嘉宾的层次和见解、主持人的把控能力和学识，都有可圈可点之处。

口述历史类栏目也可视为讲述类栏目。这类栏目一个很重要的存在意义在于，如果能用足用活人的历史、历史中的人这部分资源，把历史还原成由千千万万个个体的生命和生活构成的微观历史，也即活在个体记忆中的历史，则能让我们感受到一种"活"着的历史。

第三节　谈话类栏目的元素

根据传播学的一般理论，传播包括五个基本元素：传播者、传播内容、传播效果、接受者和传播环境。据此，分析谈话类栏目，可以从主持人、现场嘉宾与观众、话题、环境和氛围等方面入手。

一、主持人

栏目主持人是在电视媒体中，以个体形象和行为出现，代表媒体的整体观念，用有声语言、形态能动地操作和把握节目进程，直接、平等地进行大众传播活动的人。对谈话类栏目来说，主持人是栏目的核心元素，是形成一个谈话类栏目自身独特品格最重要的元素。

谈话类栏目是真正意义上的"主持人"的节目，其风格与成败主要取决于主持人个人的风格与魅力。在美国，谈话类栏目都是以主持人的名字来命名的，优秀的主持人常常能使一档谈话栏目持续数年甚至数十年。比如，《今夜秀》主持人琼尼·卡森主持这档栏目长达 30 年才光荣退役。被誉为"谈话节目皇后"的主持人奥普拉·温弗瑞 2011 年 9 月 9 日退役，由她挂帅、以其名字命名的谈话类栏目连续播出 23 年，栏目长期高居收视率榜首。因此，美国电视界在选择主持人时，最看重的不是个人的容貌和仪表，而是学识、经验和幽默感，因为这些内在的素质和涵养是不会随着时间的推移而消逝的。

谈话类栏目主持人承担着三种角色：首先是谈话者。虽然主要起着为现场嘉宾和现场观众穿针引线的作用，但主持人本身就是一个谈话者。其次是组织者。无论是否有现场观众，即便是一对一的访谈，主持人都是现场的组织者，他一方面要主导节目，引导话题，另一方面要作为现场嘉宾和现场观众之间的桥梁和纽带，拉近彼此之间的距离，并营造亲近感，创造良好的沟通氛围。主持人的责任在于激活嘉宾、现场观众的谈话欲，在谈话过程中为双方穿针引线，因势利导、有条不紊地调度好发言的逻辑顺序，让人们充分发表意见，并把现场琐碎而微妙的谈论组合、串联起来，显示出事物内在的联系或因果关系，因此，他在现场充当的是一个重要而特殊的媒介角色控制器。最后是栏目的形象代表。主持人是传播者，是谈话类栏目风格的塑造者，人际传播的独特魅力促使主持人往往成为栏目本体特质的人性化载体。

为此，一个优秀的谈话类栏目主持人应该具备以下优势。

1. 倾听意识，给嘉宾以话语权　倾听是交流的基础，学会倾听，给观众以话语权,是谈话节目中一种基于全场驾驭能力的倾听。倾听的目的在于引导、启发观众和嘉宾发言,表达观点。主持人更多的是在倾听,听懂对方谈话中包含的深意,不要急于抢话头,而要保证嘉宾讲好。

2. 对话题和现场的驾驭能力 会倾听才能驾驭。在倾听中科学地驾驭整个谈话现场,对主持人来说,这是在上一基础上的一种提升。实质上,每一类谈话类栏目的每一期节目都会有一个宏观的主题,在实际操作中,主持人既能抓住现场观众与嘉宾的精彩语言形成活跃点,又会适时地转移话题以调整方向。驾驭能力可以概括为三个方面:一是对谈话题目的了解和背景资料的掌握,这是驾驭能力的基础。主持人全面了解话题的由来与发展,以及与话题相关的背景知识,才有可能在交流的现场去理解和掌握各种各样的信息的嘉宾与观众,与他们形成互动。而除了掌握话题知识,主持人还必须能够对现场做出准确的判断,不时地制造趣味点,活跃现场气氛。二是对现场话题的判断理解和分析处理能力。三是对谈话主题的宏观掌控能力。这一点可以说是理性的提升。主持人应该明确自己对谈话主题的导向即主持走向。谈话类栏目尽管是各抒己见,有不同观点的交锋,但主持人在现场提问时要注意话题导向和对内容质量的把握。这就要求主持人不仅要有很强的沟通能力,而且要有较高的政策和理论水平。

3. 平等公正意识 主持人要用真诚拉近与对方的心理距离。谈话类栏目的主持人经常面对各种各样的人,这就要求主持人具备平等意识,在与形形色色的人打交道时保持真诚。

主持人要始终保持客观公正,不要做代言人,因为观众更想知道的是专家和嘉宾的看法。作为谈话类栏目主持人,可以自然地流露情感和表达看法,但很多时候应该倾听不同社会群体的声音,善于倾听事物对立面的声音,选择事物的最佳观察点以了解事物的全貌,从而做到公正直言、不偏激。

与此相应地,主持人的形象定位也应该是平民化的。谈话类节目的宗旨和风格,决定了主持人从心态到谈话方式和行为方式的平民化,以减少观众的距离感和隔膜,有利于和观众更好地沟通。

4. 机智幽默的语言风格 谈话类栏目主持人语言表达的技巧很关键。主持人机智幽默的语言,可以活跃谈话气氛,消除现场观众和嘉宾的紧张感;可以控制、调整谈话的节奏;可以缓解激烈的言辞交锋中出现的矛盾和尴尬。机智幽默的主持语言,还能够巧妙地概括谈话的主题,提炼出正确的观点,同时表现出生活的哲理和思辨的睿智,体现谈话类栏目的文化意识和理性精神。

5. 其他 此外,谈话类栏目主持人扎实的理论背景,尤其是人文知识、社会科学方面的积累,有助于其在栏目中从容发挥;而主持人高尚、宽容、正直的人格魅力和道德形象也是赢得观众的重要因素。这些虽不是严格意义上的主持艺术的范畴，但对主持人在节目中的发挥和观众对主持人的接受有着重要的影响。所以，必须注重对主持人的包装，突出主持人的作用。

二、现场嘉宾与观众

（一）现场嘉宾

在谈话类栏目中，嘉宾的地位举足轻重，他们是栏目现场的主要谈话人。从受传双方的关系来说，在录制现场人际传播的情境里，嘉宾既是传播者，又是受众；而针对场外观众而言，嘉宾与主持人同样是传播者。如果说主持人只是交代、引导话题，那么，话题的展开、深入、升华则主要由嘉宾来完成。

美国各谈话节目的特邀嘉宾多为普通人，也是真正的"当事人"。他们会以非常具体生动的生活实例现身说法地展现该节目的主题并表明自己的观点，他们只报姓名而不标明身份。相比较而言，我国的谈话类栏目所邀请的嘉宾多为名人或专家，且均会表明身份。他们在栏目中不以现身说法为主，而以阐述观点和提供建议为主，只是谈话的"参与者"，而非全身心投入的"当事人"。这种区别和中美谈话类栏目在选择话题时各有侧重是密切相关的。

作为栏目的主要谈话者，现场嘉宾发挥得如何直接影响栏目的质量，因此，在选择他们时需要考虑以下几点：一是是否有"谈资"，即现场嘉宾对某一具体话题是否掌握着大量的资料，并对该话题具有权威性发言权；二是是否有"谈品"，即现场嘉宾在节目中是否顾及交谈者，而不是一味地表现个人，搞"话语霸权"；三是是否有"谈技"，即现场嘉宾是否具有一定的口才和辩才，包括说话是否有逻辑、有道理，语言表达是否简练、清晰，甚至具有幽默感。此外，如果不止一位现场嘉宾，那么，根据栏目收视特点，选择的现场嘉宾不能都是持相同或相近观点的人，必须能够代表几种主要观点，这样在谈话过程中才可能对话题从多侧面、多角度进行深入分析。

（二）现场观众

有些谈话类栏目设置了现场观众，究其原因，一是现场观众的出现可以增强谈话的现实感，营造现实的谈话氛围；二是现场观众的参与可以起到拾遗补阙、调节气氛和节奏的作用；三是现场观众是节目目标受众的代表，是电视机前的广大观众的代言人，更是整体节目的重要组成环节，他们的出现还改变了节目的传播模式，提高了节目的客观性、真实性，容易使电视机前的广大观众产生参与感和认同感，有助于提高传播效果。

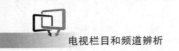

三、话题

有调查表明,谈话类栏目的话题是大多数观众决定是否收看某个栏目的最重要因素,既然谈话类栏目的话题选择如此重要,那么,若能抓住社会热点,切合社会心理,一方面可以调动起嘉宾与参与节目的受众的谈话兴趣,另一方面又可以吸引观众收看节目。因此,要根据节目的设定指向,选择既可以激发谈话者的积极性又能调动观众兴趣的话题。话题的选择不仅要有意义,而且要有意思、有意味。话题选择应该是多元思维的结果,应该具有时代感,贴近生活,贴近实际,贴近公众,应该是公众普遍关注的社会热点和焦点问题。

目前来看,谈话类栏目的话题样式基本上有三种:一是社会思潮系列讨论;二是新闻事件延伸讨论;三是新闻人物访谈。

话题的选择一般考虑以下五个因素。

1. 时效性 也就是要选择具有新闻价值的话题,这种话题因为和受众的关注点相吻合,往往能使栏目具有比较高的收视率。

2. 引导性 一个成功的谈话类栏目,话题的导向必须是健康向上的。谈话类栏目需要宽松、民主、从善如流的气氛,因此,观念可以超前,但不能脱离实际。由于东西方国情、文化背景的差异,价值观念、道德观念上的标准也不一样,因而对国际上一些"社会新潮",不能跟着一起"发烧",而是必须保持清醒的头脑,对事物有冷静、理性的思考。

3. 接近性 栏目话题应更多地关注发生在大众身边、与其自身利益密切相关的人和事,这也符合社会心理学的要求。这种关注是唤起社会公众参与讨论的根本动因。

4. 普及性 谈话类栏目的播放环境一般是在轻松随意的家庭,因而其话题要有一定的普及性,适合不同层次的观众一起收看。

5. 具体、形象、平实 话题应当符合电视表现手法,一般不宜定得太抽象、太高深、太玄奥,而应该具体、形象、平实,这样更容易谈开,也适合电视的表现手法。如果缺少画面元素,电视声画并茂的特点无法发挥,就会使节目平淡无趣。

四、环境和氛围

谈话类栏目的谈话环境设置要做到形式与内容的协调一致。比如,重大的时政话题,谈话环境宜简洁明朗;深刻的经济话题,谈话环境宜朴素大气;轻松的社会话题,谈话环境宜动感活泼。一个普遍的原则就是:内容越是深刻复杂,谈话环境就越应简单明了。要尽可能地缩短谈话环境、屏幕与观众的距离。谈话环境的设计上要给人透明、开放的视觉感受。

谈话类栏目中的"氛围"应该是指演播室里形成的一种适合谈话交流的心态、心理感觉。演播室内不仅是一个语言场,而且是一个心理场,在这里,无论是对在场的谈话者还是电视机前的观众而言,都应该感觉到谈话本身是愉悦的、轻松的、有兴致的、富有幽默感的。谈话者可以采取夹叙夹议的方法,通过讲故事、举例子等通俗易懂的方式表达自己的观点,特别是用亲身体验来增强说服力、感染力。

第四节 谈话类栏目的价值、问题及其解决对策

一、社会文化价值

(一)建造公共文化空间

谈话类栏目客观上透视出当代中国日益丰富多变的生活内容,展示了当代中国人在改革开放时代的精神风貌。一般说来,热线参与、现场直播的谈话类栏目能够更直接、更真切地反映社会生活,倾听百姓的声音,给大众提供了一个心理解脱、情绪释放,参与公共生活、表达社会情绪的民间思想空间。

与纸质媒体相比,以广播、电视为代表的电子媒体更为平民化,它们对受众的素质要求较低,这种受众定位决定了它们所传播内容的价值取向。当代媒体开始关注普通人的生存状态,这在以图像为主要传播介质的电视中表现得更为明显。就现代传媒的理念来看,电视的生命在于对人的关注:关注各种各样的人的命运,关注人的内心的不同感受以及他们的深层心理状态,关注与他们生活相联系的社会大背景的变迁,等等。而谈话类栏目就是电子媒体寻找到的表达对人的关注的最好方式之一,它使普通大众终于在媒体上听到自己的声音,而且开创了双向交流的模式。从主持人、嘉宾、现场观众到电视机前的观众,所有人既是传播者,又是被传者。中国和西方的谈话类栏目都是从与人们密切相关的事出发,通过小事来表达对人的生存状态的深切关怀。

(二)有利于民众参与精神和开放心态的养成

谈话类栏目有助于塑造国民性、国民人格中"现代化"的一面,即有助于人们摆脱封闭苟安的不良文化人格,走向开明练达的现代性人格状态。

当代媒体的这种平民化倾向、观众和电视的平等关系,使得大众对其产生

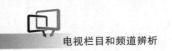

了虚拟的信任感。电视具有把公众和个人融合起来的力量,当它与人联系或者传达信息时,它是在被一个个家庭收看,已经成为家庭中的一员。激荡个性,让人自身得到充分的显现,是电视体现其成员关系的一个重要方面,作为大众话语的空间,谈话类栏目为个性化的表达提供了良好的环境。

谈话类栏目中的信息是个人发布的,观点无论偏颇与否,都是"我"而不是长期以来的"我们"发出的声音,这就让信息有了鲜活的生命力。实际上,这种个性化的表达方式是有其社会基点的。人的个性都是社会性的体现,人的语言因个人的身份及其所处的社会经济条件的不同而有不同的表现方式,在观点的碰撞中展现的实则是不同的社会文化、心理的碰撞,这就使得个性的展示具有普适性,能够引起广泛的认同。

人的谈话具有动态性、偶发性,谈话类栏目以现场的特定空间最大限度地刺激了人的交流欲望,人的智慧、情感都会在语言中流淌,大家感兴趣的话题和主持人的适当引导,引发了嘉宾及观众的机敏对答,加速了谈话中的动态撞击,激发出人最为本质的一些内涵,强化了人际交流互动中的张力。

(三) 观照社会文化现象,提升观众的文化品位

谈话类栏目积极观照社会文化现象,提升观众的文化品位。一些涉及专业话题的谈话类栏目,通过专业人士直接与观众讨论和问题解答,有利于话题的深入,同时,平等的沟通方式也会消除普通观众对专业话题的"畏惧感",使传播内容更容易为观众所接受,有利于全社会知识层次、文化品位的提升。

二、传播学价值

(一) 对传统的电视传播方式的突破

在此之前,我国的电视观众基本上处于"你播我看"的单向、被动传播模式之中,传播活动是以传者为中心的,传者与受者缺乏面对面或者是直接的沟通与交流。

而在电子和数字技术的保障下,谈话类栏目具备最符合电视本质的传播特性,它能够以人自身作为传播符号,将谈话的完整状态加以保留、物化、传递,以人际交流的即时互动构成节目内容,满足并延伸了人们面对面交谈的愿望,而且将人际传播和大众传播良好地结合在一起:经由电视媒体的放大,创造了一种广域的人际传播空间,成为现代社会人与他人、与世界建立联系,拓宽沟通的重要渠道,还原出生命本身的质感。也就是说,谈话类栏目的传播特点实际上把人际传播引入大众传播,主持人、嘉宾与观众在同一时空中有问有

答、你来我往、彼此呼应、平等讨论、亲切交流，在进行通常意义上的人际传播的同时，也完成了大众传播的过程。

谈话类栏目在公众与媒体之间开启了一扇窗口，架设了一座桥梁。谈话类栏目具有亲切、自然、随意、真实的特性，能保留谈话的完整性和动态性。人在谈话中进行的是一种涵盖语言、表情、姿态、动作、心态、氛围的整体传播，而人的接受也处于一种瞬间全盘吸纳的状态，而且，由于在谈话中人的情绪、气氛处于相互激发、生成中，整个谈话现场会随着谈话的进行而形成一种信息"场"，不同观点、不同心态、不同思想、不同年龄的交锋都完整地展现在观众面前，不是戏剧却胜似戏剧，激荡人的情感。

（二）发掘电视的声音潜力

电视是综合运用画面和声音两种传播符号的媒介，这两种传播符号各有自身的功用，但是，长期以来，声音在电视中的地位被我国电视界所忽视，许多人认为电视是以画面为主的媒介，而声音只是画面的辅助。谈话类栏目的出现和盛行对这种观念来说不啻为一种挑战，而且，在谈话类栏目中，声音符号充当了主角：新闻事件的发生和发展，被邀嘉宾的情感和经历，通过口头语言被"绘声绘色"地描述出来，现场各界人士对所讨论话题的看法也在栏目中得到充分表达。

（三）体现电视的传播本性

电视在本质上属于"传播"（communication），传播的原意是通信、传达、交流、交通，在这个意义上，电视就是交流和沟通。交流和沟通正是人获得和保持自己的社会性的主要方式，在确证人的本质和自我实现方面具有本体论性质。也正因为如此，在人类社会的发展过程中，人们曾经有过多种交流方式，而电视就是现代社会人们通过交流获得社会性的方式之一。

而且，从技术的层面上，现代传播技术的发展使得谈话类栏目能够在谈话的现场运用多重信息渠道，进行系统化结构，如多画面、叠加字幕、图表、三维动画、数码合成等等，利用大屏幕插入图像、文字，利用电脑引入场外信息和见解，参与现场讨论，等等，多路素材融汇于具有实质意义的谈话现场，人们在进行人际交流的同时，又能获得多重信息，满足情感需求。

虚拟演播室技术的发展又为谈话类栏目开拓了新的信息结构方式。如，凤凰卫视曾经的谈话类栏目《锵锵三人行》运用虚拟演播室技术，不但提供了一个多维的谈话空间，还随时无缝插入谈话所涉及的影像及文字资料。而虚拟出席可以将分散在世界各地的主持人、嘉宾、观众以及各种动态资料集结在同一个电视空间，使得谈话方式的变化更为活跃，人物的交流产生出超越时空的

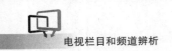

互动性。

三、谈话类栏目存在的问题及其解决对策

（一）存在的问题

1. 主持人的综合素质不高　称职的栏目主持人应有独特的气质、文化底蕴、人生阅历和临场经验，但这样的主持人在我国的谈话类栏目中仍然是凤毛麟角。对一档强调主持人核心作用的栏目而言，这无疑有碍栏目的生长甚至生存。

具体说来，主持人缺乏智慧和知识，从而在谈话中难以形成观点碰撞和思想交锋。谈话类栏目吸引观众的不是娱乐元素，而是话题，是谈什么和怎么谈。虽然现在大部分谈话类栏目已经摒弃了"俊男靓女"式选拔主持人的思路，但真正符合栏目要求的主持人依然罕见。

幽默感的基础是智慧和知识积累，缺乏智慧的直接结果就是幽默感的缺乏和气质的阙如。轻松幽默对缺乏娱乐元素的谈话类栏目来说是必不可少的，它往往成为提高栏目收视率的一大因素，同样，气质是内心丰富程度的表现，腹有诗书气自华。

2. 嘉宾选择随意，难见真观点　也许是出于收视率的考虑，许多谈话类栏目纷纷把目光盯上各种明星或者成功人士。当然，名人比较容易控制话语主导权，他们说出来的话可信度大。但是，如果这种方法使用过多过滥，明星们在观众心目中的"号召力"和栏目对观众的影响力肯定就会下降。而且这类嘉宾谈的话题基本上都是雷同的，缺乏见解。如何选择适合栏目风格和话题的嘉宾，应该引起重视。

与之相关的，因为"话语权"掌握在名人嘉宾的手中，现场观众未能成为谈话的元素，甚至沦为"道具"般的角色，自然更谈不上与台上嘉宾的互动。

3. 话题陈旧和松散　我国的电视节目一直偏重于舆论监督方面的功能，大众传媒作为教化手段被一再强调。因此，在话题的选择上，谈话类栏目强调的是教育性、指导性，造成话题的范围大受限制，讨论的主题大多集中在不太敏感的社会问题上。

话题松散，主旨不清，嘉宾们坐在一起挑些无关痛痒、惹人发笑的事件开讲。有的栏目，不管是对嘉宾还是对观众，都喜欢贪多求全，搞人海战术，观众也充当欢乐气氛的配角，随着工作人员的手势鼓掌、叫好。电视节目本身就是一遍过的，一期节目的话题应该相对集中。就如同挖井，应该先寻找水源，圈定一小块地方，然后往深处挖，如果到处都挖几锄头，肯定是挖不到水的。

4. 栏目严肃有余，深度不足 也许是对谈话类栏目理念的理解偏差，有的谈话类栏目常常是用一种观点去压制另一种观点，没有真正理解谈话类栏目的本质是一个"公共空间"和"公众论坛"。

当前，我国的许多谈话类栏目称为访谈节目更恰当，因为谈话类栏目不能是我说你听，必须形成平等的交流和对话。无"对"不成"话"，如果只是一种声音，"对话"不如改名为"演说"。很多谈话类栏目已从当初的令人耳目一新演变成目前的略有八股论坛之嫌，其缘由大多是它们在不知不觉之中落入了"演说"的窠臼。蜻蜓点水、浮光掠影、老调重弹是这类栏目的致命弱点，栏目内容面面俱到，却没给观众留下深刻印象。

5. 栏目同质化严重 虽然可以对我国目前的谈话类栏目做出大致的分类，但严格说起来，真正有代表性的、有个性的、风格独特的实不多见，在遍布全国各级电视台的众多谈话类栏目中，不少栏目不但在内容形式上雷同，甚至播出时间也互相撞车。

（二）解决对策

借鉴国外的谈话类栏目，我国的谈话类栏目应该在如下几个方面做出努力。

1. 坚持栏目化原则，重视品牌效应 栏目化原则主要有三点，即周期性、稳定性和持续性。

所谓周期性，是指除非有特殊情况或明显的改动需要，谈话类栏目总是在每周固定日期的某个固定时段播出。日期和时段的固定有利于培养稳定的观众群，以星期为周期也符合现代人的生活节奏。

稳定性包括主持人的稳定和栏目样式、风格的稳定。在美国，谈话类栏目很少更换主持人，《今夜秀》至今已经持续了60年，《唐纳休访谈》持续了42年，具有超级影响力的《奥普拉·温弗瑞秀》也存在了23年。若由于不可抗拒的原因，原来的主持人离开栏目，许多谈话类栏目宁可就此收场。我国的谈话类栏目在保持稳定性这一点上有所忽略。

一个谈话类栏目如果获得了一定的声誉，拥有较多的稳定的观众，除非收视率下降到不可容忍的地步，或是受到巨大的社会压力，否则，就不要随意取消或是大幅度改版。相比之下，美国电视业是非常重视名牌栏目中的无形资产价值的，而我国电视栏目频繁改版，其个中弊端无须赘言。

2. 注重对主持人的包装，突出主持人的作用 主持人是谈话类栏目的核心。主持人的个性决定了栏目的特点，主持人的知名度决定了栏目的影响力。在美国，一个精心策划出台的谈话类栏目总是千方百计地包装自己的主持人，同时也会利用各种时机让主持人在媒介重要场合和活动中大出风头,以提高其社会知名度。如,奥普拉是在获得奥斯卡金像奖提名后才开始主持全国性的谈话类栏目的;另一位日间谈话明星莉基·蕾克在筹备她的谈话类栏目时,努力争取参加了 3 部影片的拍摄;而大卫·莱特曼参加主持 1995 年的奥斯卡颁奖晚会后,知名度也大大提高。现在,每一位谈话类栏目的主持人都在互联网上开设有若干个网址和网页,在报刊上开辟了专栏,并且频频在各种大众媒体中露面,这实际上体现了谈话类栏目一种重要的经营策略。

此外,在美国,为了突出和张扬主持人的个性,栏目的形式、话题以及话题的切入角度都是根据主持人的特点而确定的。每个成功的谈话类栏目正是由于建立在主持人个人魅力的基础上,所以才抓住了一大批观众的心,在激烈的行业竞争中保持了一席之地。

3. 话题切入现实生活 当今社会是一个剧烈变革的社会,也是一个充满压力和竞争的社会,大到国际紧张局势、经济危机和环境污染,小到个人的情感纠纷、心理障碍和生活困境,以及社会发展带来的生活方式、文化观念的剧烈变化,都关系到每一个人的生存,引起了大多数人的关注。撇开商业性的因素不谈,谈话类栏目正是敢于触及所有严肃和敏感的问题,并且相当深入地切入这些问题的核心,才会在广大观众中引起强烈的反响。事实上,各式各样的谈话类栏目讨论的话题大体上都应当是相当严肃的,或者至少有一个严肃的背景。那种随意、琐屑乃至无聊的话题应该尽早抛弃,或者至少不应该成为谈话类栏目的主要话题。

总之,一档谈话类栏目能否成功,都必须对栏目定位、主持人、嘉宾和观众、话题等做精心选择、策划和设计,如此,谈话类栏目才具有巨大的发展空间。

第五节　融媒体对谈话类栏目的影响

融媒体时代的到来,对传统谈话类栏目有冲击,也有促进,这可从节目的生存、内容、传播三个角度来进行分析。

一、融媒体对谈话类栏目的冲击

(一)加剧了传统谈话类栏目的生存困境

最为显著的就是曾经存在甚至热播的谈话类栏目逐渐淡出人们的视野,停播、改版、台转网成为这类栏目的常态。

一方面,由于媒介的发展,人们获取信息的途径不断扩展,时效性、便捷性不断增强,谈话类栏目所表达的内容已无法满足人们的求知欲、窥视欲。另一方面,真人秀栏目近年来的大量涌现,成为人们观看节目时的首选,在全民狂欢的浪潮下,传统谈话类栏目面临着严重的受众分流。

《金星秀》《非常静距离》《锵锵三人行》《康熙来了》《超级访问》等曾受追捧和模仿的优秀谈话类栏目已经成为历史。湖南卫视开播13年的"文化公益脱口秀节目"《天天向上》也因收视率下降等问题更改了播出时间段。《非正式会谈》从台播直接改为网播,成为网络视听栏目;《鲁豫有约》再三改版后,以《鲁豫有约大咖一日行》的新面貌在东南卫视与网络视听平台播出;《锵锵三人行》也已改版为网络视听谈话节目《锵锵行天下》。这些现象都发生在近几年新媒体平台的不断崛起背景下。

面对新媒体平台与娱乐栏目的冲击,谈话类栏目若要继续在电视媒体立足,必须在保持自身特点的同时,不断自我更新。

(二)暴露出传统谈话类栏目的不足

融媒体时代,谈话类栏目所存在的问题和缺陷不断暴露。

1. 内容上的不足　一是栏目同质化严重,缺乏新意,而且质量参差不齐,使观众产生审美疲劳。二是栏目选题策划滞后,选题的时效性、开放性不足,无法紧跟社会热点,导致受众注意力被与日常生活贴合度更高的的网络视听节目所分流。三是话题肤浅,严肃性不足。有些栏目为了追求收视率,盲目将娱乐元素融入其中,忽略了谈话类栏目最为重要的话语交流、观点碰撞,使栏目形式流于表面,内容过于肤浅。

2. 传播方式的不足　一方面,传统媒体与新媒体多渠道、多形式传播方式接轨的力度不够,被信息洪流所淹没。新媒体所具有的即时性、互动性、便捷性、大众化等传播优势都为电视内容的传播提供了一种新的传播路径,并能够使节目在树立自身品牌、形成受众黏性、保持传受双方的良性互动、扩大曝光度方面获得新的契机。但综观如今的谈话类栏目,传播力度小,栏目策划人员没有充分利用新媒体平台进行宣传,且在栏目播出后也没有及时处理和采纳受众反馈。另一方面,由于综艺娱乐类栏目的大受欢迎,电视黄金播出时段的栏目多为这类栏目,谈话类栏目的生存空间因此不断受到限制,本身受关注度便已大打折扣,又不会巧用、善用新媒体手段为栏目造势。

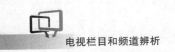

二、融媒体时代谈话类栏目的发展变化

谈话类栏目的优势在于，谈话内容多为主持人与知名嘉宾在演播室内就某一社会、政治、军事、经济、文化、娱乐事件展开交流，内容虽较为单一和严肃，但作为观众获取舆论资讯的重要途径，仍具有一定的权威性和话语权。然而随着融媒体时代的到来，人们可以轻而易举地通过新媒体平台获取大量资讯，谈话类栏目赖以生存的优势不再明显。面对种种危机，谈话类栏目需要不断调整，在内容、形式、传播等方面呈现出不同的变化。

（一）内容叙事创新

面对获取信息与表达观点越来越便利和高效的新媒体，一些谈话类栏目引入多元的叙事元素，从节目环节设置、嘉宾择取、主持人特色等角度进行创新。

如，湖南卫视《天天向上》从2008年开播至今，始终追随社会热点，在叙事上，将有深度的谈话内容与轻松愉悦的娱乐内容相结合，适时加入视频、游戏、音乐环节，增加栏目的趣味性。在嘉宾选择上，一部分嘉宾为时下话题度高的明星，一部分为有故事的素人和各行各业的代表人物，体现了栏目区别于纯娱乐栏目的独特之处，始终坚持对主流价值观的输出和对人与社会的关怀。与此同时，在主持阵容上，吸收有代表性的年轻一代艺人加入，以体现栏目的开放性、多元性。

中央电视台综合频道2012年开播的《开讲啦》，采用"演讲+访谈"形式，邀请"中国青年心中的榜样"作为嘉宾，讲述他们的成长、求学、工作经历，分享人生感悟。这些嘉宾不仅有各行各业的领军人物，还有影视明星。此外，栏目还设置了现场各大高校学生代表提问环节，既能代表当代大学生发言提问，又能代表观众讲出自己的疑惑，形成一个反馈机制。近几年，随着新媒体技术的普及应用，《开讲啦》又增加了活泼、有趣的嘉宾介绍VCR环节和云端观众。

2017年首播、由董卿担任制作人与主持的《朗读者》，将"阅读+访谈"的方式引入栏目，将书籍与嘉宾的人生故事相结合，带着故事进入书籍，使观众获得了不一样的聆听体验：在收获一本传世佳作的同时，也分享到了一段非凡的人生经验，为栏目注入了独特的文化底蕴。

还有一些谈话类栏目将时尚、美妆、烹饪、饭桌文化等纳入谈话内容，从日常生活的一隅切入对谈，使观众产生代入感和参与感，并从中更直观地看到嘉宾日常化的一面。

（二）栏目形态的变化

除加入多元的叙事元素充实谈话类栏目的内容外，谈话类栏目的形式还不断突破单一的对谈模式，与其他节目类型相结合。综艺节目的广受欢迎使得其他类型节目都将真人秀、实景拍摄等形式纳入栏目形式，形成复合式的栏目形态。

如，东南卫视的《鲁豫有约》在2016年改版为《鲁豫有约大咖一日行》，通过"真人秀式访谈"形式，将谈话场景从单一的演播室转换为探访嘉宾的真实生活场景，以这种深入生活的方式，更亲密地和嘉宾接触，还原他们生活化的一面。这一谈话场景的转变使节目氛围更加轻松、自然。鲁豫在作为节目主持人的同时，也代表了屏幕前好奇的观众，作为客人深入嘉宾真实的工作、生活场景，并通过"鲁豫说"环节做出自我评价，试图与观众形成一种交流。这种真人秀式的谈话类栏目所带来的新鲜感使其不断被借鉴，如《锵锵三人行》改版后的《锵锵行天下》，将栏目定位为"深度文化体验旅游脱口秀节目"。主持人窦文涛和嘉宾通过实地走访触景生情畅谈人生。中央电视台财经频道的"高端品牌谈话节目"《对话》推出了"万亿城市新征程"系列主题，以城市实景为谈话场域，也一定程度突破了演播室内的封闭场景。

（三）传播手段的变化

台网互通，与新媒体平台联动。手机、平板等媒介终端如今已成为人们随时随地观看视频与社交的主要途径。据中国互联网络信息中心（CNNIC）发布的第45次《中国互联网络发展状况统计报告》，截至2020年3月，我国网民规模达到9.04亿。由此可见，新媒体平台受众之广使传统媒体无法忽视对新媒体平台的利用与合作。

中央电视台财经频道《央视财经评论》作为老牌栏目，积极应用新媒体技术，利用手机视频连线和直播模式，与观众、网友展开实时互动。很多谈话类栏目实现了在新媒体平台的传播，如中央广播电视台推出了自己的新媒体网络门户——央视频。观众可以在央视频App内回看或实时观看电视栏目并通过弹幕等形式进行反馈，这在一定程度上提高了栏目的收视率和关注度。更多的栏目通过注册微博账号、微信公众号的形式进行新媒体的传播，但也普遍存在对平台疏于管理、内容不具吸引力等问题。

三、融媒体时代谈话类栏目的应对之策

新媒体平台与传统媒体平台的谈话类栏目相比，其播出形式、节目内容、

传播模式都发生了很大变化。网络谈话栏目的成功之处有很多可资借鉴的经验：一是话题取材更具社会热度，去严肃性增娱乐性；二是主持人与嘉宾安排与定位上，权威与亲民相辅；三是节目形式多元素结合，看点增加。电视谈话类栏目应在内容和传播方面有所突破，同时也要制定差异化发展战略，体现主流媒体平台的专业性、责任心和使命感。

（一）内容向度的应对之策

1. 从受众需求出发，实现谈话内容的定制化、分众化 内容的生产最终要服务于受众，制作什么样的谈话内容都要以受众为导向。新媒体思维下的受众可以在大量的信息中准确地找到自己感兴趣的领域展开浏览、学习和社交，广而宽的栏目内容往往容易陷入空洞、泛泛而谈，不易集中受众的注意力，也无法体现栏目特色。因此，谈话类栏目可以寻找小切口，针对某一个问题、某一群体展开话题探讨，这样可以让栏目有重点、有深度。

话题度较高的网络谈话节目，如辩论型脱口秀《奇葩说》（爱奇艺2014年创办）的受众多为年轻人，在选择话题时，栏目组倾向于选择时下年轻网民最关注的社会热点话题和与青年人生活、情感最息息相关的问题，如父母关系、睡眠问题、职场法则、"饭圈"、独立女性话题等。而综观谈话类栏目，为满足更广泛的受众需求，在嘉宾选择上会倾向于有知名度的学者、企业家、明星，话题多为较严肃的新闻热点、明星个人访谈，这类套路化的谈话方式已经失去了新意。

在这一点上，中央电视台财经频道2000年7月开播的《对话》一直都很明确自己的观众定位，始终面向新闻人物、企业精英、政府官员、经济专家和投资者，关注的话题如碳中和、新能源、工业化、文化产品、IT创新等始终保持专业水准，形成用户黏性。安徽卫视的《家风中华》在泛娱乐的当下将目光由名人转向社会小人物，以"家风"为主题，选择默默无闻、坚守一线的护林工人、非遗传承人、文化景区讲解员等，发现普通人身上所展现的责任、坚持、创新等美好品质。该栏目因去明星化、体现人文关怀、传递正能量而备受好评。同时，利用大数据技术，通过对用户图像分析和社会热点追踪，为栏目在网络平台择取大众感兴趣的话题，了解用户反馈，更科学高效地进行选题策划。

2. 主持人专业素养的提升 符合栏目定位，具有文化涵养、职业素养、自身特色的主持人，对一档谈话类栏目至关重要。传统谈话类栏目更应该注重主持人的选择，使主持人成为栏目的一个符号和品牌。比如，《朗读者》的主持人董卿博学多识、温婉大方，能够和嘉宾在情感、文化、社会、心理等方面畅所欲言，引导嘉宾打开心扉，分享自己的人生。《鲁豫有约大咖一日行》的主持人鲁豫在多年的访谈节目锤炼中掌握了一套自己的话术,能够很快地和嘉宾建立友好联系,让嘉宾放下内心的戒备,展露真实的自我。

3. 技术融合　　人工智能的普及,4G 向 5G 的跨越,人工智能(Artificial Intelligence, AI)、虚拟现实(Virtual Reality, VR)、增强现实技术(Augmented Reality, AR)等虚拟技术带来的全新视听体验等等,为各类栏目改革创新提供了新的突破口。谈话类栏目也应与时俱进,以专业化、年轻态的视角将智能数字化技术运用到栏目中,如 AI 机器人、虚拟主播、VR 全景、直播,提升栏目品质。2020 年初新冠肺炎疫情防控期间,各类栏目纷纷试水"云直播"形式。应该看到,线上访谈对信息传输速度、清晰度、栏目制作者的应变能力、后期技术提出了很大的挑战,需要数字技术的强大支撑。

(二)传播向度的应对之策

利用新媒体平台增强互动性。"融媒体"是电视、报刊、互联网、移动终端的多向联合,在这样的全媒体互联局势下,谈话类栏目应充分利用新媒体平台与受众形成积极的双向互动。

1. 台网联动　　在电视平台播出的栏目可以与网络视频平台合作播出,制作适合不同终端观看习惯和审美趣味的视频版本,吸引潜在的网络受众。实现台网联动还可以利用新媒体及网络社交媒体平台优势,及时获得受众对栏目的反馈,对栏目走向做出调整并进行后期剪辑,克服了传统媒体反馈机制的滞后性。先网后台、台网同步、先台后网是谈话类栏目在融媒体时代拓展传播渠道与盈利的新出口。

2. 利用网络社交平台进行多样式推广、宣传与运营　　贴吧、微博、微信、抖音等社交平台已成为人们传播信息、分享生活的重要渠道,中青年群体更是青睐于利用这些社交平台来打发时间,满足自己的娱乐需求。因此,谈话类栏目可以将每期节目最具看点的片段、花絮剪辑成短视频、图片形式投放于这些平台进行宣传,并形成话题讨论,为栏目造势。这种方式可以弥补传统媒体传播力度和广度有限的问题。同时,要重视对融媒体人才的培养,组建专业化的制播团队,积极适应新媒体发展环境。

3. 品牌定位明确,以品质和特色吸引广告商投资　　谈话类栏目面临的最大困境就是广告商投资的减少,栏目经费的减少势必影响栏目的制作效果和传播力度。谈话类栏目应找准自身访谈话题、访谈人、主持人的定位,树立品牌意识。在招商引资时,寻找与栏目主题相契合、互相成就的商业品牌。

第二章　电视新闻栏目和频道

　　电视新闻栏目，是指以传播新闻信息、反映和引导社会舆论为主要内容与功能的栏目。

第一节　我国电视新闻栏目的概况和分类

一、我国电视新闻栏目的概况

　　这里所说的新闻栏目是广义的，指的是所有以传播新闻、引导舆论为主要目标的栏目，包括定期、定时播出的新闻栏目，新闻性专题栏目，新闻事件现场直播和特别节目，等等。

　　世界各国电视台均把传播新闻看作电视的重要功能，新闻也是电视传播竞争最激烈的领域。在我国，电视新闻栏目虽然起步较西方国家晚了近20年，但发展势头却非常迅猛。

（一）新闻栏目和电视相伴而生

　　可以简单列一个我国新闻栏目（节目）的开办时间表。

　　1958年5月1日，我国第一家电视台北京电视台第一天播出的电视节目就有新闻节目"五一座谈会"和具有新闻性质的纪录片《到农村去》。

　　1976年7月1日，《新闻联播》的前身《全国电视新闻联播》开办，并通过微波传送到全国10多家电视台联合播出。

　　1978年元旦，《新闻联播》正式开办，电视新闻节目进入新的发展时期。

　　1986年开始，中央电视台新闻节目的信息量大幅度增加。比如，1984年中央电视台共播出新闻4865条，1987年增加到3万条左右，1993年3月1日，第一套节目新闻播出由4次增至13次（包括体育新闻），实现了整点播出、新闻直播和重要新闻滚动播出，全天播出总量由65分钟增加到150分钟。

　　1993年5月1日，《东方时空》开播，它与20分钟的《早间新闻》一起，构成 1 个小时的早间新闻板块。

1994 年 4 月 1 日推出《焦点访谈》，它与《新闻联播》一起构成晚间黄金时段的新闻板块。而《世界报道》和改版后的《晚间新闻》同时开播，形成了第一个收视高峰。

1995 年 4 月 3 日推出《新闻 30 分》，达到了开发午间新闻的目的。

1996 年 1 月 1 日，改版后的《新闻联播》采取直播形式，增强了时效性。同年，《新闻调查》栏目开播。

内地第一个真正意义上的新闻频道是福建电视台新闻频道，该频道是以新闻节目为主的福建电视台第四套节目，于 1999 年 5 月 23 日在福州开播。福建电视台新闻频道不仅是内地第一家 24 小时的专业新闻频道，也是内地首家地方性电视新闻频道。之后，一些地方新闻频道也陆续成立，2003 年 1 月 6 日香港凤凰卫视资讯台便在内地部分地区落地。2003 年 5 月 1 日，中央电视台新闻频道开始试播。2005 年 12 月 8 日，广东电视台新闻频道正式开播，其部分新闻节目通过广东卫视、珠江频道海外版覆盖全球。2008 年 10 月 1 日起，重庆新闻频道改版，并在 11 月 1 日正式成为 24 小时的专业新闻频道。

从上可以发现，我国新闻栏目和节目是与电视相伴而生的，从我国第一座电视台诞生的那一天起，电视新闻就成为电视节目不可或缺的组成部分，而 20 世纪 90 年代是新闻栏目和节目快速发展时期，以 2003 年中央电视台新闻频道的开播为标志，我国的电视新闻发展进入新的发展阶段。

（二）种类丰富

目前，中央电视台的各类新闻栏目品种齐全，而且省级电视台和地方电视台都十分重视新闻栏目，在栏目的构成中占有突出的比重，还出现了一批可圈可点的新闻栏目，从形态上丰富和补充了中央电视台的新闻栏目。

比如，湖南卫视的《晚间新闻》开办于 1983 年，几经改版之后，现在的《晚间新闻》以不同的风格在全国新闻网中独树一帜。栏目定位为"五性"：新闻性、社会性、贴近性、趣味性、服务性。《晚间新闻》尝试以口语化、亲民化方式报道新闻，不再走国内新闻的说教套路，而是尽量发掘新闻的娱乐性。

安徽卫视曾经的《新闻观察》是安徽电视台的一档条状评论性栏目，其宗旨是关注社会热点，透视社会现象。针对"领导重视、群众关心、普遍存在"的社会问题进行报道，主持人对所报道的人和事加以点评。栏目在报道形式上侧重于展示新闻事件的过程和现场，强调纪实感，强调记者的目击和亲历。

北京卫视曾经的《锐观察》是北京电视台新闻频道晚间播出的调查式评

论类新闻谈话节目,它整合了原有的《晚间观察》和《锐周刊》专家评论团队,就北京当地每日的舆论热点进行个性化评论,突出地域性。

《南京零距离》是江苏省广播电视总台城市频道倾力打造的一档日播类新闻直播栏目。从2009年5月1日起,《南京零距离》升级为《零距离》(播出时间及播出方式不变)。在操作层面上,自采节目的题材向全省辐射,一些重要题材多采用SNG卫星直播等手段实现跨省报道。频道的品牌推广体系向全省延伸,过去重点面向南京的"社区行""便民网""电影进社区""爱拼就会赢"等活动,已开始向全省尤其是苏南地区推进。在技术层面,则全方位推进网络化传播,通过运用首页、搜索、视频、留言板等形式来实现栏目的网络化表达,并进一步强化与总台网站、知名论坛和门户网站的合作,进行宣传推广。

(三)时空覆盖广泛

新闻栏目在时间分布上实现了早、中、晚、夜都有新闻可看,尤其是新闻滚动播出以及新闻频道的出现,更是做到了随时看新闻。新闻栏目样式也变得丰富多彩,从单一的口播、新闻纪录片,到现场报道、动画演示、访谈、评论、戏说等形式,使新闻栏目更加生动形象、更显深广厚重、更具新闻时效。

而且,新闻栏目覆盖了几乎所有电视台和电视频道,哪里有电视台,哪里就开办新闻栏目。近年来,专业化频道开始出现,除新闻频道、综合频道顺理成章地开办新闻栏目,各专业频道也同样少不了新闻类节目,如,影视频道报道影视新闻,综艺频道报道文化动态,农业频道有农业新闻,少儿频道有少儿新闻,军事频道有军事新闻,生活频道有生活信息。

(四)新闻栏目成为各级电视台的重点栏目

新闻在电视中的主导作用不仅表现在栏目构成比重的重要性上,更表现在新闻改革对电视节目改革的促进作用和新闻栏目对电视经营的带动作用上,"新闻立台"已经成为电视媒体的共识。

作为传播媒体,电视离不开新闻栏目,新闻栏目在电视台各类栏目中占有重要的比重。尤其是进入20世纪90年代后,新闻栏目所占比例基本确立并稳定下来。根据统计,20世纪90年代以来,新闻栏目在各台栏目总量中的比重基本稳定,1998年中央电视台新闻栏目在各类栏目中的比重已经达到14.8%,而进入21世纪后,这一比例又有所增长,基本达到国际水平。

随着各地无线台、有线台等电视资源的整合,新闻综合频道甚至新闻专业频道大量涌现,新闻直播等特别节目的增加、插播新闻和新闻字幕等新闻形式的广泛采用,新闻栏目在电视栏目总量中的比重将继续保持稳定并适度增长的态势。

二、电视新闻栏目的分类

新闻栏目分类标准五花八门，既表明人们认识新闻栏目的视角多种多样，也反映出新闻栏目日益丰富多彩。本书以栏目的结构形态作为划分标准，将新闻栏目大致归结为以下几种形态。

（一）消息类

消息类新闻栏目是以现代电子技术为传播手段，以多元素的图像、声音为传播符号，迅速、简要、客观地报道新近发生、发展的国内外事态的新闻栏目，充分地体现了电视新闻时效性、客观性、社会性的传播规律，其基本表现形态为演播室口头播报与现场记者采访报道有机结合，是电视台实现要闻汇总功能的主要栏目，可以说是天天与观众见面。中央电视台的《新闻联播》以及各省、市电视台的新闻联播类栏目均属此类。

消息类新闻栏目包括整点播报、滚动播出、随时插播最新消息等多种形式。其中，整点播报使得观众能够在固定的时间看到新闻；滚动播报则满足了人们对最新信息的需求，并使得新闻与时间的流动相呼应；随时插播最新消息则又具体涉及口头插播、文字插播以及图像插播等不同样式，更是充分体现了对突发新闻事件的应变能力。

从内容特点上，消息类新闻可分为系列报道、连续报道等类别。系列报道即对重大新闻事件的立体化、全方位报道，它通过集中宣传形成规模，扩大新闻的社会影响，能满足观众对某一新闻事件整体把握的要求。连续报道即在一定的时间内对具有关联性的新闻的追踪报道。电视新闻通过连续报道来发挥其优势，对某一新闻事件，按照它的发展进程不断地做出新的报道，不断补充新的内容，直至最终结果出现，从而形成一条长长的信息链。

（二）专题类

专题类新闻栏目是对新闻做深度报道的新闻栏目，相比于消息类新闻栏目，其容量更大、挖掘更深。

专题报道是电视新闻深度报道的主要形式之一，与报纸、广播中的通讯相对应，通常是对新近发生、发现的具有典型意义的人物、事件、问题、社会现象等进行记录、调查、分析、解释、评述等，深入完整地反映该事物的发生、发展、结果及影响的全过程，揭示主题的深刻意义。专题报道强调新闻依据，用现场拍摄的纪实手法反映新闻事实，不允许扮演、补拍、摆布和组织拍摄，但可综合运用画面形象、同期声现场效果、背景材料以及特技、字幕、图表、动画等视听因素，尽可能调动相宜的表现手法，增强可视性，鲜明、生动、深刻地传达主题，既强调针对性、适时性、形象性，也强调现场感和参与感。

中央电视台《焦点访谈》是这类栏目的代表。

（三）评论类

评论类新闻栏目是指通过对新闻事实的深入调查采访和认真分析论证，在摆事实讲道理的过程中，由记者或主持人代表传播媒介旗帜鲜明地表达对所报道新闻事件或社会问题的看法和认识的一种栏目形态，它是新闻报道的重要形式之一。

评论类新闻栏目的繁荣源于现代受众的要求，他们认为新闻报道既要尽可能客观公正地报道新闻事实，也要在报道中体现主观的见解，从而使其在事实和见解的同步接受中，形成和拓展自己判断的思路，提高信息的价值。那种报道就是报道、评论就是评论、两者必须严格分开的观点和做法，已不合乎电视传播的特性和观众的心理需求。具有报道和评论并行这一重要特性的评论类新闻栏目恰恰就由两部分构成：作为事实的信息和作为意见的信息，二者互为依附。电视媒体所报道和揭示的事实本身就包含着评论，而且是最有力的一种评论。报道和评论在不同方式和不同层面上的组合和交融，搭建了现今评论类新闻栏目形态的基本框架。

与其他栏目类型相比，评论类新闻栏目的最大特点在于能够在相对较长的时间内深刻地揭示新闻事实的本质，注重的是理性抽象的道理，而不是直观形象的事实，是意见信息，而不是事实信息；其劣势主要是时效性相对较差，每期节目评论的题材比较单一。

目前，评论类新闻栏目在新闻栏目中占有的比例较小，也不成熟，但是，它被誉为新闻媒体的旗帜和灵魂，在各类新闻栏目中地位最高。

代表性的此类栏目是中央电视台的《新闻调查》。

（四）杂志类

不同题材（体裁、形式）的新闻，由不同的主持人从不同的视角予以演绎，以不同的风格展现在观众眼前，各个单元各具特色又和谐一致，这便是杂志类新闻栏目的形态特征。

杂志类新闻栏目是指采用杂志式的专栏化分类编排方式、由栏目主持人串联播讲的综合性新闻资讯栏目，这种栏目形态借鉴杂志的编辑手法，将长短不一、表现形式各异的新闻性稿件，按栏目的宗旨加以取舍，有机地组成一个定期定时播出的单元。它熔信息、舆论、知识传播于一炉，杂而有序，内容上中心突出，形式上灵活多样，既有信息量大的众多简讯，又有一定的深度报道，是电视节目栏目化的具体表现，也是主持人栏目的一种。杂志类新闻栏目最早出现于美国，推出以后，很快被各国电视界广泛地运用并得以快速发展，今天它已成为很多国家电视屏幕上运用最广泛的栏目形态之一。

杂志类新闻栏目的结构包括两个层次：一是局部结构，主要处理节目素材之间的关系，赋予每一个局部相对确定的意蕴和相对完整的形式；二是整体结构，即根据节目方针、本次节目的预期目标，把各个局部联结为井然有序的有机整体。

杂志类新闻栏目最突出的特质就在于栏目结构上的分类编排，这种板块模式使该类栏目在传播上占据了独到的优势。

中央电视台《东方时空》是此类栏目的代表。

（五）谈话类

谈话类新闻栏目是指以面对面人际传播的方式，通过电视媒体再现或还原日常谈话状态的一种栏目形态。通常是围绕新闻事件、社会热点等当前群众普遍关心的问题，在主持人、嘉宾和观众之间展开即兴、双向、平等的交流。它本质上属于大众传播活动。谈话类新闻栏目不在于对新闻事件诸要素的具体报道，而是通过主持人与参与者的访谈，一方面可以传播思想、观点；另一方面也可以通过采访时的对话，对新闻事实进行更深入的挖掘和探询。如香港凤凰卫视的《新闻今日谈》和中央电视台的《新闻1+1》《中国舆论场》《面对面》等，都是此类栏目的代表。

第二节 消息类新闻栏目解析[①]

消息类新闻栏目，也可以称为集纳型新闻栏目，是指消息类新闻节目的汇编单位和划分形式。依据不同的分类标准，消息类新闻栏目可以划分为不同的类别，根据栏目内容的不同，可以分为时事类、经济类、体育类、娱乐类和综合类等；根据报道地域的差别，可以分为国际新闻栏目、国内新闻栏目以及地方新闻栏目。而当今最能体现栏目各自特点和风格的分类方法应该是以播出时

---

① 本节所采用的资料为：张宁《中国电视观众现状报告：2012年全国电视观众抽样调查与分析》，中国传媒大学出版社2013年版；王丹彦《中国电视艺术发展报告》，中国广播电视出版社2010年版；王兰柱《中国电视节目创新与收视》，中国传媒大学出版社2010年版；庞井君《中国广播电影电视发展报告（2013）》，社会科学文献出版社2013年版。

段为依据，划分为早间新闻、午间新闻、晚间新闻。

一、早间新闻

早间电视节目一直是西方电视媒体的重要竞赛场。从美国国家广播公司（NBC）在60多年前的第一个清晨电视节目 Today 开播后，在美国四大广播网NBC、ABC（美国广播公司）、CBS（哥伦比亚广播公司）、FOX（福克斯广播公司）之间，早间电视战就一直如火如荼地进行着，而且，早间新闻仍然是电视发展的增长空间。

我国的早间节目基本上还是处于起步阶段。《东方时空》在1993年的开播确实改变了中国人早晨不看电视的习惯，但与其说人们从中看新闻，还不如说它的杂志类栏目形态及相应的非新闻板块更吸引观众。我国早间电视新闻栏目的开发还有很大空间，但电视战的热点还是在晚上和白天的其他时段。

（一）收视特性及编排策略

所谓收视特性，也就是什么人、什么时间、看什么、怎么看，现分别加以阐述。

1. 什么人在早间看电视 据相关资料，每天有2000万左右的城市观众在收看早间电视节目，这些人的构成及特点是：

（1）性别构成，男性居多。这在中央电视台早间电视观众构成中表现得尤为明显。

（2）年龄构成。呈现"中间高，两头低"的态势。一方面，30～49岁年龄段的城市居民构成了早间电视观众的主体；另一方面，早间电视观众的平均年龄略低于我国城市居民的平均年龄。

（3）学历构成。具有中高学历者居多。从实际构成比例上看，初中及初中以下学历的城市居民收看早间电视节目的发生概率较低，而高中及高中以上学历者收看早间电视节目的人员比例明显地高于其在居民总体中所占比例的平均水平。

（4）职业构成。从绝对数量上看，构成比高的社会人群依次是工人、离退休人员、待业或无业人员、企事业领导或管理人员、其他人员、私营或个体劳动者、各类专业人员、党政机关干部；从相对于自然人口比例的构成差异上看，待业或无业人员、企事业单位领导或管理人员、私营企业或个体劳动者更多地会成为早间电视节目的观众。

（5）收入构成。就全国电视观众的总体情况而言，收入高低与是否成为早间电视观众之间不存在必然联系。但差异分析表明，中高收入者以高于其人口比例的水平更多地成为中央电视台早间电视节目的观众,相形之下,低收入者在中央电视台早间电视观众中所占的比例要明显低于他们在自然人口中所占的比例。

(6)居住地构成。就全国电视观众的总体情况而言,东北地区、华北地区、西北地区的城市居民更多地会成为早间电视节目的观众。

从中我们可以看出,目前我国早间电视节目所吸引的主要观众是男性、中青年和具有中高文化程度以上的人,而20~39岁的城市居民最为集中。因此,办好早间电视节目的关键在于如何争取这个群体。

此外,对大多数人不收看早间电视节目的原因分析,将为我们认识早间电视节目传播的市场空间提供有力的解释。

调查数据显示,约有七成的城市人不看早间电视节目,最主要的原因有三种:一是和早晨快节奏的生活状态有关。比如"时间太紧顾不上看"(占64.3%),或者因为"外出锻炼,没法看"(占41.8%);二是由于目前开办的电视节目还不足以吸引他在这段时间里收看(8.5%);三是由于人们的习惯以及其他类别的传播媒介的竞争所造成的(7.7%)。

由此可以证明,早间电视传播的市场空间还是有相当大的发展空间。

2. 什么时间看、看多长时间　中央电视台调查中心《中国城市居民早间收视情况和收视意愿调查》数据和分析显示:观众平日起床时间集中在6:15左右,比例为45%。而在周末周日,在这段时间起床的观众比例为35%,减少了10%,这样,6:00—7:00是我国城市居民起床比例的高峰值所在时段,达到人数比例的约3/4。据此,6:00是开办一个有影响的早间电视节目的时间上限,早间黄金时段为6:30—7:30。

超过半数的观众早间可用于观看电视的时间长度为30~60分钟(29.9%在30分钟内,23.5%为30~60分钟),这也就意味着,除去约1/4(27.5%)的离退休或无业人员之外,绝大多数观众在这一时段的可支配时间是有限的,30分钟和60分钟分别是早间电视节目滚动播出的周期性单元的上限和下限。

3. 看什么　有调查表明,虽然不同的人群对早间电视节目内容的需求不同,但时事新闻、热点话题、生活资讯仍然是人们对早间电视节目内容的需求热点;《中国城市居民早间收视情况和收视意愿调查》还对早间电视节目"必视性"新闻资讯类内容进行了考察,结论如下。

(1)观众必视率很高的内容共2个,它们依次是天气预报、国内新闻。

(2)观众必视率高的内容共3个,它们依次是国际新闻、生活小常识、热点访谈。

（3）观众必视率较高的内容共 3 个，它们依次是批评揭露性报道、健康指导、本地新闻版。

（4）观众必视率尚高的内容共 10 个，它们依次是体育新闻、奇闻趣事、电视节目预报、社会新闻、消费指导、科学新知、观众之声、新闻分析、流行时尚、经济新闻。

（5）观众必视率较低的内容共 12 个，它们依次是名人访谈、新闻背景、今日生活提示、理财资讯、域外传真、文化新闻、就业指导、业余爱好指导、中外报纸摘要、文化艺术资讯、史海钩沉、出行信息。

"影视剧或文艺戏曲"的需求者主要是离退休人员及待业或无业人员；"知识性节目"和"文化体育报道"的需求者以女性和青年观众为主；"财经资讯（股票、证券、汇率等）"的需求者以男性、企事业领导或管理人员、其他人员以及待业或无业人员为主。因此，新闻节目和服务类信息应该成为早间电视节目的"主菜"，而且风格要轻松，节奏要明快。

此外，考虑到尚有 1/4 强的"非上班上学族"群体对娱乐的需求，影视剧和适合老年人收看的地方文艺戏曲节目也应该在早间节目中占有一席之地。

4. 怎么看　对大多数人来说，早间是忙碌的——洗漱、吃早饭、准备出门，不可能像晚上那样身心放松地收看电视，更多情况下，电视更像是一个"背景"，人们在做其他事的同时，偶尔看一下电视。

这样一种收视状态决定了早间电视节目应该简洁明快，信息量要大要密集，栏目或节目的时段要短，尽可能在最短的时间内把最重要的新闻传播出来，以短、平、快的新闻资讯为主，可以进行滚动播出，使错过某些内容的观众还有再次了解的机会。尤其应该强调的是，由于"非专注"的收视状态，大多数观众与其说是"看"电视，不如说是"听"电视，对声音元素的要求大大增加，所以早间电视节目对语言和播音的要求应该更高，要注意"可听性"，即在画面之外的信息。

（二）早间新闻的编播策略：以美国早间新闻栏目为例

美国的早间新闻栏目在编排上一般都分为七大块。

第一大块，是整个栏目的缩影，通过短短的开头表现整个栏目的情调、节奏和特色。

第二、三、五大块，一般安排突发性新闻、介绍情况的成套新闻以及有关健康科学的专业新闻。

第四大块，往往安排一则新闻特写，以形成"峰谷技巧"编排。所谓峰谷技巧，就是把电视节目想象成一系列的山峰，错落有致、高低不平。每次新闻节目都用当天最新、最重大的消息做头条，消息编排越靠后，紧迫性和价值就越小。在低谷状态下，应找出一个办法，使节目重回高峰状态。在前面两大块新闻重要性依次递减的情况下，一般采取新闻特写的方式制造高潮。

第六大块，一般是体育新闻。

第七大块，内容回顾和最新消息。最后一条一般选用新闻特写或风趣新闻，在清新隽永的结尾中轻松结束。

这对我们具有很好的借鉴意义。

（三）我国早间新闻现状及个案分析

调查统计数字显示，每天早间1716万18～70岁的电视观众中，41.7%的人收看的是中央电视台的节目，18.3%的人收看的是本省市电视台的节目，另有10.5%的人收看的是其他电视台的节目。换言之，在每10位收看早间电视节目的人当中，平均有4位是中央电视台的观众，2位是本省市电视台的观众，余下的才是其他电视台的观众。然而早间节目总的收视率仅在25%左右。

早间新闻的最早播出时间是5：00，但此时段播出新闻的只有个别电视台，集中开始播出的时间是7：00。

以2021年11月5日为例，查阅中央电视台及15家省级电视台（分别为中央电视台综合频道、凤凰卫视、湖南卫视、东方卫视、北京卫视、浙江卫视、山西卫视、广东卫视、四川卫视、安徽卫视、云南卫视、东南卫视、广西卫视、甘肃卫视、青海卫视、河南卫视）的节目编排表，早间新闻播出情况如下。

5：00，播放新闻节目的仅有1家——安徽卫视（《每日新闻报》）。

5：30，湖南卫视（《新闻大求真》）。

6：00，播出新闻节目的有2家——中央电视台综合频道（《朝闻天下》）和广西卫视（《壮语新闻》）。

6：30，播放新闻节目的有4家——东方卫视（《子午线》）、凤凰卫视（重播头晚的《全媒体全时空》）、浙江卫视（重播头晚的《今日聚焦》）、云南卫视（《新视野》）。

7：00，新闻节目数量开始急剧上升，几乎每个电视台都在此时安排了新闻节目，如中央电视台综合频道（《朝闻天下》）、凤凰卫视（《凤凰早班车》）、湖南卫视（《湖南新闻联播》）、东方卫视（《看东方》）、北京卫视（《北京您早》）、浙江卫视（《浙江新闻联播》）、山西卫视（《山西新闻联播》）、广东卫视（《广东新闻联播》）、四川卫视（《早安四川》）、东南卫视（《海峡新干线》）、青海卫视（《青海新闻联播》）、河南卫视（《河南新闻联播》）等，形成早间第一次新闻高峰，持续到7：30。

就上述数据来看，中央电视台、凤凰卫视是早间新闻的主要渠道，从时间上看，中央电视台6：00就开播的大型新闻板块栏目《朝闻天下》，在早间时段已经有了重大的突破；凤凰卫视早间的主打新闻节目是7：00的《凤凰早班车》，它也是凤凰卫视的名牌栏目，并在9：00前重复播放。

9：00的《凤凰大视野》围绕最热的新闻话题，串联历史，解读时局。主持人从一个外交事件解读世界格局的变迁，内容上较有分量。9：43的《凤凰全球连线》则在内容上更加丰富多元，聚焦社会热点、国际事件、政治话题、社会舆论。

中央电视台综合频道和新闻频道并机播出的《朝闻天下》具有以下特色：第一，热点最先关注，引领全天生活。6：00开播，抢占了时间上的先机，同时还改变了以往早间栏目仅仅梳理前一天新闻的理念，通过四次滚动播出的"今天早知道"板块，以及栏目全程交替出现的滚动字幕，第一时间关注当天焦点事件，提示当天生活服务，占据内容上的高度。第二，服务贯穿始终，吸引流动观众。150分钟的栏目中，每30分钟以天气预报的方式提供一次天气出行服务，同时还在栏目中以滚屏字幕方式全程发布天气信息，并全程加挂标准时钟，以吸引观众锁定频道，并形成收视习惯。第三，拓展选题范围，突出电视特点。在保持原有国内国际时事新闻权威性的同时，强化了社会民生新闻、天气出行资讯、文化体育资讯、时尚生活资讯等可视性强的题材，同时，在表现方式上强化电视特性，突出视听感受。

而凤凰卫视的《凤凰早班车》则保持了相当的稳定性，作为凤凰卫视的名牌栏目，其以信息量大、时效性强、编排灵活、主持人亲切平和赢得了更多的关注。

二、午间新闻

对我国观众来说，中午是一个重要的休息时段，也是看电视的一个高峰。根据电视市场报告和全国电视观众抽样调查与分析显示：全天收视的第一个高峰出现在中午12：00—13：00，最高达到月15%，在全天9个时段收视率排名中属于日间最高收视时段，故午间成为一个重要的竞争平台。而在观众常收看的节目中，新闻节目是第一选择，达到总收视率的1/3强。故午间新闻是电视台的重点和精英栏目。[①]

---

① 张宁主编：《中国电视观众现状报告——2012年全国电视观众抽样调查与分析》，中国传媒大学出版社2013年版。

（一）收视特性

仍然从什么人、什么时间、看什么、怎么看四个方面分析。

1. 什么人 对午间收看电视的观众做定性分析也许是不大可能的，因为，一方面，边吃饭边看电视似乎已经成为很多中国人的习惯；另一方面，对大多数上班上学族来说，中午都有1～2小时的休息时间，许多人又把这段时间消耗在看电视上。所以，午间观众构成成分极为复杂，行政机关干部、企事业单位管理人员、公司白领、教师和学生、自由职业者、离退休人员、夜班工作者等，都可能是午间节目的忠实观众。

这种人群构成的复杂性，也使得午间节目纷繁多样，新闻栏目只能算是其中的一个类别，面向其中的部分观众。不过，虽然没有直接资料可以证明午间新闻的主要受众群体是社会的中坚力量，但这一点已成为业内外人士的共识。

2. 什么时间 12：00是大多数观众的中午下班时间。不同的地区、行业，中午休息时间也大不一样，大城市一般为1个小时，中小城市为2个小时之内，一般来说，收看节目的时间高峰在12：00—13：00。

3. 看什么 就新闻栏目来说，及时准确的新闻信息公布是午间观众最大的内容需求，同时，与之相关的反应迅速、有见解有深度的新闻评论也是观看热点，因此，午间新闻的一般构成应该是消息与评论两大块。但从目前午间新闻总体状况看，重点和主要内容仍然是消息类新闻，有影响的深度新闻评论基本空缺。

实际上，午间新闻是非常大的一个缺口，也是大有开发价值的领域。因为，随着信息渠道的增加和畅通，电视早已不是人们获取新闻信息的主要甚至唯一渠道。在一上午的区间内，很多观众通过网络、收音机、手机、报纸、口头交流等，早已经获知了上午发生的新闻，但还来不及回味和判断，这时最需要的是对这些信息进行分析和归纳。因此，午间是最好的"谈论"新闻而非"发布"新闻的时段，倘若电视可以在这方面有所作为，预计会有比较好的前景。

在栏目形态上，相对于早间新闻，午间新闻的限制要少得多，但"说新闻"和"谈话"的形态更宜于午间收看。考虑到网络在这一时段对电视的冲击更大，电视应该充分发挥自己的优势，即在可视性上下功夫；而且风格上力求轻松活跃，"硬"消息软着陆，深分析浅言论，以适应午间的气氛。

4. 怎么看 午间是紧张的夹缝当中的休闲小插曲。从我国的基本情况来看，除家庭主妇外，这段时间属于大部分人的可支配时间，是他们在一上午紧张的工作、学习后难得的调节时间。因此，休息、放松、恢复精力和体力，是午间观众的主要身心状态，这也就决定了午间时段人们随意性强的收视状态：

边吃边看,边说边看,边睡边看;可看可不看;随意看看。而且,收视地点和环境多样:办公室、会议室、车间、宿舍、教室、家等,与其他时段相比,集体收看的现象比较突出,传播性强。

(二) 午间新闻栏目编播策略

目前内地很多电视台都加强了对午间电视时段的开发,午间新闻栏目的设置是其中主要的开发项目。综观这些午间新闻栏目,栏目编排策略基本可以归纳为:

1. 定位 午间新闻的设置,就是要播发早间新闻播出后上午时间段发生的新闻,这是它的原始功能。午间新闻功能性定位应该是以报道上档新闻与本档新闻的报道间隔内发生的新闻为基本诉求。从定位来看,它应该及时播发上午发生的最新事件;迅速承接午夜和早间栏目包括平面媒体刊发的重大新闻的"第二落点",及时追踪最新发展;捕捉、聚焦新闻事件,适时实施新闻常态直播;收集财经、生活资讯,为观众提供实用信息。

2. 新闻内容 午间新闻主要包括国内、国外新闻,而这些新闻又分为时政类和社会类。内容安排必须考虑收视人群的时段特征与收视需求。从观众组成特征来看,午间时段的主要受众是城市观众,且相对分散,要找到最有可能引起他们共同关注的内容。在此基础上,追求时效性、信息量,增强社会新闻和"软"新闻的分量,对热点或焦点新闻进行深度评论。

3. 栏目形态 考虑到午间人们精神较为涣散,对电视的必看性需求相对较低,必须以"新"求胜,在栏目编排上要打破常规,栏目节奏上要张弛有度,形式上要灵活多变。

比如,中央电视台财经频道午间档《天下财经》,定位为"大众财经、全球资讯",从热点、人物、公司、科技、投资消费和看点六个板块,为观众提供当天的全球财经新闻资讯。对过去24小时的全球财经事件进行全景式梳理。栏目采用直播和录播形式穿插、直播间与外景结合的方式展现新闻全貌,突出新闻的即时性和全面性。

4. 加强策划 与早间新闻时段不同,午间新闻有一个上午的时间进行细致策划,因此,理应做得更为符合新闻规律和受众需要。

中午时段,人们不习惯于观看大量程式化的新闻报道,更关注的是一些趣味性比较强的事件。在这方面《天下财经》做得很到位,其栏目的宗旨是大众、综合和实用,一切渴求经济信息、想提升自己经济地位的人都是其受众。首先,秉承"大经济"的概念,报道反映中国和世界经济脉动和趋势的信息,而不只是某几个专业领域的新闻。其次,秉承"大资讯"的概念、信息总汇的概念,做经济信息的"总装厂",来自国内外、台内外的信息都将成为其资源。最后，栏目秉承"实效信息观"，做有用的新闻。不难看出，《天下财经》栏目在策划上是下了大功夫的，突出了强烈的服务意识。

（三）我国午间新闻现状

在选取国内电视台 12∶00—13∶00 时段的节目进行调查统计后可以发现，午间栏目基本集中于法制、新闻和电视剧三类。就全国性频道而言，法制栏目的典型代表是中央电视台综合频道的《今日说法》。

新闻栏目的典型代表是中央电视台综合频道的《新闻 30 分》，中央电视台新闻频道的《新闻直播间》也有相当影响。而各地区也有类似的栏目编排，如北京卫视《特别关注》（午间版）、《法治进行时》，东方卫视的《东方午新闻》，广东卫视的《午间新闻》，东南卫视的《海峡午报》，凤凰卫视中文台的《凤凰午间特快》，等等。

其中，具有全国性影响的午间新闻栏目有：

1.《新闻 30 分》 国内影响力最大的午间新闻栏目，于 1995 年 4 月 3 日开播，节目长度 30 分钟，每天 12∶00—12∶30 播出，填补了以前电视新闻播出在这个时段的空白。据中央电视台-索福瑞的跟踪调查，该栏目的平均收视率约为 3.38%。

该栏目属于消息类新闻栏目，以播出当天上午发生的国际国内新闻为主，但偏重于社会新闻和服务性信息。

2.《新闻直播间》 2011 年 7 月 4 日开播，在 150 演播室播出 10～20 分钟的新闻。中央电视台新闻频道实现了真正意义上的 24 小时新闻播出，其午间播出时段为每天 11∶00—11∶55。

3.《凤凰午间特快》 是凤凰卫视中午的新闻强档栏目，向观众传送全面的国际社会经济大事等第一手信息。播说结合，主持人以互动、全球联机的直播形式，同时为欧美观众提供最新最快的信息报道。软性新闻少。

此外，值得注意的是，凤凰资讯台新开办了《新闻十二点》，周一至周五 12∶00 播出，时长 30 分钟，以短消息为主；周六、周日仍提供高质素的新闻节目《周末正午播报》，时长也是 30 分钟，承接《周末晨早播报》的新闻播报形式，总结周末发生之新闻大事，送上最新最快的信息。

4.《特别关注》 一档以民生新闻为定位的新闻栏目。自 2000 年 11 月 16 日开播以来，就以贴近百姓生活的社会新闻、焦点热点的深度报道、新鲜快捷的时效信息而引起关注。栏目始终坚持"关注社会发展，贴近百姓生活"的宗旨，力求用特快的速度、特别的视角、特色的电视手段，突出平民化、地域性、服务性的特点，致力于真实客观地诠释新闻事件，理性细致地关注点滴生活，倾听百姓心声，报道百姓关心的事、身边的事、困难的事、烦心的事，

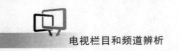
电视栏目和频道辨析

为百姓排忧解难。

三、晚间新闻

（一）收视特性分析

1. 什么人看晚间电视新闻 我国电视观众的总体特征是：

（1）学历越高的观众了解新闻资讯的动机越强；年轻的高学历观众休闲娱乐的动机突出。城镇、男性、年龄在30岁以上和学历较高的电视观众了解新闻资讯的动机强度更高。女性和40岁以下的青年人群对电视娱乐方面的追求比较突出。年龄低的观众通过电视节目增长见识的目的更明显，其中30岁以下的年轻人通过看电视增长见识的目的提及率明显高于总体水平。

（2）农村、低学历者及处于年龄结构两极（18岁及以下和50岁以上）的观众电视依赖性强，但收视目的性弱。值得关注的是，农村、学历低的观众以及处在年龄结构两极的观众表示没有明确收视目的的比例相对较高。80%的农村观众几乎每天接触电视，原因是他们更信任"眼见为实"的电视媒体。

（3）以"了解新闻资讯"为主要收视目的的观众收视时长稳定性和收视导向性都比较强。"了解新闻资讯"的观众收视时长"没有变化"的比例为70.04%，明显高于持其他收视目的的观众。以获取新闻资讯为主要目的的观众的节目导向性也比较强，"固定收看自己喜欢的频道和节目"的比例高于持其他收视目的的观众，该类观众更习惯于在固定频道收看节目的收视方式。

2. 看多长时间 据国家广电总局2020年"中国视听大数据"（CVB）统计，2020年上半年平均收视到达率达到51%，人均收视时长达到146分钟。2020年新闻节目播出时长同比增长3%，收视时长同比增长55%。新冠肺炎疫情防控期间，人们居家时间增加，对媒介依赖度提升，电视开机率在上半年明显增加。比较2015年至2020年上半年观众人均每日电视收视时长，由2015年上半年的156分钟持续下降至2019年上半年的125分钟；2020年1—5月由于特殊国情迅速激增至146分钟；而从2020年5月开始，全国电视观众到达率和收视时长逐渐下降。电视收视率的不断下降仍是电视发展的常态和趋势。

网络用户持续增加，并向电视稳定用户中老年群体蔓延。网络用户规模截至2020年3月达到9.04亿，互联网普及率达到64.5%。中国互联网络信息中心第46次《中国互联网络发展状况统计报告》数据显示，2020年中老年网络用户快速激增，达到2.14亿人。

（1）几乎每天收视的观众比例较2015年下降13.14%，经常、有时收视观众增长约一倍。2012年全国电视观众收看电视节目的频率较2007年有较大变化。"几乎每天"收看电视的观众比例从87.89%下降到74.75%，降幅明显；但"经常收看"（每周不少于3天）和"有时收看"（每周不少于1天）电视节目的观众比例显著增加；此外，"从不收看"的人群比例略有下降。

（2）深度接触频率排名前三的媒体位序由2015年的电视、报纸、杂志转变为电视、网络、手机。电视仍为人们接触的主要媒体，深度渗透率为88.76%，但该比例呈缓步下降趋势，比2007年下降6.29个百分点，比2002年下降10.24个百分点。

互联网媒体和手机媒体正取代报纸和杂志等纸质媒体，成为电视观众的主要接触媒体。其中，经常接触网络的受众比例达到33.67%，比2007年提高了21.41个百分点；经常接触手机的受众比例达到28.46%，大幅超越了报纸、杂志和广播，改写了媒体格局。

（3）超过1/4的城镇受众"几乎每天"接触网络媒体，但近六成农村受众从不接触网络媒体。城镇受众中"几乎每天"使用网络媒体的比例为27.97%，农村受众中"几乎每天"使用网络的比例为13.32%，而"从不"接触网络的受众比例达到58.90%。

（4）城乡受众在手机媒体深度接触上的差异相对较小。

3. 看什么 有调查数据显示了以下几个特点。

（1）综艺娱乐和新闻是影视剧之外观众最喜欢的栏目类型，观众对法制类栏目的认可度也在逐渐凸显。除电影和电视剧外，观众最喜欢看的电视栏目类型集中于综艺娱乐、新闻和法制类，提及比例均在10%以上，累计提及率超过80%。

（2）中央电视台和省级卫视分别以新闻、法制和综艺娱乐类栏目取胜。观众最喜欢的前10个中央电视台栏目覆盖新闻、综艺、法制、体育等类型，其中前3个栏目分别是《新闻联播》《星光大道》和《今日说法》。从频道归属来看，观众最喜欢的中央电视台节目主要集中在综合频道、综艺频道、体育频道和社会与法频道。

观众最喜爱的省级卫视电视栏目前10个均属于综艺娱乐类，且累计占比达到17.97%，其中，湖南卫视的观众喜爱度在省级卫视中最高，《快乐大本营》和《天天向上》两个栏目共获得超过10%的观众喜爱提及率；其次是江苏卫视和浙江卫视。

（3）喜欢综艺娱乐和新闻栏目的观众在年龄和学历上均呈现交错态势。从不同学历观众对不同栏目类型的喜爱提及分布来看，总体呈现出学历越高的观众喜欢娱乐栏目的比例越高、最喜欢新闻的比例越低的特点，而学历越低的观众喜爱法制类栏目的比例越高。

值得注意的是，高学历观众了解新闻资讯的收视动机强，但最喜爱新闻栏

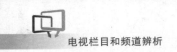
电视栏目和频道辨析

目的比例明显偏低，与这类人群对新闻栏目的期望较高有关。

4. 怎么看 身心的放松、大段的时间、习惯和无意识心理，决定了晚间电视观众的基本状态是自由、随意、轻松、懒散。

家庭的收视环境，亲属、子女、夫妻共享的收视状态，要求晚间电视栏目老少皆宜，突出电视栏目的家庭共享性，强化电视作为家庭成员联络感情的一种方式的作用。

晚间电视观众时间充裕，为110分钟左右，这大大地长于早间、午间的收视时间，也正是这段比较长的时间，使得观众可以静下心来领会、欣赏、参与，所以，深度报道、专题栏目等需要观众一同思考的栏目在晚间就成为一种很好的选择。

但晚间电视时间的特性是变化的，不同的状态使得观众在不同的时间段对电视的内容、形态、节奏等都有着不同的需求。晚饭时的"非独占"收看方式，要求视听兼备；晚饭后至就寝前，集中收看内容连贯、有深度或娱乐性的节目；临睡前，节奏再度放慢，营造适宜就寝的气氛；等等。

（二）晚间新闻的编播策略

通过以上对晚间电视收视特性的分析，本书提出以下晚间新闻的编播策略。

1.《新闻联播》式的当天新闻总汇，仍然是晚间新闻栏目必不可少的主打新闻栏目样式 一天的工作和学习生活结束，人们既要为刚刚结束的一天进行总结，也要为新的一天做出计划和安排，就会有对一天发生的国内外大事有所了解的愿望。因此，准确、客观、全面地对一天新闻汇总，是傍晚新闻栏目最主要的任务。从我国的现状看，中央电视台的《新闻联播》承担了这一任务。长久以来，《新闻联播》已经形成了固定的栏目编播模式：先国内后国际，国内新闻占总量的约3/4；遵循政治—经济—文化的顺序对新闻排序；承担意识形态宣传任务，加播数量、时长不定的专题片；等等。

2."地域新闻""民生新闻"是地方电视台新闻的特色 对我国大多数新闻专业工作者来说，中央电视台《新闻联播》播出之前的18：30—19：00是他们施展才能的时段和天地。从内容的角度看，地方新闻、社会新闻成为省级卫视或者地方电视台的必然选择，"软新闻"及对新闻的"软"化处理，也已经成为许多省级和地市级电视台新闻栏目的编播策略甚至新闻取向。以南京电视台《零距离》为代表的"民生新闻"成为一大亮点。换句话说，省级卫视及地方电视台的优势在于地域和心理上的接近性。CBS《晚间新闻》主持人丹·拉瑟提出的"后院篱笆原则"也许用在这里更为恰当。

3. 深度报道，是晚间新闻节目的一大选择 从观众的心理需求上看，对新闻，他们不仅要知道"是什么"，而且要了解"为什么"以及"怎么样"。晚间观众也有着较从容的收视状态，从新闻栏目或节目分类上讲，大的方面，无非是消息和深度报道两大类，在新闻的三个时段中，晚间时段较为充裕的时间资源，也为深度报道类新闻栏目提供了很好的条件。实际上，晚间时段仍可以细分为傍晚时段和夜间时段，傍晚时段以消息类（如中央电视台《新闻联播》和省市《新闻联播》）为主，那么夜间时段则是深度报道类新闻的主要战场。在具体安排上，既可以是强调时效性的当天热点新闻的深度解读，也可以（或者是更主要的）是对重大新闻事件的回顾和剖析，前者如北京电视台的《今日话题》，后者如中央电视台的《新闻调查》，从实际效果来看，这些深度报道类新闻栏目的影响、观众忠诚度都相当不错。

（三）我国晚间新闻的现状

由于新闻栏目之于一个电视台举足轻重的地位和宣传的目的，各家电视台基本上都把自己的新闻主打产品放在上星频道中，可以说，新闻栏目遍及各级电视台晚间时段。其中又分为三种情况：一是专门的新闻（资讯）频道。如中央电视台新闻频道、凤凰资讯台、福建电视台新闻频道等。二是新闻综合频道。内地大部分的上星频道都定位为新闻综合频道。三是上星频道。其整体定位虽然不是新闻或新闻综合，但是仍然作为主要新闻栏目的平台。如湖南卫视和上海东方卫视。

新闻栏目形态齐全，专题、消息、深度报道、谈话、论坛等新闻栏目不仅在中央电视台，而且在许多省级乃至地方电视台都一样不少。当然，这其中有创新不足、"克隆"、行政和宣传要求等多方面的原因，但就现象看，新闻栏目处于较为繁盛的发展阶段，"新闻立台"也成为一些电视台决策者的理念。而中央电视台新闻频道在2003年的开播和后来的成功，凤凰资讯台的影响日著，也为电视新闻热持续增温，福建电视台新闻频道的开播，开创了省级卫视开办专业新闻频道的先河，预计还会有新的省级乃至地方新闻专业频道跟进。

四、消息类新闻的特质

（一）时效性强

新闻必须讲求时效性，而消息类新闻栏目还必须具备消息所特有的"以快夺人"的特点。消息类新闻栏目追求时效性表现在两个方面：一方面是取材新。消息类新闻栏目所报道的内容必须是新近发生、发现的事件。另一方面是报道的速度快。这是消息类新闻栏目与其他媒体新闻栏目竞争的核心点。因

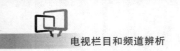

此，可以说，时效性强是消息类新闻栏目生存的基础。

在电视发展的初期阶段，受技术、设备、传输条件等多种因素的制约，消息类新闻栏目的时效性比较差。随着科学技术的不断进步，电视新闻的传播手段得到了突飞猛进的发展。消息类新闻栏目中的现场报道、现场直播日益增多，许多具有重大意义的历史时刻，在电视新闻栏目中都实现了新闻报道与新闻事件的"同步进行"。在不同媒体的激烈竞争中，消息类新闻栏目以其灵活多样的报道形式，已经彻底改变了时效性差的形象，成为观众及时了解天下大事的主要选择之一。

（二）形式简要

由于消息类新闻栏目要迅速、及时地报道国内外的最新事件，时间短、速度快，因此，记者必须以最简洁的文字、最典型的画面把信息传递出去，这就对消息类新闻栏目的篇幅有一定的限制。另外，消息类新闻栏目要汇集尽可能多的信息，根据栏目编排的需要，消息类新闻也要尽可能地简练。因此，消息类新闻栏目在形式上都比较简短。

（三）题材广泛

电视新闻的观众是一个庞大的群体，不同的观众由于受其政治、经济地位及所处具体环境的影响，对信息的需求也各有不同。因此，为了满足不同观众的需求，消息类新闻栏目很少单独播出，每期节目都由若干条新闻组成。消息类新闻栏目的报道领域非常广泛，涵盖了社会生活的各个领域。《新闻联播》《时事直通车》《直播上海》等具有代表性的消息类新闻栏目都成为国内外要闻的总汇。

（四）讲求新意

有新意的新闻能给人新鲜感、吸引力，同时还能引发人们的思考。消息类新闻栏目贵在"新"，这种新不仅是时间新、题材新，还要求报道的角度新、主题新、表现手法新。

消息类新闻栏目要做到出新很不容易。中央电视台财经频道《全球资讯榜》在编播上的技巧，《零距离》在题材、角度方面的探索，可以被看作比较有代表性的求新之举，值得借鉴。

第三节　电视深度报道解析

深度报道起源于 20 世纪 40 年代的西方报界，随后逐渐被引入电视新闻。1968 年，美国哥伦比亚广播公司推出大型杂志型电视新闻节目《60 分钟》，以对社会问题做有深度的调查为特点，很快成为全美电视节目中收视率最高的节目。《60 分钟》的成功，表明电视新闻不仅可以像报纸一样做深度报道，而且由于声画结合，更具说服力、更具特色。《60 分钟》加速了深度报道的电视新闻专题、专栏节目的繁荣和发展。

西方新闻学概括深度报道"是一种阐明事件因果关系、预测事件发展趋向的报道形式"，它"不仅要说明新闻发生的来龙去脉、前因后果，而且还要分析它的意义，预见事件的发展和影响"。①

深度报道类电视新闻是指以现代电子技术为传播手段，以图像、声音为传播符号，对新近发生的新闻事件所做的解释性、调查性、分析评述性等具有思想内容深度的报道。深度报道类新闻资讯栏目不满足于向受众提供简单的新闻事实，而是对新闻要素做进一步的深化处理，要求一方面剖析新闻事实的内部要因，另一方面展示新闻事实的宏观背景，对新闻事实进行综合、立体反映，从总体上把握其真实性。

这就是说，深度报道既要说明"怎么样""是什么"，更要解释"为什么"。"是什么"可以从画面中看到，"为什么"则需要报道者深入挖掘。因此，才能有人这样说："不必告诉我发生了什么，请告诉我发生的事意味着什么。"

在我国，电视深度报道也出现在报纸深度报道之后。随着影响较大的连续报道、系列报道的播出，特别是《新闻调查》《面对面》《焦点访谈》《国际观察》《360 度》等固定栏目的开辟，电视新闻深度报道的社会意义已有目共睹，消息类新闻栏目也在尽可能的时间范围内力求报道深度。从目前荧屏上多种多样的深度报道栏目形态，就可以了解深度报道的重要地位，这些栏目形态有专题新闻、新闻连续报道与系列报道、新闻评论、新闻调查等，下面择要介绍。

---

① 朱羽君等主编：《中国应用电视学》，北京师范大学出版社 1996 年版，第 85 页。

一、专题新闻

专题新闻侧重于对新近发生、发现的重大新闻事实进行充分报道。与消息类多属短新闻相比,它不仅要报道"是什么""怎么样",还要说明"为什么",因此,要求内容较为详尽、完整,能够较全面地反映某一事件的全貌以及关键场面和典型细节。专题新闻通常是当日或近日重大新闻事件动态报道的延伸、补充和深化,因此,较为注重播报的时效。重要会议和重大运动会期间逐日编播的当日新闻专辑,国家领导人出访时及时编播反映出访全过程盛况的专题,等等,都是常见的专题新闻例子。

专访是新闻性专题节目中以人物谈话为主要表达方式的一种报道形式,它不同于消息类新闻中常见的人物访问,它的谈话内容必须构成独立而完整的新闻,而不仅是表现主题的某个部分。常见的专访有两大类:一是对某些为广大群众所关注的新闻人物、知名人士进行访问;二是就当前政治、经济、社会生活中为广大群众所关心的热点与疑点问题,访问有关机构的负责人和有关专家。专访成败的关键在于选好主题和访问对象两个方面。主题应有重大的现实意义,反映社会生活前进的脉搏,为广大观众所普遍关心。采访对象必须是具有"信息源"价值的人物,诸如有关机构的领导、专家、知情人、当事人等,他们能为新闻事件提供确凿的事实或权威的见解,以说明事实真相与实质,或澄清观众关心和疑惑的问题。专访中,记者的提问是谈话的指向根据,对访问影响较大,访问前应做充分准备。

二、新闻连续报道与系列报道

(一)新闻连续报道

连续报道是就一个事件的起因、变化、发展、结果组织跟踪报道或评论陆续播出。

连续报道的题材应是广大观众深切关注的重大事件,一般取材于不可预知的事件性新闻,整个报道大体上与新闻事件相始终。它以新闻事件自身的发展和时间顺序纵向展开,要求电视记者和电视台在事件演变过程中紧密追踪,不断以新变动为依据进行后续报道,分段分层地将事件发展中有新闻价值的信息及时向公众传播,直到事件终结或告一段落为止,从而构成反映该事件全过程和问题实质的新闻报道整体。

连续报道具有以下特点。

1. 时效性和密集性 时效性是指连续报道中的每一个新闻都是事态的最新动向，它是记者在新闻事件演变过程中，以事态变动为依据，做追踪式报道的结果。随着电子采录设备的使用，连续报道几乎与事件发展同步。

密集性是指连续报道围绕新闻事件的发展，在传递信息上比单条新闻容量大，对事件可以做纵向追踪和横向联系。

2. 连续性和递进性 连续性体现为连续性报道事态的发展和各相关新闻内容。一个连续报道中的各个单独报道在时间先后顺序、事态变化发展的承接上紧紧相连，互为依据，形成一个严格以事件发展过程为次序的有序连续。前面的报道是后面报道的基础，后面的报道是前面报道的延伸、发展。

递进性是指连续报道在报道层次上随着事物发生、发展的递进来展现事件全过程的不断深化。递进性是由新闻事件自身发展的先后顺序、层次性决定的。这犹如接力赛跑，随着选手一棒一棒往下传。新闻事件也在发生、发展、高潮中一层一层地递进。

3. 完整性和客观性 连续报道从事态产生一直追踪到事态结束，总体结构有头有尾，反映出新闻事件的全过程。完整性是连续报道产生强大效力的重要条件，各条报道相辅相成，形成一个完整的统一体，使每条报道在大系统中发挥自己的作用。如果报道内容是零零散散的，则不能形成整体，每条单独报道的意义也就极为有限。

连续报道的未知性决定了其报道的客观性，只有按照事态发展的自然程序，准确、真实地记录事件进程，才会顺理成章地反映事物的发展规律。

(二) 新闻系列报道

新闻系列报道是在一定时期内围绕同一重大新闻主题或典型事物，从不同角度、不同侧面，对不同对象进行连续、多次的报道，从而强有力地体现、揭示和深化特定的主题思想，宣传重大成就和推广典型经验。

系列报道一般取材于可预知的非事件性新闻，整个报道以新闻主题为依据横向展开，有目的、有计划、有选择地对彼此独立存在却反映相同本质的事物或某个典型事物进行逐一的或分解式的报道，从各方面和各层次反复揭示其必然联系，从而构成全面、系统和深入地反映新闻事物内在本质和发展趋势的新闻报道整体。

系列报道具有以下特征。

1. 针对性和导向性 这是系列报道主题先行的必然结果。系列报道有明确的目的，或是围绕某新闻主题，或是围绕某典型事物，系列报道的选择和材料的组织都必须针对这一新闻主题或典型事物，其最终目的是通过全面的多角度的论证，将主题烘托出来，引导人们认知和接受这一主题。

2. 密集性 系列报道由于是对某一主题或某一典型事物的全方位报道，信息相当丰富，具有集束效果。与连续报道相比较，系列报道更注重横向开拓，极具开放性，可以旁征博引，凡是相关的事物都可以报道、"引证"，为主题服务。

3. 完整性 系列报道要充分地表达一个新闻主题或一个典型事物，就必须做到全面，兼顾事物的各种情形。只有在完整、周密的报道中证明主题，才能使人信服。

4. 显著性 这是就系列报道的效果而言的。系列报道的单个报道虽然只是一个个片段，整体组合形成的大系统却可以产生巨大的优势。犹如一棵树易折，一片树林就能阻挡肆虐的风沙、产生巨大的力量。同时，系列报道的连续性也加强了强势效果。

5. 递进性 尽管系列报道中的各个单个报道之间彼此独立，没有外在的联系，但一旦被纳入系列报道的大系统中，它们之间就建立了新的关系：结构上，各个报道可能是并列的，但在内容上却互相增加了"厚度"，以"平行累积"的方式互为"阶梯"，形成递进。与连续报道在时间先后、内容前后、因果关系的递进相比，这是另一种方式的递进：每增加一个方面、一个片段，就会更进一步地完善新闻主题或典型事物。

6. 连续性 不同于连续报道追踪采访的连续，系列报道的连续性是指播出时间和传播效果的连续。

综上可见，连续报道和系列报道能克服单篇报道的偶发色彩和势单力薄的不足，能在一定时期内形成强大的宣传声势，既可以反映面的广度，又可以跟踪线的深度，还可以把报道和评论结合起来，多层次、多视角地解决一个或一类问题，是电视深度报道的重要节目形态。

三、新闻评论

新闻评论是电视机构或评论者、评论集体对当前现实生活中具有普遍意义的事件、问题或社会现象明确表达意见和态度，对事态的演变、发展进行分析、评述，是电视机构高擎政治旗帜和引导社会舆论的重要手段。

新闻评论可由评论员、主持人直接出面评论，亦可请特邀评论员、节目参与者和观众进行评论。就体裁而言，有评论员评论、电视论坛、电视述评、电视座谈、主持人议论、电视答问等；另外还有播报员播报的本台评论、短评、编后语等。电视台的意见和态度主要体现在评论员评论和主持人议论中。

从功能来看，新闻评论可分为提示性评论、倡导性评论、批评性评论等。

（一）提示性评论

提示性评论只是提出问题，指明方向，目的在于提醒人们注意，引导人们思考。提示性评论是电视台鉴于时间因素的制约和观众的收视效果而经常采用的一种"短平快"的体裁。这种评论易于掌握和采制，也有利于观众的接受。对于处在萌芽状态和具有多种发展前景的事物，通过提示性评论唤起人们的关注。

（二）倡导性评论

倡导性评论以正面论述为主，鲜明地表示赞成什么、提倡什么，支持和扶持它认为应该支持和扶持的事物。这种评论的论述对象和范围极其广泛，凡是符合社会发展趋向、代表时代潮流的事物，都是它取之不尽的论题。倡导性评论的特点，一是因事倡导，从具体的评论对象出发，这是倡导性评论说服力的基础；二是因时倡导，时代和社会的主旋律，是这类评论思想深度的主要依据。

（三）批评性评论

批评性评论通常是揭露、抨击社会上存在的错误、有害的现象，明确指出错误在哪里、危害是什么，以及错误和危害的原因，目的是帮助人们正确认识所揭露和所批评的思想行为，促使事物转化。

新闻评论成功的关键，一是选题，二是评论水平。选题必须面向广阔的社会生活，把握时代的脉搏，抓住热点、焦点与难点。

从选题来说，一是选择老百姓共同关注的社会话题。电视是给广大老百姓看的，节目谈论的话题就必须想老百姓之所想、急老百姓之所急、言老百姓之所言，贴近观众，拉近与观众的距离。二是选择与改革开放有直接关系的社会话题。改革开放关系到国家的繁荣富强，也与老百姓的自身利益休戚相关，在新与旧的交替时期，各种问题、各种矛盾都会暴露出来，有许多新的课题、疑点需要解决。新闻评论应勇于面对、善于发掘问题，即时给予评论，发表独特的见解，给观众以正确的舆论引导。三是选择典型事例，批评、抨击社会中的不良行为和丑恶现象。前文说过，从功能看，电视新闻评论有提示性评论、倡导性评论和批评性评论。作为电视台的舆论武器，除了颂扬真善美，还必须对社会中假丑恶的东西予以驳斥、抨击，既可以抑制坏人坏事出现，又可以让人民群众感到正义与真理的力量，从而更好地净化社会。

真正代表一个电视台新闻工作总体水平的，是新闻评论的水平。如凤凰卫视的名牌栏目大都集中在新闻评论栏目，《新闻今日谈》《全媒体大开讲》《时事开讲》《时事辩论会》《社会能见度》等，与其有一批学者、睿智的专家评论员和记者型主持人是分不开的。因为，一个电视新闻评论员，既需有记者的敏锐，更要有社会学家、思想家的智慧和深刻。对电视新闻评论主持人来说，学者的智慧与权威更为重要，只有智慧和权威的电视评论，才能产生反响，达到引导舆论的目的。

四、新闻调查

新闻调查在表现形式上借鉴美国《60分钟》"调查性纪录片"的形态，用纪实式的视听语言，展现记者对新闻事件的采访和调查过程，把新闻当成故事来讲，在质疑、悬念中突出事件中的矛盾和冲突。具体说来，电视调查性报道是一种以展示记者揭秘性的调查行为为主的新闻报道方式，它以探寻事物真相为最终目的。接近真相，从现场开始；接近真相，从质疑开始。标准的调查性报道由调查意识、调查样式、调查手段和调查途径构成。

《新闻学大辞典》给深度报道下的定义是"运用解释、分析、预测等方法，从历史渊源、因果关系、矛盾演变、影响作用、发展趋势等方面报道新闻的形式"①。而西方新闻界习惯将调查性报道与揭露、曝光画等号。尽管对调查性报道有多种不同的解释，但这种栏目样式区别于其他新闻报道类型的基本要素主要有三个：第一，调查目标明确，致力于揭示对公众有重要意义的事实的真相；第二，调查行动由媒体与记者独立完成；第三，调查难度在于对方着力掩盖真相。

综上所述，新闻调查作为调查性报道，必须具备三个先决条件：记者独立展开调查；调查内容是损害公众利益的行为；有人试图掩盖这种行为。只有符合这三个条件的选题才能被纳入调查的范围之内，调查事实真相是其主要目的。

（一）新闻调查的选题

选题直接决定新闻调查的成败，一般来说，新闻调查的选题应该考虑如下因素。

1. 影响力　从受众的心理认知角度来讲，与公众利益相关的、贴近公众生活的选题更容易产生传播效应，因此，在选题上，新闻调查强调那些与公众利益有重大关系、公众十分关注且具有一定时效性的事件与现象。

2. 信息量　在新闻竞争异常激烈的今天，从纵深层面对信息的开拓和挖

---

① 甘惜分、钱辛波、成一、洪一龙：《新闻学大辞典》，河南人民出版社1993年版，第88页。

掘达到了前所未有的地步。因此，对于一个相对较长时段的深度报道栏目来说，信息传播者不仅需要提供可"读"的信息，更需要"解读"信息。如果这个事件或现象蕴含重大隐情，存在公众必须填补的知识空白，真相大白后有可能使观众或恍然大悟，或猛然警醒，或深刻反思，那么这样的事件和现象就值得调查，哪怕是迷雾重重的历史事件。

3. 故事性 英美传媒业甚至是学术专著中都将新闻事件称为"故事"，将制作新闻节目称为"讲故事"，其根本用意在于吸引受众，因此，必须强调视听表现的可能性。新闻调查要求每一个节目都应该引起观众的注意而不是漠视，其理想的状态是：不同的内容能够引起观众不同的情感与态度——对不幸者的同情，对不人道与不民主的愤慨，对偏见的警觉和纠正，对观念与制度的反思，等等。

4. 命运感 新闻调查在强调对事件的挖掘展示的同时，还强调无论多么重大的题材，都要重视事件的意义以及进程，要关注其中涉及的人物。如果要说"卖点"的话，这些人物的智慧、欲望、情感、奋斗、处境、与他人的关系就是最大的"卖点"，是吸引观众所不可或缺的元素。

5. 独家性 独家性绝不仅是独家视角，而且是独家的消息来源。新闻调查以记者调查的方式探寻事实真相，并不只是调查已成为新闻的事件，还要主动出击，发现有价值的题材。

（二）记者的质疑精神

调查意识实际上是一种问题意识。对于新闻调查的记者来说，所有进行调查的人物和事件都应该是有问题的，所以质疑是开展调查的前提。当然，质疑绝不是怀疑一切，质疑是一个新闻要素。把质疑作为新闻的切入点，并将之贯穿于栏目始终，事件环环相扣，不断地刺激被采访者，有意制造一点冲突，这样做更符合观众的心理，也不断刺激观众把节目看下去，质疑之后挖掘事实真相才是最有真实感和说服力的。从质疑出发，也绝不是不尊重采访对象，反而是为被采访对象建立一个平台——当对方一一解答记者的疑问时，也意味着他最真实的面目被一层层揭开。

独立的调查报道要求记者必须在镜头前展示调查的过程，这不仅是栏目真实性的需要，更重要的是通过这种形式揭示事实的真相。调查报道的核心在于报道的不是一个单纯的事件，而是调查这个事件的过程。新闻调查记录和展示的，是记者如何通过各种各样的手段进入事实本身，一步步获取真相。过程即内容，调查的过程构成了栏目的框架，这种过程感十足的调查性报道很容易使观众对栏目产生信任。如果直接把自己的结论告诉观众，而不是通过调查过程说明真相，栏目的可信度就会大打折扣。

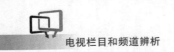

因为记者的质疑，对事实的深度挖掘才有可能实现，事实的真相才有可能顺理成章地被揭示出来。质疑是新闻调查不断调整自身定位、寻找最有效地探寻事实真相方式的新闻精神和手法，而这也必然使得质疑从始至终贯穿于调查的全过程。新闻调查的定位最终走向"探寻事实真相"，核心特征是对问题的探究和对内幕的揭露，也就是"真相"。新闻调查的形态定位、内容定位和目标定位决定了质疑的必要性。

（三）客观理性的记录

新闻调查的选题一般比较重大、影响广泛，在大多数情况下，对要调查的事件或人物是先有社会舆论，然后才进行调查，加之各种复杂因素的介入，事件的真相往往扑朔迷离。因此，新闻调查不仅要尽最大可能查明真相，还要使真相为广大观众和社会舆论所接受，并使事件的解决回到法制和文明的轨道上来。这就要求新闻调查必须是客观的，不应该掺杂记者个人的感情因素，用理性的思维追溯事件的本源，用客观的精神记录真相，就成了新闻调查必备的品格。

换句话说，有的选题从情感的角度可能是一种取向，而从事实和法理的角度衡量，往往是"事与愿违"，在这种情况下，无条件地遵从理性客观原则，是新闻调查唯一的选择。

（四）独家发现，调查过程完整

所谓独家发现，强调的是调查记者的发现对揭示事实真相具有推动作用，能够深化节目的主题。比如，中央电视台《新闻调查》播出的《运城渗灌工程》，记者从蓄水池池底拔出塞着木头的水管，揭开了渗灌过程的造假真相；《死亡名单》中，记者在太平间核实死亡人名单，发现被隐瞒的死难矿工；《"非典"突袭人民医院》中，记者在北京大学人民医院发现把"非典"患者写成普通患者的名单，甚至画出一条线就是隔离区，这些都属于独家发现。

记者作为调查行为的主体，其行为贯穿节目始终。记者在调查当中，提出问题，求证问题，得出结论或者判断，在完整地揭示真相的基础上得出结论是调查性报道的最高境界。

五、深度报道的特征和趋势

（一）深度报道的特征

1. 选题原则 深度报道常常给人以启示，引起巨大社会反响，因此，深度报道的选题和舆论导向都至关重要。

就选题而言，应遵循"领导重视、群众关心、普遍存在三点重合"的基本原则，选择广大群众普遍关心的重大新闻事件，重要的社会问题、社会现象，选择广大群众关注的或迫切需要解决的社会热点、难点和焦点。

（1）重大新闻事件。重大新闻事件因为其深切的社会影响、广泛的社会关注，而成为大多专题型新闻栏目的关注点。对重大新闻事件的评论、调查，以对事实的深入报道为宗旨，立足于重大事件的发生、发展，向纵深延伸，通过对事态的深入挖掘，以翔实的材料，向观众阐明事件的起因与发展、结果，做出令人信服的评论或分析性报道。

（2）焦点性新闻。即表明新闻事件要具有普遍性或广泛的社会关切度。这类深度报道围绕某个主题，就相关的多个事实进行分析比较、归纳评述，从而揭示事物本质。

（3）可视性。即评论精彩、叙述有意味。深度报道在选题上一般是社会热点问题，这就要求评论要敢于正面接触和介入矛盾，勇于回答群众的问题，一针见血，把对事物的认识上升到哲学高度，提出新颖的观点、见解；对新闻事件的调查也应该追求故事性，在矛盾和冲突中来展开调查，并最终揭示真相或使观众获得揭开真相的启示。

（4）感染性。即指对题材及其思想的挖掘多从人性的角度着眼，尤其是以情感因素来打动观众。

2. 思辨色彩 这是深度报道最显著的特征。深度报道必须由表及里，透过现象表现本质，提供给观众可以思考、受到启迪的东西。深度报道，顾名思义，绝不是一大堆现象的罗列，而必须有深度。思辨色彩是深度报道得以成功的最重要因素，是衡量报道是否达到深度报道的根本标准，是深度报道的内容要求。理性思辨体现为报道从思想观念上给人以启示，不是简单介绍典型经验、做法，而是通过对典型事例的剖析，传播思想，颂扬精神。

3. 报道的多侧面、多角度、多层次、立体化 任何事物都是多面的，事物与事物之间的联系更是错综复杂，如果只从一个角度、一个方面看问题，得出的结果必然是片面的。立体化报道要求对一个事物做全面的、全方位的考察，既剖析它自身的方方面面，又剖析它与周围事物的关联，报道立体化是深度报道思想深刻性的重要保证。

报道立体化，离不开新闻背景材料的运用。新闻背景材料是指与新闻事件发生发展相关的环境材料和背景材料。背景材料如果选用得充分而适当，有助于说明新闻事实的内涵、成因、意义及影响，从而深化主题。

应当注意的是，尽管背景材料在某些情形下也可以成为新闻性栏目的主体，如所谓背景新闻之类，但大多情况中，新闻背景都应处于新闻的从属地

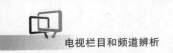

位,运用时要精炼、简明。

4. 表现手法多样性 这是深度报道在形式上的特征。内容决定形式,深度报道内容的多侧面、多角度、全方位,必然要求形式的丰富多样。综观电视上播出的各类深度报道,我们可以充分感受到电视的兼容性特点,即在深度报道中,只要能够真实、客观、准确、完整地揭示主题的表现形式,就都可以运用,诸如客观介绍、被访人物述说、主持人采访、资料运用、对话式、现场报道、主持人或记者评论等。在这当中,主持人形式越来越显示出其优越性,这是由深度报道思想深度的特点决定的。主持人形式可以更充分地体现思辨理性,而且便于与观众交流,有"面对面"的效果。

(二)发展趋势

随着电视与观众的逐渐成熟与理性化,深度报道栏目也发生了以下明显的转变。

1. 栏目定位:事实为据,理性主导 中央电视台《焦点访谈》的意义在于它开创了报道的一种崭新模式。这种以批评性报道为主的栏目,对正处在艰难改革进程中的中国社会来说有一定的现实意义,因此,栏目一问世,即火爆全国。但是,这种一味地曝光与揭露的做法,由于缺乏理性思考与深度论证,也潜伏着隐忧。正因为如此,1998年,《焦点访谈》把定位语由原来的"时事追踪报道、新闻背景分析、社会热点透视、大众话题评说"调整为"用事实说话"。改变后的定位语不仅变得简洁了,更表明了新时期新闻媒体对舆论监督和权力批评的内涵理解的转变——以事实为报道的依据,以理性为思考的工具。

以此为标志,各地的"焦点"栏目在经历了几年的喧闹之后,都渐渐归于平静。电视舆论监督的终极目标是推动社会的进步,而非一时的疾恶如仇,因此,"焦点"栏目开始将关注点更多地投向具有建设性意义的题材,报道与老百姓息息相关的话题,于是,城市交通、环境污染、住房困难、产品质量、下岗再就业等就成了其着眼点。

2. 栏目视点:尊重现实,真实记录 以前,在"不怕上告,就怕上报"的奇特社会背景下,记者的地位与作用被扭曲和夸大了,而"报纸审判""电视审判"的现象也确实发生过。但记者不是法官,不是"包青天",在一个民主、文明、法制健全的社会,法律才是最终的裁定者。

在经历了最初的疾恶如仇、侠肝义胆之后,深度报道栏目的记者们终于找准了自己的定位:社会现实的记录者与思考者。

第二章 电视新闻栏目和频道

第四节 新闻频道概述

所谓新闻频道,是指专门播出新闻节目和具有新闻属性的节目的专业频道。

一、新闻频道的发展状况

新闻频道首创于20世纪80年代初的美国,而在世界范围内的兴起则是在90年代中期。作为我国第一新闻媒介的中央电视台,其新闻频道的创办也是中央电视台历年新闻改革的必然归宿。出于我国国情的需要,中央电视台第一套节目新闻改革走的是一条以栏目为单位,在保住既有阵地的同时,不断开拓新领域,单点突破、分层次整体推进的路子。

(一) 世界新闻频道发展历程

1. 专业新闻频道并未确立,仅存在集中播出的新闻节目 20世纪40年代后期,电视新闻频道首先在传播发达的国家兴起,在80年代之前,大致存在两种体制:私营与公营,前者的代表是美国,后者的代表是英国和德国。当时并不存在现代意义上的新闻频道,只在早、中、晚(尤其是晚间)集中播出专门的新闻节目。在这个阶段,某些电视台的综合频道已经在小范围内有意识地向新闻频道转型,即在新闻播出的新闻内容质量以及及时性等方面进行了强化,但是,这毕竟是小范围内发生的思维变化。在新闻频道从综合频道彻底分出去之前,新闻的播出还是依附于综合频道,观众还无法享受到独立而充足的新闻信息量。因此,这时的频道还只是新闻传播的一个载体,而非独立的新闻体。

2. 专业新闻频道创办,引领全球新闻传播的变革潮流 在经过了上一阶段的蓄势准备之后,1980年美国有线电视新闻网(Cable News Network,CNN)的创办,打破了美国广播电视界名宿爱德华·默罗所谓的商业电视的新闻、娱乐、广告三位一体的格局,创造了一种全新的电视新闻传播样式,引领了全球电视新闻传播的变革潮流。这次变革潮流使人们的观点也随之转变,之前的新闻来源于频道专门的新闻栏目,之后,独立的新闻频道的出现,人们获取新闻的途径和渠道变得明确而独立。但是,这个时候的新闻频道并没有形成独立的风格,其新闻的充实度和信息量与现在相比都相差甚远,新闻含量没有亮点,频道的特性没有发挥出来。

3. 新闻频道专业品牌效果凸显，树立独特风格 在经历了前两个阶段之后，在 20 世纪 90 年代中期，专业的新闻频道终于迎来了繁荣期，世界各个国家和地区的电视台都开办了独立的新闻频道，24 小时不间断地向全球播出新闻，使当代重大事态的发展与电视传播的有机运动基本实现同步，使人类对社会、自然环境的监测水准上升到了前所未有的高度。CNN 率先大量运用现场采访的手法报道全球突发事件，采访小组利用地面的流动卫星站即时报道世界各地的新闻，目前已在世界上 212 个国家和地区拥有 2.1 亿观众。老牌世界性通讯社路透社和美联社分别于 1992 年 10 月和 1994 年 11 月创办电视部（Reuters TV 和 APTV），为世界各地新闻频道的发展推波助澜。90 年代中后期，美国又相继出现鲁珀特·默多克的福克斯新闻（Fox News）、微软全国广播公司（MSNBC）和美国全国广播公司财经频道（CNBC）等新闻频道，对 CNN 构成了强有力的挑战。

继美国之后，英国广播公司（British Broadcasting Corporation，BBC）于 1997 年 11 月开办了 24 小时新闻频道，全天滚动播出世界各地新闻，通过卫星站发来的同步现场报道将新闻触角伸向全球每一个角落。在进行新闻报道时，强调使用冷峻和超然的手法，大量提供"事实性新闻"和"平衡性新闻"的报道。西班牙、瑞典和意大利等国也已开办 24 小时新闻频道。瑞典电视台和意大利广播公司的新闻频道的工作人员均不到 40 人，它们像拥有 60 多个成员的欧洲广播联盟其他成员一样，每天可以从欧洲电视节目交换网得到成员台之间交换的大量新闻，彼此免费使用。

在这个阶段，除了欧美国家，在中国内地（大陆）的周边地区，日本公营的日本放送协会（NHK）电视网和私营电视台先后实现了全天候新闻滚动播出。在中国台湾，东森、民视、台湾无线卫星电视（TVBS）、真相新闻网等多家新闻频道展开激烈的竞争。在中国香港，凤凰卫视于 2001 年开办新闻频道"凤凰资讯台"，从娱乐立台到新闻立台，从创名牌新闻栏目到筹划准新闻频道，凤凰卫视的这两次战略性转变值得研究。在电视对传播资源的开发上，新闻资源的大量、实时和可持续利用带来了巨大的社会效益和经济效益。

目前，在美国等发达国家，有线电视和无线电视在国民经济的统计指标中已属于不同的门类，这主要是由于两者经济来源的不同，前者主要依赖广告，后者 90% 以上的收入来自用户付费。总体来看，有线电视处于上升时期，发展空间广阔，无线电视黄金时期已过，在竞争中处于相对不利的地位，这表现为有线电视扩大用户的机会较大，而无线电视增加广告的市场份额机会较小。由于有线电视播出广告的时间严格受限，相对来说，新闻频道的新闻信息纯度较高，节目形态容易得到观众认可，而无线电视由于广告播出量较大，对不良广告的抵御力较差，因而媒介形象不如有线电视（美国传统三大电视网与

CNN 的差别就是例证）。

一般来说，境外新闻频道可以做如下分类。

（1）按播出内容分，有纯动态新闻频道（如中国台湾的 TVBS、东森新闻网等）和动态综合新闻加分类（专题）新闻频道（如 CNN、BBC 世界台）。

（2）按经营方式分，有完全不带商业广告的公营新闻频道（如 BBC 世界台）和带商业广告的私营电视频道。

（3）按技术类型和经济来源分，有有线新闻频道和无线新闻频道。前者的主要经济来源是用户付费（占 90% 以上），广告播出受到严格限制，后者几乎全部依赖广告。

（二）内地（大陆）专业新闻频道的现状

中央电视台新闻频道的经历与现状，基本可以代表内地（大陆）专业新闻频道所走的道路。创建新闻频道是中央电视台历年新闻改革的必然归宿，在维持综合频道中的新闻类栏目不变的同时，独立开创了适应党和国家政治宣传的需要，并依托现行体制而推广的新闻频道。这一频道的出现不但进一步满足了原有的政治需要，更扩大了观众人群，开拓了更为广阔的市场空间。

从以综艺内容为主到以新闻节目为主，是近 30 年来中央电视台内容发展的基本脉络。两类内容主次位置的互换是从 20 世纪 90 年代初开始的。《焦点访谈》崛起，正点新闻亮相，《晚间新闻》《新闻 30 分》和《现在播报》三档栏目相继推出并迅速获得高收视率，随后又推出《东方时空·早新闻》和《国际时讯》等，形成了不同时段、不同层面的新闻栏目体系。新闻频道所确立的"新闻立台"这一目标，也是与国际接轨的标志，作为国家级电视台，"新闻立台"是其根本之所在。经过不断的努力，现阶段，中央电视台新闻频道虽然在某些方面与 CNN、BBC 等大台还有差距，但是在新闻价值观念、新闻信息总量、传递速度和播出形态上，它已经形成了自己的品牌风格，树立了良好的国际形象。

（三）专业新闻频道的类别

专业新闻频道按照其播出的内容，大致可分为两种类型。

第一类是以中央电视台新闻频道为代表的纯新闻频道。这类频道播出的节目是纯新闻性质的，并且是隶属于政府的新闻频道，在为广大观众播放新闻的同时，还会传递政府的声音，掌握着舆论的正确导向。

第二类是以凤凰卫视推出的凤凰资讯台为代表的准新闻频道。这类频道之所以叫作准新闻频道，是因为它不代表官方态度，而是代表了纯新闻工作者的立场，并且在其频道中还设置了其他生活方面的很多咨询服务，并非纯粹意义

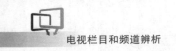

上的 24 小时新闻频道。

二、新闻频道的理念与定位：以中央电视台新闻频道为例

研究专业新闻频道，就要先从中央电视台新闻频道（以下简称新闻频道）说起。作为中国第一个国家级的新闻专业频道，新闻频道的开办无疑是中央电视台以及整个中国电视界的一件大事，从 2003 年 5 月 1 日诞生起，它就引起了海内外的高度关注，开播近 20 年来，以其崭新的面貌、大容量的资讯和同步报道的手段逐步赢得了业界和观众的好评，成为仅次于中央电视台综合频道的观众获取新闻信息最主要的频道。

新闻频道之所以取得了这么大的成就，也是和其理念的正确以及定位的准确性密不可分的。

新闻频道的理念与定位集中在以下几点。

（一）"以人为本，贴近生活"

开办之初，新闻频道旗帜鲜明地提出了"以人为本，贴近生活"的理念，并将之树立为频道建设的指导思想。综观新闻频道从开播到现在的运行情况，不难看出，新闻频道的"以人为本，贴近生活"不是一句空话，也不是一时的权宜之计，而是一种承前启后、一脉相承的对于新闻创新理念的探索与实践。这一理念不仅要求面对观众，而且要以观众需求为主；不仅要具有真诚面对的态度，而且要有强烈的服务意识；不仅要把观众当作市场主体、受众主体，而且要把观众当作报道的主角和主体，用大众的眼光反映大众的事情和大众的情怀与命运；它不仅要最大限度地满足观众多元的信息需要，还要最大限度地满足观众多元的舆论诉求，充分反映民情、民意、民愿、民生和民声，关注老百姓的关注点、兴奋点、疑惑点，把群众的需要作为"第一信号"。

"以人为本，贴近生活"的理念精髓，就是善于把握社会动脉，真正了解群众需求，分析研究新闻规律，及时捕捉社会热点，努力实现新闻报道的思想性、艺术性与观赏性的有机统一。综观新闻频道的创办理念，我们可以清晰地看到，"以人为本，贴近生活"是新闻频道最重要的指导思想，而这一思想一直坚定不移地贯穿在频道的栏目设置和栏目内容之中。

（二）"第一时间，第一现场，第一需要"

"第一时间，第一现场，第一需要"目标的提出，使新闻频道的新闻特性得到了空前的加强。新闻频道并不是简单地将各种与新闻有关的节目有机地结合在一起，也不是将所有采集到手的新闻素材进行栏目化处理后播给观众看就了事那么简单。评判新闻频道的好坏，一个非常重要的标准就是在它的24小时播报中，能否让观众在重大变动发生的第一时间以亲临现场的第一角度去获取最新鲜的信息。而新闻频道在创办之初就提出的"第一时间，第一现场，第一需要"恰恰符合上述种种追求。

第一时间，追求的是新闻的时效性。时效性是新闻节目的首要追求，第一时间满足观众对新闻的获取权，谓之"第一时间"。

第一现场，追求的是新闻的客观性。只有深入事发第一现场，通过实地采访与调查，掌握事情的全貌，才可以最大限度地增强新闻报道的客观性和公允性。

第一需要，追求的是新闻的有效性。即以观众的第一需要作为节目制作的目标，借以提升新闻的针对性与有效性。

（三）"与世界同步"

"与世界同步"理念的提出，使新闻频道具有了深厚的开放性和国际性。现在的世界已经进入信息时代，新闻报道的信息生态环境发生了巨大的变化，一方面表现为国内外的信息渠道增多，信息流通量加大，信息阻隔系数越来越小，信息的透明度越来越高，信息的易得性越来越强，因此，对信息的争夺日趋激烈。另一方面表现为广大观众对信息渠道和具体信息的可选择度越来越高，对新闻报道的鉴别力越来越强，挑剔度也越来越高，这就自然而然地对新闻报道和信息发布提出了越来越高的要求。同时，对正在稳步崛起的我国而言，国内信息的国际化与国际信息的国内化趋势也越来越明显，所以，在新闻频道创办理念上也必须遵循"与世界同步"。

"与世界同步"，就是要充分发挥中央电视台信息整合和传播的优势，根据时代和媒体的发展要求，不断满足观众对信息日益增长的需求，最快速地表达、最全面地反映中国和世界的变化，具有前瞻性。

"与世界同步"，就是要求新闻频道必须及时吸取国内外先进的新闻理念，大胆探索新闻传播手段，以开放的姿态选择和吸纳国内外一切资源，使新闻频道成为国内外新闻的总汇，具有很强的开放性。

"与世界同步"，就是在全球化的背景下，要让新闻频道以崭新的面貌走向世界，投身世界新闻媒体的大竞争中，努力提升自身的水平，成为具有国际影响力的世界一流新闻大台。

三、新闻频道的栏目分类：以中央电视台为例

（一）以新闻内容分类

纷繁芜杂的新闻资讯如果不经过有序化、绩优化的处理，其传播效果就会大打折扣。以相关性为原则形成的栏目内容和板块，是频道结构最基本的单位。按新闻内容分类，有融合国内外时政、体育、商业、技术、生活方式、社论、旅游、健康、房地产、家居和园艺、教育、食品、展望、杂志、书籍、新闻文摘等多方面内容的新闻栏目，如《整点新闻》《新闻30分》《新闻联播》《天气·资讯》等。这类新闻栏目内容极具多样性，以对各种社会新闻资讯的广泛涵盖和及时反映为特色，以"横向覆盖"的方式传递新闻。而《新闻社区》《人物新周刊》《每周质量报告》等栏目则有比较明确的地域性划分、领域性分割和专业类区分，这些栏目围绕相关的核心内容，以"纵向延伸"的形式深度分析、评论新闻。

（二）以形式分类

如新闻频道在开播前强调的"新闻、直播、专题"，即是强调三个形式层级上的栏目创制，即由新闻栏目构成的基本平台，由谈话类、杂志类专题栏目组成的深度平台，由实时性直播类栏目形成的拓展平台，在多个平台上，优选意义重大的焦点新闻进行报道。

新闻栏目如《新闻联播》，专题类栏目有《焦点访谈》《法治在线》，直播栏目有对重大突发事件"第一时间""第一现场"的直播报道。

（三）以播出时段分类

相关机构对受众收视行为的多次调查表明，早、中、晚三段时间内的新闻受众所从事的职业有所不同。同时，不同时段受众的收视需求也各不相同，早间新闻以听为主，午间新闻以快为主，晚间新闻以深为主。这就要求新闻频道的节目在时间设置上应充分考虑不同受众的收视需求，形成以短时滚动播出类新闻栏目、重播类栏目、日播类栏目、周播类栏目和机动性的现场直播等形式相辅相成的时段栏目机制。

四、新闻频道的主要问题

我国的专业新闻频道在经历了近20年的运行之后，取得了显著的成绩，

但是在某些方面仍然存在不足。

（一）新闻敏感欠缺，现场报道不足

目前，在国内各家新闻频道中，没有一家能绝对做到"向全世界介绍全世界""从新闻发生的现场播报新闻"，即使有，在很多情况下也是在事件发生后的一两天才做好现场播报的准备，已失去"第一时间"的效应，尤其在突发事件上的行动素质仍有待提高。而这些问题的主要制约因素就是财力限制、机制制约和判断标准。财力有限，就无法在全球构建一个无缝的新闻报道网络；新闻运作机制不灵活，就难以充分利用可以利用的新闻资源；遵循的新闻价值判断标准单一，就会导致一些重大新闻事件报道的偏颇甚至遗漏。

新闻频道应该做到对新闻事件特别是突发事件的实时和准实时传播，使观众能及时、充分地获知任何时间内发生的新闻。由于综合性频道一般只能在固定时段设置新闻栏目，一些时效性强的新闻往往因播出时段的延迟而受到影响。而 24 小时密集报道新闻甚至不间断滚动播出的新闻频道，可以将这种因播出造成的迟延降到最低限度，甚至实现新闻现场的同步直播，这也应该是开办新闻频道的最大意义，在"现场"、与新闻"同步"，应该被看作新闻频道的生命。

（二）资源分割存在问题

新闻频道的特点决定了它对资源的需求不仅是庞大的，而且是多方面的。我国目前的电视产业管理体制和运作机制，使各级电视台和新闻资源处于各级行政力量的严密掌控之下，成为各级行政机构的附属部门，而非社会公共资源，造成各级电视台的新闻资源长期处于一种分割和闲置浪费状态。这种由行政区域分割导致的市场分割和新闻资源分割，是我国至今没有出现一个成功的跨地域经营的新闻频道的根本原因。解决这个问题的唯一办法，就是电视新闻机构要按照市场规律和新闻规律运行，实现新闻资源的有偿和自由流动。

对电视台内部来说，也有一个新闻资源整合和合理使用的问题。要实现经常性的新闻直播，并能保证随时开展新闻直播、插播和现场同步报道，必须有一套与之相适应的新闻管理机制，即新闻资源的整合机制。只有实现全台新闻资源的整合与共享，才能有整体的新闻频道意识，才能提高快速报道和直播的能力，统一协调各新闻栏目对重大事件做连续跟进并追踪报道，实现真正意义上的"锁定频道"。具体而言，可将中央电视台所有频道的新闻力量聚合到新闻频道上，统一计划，统一调度，一台摄像机采访的新闻，各频道、各栏目若有需要，均可使用，实现新闻共享，还可以成立统一的新闻选题策划系统、新闻资料管理系统、新闻采访传送网络。新闻频道还可以把台内外的力量汇合到

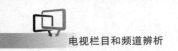

一起，中央台及各地方台遇有重大新闻事件，可以通过微波、卫星、转播车、移动卫星站、电话以及互联网络等各种传送手段，及时地将新闻在新闻频道插播，实现全国电视新闻网的联合。

（三）直播误区

新闻频道开播以来，尤其是在汲取了几次重大新闻事件反应缓慢、播出滞后（如被批评最多的是对美国"9.11"事件的反应）的教训后，中央电视台明显延长了直播时间，对一些重大新闻的处理也有可称道之处（如对伊拉克战争的报道处理）。但直播存在着两个误区：一是直播过度使用或不当使用。如对考古挖掘、一般经济建设项目甚至文体活动的直播，显得"小题大做"，更无新闻性可言。二是突发新闻直播偏少。这实际上仍然反映出新闻敏感度不强、现场意识欠缺的问题。我们现在看到的许多所谓直播，多数是一些预知或可以预知、经过精心策划的重大事件性新闻，新闻之外的意义或附加意义远远高于新闻本身的意义，实质上是对新闻规律的漠视。

而对直播的组织和内容制作亦存在不少问题，一是同一电视台各频道各行其"道"，分别直播，致使资源重复，浪费严重；二是经常使用延时装置，造成画面滞后；三是漏播不少重大新闻。

（四）编播无特色

新闻频道在新闻标准的选择上已有所改进，但总体上讲，新闻价值规律仍然没有得到彻底贯彻，表现为不是按新闻的重要性、公众关注程度、影响力等因素来编辑新闻，而是沿袭一贯的先国内后国际及政治、经济、文化、社会新闻的顺序，四平八稳，影响了新闻价值的实现，这一问题是新闻频道亟须解决的。

在国内专业新闻频道的运作上，我们既要看到所取得的巨大成绩，又要努力弥补自身的不足，要想让我国的专业新闻频道更上一层楼，就必须增强竞争意识、品牌意识、国际意识、网络意识和使命意识，摆脱旧观念、旧机制的约束，尽快脱胎换骨，走上创新之路，只有这样，我们才能在日趋激烈的国际新闻竞争中闯出属于自己的一片新天地。

第五节 融媒体对新闻栏目的影响

新闻栏目一直是电视媒体作为主流媒体体现媒体话语公信力、权威性，代表意识形态发言和引导社会舆论的主阵地，也是人们关注社会动态、国家大事、国际舆论的重要渠道。而在万物互联的数字化时代，无须通过电视媒体对新闻的过滤和议程设置，人们在更为开放和便捷的互联网可以获得更丰富、视野更开阔的新闻资讯。同时，人们对感兴趣的话题可以畅所欲言，与网友、新闻发布者展开交流和思想碰撞。除了作为信息接收者，网络用户还能通过自己的移动端随时随地记录发生在身边的社会事件，并自行排版、剪辑、上传至微博、抖音、快手等自媒体社交平台，形成一定的社会热度，达到全民共享。这些新形态都对新闻栏目提出了挑战。如何重新获得在媒体资讯中的一席之地，吸引新生代受众，成为融媒体时代新闻栏目亟待解决的难题。

一、融媒体对新闻栏目的冲击

（一）电视新闻的时效性面临挑战

随着新媒体的兴起、移动端的普及，录音录像设备的便携化呈现出人人都可成为新闻源的景象。人们拿起手机便可随时随地记录发生在自己身边的社会事件，并通过社交媒体进行直播，用户原创内容（user generated content，UGC）、专业用户生产内容（professional user generated content，PUGC）趋于常态化，大大缩短了新闻采集到播出的时限，增强了新闻的亲历性和亲民性。

而电视新闻由于不可避免的时延性，制作流程的复杂性，节目内容和形式的单一性，电视新闻类型的复杂性，栏目时长限制，这些因素使得电视一度处于几乎被新媒体潮流淹没的状态。

融媒体对电视新闻的冲击，从"央视新闻"微博账号定位由"无处不在的央视，随时随地的新闻"转向"央视最大新闻、突发事件、重点报道的首发平台"中也可以看到，这种定位转向，就是为了突出体现面对突发事件、重大新闻时的及时性，以应对新媒体的挑战。

（二）数字化技术给传统电视新闻采集、分发方式带来冲击

5G技术带来的更快捷的传输速度和更大的信息承载量，AI、VR技术的应用对新闻视听内容的改变，中央厨房等新型全媒体分发机制的运用，等等，都改变了传统电视新闻的采集、编排、制作、传播方式。

如今很多传统新闻栏目将互联网思维运用到制作与传播过程，改变了以往由新闻工作者单向采集分发新闻的模式。通过大数据技术筛选新闻内容，保证新闻时效性，匹配聚焦社会热点和人们关注的焦点。一些全新的融媒体形式的新闻栏目也孕育而出。中央电视台中文国际频道2016年3月20日开播的《中国舆论场》是国内首档大型融媒体新闻评论互动栏目，栏目充分利用融媒体

电视栏目和频道辨析

优势拓展栏目受众面和信息渠道，并与小屏深度融合，利用线上直播、弹幕互动、微信公众号留言等方式做到了与栏目受众的双向互动，增加了栏目的可看性。栏目通过深度评论的方式，邀请专家为观众分析社会热点事件，解密碎片化事件背后的真相，在互动中促进观众延伸思考，引导和提高了观众的思辨能力。

短视频、H5、VR、AI、虚拟主播等新兴技术手段逐渐成为新闻栏目打通平台多元化、适应融媒时代大趋势的重要战略内容。中央电视台新闻部门通过布阵央视新闻客户端，央视频 App，入驻哔哩哔哩（俗称 B 站）和抖音、快手、微博等平台，形成自成体系的传播矩阵，在不同的平台根据平台定位和用户喜好制作不同的新闻内容，以期面向更广的收视群体。

5G 技术传输速率的提升和对更多设备兼容的特点，使重大新闻事件和活动现场直播进一步实现了大小屏之间的任意转换；直播内容也不局限于通过屏幕向观众转播现场情况，还包括选择多个会场同时分屏观看，采访加新闻事件直播并行；在直播期间，通过小屏弹幕进行互动，将直播内容多渠道分发，形成裂变式传播等方式。如，中央电视台社会与法频道每周六 20：15 播出的《现场》是一档全新的融媒体形式深度报道栏目，栏目先通过全网直播的方式，在移动端播出热点案件和重大法治事件，再通过电视大屏进行深度专题报道，将小屏与大屏的优势进行互补，充实栏目内容。

（三）新闻严肃性、权威性被互联生态下的娱乐化、泛众化消解

无论是中央电视台还是各省级卫视、地方电视台的频频触网革新，一方面使新闻避免了随着传统媒体的落后而被淹没在海量娱乐化信息之中，另一方面也消解了新闻栏目的权威性和严肃性。新闻栏目若想要在网络平台吸引用户，形成一定的话题热度，必定要向网络用户的喜好和需求靠拢。新闻内容的强互动性、精彩内容的短视频化意味着新闻内容的简单易懂、亲民、趣味性，一味地追求触网很容易偏离新闻栏目的初衷，也不利于深度报道类、评析类新闻的生存。如，近几年来，微博热搜只追求社会新闻的即时性和点击率，忽略了事件的真实性，很多社会事件缺乏深度追踪，越来越多的媒体将微博热搜榜视为价值权衡指标，甚至出现有违社会道德、伦理的"反转"事件而引起民愤，应重新审视新闻的真实性、客观性，以及新闻工作者的良知和责任。

二、融媒体时代新闻栏目的发展变化

（一）内容：大屏小屏差异化内容分发，覆盖更多受众面

融媒体时代是一个各个终端协同发展、技术驱动栏目内容与传播创新的时

代,传统媒体与新媒体并非二元对立,而是共享融合。传统媒体在利用新媒体进行内容分发时,应适应新媒体平台的社交属性、内容形式,积极拓展新闻内容的表达方式。

以《新闻联播》为例。据索福瑞对2020年前三季度收视率数据统计,"新闻联播后""天气预报后"和"焦点访谈后"三大核心资源时段18～29岁人群收视增幅十分显著,远超4+人群,反映了观众结构的年轻化趋势。其中,"新闻联播后"18～29岁观众收视增长54%,观众规模增长14%。① 近几年来,《新闻联播》在电视端依旧保持国家大事、民生问题、国际要闻全覆盖,引导国家意识形态,权威严谨的特征;同时依托微博、微信、央视频App、抖音、快手等网络社交平台不断延伸网络发展空间。而在网络端采取差异化内容传播,一是将具有舆论性的新闻事件以短视频、热搜和微信公众号推文形式散点式传播,做到多形式多条持续推送,提高新闻曝光率,在网络用户中引起热议。二是设计"主播说联播"全新板块,新闻主播评论当日新闻的方式录制1分钟的短视频上传抖音、快手、B站等平台。视频采用竖屏形式,贴合移动端观看习惯。新闻主播一改电视屏幕中正襟危坐的形象,而是采用口语化表达和更近的景别,和屏幕前的观众拉近了心理上的距离,配以花式字幕和流行背景音乐,体现了"宏大叙事下的个人情感"化,短视频已经成为传播节目内容不容忽视的方式。

(二)传播:全媒体布局,移动优先,提高双向互动性

媒体融合不仅是指各种媒介(组织)之间的合作模式,而且是指各类型媒介通过新介质真正实现聚合和融合形成的一种独立运行、流程完整、操作规范的媒体产品生产模式。媒介的多元化带来的是各媒介的真正的互融贯通,传统新闻栏目只有在传播领域立足主流电视、纸媒、新兴智媒,实现全媒本覆盖,并坚持移动优先,才能在信息技术快速变革的融媒体时代巩固自己的舆论地位,吸引流向网络的受众。全媒体传播格局也克服了新闻栏目单向传播的弊端,使新闻更接近群众,反映群众心声,更好地实现价值导向与议程设置。

如中央电视台布局央视频App,吸引多类型的媒体和媒体人入驻,生产多元丰富的媒体内容,培养自成体系的媒体生态圈。中央电视台新闻评论栏目《新闻1+1》自2003年开播以来,不断自我创新,发挥意见领袖的作用。如在微博、央视频App等平台开辟新闻专栏,推出系列专题,利用微博、抖音客户端与网友对话。在传统大屏上,中央电视台也积极推动与小屏和网络用户

---

① 参见中国互联网中心《第47次中国互联网络发展状况统计报告》,http://www.cac.gov.cn/2021-02/03/c_1613923423079314.htm。

的互动,结合移动端观看模式,采用弹幕形式显示观众的实时留言,具有极强的参与感。

虽然有些栏目的全媒体探索还处于摸索阶段,存在流于形式、参与过程复杂、不易渗入广泛受众等问题,没有达到真正的互融共通,但无论是电视频道的总体布局还是电视栏目的新媒体战略,都体现了对新媒体平台的重视和对当下电视媒体传播问题的深刻认识。

(三)技术:大数据提取社会热点,智媒丰富节目形态

AI 记者助理、虚拟主播、5G+4K 的直播模式都是在数字技术的推动下产生的。融媒体的发展使新闻的内容采集、分发、传播、工作机制方面变得更为便利和高效。对消息类新闻栏目来说,获取国内外新闻资讯的途径更开放,与民生新闻的距离缩小,触及现场的机会增加,时间缩短,视角更开阔,能够为人们传输更加丰富的新闻资讯。对深度报道类和评论类栏目来说,融媒体时代利用智能化数字技术,精准定位民众的关注焦点,在海量信息中整合民众声音进行数据分析,提炼核心观点。通过智能数字技术弥补新闻报道的单向传播缺陷,更利于与民众达成共识,营造社会舆论。

在融媒体革新电视栏目的进程中,出现了多档以"多媒体""融媒体"定位的新闻评论、访谈、深度报道栏目。一些老牌新闻栏目在原有栏目的基础上,也将数字化视听形式纳入栏目内容,从而丰富了栏目形态,增强了栏目的可看性。例如,《新闻1+1》将栏目定位为多媒体新闻评论节目,联动央视网、微博等扩展节目内容。《中国舆论场》是国内首档"融媒体"新闻评论栏目,是针对新的媒介生态孕育而出的全新栏目形态。栏目的突出特点就是利用大数据提取社会舆论热点,围绕大数据支撑策划栏目内容。《中国舆论场》联合央视频 App、央视网和微信公众平台搭建栏目的内容互动和传播矩阵。在央视网实时公开大数据监测下的社会舆论指数,每期栏目选出十大热门事件展开讨论。《中国舆论场》采取直播的形式,无论是栏目前期的舆论热度实时监测、微信公众号问题留言、播出时的云观看、弹幕互动、解答网友问题,还是栏目播出后的及时反馈、持续讨论,都体现了这档栏目与时俱进、整合各媒体丰富栏目形式、增强互动性、关注民生的追求。

三、融媒体时代新闻栏目的应对之策

(一)转变话语体系,优化用户体验

1. 新闻话语体系的转变 新闻栏目节目内容的刻板化、单一性、严肃性,

主持人语术、形象的精雕细琢和标准化，受众群体的局限性，等等，似乎都与融媒时代视频模式多样化、内容丰富多元化、传播主体立体化背道而驰。人们对缺乏互动、单调乏味、传输滞后的电视新闻失去了观看兴趣。针对这一问题，无论是中央电视台还是省级卫视、市县级电视台，在新闻播报方式、内容方面都应尝试运用互联网思维，了解时下年轻人关注的社会话题，利用年轻观众喜爱的话语传递新闻。

2. **新闻内容方面增加对民生新闻和社会舆情的关注** 新闻内容应该体现新闻人的社会责任和人文温度，注重群众的生活需要和精神文化需求，真正成为为人民发声的有力平台。

3. **主播的品牌化和形象转变** 改变以往字正腔圆、刻板化、没有特色的主持人形象，将主持人打造成为栏目的活招牌。如《新闻联播》在保持正片的严谨性的同时，在微信公众平台、B站、抖音等新媒体平台通过短视频形式发掘主播亲民、接地气的一面，让人们与这档模式化的老牌栏目拉近了距离，在保质保量的前提下，使栏目更为立体和符合潮流。

4. **对用户的重视** 技术区隔下的圈层受众更受新媒体本身的特性及其创造的新场景的影响，他们往往被新媒体的信息传播形态、互动规则、使用方式、文化认同等吸引，并伴随着不断深入的交往、连接和互动，逐渐形成了一个具有特定交往规则的新社会圈子。即，融媒体时代的到来使以往作为单向接受新闻的受众转变为供需一体、具有极强表达欲和追求高品质观看体验的用户，这意味着新闻栏目应以平视的态度，与观看群体形成对话，利用数字技术手段优化节目视听，增强用户体验感。

（1）强互动性。传统电视平台始终无法做到互动的及时性和对数量庞大、需求多样的网络用户需求的全覆盖，所以必须借助新媒体平台的力量，打通媒体脉络，打造全新的融媒体新闻栏目，达到与用户的实时性接触。如，浙江广电民生休闲频道推出的《1818黄金眼》栏目，近几年报道的爆款民生新闻频上热搜，接地气的新闻捕捉依靠的是坚持通过电话热线、短信、微博微信官方账号不间断地与群众保持联系，派出记者实地进行采访调查，并在网络通过话题讨论保持热度。

（2）视听优化。5G技术，AR、AI、VR虚拟视听技术，全息影像的运用丰富了栏目形态，带来更具沉浸性的观感，也使直播新闻趋于常态化。新闻栏目在面对新技术时不应故步自封，而应大胆尝试和多元结合。如《东方时空》由早间杂志类新闻栏目改版为晚间直播新闻栏目，不断引入智媒技术手段，增强新闻的视觉效果，带来了更好的收视体验。

（二）创建媒介生态，实现裂变式传播

与各类媒体的互动并非简单的内容搬运和利用，而是应建立科学有序运营的融媒体机制，在各媒体创建独立自主的传播渠道。综观现存的新闻栏目与频道，对建立自成体系的融媒体矩阵和如何运营管理存在意识薄弱和团队专业化不强等问题。很多栏目与频道对新媒体的认识仍处于将其作为一个传播工具的阶段，机械地将电视端的内容照搬至社交媒体账号，不精心运营账号，也不注重与用户的联系。中央电视台的融媒体运营经验提供了很好的范例，如央视频App吸引各大媒体端和媒体人入驻，并将央视频作为各大新闻栏目与网络用户互动的平台和新闻直播的首发渠道。此外，在央视网客户端、微信公众号、抖音、快手、B站、微博等平台都创办了官方账号，协同运营，做到内容分发的多样化和全覆盖，在不同平台吸引网络用户的注意力，实现了新闻的裂变式传播。

（三）坚守新闻的真实性，做深度、权威新闻

主流媒体要充分发挥其公信力并构建话语体系，让传受双方在舆论场域科学、积极、客观地参与理性讨论与话语表达。在人们拥抱海量信息、在各类信息争夺热搜榜"博眼球"的当下，作为有良知的新闻工作者，要永葆新闻的真实性、严谨性、为群众发声的初心。在信息混杂的当下，做新闻受众的眼睛，把握正确的舆论导向，为受众去伪存真，让习惯于快餐式文化的受众通过高品质的新闻报道与评论重拾理性思辨能力。

第三章　综艺娱乐类栏目

一般把"娱乐栏目"看作"综艺栏目"的新形式或新发展，两者都以轻松活泼为表征，以对各类艺术和娱乐元素的综合为手段，以娱乐观众为理念。换句话说，综艺娱乐类栏目就栏目编排方式来看是"综艺"，就播出效果来看是"娱乐"，其实质是一样的。因此，本章不再对之做具体划分，而统称为"综艺娱乐类栏目"，为了方便明晰地表述，具体论述中则分别使用"娱乐栏目"和"综艺栏目"。总之，本章着眼于"教育、信息、娱乐"这三大电视传媒功能，是对以"娱乐"为主要目的的电视栏目及节目的阐释。

第一节　综艺娱乐类栏目概述

一、综艺娱乐类栏目的界定

从狭义的角度看，综艺娱乐类栏目是指借助数字技术手段，运用电视表现手法，广泛融合音乐、舞蹈、戏剧（戏曲）、小品、曲艺、杂技、游戏、竞赛（猜）问答等艺术形式或非艺术形式为一体，用以满足广大观众多方面的艺术审美和消闲娱乐等需求的栏目。综艺娱乐类栏目具有极强的包容力和极大的综合性，往往是内容丰富、雅俗共赏，形式则多种多样、灵活自由，且观众有较强的参与感。

"综艺"不是汉语"综合文艺"的简称，而是一个外来词，是从日语中引进的。20世纪70年代中期，我国台湾和香港地区的电视台开办了这类节目，其总体格局是从日本引进的，并把日语"ハテイユテイ"翻译成"综艺"。其后，综艺娱乐类栏目在台湾大行其道并一直发展至今，并逐渐为大陆观众所熟悉。

二、我国综艺娱乐类栏目的发展历程

我国综艺娱乐类栏目成为独立形态，是在20世纪80年代中后期，其历史发展基本上可以概括为四个阶段。

（一）综艺晚会时期

这一阶段主要是20世纪90年代初兴起的以中央电视台《正大综艺》和《综艺大观》为代表的综艺娱乐类栏目类型。

《正大综艺》是国内第一个相当成熟的、具有完整意义的综艺娱乐类栏目，基本框架是主持人就场外记者提出的旅游知识和趣闻让嘉宾抢答，集旅游观光、国外风土人情、知识竞赛和娱乐性于一体。它的出现不仅开创了电视娱乐节目的新形态，并且带动了当时各级地方电视台引进和模仿。

1990年3月14日开播的《综艺大观》则是一台时长50分钟的直播综艺晚会，它集相声、小品、歌舞、杂技、魔术等各种文艺手段于一体，明星是节目的主角，明星的舞台表演构成了栏目的主要内容，而各个很少相干的节目之间的串联则由主持人来完成。《综艺大观》是我国内地综艺娱乐类栏目的鼻祖，标志着电视"晚会时代"的开始，掀起了第一轮综艺娱乐类栏目的热潮。

2004年10月8日，曾经红遍中国荧屏的《综艺大观》惨遭淘汰，这档硕果仅存的综艺栏目正式落幕。

（二）游戏时期

这一阶段以1996年起风靡一时的湖南卫视《快乐大本营》和北京电视台《欢乐总动员》为代表。栏目以"快乐"为宗旨，以"游戏"为内容，同时强调互动性，即观众以各种形式参与节目。但由于不"严肃"而一度受到非议。

《快乐大本营》的主要特点是节目风格轻松活泼，追求生活化，特别是融入一些游戏，娱乐性强，同时强调互动性，给习惯了"晚会"类节目的观众一个全新的视觉体验和参与机会，我国的综艺娱乐类栏目从此从"晚会时代"进入"娱乐时代"。

《欢乐总动员》栏目设计的主体框架是模仿秀。模仿明星的歌舞，模仿影视演员的表演片段，模仿对白、台词，模仿相声、小品，说、学、逗、唱，样样俱全。模仿秀传达了大众对明星的崇拜，模仿者在外形、神态、话语、气质上全方位对自己进行明星式的包装，不仅从中获得了一种快乐，并且展示了自己在艺术表演上潜在的天赋。

《快乐大本营》的成功引发了综艺娱乐类栏目的播出热潮，内地30多家

第三章 综艺娱乐类栏目

省级电视台纷纷兴办性质相同的综艺娱乐类栏目，垄断了从周五晚上到周日晚上的各档黄金时间。

几乎与此同时，以上海电视台《相约星期六》和湖南电视台《玫瑰之约》为代表的婚姻速配类栏目也纷纷上马，并与上述综艺娱乐类栏目共同形成了我国第二波综艺娱乐热潮。

但这股热潮并没能持续下去，随着一批批克隆节目的出现，"快乐""欢乐"充斥着荧屏，观众开始对这种无处不在的"纯娱乐"节目感到腻烦，致使其收视率大幅下滑。综艺娱乐类栏目走进第三个发展时期。

（三）益智博彩时期

这一时期的综艺娱乐类栏目以智力竞猜加高额奖品为主要内容和手段。以中央电视台财经频道《幸运52》和《开心辞典》为代表。

《幸运52》脱胎于英国的益智博彩节目 GOBINGO，栏目剥离其博彩性质，经过改造，有机地将游戏与知识普及融为一体，充分调动了观众的参与热情。《开心辞典》仿制英美的《谁想成为百万富翁》，并对其进行了本土化的改造，保留了电视手段的卖点，改善社会心理的审美品位。《开心辞典》创制了独特的中国电视益智节目形态。首创"家庭梦想"的概念，而且其外延拓展到一些公益性内容，如捐助希望工程、保护环境、支持中国申办2008年奥运会等，将观众的热情和爱心进一步扩大到整个民族甚至是人类社会。

同样吸引观众和广告主的还有安徽电视台的综艺娱乐类栏目《超级大赢家》，这档栏目将搞笑上升到栏目最基本的制作理念的层面，在综艺娱乐类栏目中独树一帜。类似的栏目还有贵州卫视的《世纪攻略》、东方卫视的《财富大考场》、广东电视台的《赢遍天下》、重庆卫视的《魅力21》、江苏卫视的《夺标800》等，这些栏目共同掀起了一股益智栏目风潮，在2000年和2001年成为观众和媒体关注的中心。

从2001年开始，综艺娱乐类栏目开始降温，收视份额逐年递减。21世纪以来，综艺娱乐类栏目的多元格局已然形成，但其火爆程度今非昔比，综艺娱乐类栏目在经历青春期之后，渴望有新的突破。

（四）"真人秀"时期

这一阶段出现在21世纪初，《超级女声》《梦想中国》《星光大道》这一类全民参与的互动性栏目逐渐成为荧屏的主角。平民走上屏幕，而且成了明星。

"真人秀"又叫"真实电视"（Reality TV）、"真实秀""纪录肥皂剧"等，最早出现的是荷兰的《老大哥》（Big Brother），并迅速被澳大利亚、德国、丹麦、美国、法国等18个国家照搬制作了各自的版本。2000年5月，美国哥伦比亚广播公司推出名为《幸存者》的栏目，把"真人秀"做成了经典。

国内真人秀节目以2003年我国电视"真人秀"论坛为分界线，前期的电视真人秀栏目除《完美假期》外，其他栏目几乎是千篇一律的"野外生存挑战"类的"野外真人秀"，后期则是以"海选""全民娱乐""民间造星"为主要特征的"室内真人秀"。

我国的真人秀栏目是从"野外真人秀"开始的。广东电视台2000年推出的《生存大挑战·徒步边境线》是国内首档独立制作的真人秀节目，其创意来源于该台《青春热浪》1996年暑期特别节目（以大学生户外活动为主题），跟踪拍摄了三名志愿者在六个月徒步穿越八个省份的历程，保留了较浓厚的纪录片痕迹。此后的《重走长征路》《美女闯天关》等节目则越来越多地借鉴了美国《幸存者》等栏目，引入了淘汰机制、竞技游戏设置等真人秀栏目元素，在不断拓展创意的同时，保留了"生存大挑战"的栏目模式和品牌，成为国内持续时间最长的野外真人秀栏目。

2003年10月，中央电视台创办了娱乐栏目《非常6+1》，播出不久即备受关注，大获成功。2004年5月，湖南卫视策划推出大型娱乐栏目《超级女声》，刚出炉时嘘声不断，但一年以后风行开来。2005年5月，中央电视台全面启动"梦想中国"大型电视活动，联手全国12家省级电视台组成互动联合体，共同打造成就平民艺术梦想的最大平台，整个活动一直持续到10月。可以说，《非常6+1》《超级女声》《梦想中国》掀起了一股强劲的电视娱乐浪潮，盛况空前。

至此，我国的综艺娱乐栏目经过几个时期的发展，已经进入一个新的阶段。据CSM全国测量仪收视调查数据情况分析，平民选秀、婚恋交友和综合三大类节目是近几年受到广大电视观众的极大关注，并获得较高收视率的栏目类型，其中，平民选秀、婚恋交友是当前真人秀栏目中数量最多也是最受欢迎的两种类型。

从收视影响力综合排名的层面来看，以《中国好声音》《星光大道》《我要上春晚》《非常6+1》《我爱记歌词》《超级女声》《快乐男声》为代表的平民选秀栏目，以《非诚勿扰》《我们约会吧》《百里挑一》《为爱向前冲》《真爱无敌》《爱情来敲门》《爱情连连看》为代表的婚恋交友栏目，都是广大电视观众较为关注，并获得较高收视率的选秀栏目。

近两年来，综艺娱乐类栏目步入了不断开拓创新、与新媒体平台深度融合的新阶段，节目类型、题材不断多元深耕，传播渠道实现互联网化。观察类综艺、电商定制晚会、代际类综艺、"直播+电商"等成为综艺娱乐类栏目发展的新动向。

大批"选秀类真人秀"栏目的涌现,一方面呈现出百花齐放、多元发展的繁荣景象,另一方面不断暴露出大量栏目同质化、商业化、庸俗化和过度娱乐化等问题。真人秀栏目的卖点也受到了道德、政策、操作层面的种种限制,这是因为中国文化与真人秀的本质之间有许多不能兼容或者需要磨合的地方,并且我国观众的接受难度也是妨碍其成为主流和大众化栏目形态的因素,这意味着真人秀的中国化路程将是漫长和艰难的。

第二节 综艺晚会

我国各级电视台几乎都有在重大节日或纪念日举办晚会的传统,这些晚会就是典型的"综艺晚会",其中最具代表性的当属中央电视台已经举办了近40届的"春节联欢晚会",它采用了音乐、舞蹈、戏剧、曲艺、武术等艺术样式,充分调动了立体美术设计、灯光、音响、激光大屏幕等艺术表现手法,使整台晚会气势恢宏、喜庆热烈,一直都是每年除夕播出的重头戏,其收视率始终在中央电视台全年各类节目中名列前茅,以至于成为中国人过年的"新民俗"。类似的还有每年中央电视台的"元宵晚会""国庆晚会""中秋晚会"等,也是备受观众瞩目的重大活动。含有特别目的诉求的如"3·15消费者之友文艺晚会""感动中国文艺晚会"等,有机地结合主题,既有新闻节目的震撼力,又有文艺节目的艺术感染,收到了良好的效果。

一、综艺晚会的界定

综艺晚会,是指利用现代电视传播手段重新进行艺术创作、比舞台举办的晚会具有更自由的时空表现和灵活的视听展现的电视节目。

综艺晚会是一种特殊的节目形式,它的特殊性主要体现为内容的包容性。晚会能够自由地汇集众多的明星和各种娱乐表演样式——音乐、舞蹈、相声、小品、魔术、杂技、诗歌朗诵等;它还可以请出公众人物,演绎搞笑或煽情的脱口秀、真人剧;有的重大晚会本身还兼具新闻发布的功能(如各种颁奖晚会)。这些元素在晚会中的表现往往不是单一的,而是相互重叠,复杂地表现出来。综艺晚会的特征是根据主题的需要,运用艺术手段将多种不同艺术载体的单个节目进行有机组合,参与整体表演的各单个节目在整台节目中发生内在联系,发挥出具有整体优势的系统效应。

综艺晚会这种节目形式是中国特有的,特别是"春节联欢晚会",以播出时间最长、演出规模最大、创编人员最多、收视率最高、传播面最广而被誉为

"我国电视文艺之最",也可以算作"世界电视文艺之最"。

二、综艺晚会的类型

从目前我国电视上播出的综艺晚会来看,基本上有以下两种类型。

(一)专题晚会

所谓专题晚会,指为某些有特殊意义的纪念日或活动专门制作的晚会。这类晚会往往都有非常明确的主题,对应有特殊意义的纪念日或活动的主题思想,并且大多数专题晚会的举办都是一次性的。如《庆祝中华人民共和国成立70周年晚会》。

专题晚会作为一种特殊的晚会形式,它的主题比其他晚会的主题更明确具体,而且它的基调定位可以有更多的选择,进而为主题服务。一般的节庆晚会都力求达到喜庆、欢快的晚会基调,但专题晚会的创作还可以选择严肃、感人、奋发等基调。

专题晚会强调主题的明确性,主题往往都镶嵌在晚会的标题中,如每年中央电视台第二套节目(CCTV-2)的"3.15消费者之友文艺晚会",逢重大事件而举行的晚会如"抗洪赈灾晚会",都可算作专题晚会。

专题晚会的一种形式是颁奖晚会,颁奖晚会必然要有非常明显的仪式感。晚会庄重、正式的感觉也是通过固定的程式来体现的,此外,明星的出场是颁奖晚会娱乐性和收视率的主要原因;悬念也是颁奖晚会的重要看点之一,甚至在很多情况下,文艺节目不是晚会主体,悬念才是颁奖晚会的主要看点。如在奥斯卡颁奖晚会上,除了看明星,观众最期待的就是揭晓获奖名单的那一瞬间。

融媒体时代,电视媒体与电商平台合作推出电商定制晚会。如,湖南卫视与拼多多合作的"拼多多618超拼夜""2020拼多多1111超拼夜",浙江卫视与抖音合作的"2020抖音美好奇妙夜",天猫和湖南卫视、浙江卫视、东方卫视等多个电视平台合作推出的"'双十一'狂欢夜",通过大屏文艺汇演刺激小屏消费,实现流量的快速直接变现。

(二)专场晚会

专场晚会是指只以一种门类的艺术形式作为内容的晚会,如歌舞晚会、戏曲晚会、相声晚会等。

这类晚会针对不同类别观众的特点,进而制作专门的节目,迎合特定观众的口味。专场晚会虽然面对的是相对狭窄的观众群体,但这些观众对它的喜爱度超过了其他类型的晚会，具有良好的收视前景。近些年来，每逢大年三十，中央电视台在为全国观众准备一台高水准的综艺晚会的同时，还会在其他频道安排各种专场晚会（如歌舞晚会、戏曲晚会等），来满足不同观众的需求。从播出后统计出的收视率可以看出，综艺晚会与专场晚会的收视差距并不悬殊，许多观众都很欢迎专场晚会来丰富他们除夕夜的电视屏幕。

专场晚会除了坚持内容的专一，还要坚持内容的专业。如果说一台专场晚会内容的专一对应的是量的概念，那么内容的专业对应的就是质的概念，否则专场晚会就无法达到吸引专门受众的目的。

三、综艺晚会的特征

（一）内容的综合性

综艺晚会的第一个也是最大的特点是"综合性"，它将各类艺术形态以节目板块的形式有机结合在一起，充分调动各类电视表现手法。它面向最广大的受众群体，尽可能做到老少咸宜，堪称电视屏幕上的"视听盛宴"。

（二）形式的多样性

综艺晚会没有固定的节目形式，而是不断吸收新的元素来丰富自己，并可以随意组织各种元素，从而满足不同时代和社会的主题需要，使晚会呈现出不同的外观特征。换句话说，综艺晚会较其他节目形式具有更大的可塑性：首先，它的组成元素丰富；其次，节目时间相对较长，这就给晚会的编排提供了更多的选择。

（三）非确定性

综艺晚会与其他综艺娱乐类栏目形态比较，其特点之一是非栏目化，这意味着综艺晚会的播出时间、时段、内容安排、形式组成等都是不确定的，往往是因时因地制宜地制作和播出。因此，综艺晚会极易受外在因素影响，基本上是即兴之作。

第三节　游戏类栏目

一、游戏类栏目的界定

游戏类栏目，是指以娱乐为宗旨、以游戏为框架，同时强调互动性的电视栏目。

游戏类栏目是继益智栏目热之后我国电视中出现的又一股热潮,虽然其发展比较晚近,但势头很猛,大有遍地开花之势。

我国电视荧屏上出现固定的每周一期的游戏类栏目是在20世纪90年代以后,以开播于1993年1月24日的东方电视台《快乐大转盘》为最早。此后,中央电视台以及各省级、地市级电视台纷纷推出了自己的游戏栏目。

游戏类栏目脱胎于综艺娱乐类栏目这一母体,因此,势必带有其母体的特征,但是,作为一个独立的娱乐栏目类型,它又有自身独特的个性。

二、游戏类栏目的特征

(一)娱乐为本

给观众带去欢笑,并使他们乐于欣赏、乐于参与,是游戏类栏目的最大目的,在这类栏目中,电视台和主持人已经彻底放下了架子,一切围绕着"乐"做文章,演播室成为娱乐场。

游戏类栏目牢牢地抓住了大多数人追求游戏娱乐的心理,希望通过游戏给现场的嘉宾、观众以及电视机前的观众带去欢乐,进而实现最大限度的大众化。因此,不仅游戏类栏目的名字纷纷以"乐"来命名,甚至在节目表演整个过程中也会一再强调快乐这一宗旨。游戏类栏目为人们提供了大众联欢的场所,无论你是参与者还是观赏者,无论你的性别、年龄、收入、身份如何,只要你游戏娱乐的天性未泯,就可以在其中尽情地宣泄、释放。在充满竞争压力的现代社会,游戏类栏目的游戏娱乐性也舒缓了人们的紧张情绪,起到减压阀的作用。

(二)参与性

游戏类栏目具有开放式的结构,观众可以参与其间。观众参与节目,可分为直接参与与间接参与。直接参与又分为两种:一是被动性直接参与。如参与某项节目的评议,填写规定项目的选票、答卷等,这种参与,观众的主观意识不能得到充分发挥。二是主动性参与。即观众直接参与节目的制作和演播过程,这种参与,观众的主观意识能得到较自由、较充分的发挥。

观众的广泛参与,观众与节目的交流互动,是游戏类栏目的大众性得以体现的重要手段。从前综艺娱乐类栏目的传播方式基本上是"我播你看"的单向传播,主持人、观众、嘉宾缺少融为一体的交流,而游戏类栏目则在栏目和观众之间建立多条沟通渠道,实现了双向交流。主持人、嘉宾、现场观众、场外观众自始至终在交流对话。

参与是为了竞争，许多游戏节目就是通过竞争来进行游戏，节目中的游戏多是以竞赛形式出现，内容不外乎比体力、比智力、比胆量、比反应能力，有的节目还会设置物质奖励以吸引观众参与。因此，游戏类栏目必然具有一定的竞争，而节目的紧张刺激和扣人心弦都源于竞争性。与此同时，电视机前的观众在观赏过程中，由于游戏心态获得了满足，日常积郁的愁闷得到了缓解，也会感到精神愉悦。

（三）综合性

游戏类栏目的综合性主要体现在两个方面：一方面，在游戏类栏目中，音乐、歌舞、相声、小品、戏曲片段、杂技魔术、武术、游戏、笑话、故事等文娱类型有机融合在一起。这一点在《非常6+1》中体现得淋漓尽致。另一方面，节目中综合运用脱口秀、真人秀、歌舞表演以及博彩游戏等诸多因素，这些因素或者是被逐一展示或者是被糅合杂陈，但始终统一于节目的整体节奏和气氛中。

第四节　益智类栏目

一、益智类栏目的界定

所谓益智类栏目，是指集竞技性与娱乐性于一身、以智力和知识测验为主要方式的电视娱乐栏目类型。

益智类栏目在国外又叫 game show 或 quiz show，是指为得到某种物质奖励或奖金，在一定规则下，由普通百姓参与的智力游戏栏目。通常是由电视台制定游戏规则，通过主持人和选手一问一答的形式层层递进，最终赢取奖品或奖金。

真正在世界范围内引起轰动的是 1998 年英国开办的名为《谁想成为百万富翁》的栏目，甫一问世就迅速走红，不仅占领了市场 59% 的份额，而且以不同版本在美国、荷兰、日本、澳大利亚等世界 60 多个国家和地区播放，收视率居高不下。中央电视台的《开心辞典》也是对它的直接借鉴，并和《幸运 52》（借鉴了英国的 *GOBINGO*）一起成为中国内地该类栏目的代表。随后，一批益智类栏目纷纷登上中国的电视荧屏，掀起了"益智"高潮。

益智类栏目采取知识问答的竞赛形式，以巨额奖金或奖品为物质奖励，其基本特征在于，栏目从开始到结束，参与选手、主持人及游戏内容等节目要素围绕一套精心设计、相同且固定的游戏规则，形成互动，制造一种让观众感同身受的现场游戏氛围，通过调动其参与欲望，引发其收视行为。这种完全不同于综艺娱乐类栏目的形态，既便于观众的参与，内容又具有很强的可控性，真正做到将知识与娱乐融为一体，具有较高的可视性和观赏性。

益智类栏目一般要具备主持人、选手、规则、题目等四个要素，这四个要素构成了一个完整的游戏链，保证了游戏的顺利进行。其中，栏目中出现的题目通常都由专门人员负责出具。为了公平，有的栏目也采用网上征集等方式出题，并拥有专门的题库进行汇总，根据题目的难易程度做出合理的排列。

按照题目类型的不同，可以将当前的益智类栏目分为两类：①以考察知识储备和记忆力为主的百科知识题类型的节目，如《开心辞典》。由于这类栏目的题目类型比较丰富，出题的要求较为严格，因此，栏目对问题的形式和内容多有非常细致严格的规定。②以考察联想力或表达力、理解力为主的趣味题类型的节目，如《幸运52》中的默契环节。这类节目的问题设计相对宽松，更注重趣味性。

按照规则的不同，益智类栏目又可以分为两种模式：一种是由多人同时参加比赛，经过预先设定好的若干环节，最后决出一位或一组胜者。如《幸运52》，由3位选手经过数轮激战，得分最高的获得拿大奖的机会。这种规则的设置使每期节目的高潮步步逼近，吊足了观众的胃口，使观众都有所期待，符合观众的接受心理。另一种以《开心辞典》为代表，在每期节目的正式比赛环节开始之前，现场出题，通过一个多人的抢答环节，选出胜者接受主持人的正式问答。这类栏目通常分为若干问题或环节，选手每过一关就获得相应的奖励，并逐级增加。通过主持人快节奏地不断提问，以及选手的判断、回答交替进行。随着选手因为答对题在短时间内迅速累积起大奖，或者因为答错题而快速遭到淘汰、更替，观众获得持续激增的刺激感受。

当下，益智类栏目又出现了很多新的形式，如，结合时下年轻人喜爱的体验类游戏和数字科技的《密室大逃脱》《我是大侦探》《机智过人》《越战越勇》，将中国传统文化融入益智竞技中的《中国诗词大会》《中国成语大会》《汉字英雄》，等等。

二、益智类栏目的特征

（一）知识和智力的较量

知识和智力是益智类游戏栏目生存和发展的平台，对知识涉猎的多少、智力水平的高低和现场发挥如何，是能否在栏目中取得胜利的决定性因素，这无论从对社会风气的倡导，还是对参赛选手及观众来说，都具有正面作用。当然，益智类栏目中题目的设计和知识涵盖面需要花费出题人员大量的精力，考的是真知识，测验的是真智力，否则，此类栏目会产生负面作用。

（二）互动与广泛参与

在益智类栏目中，除了主持人与选手之外，一般还要邀请部分观众到现场，一方面营造现场气氛，另一方面也让观众有机会参与其中，《开心辞典》中的"求助现场观众"环节就是例子。《幸运52》中表现得更为突出，在这档益智栏目中，现场观众在节目开始前要穿上不同颜色的T恤衫，意味着他们是着同颜色上衣的参赛选手的支持者，而且一旦所支持的选手获胜，每一个支持者也将获得一份奖品。在这种奖励的刺激下，往往答题一开始，观众就奋力为自己的选手加油鼓劲，台上台下真正交融到一起，使节目气氛达到高潮。

而且，场内场外的互动环节设置也日益普及。如《开心辞典》设置的"电话求助"环节便是互动之一。几乎每档益智类栏目都设置了网上答题报名的方式选拔选手，通过这种方式，场外的观众可以与电视、与栏目零距离亲密接触，可谓机会无处不在。而手机短信竞猜这种形式更是被应用到极致。

（三）竞赛规则是关键

对益智类栏目来说，规则设计得科学与否，直接决定栏目的成败和收视率。益智类栏目的展开过程就是一场竞赛，而竞赛就必须遵循一定的规则。在国外，此类栏目一般由电视台专门的部门或者独立的制作公司开发，在开发的过程中，最重要的环节就是规则的制定，科学的规则不仅可以使选拔过程高效运作，而且可以保证栏目流程顺畅和有吸引力。

综上可见，益智类栏目的板块设置是相对固定的，这为栏目的批量生产提供了可能，并便于质量管理。严格的规范和相对固定的程式，也为选手参与和观众收看提供了极大的便利。

第五节　真人秀栏目

一、真人秀栏目的界定

真人秀栏目泛指由制作者制定规则、由普通人参与并录制播出的电视竞赛游戏栏目。

真人秀在我国的发展历程，主要可以划分为以"野外真人秀"为主的早期真人秀阶段和以"选秀"真人秀为主的阶段。以《非常6+1》《超级女声》《梦想中国》《莱卡我型我秀》为代表的系列栏目将国内"选秀"真人秀栏目推向高潮，也将真人秀栏目推进到一个新的发展阶段。

早期产生较大影响的真人秀栏目是由北京维汉文化传播有限公司联合多家电视台2002年7月制作完成的《走入香格里拉》，展现了18名志愿者在香格里拉为期1个月的生存竞技。2004年，公司与广东电视台、新疆电视台合作了国内比较成熟的野外真人秀节目《英雄古道》，2015，公司与湖南经济电视台合作了国内第一个室内真人秀节目《完美假期》，它也因此成为与电视台联合制作并运营真人秀栏目最为成功的公司。

可见，国内早期的真人秀栏目以"野外生存"真人秀为主，大多借鉴《幸存者》的栏目模式。它将野外生存竞技、奇观化环境作为核心元素；在环境的选择方面，多为远离日常环境的荒岛、森林等原始地域或封闭的内部空间，与日常工作和生活保持距离，强化栏目与现实生活的错位；在规则的设计上，很少有核心事件贯穿整个栏目，主要依靠游戏和淘汰来维系。

当《英雄古道》等栏目仍在继续探索野外真人秀的发展道路时，"选秀"类真人秀开始在国内出现，而且其发展速度和影响已经超过了野外真人秀栏目。先是中央电视台经济频道在借鉴英国类似栏目的基础上，于2003年11月推出《非常6+1》，湖南卫视2005年推出的《超级女声》都产生了相当大的影响，也成为国内影响和争议最大的两档电视栏目。此外，2004年，中央电视台与北京维汉文化传播有限公司合作的《谁将解说北京奥运》、2005年东方卫视的《莱卡我型我秀》也有一定的影响。

进入21世纪以来，婚恋类和"选秀"类栏目风起云涌，取得了不俗的收视业绩和社会影响，如江苏卫视的《非诚勿扰》、浙江卫视的《中国好声音》等。

二、真人秀栏目的特征

（一）真实性

真实是真人秀栏目最吸引观众也是最本质的特征。真人秀的英文直译便是"真实电视"，实际上它是一种纪录片，只不过它所记录的是参加者在特定规则制约下的真实表现，故有人称之为"情景真实"。如《走入香格里拉》，栏目没有主持人，全程跟拍，前期还有参赛者家乡生活的实录和后期访谈，纪录片色彩十分浓厚。更为极端的记录形式是《阁楼故事》等室内真人秀栏目，在每个角落都装上摄像头，包括浴室和厕所，将记录的触角延伸到最隐秘的私人空间。

为了真实，在拍摄手法上便是大量的跟拍、偷拍、抓拍的使用，对细节的展现，以及制作者的有意隐蔽。在大部分节目中，观众看不到主持人，看到的似乎只是原始的生活状态的呈现。栏目可以尽可能地展现人本质的一面，让欲望与道德、理智与情感、个体与群体的冲突充分展开，最终的结果就是人性的暴露。

（二）规则性

真人秀栏目要在短时间内表现人的丰富的自然属性和社会属性，就必须人为地制造矛盾冲突，而矛盾冲突的集中产生必须靠规则的设定。从这个意义上说，规则的设置就是为引发选手与环境、选手与选手之间的矛盾，在矛盾中，节目才能展现出真实的人性。规则中稀缺资源的分配、淘汰环节及大额奖金的设置，都是为了引发矛盾冲突。真人秀栏目的游戏规则可以说是综艺娱乐类栏目中形式最为丰富的。

奖励也是栏目规则中不可缺少的部分，而且在一定意义上是吸引选手和观众的主要因素，而奖励之巨，在所有的综艺娱乐类栏目中也是最为引人注目的。比如，美国《幸存者》获胜者将获得100万美元，其他参赛者按被逐顺序也可各得到6500美元至10万美元不等的安慰奖；湖南经视《完美假期》对获胜者的奖励是一套价值50万元的商品房；贵州电视台《星期四大挑战》的获胜者得到的是一张已存入10万元的信用卡。无疑，这些激励手段有足够大的诱惑和刺激性。

（三）戏剧性

真人秀栏目的戏剧性，突出表现为它具有的天然的悬念。真人秀栏目与一般竞赛类栏目的重要区别就在于，它有一个较长的时间跨度，因此，它的悬念有可能随着节目的推进而呈现累积的效果，使观众产生犹如观看电视连续剧一般的心理期待和最终满足。在很多情况下，观众有影响节目结果的可能，如通过投票来决定选手的去留，这更加强了观众的观赏兴趣和参与热情，使得此类栏目更像是一部结局不明确的电视连续剧，充满戏剧性。

真人秀栏目是假定情境中的真实展现。这里所谓的"假定情境"，是指真人秀栏目大的框架是事先设定的，包括奖金的设定、环境的选择、参赛者的选取和游戏规则的制订等；真实展现，指的是栏目的具体进程和细节是真实的。可见，真人秀栏目与纪录片、电视剧和竞赛类栏目既有相似之处，又有区别。真人秀借鉴了纪录片、电视剧和竞赛类栏目的一些要素，它是一种综合性的娱乐栏目，其电视连续剧式的人物环境选择和矛盾冲突设置是必不可少的。

（四）窥视性

真人秀栏目以满足观众的欲望作为出发点，其中有很大一部分甚至涉及观众的生理欲望，这是真人秀栏目流行的关键，也是最引起争议的因素。在西方，此类栏目中，人体、暴露与猎奇成为其常见的构成要素；同时，由于突破了演播室的限制，使自然环境的表现成为可能，其视听元素的多元性使传统的室内娱乐节目相形见绌，山川丛林、大漠古堡、碧海沙滩、豪宅大院、繁华都市，都可以在节目中一览无余，这其中不仅有性的吸引力，还有对他人的窥视，而这种窥私又是合法的、隐蔽的，不用承担任何法律责任的。加之在制作方面，在镜头运动、构图、音乐、特技、灯光、色调等都十分考究，从而极大地满足了观众窥私的原始欲望。我国的真人秀栏目在这方面则有意识地加以规范，但不可否认也因此使此类栏目失去了一大看点，如何解决好这一矛盾，仍然是真人秀栏目的一大课题。

总之，普通人的参与、纪录片的拍摄方式、一定情境中人的真实活动和人性展示是真人秀栏目的三个主要特征，而其最大特色就是"还原"，把栏目还原到现实，还原到"原生态"。

三、对真人秀栏目的批评

（一）对隐私的窥探

真人秀栏目（"真实电视"）给人们提供的最大快感就是窥私的快感，这样的栏目会助长人们窥视他人隐私的社会风气。它让竞争者在假定的情境和假定的规则中真实地生活，用摄像机一天24小时地拍摄，然后编辑成每天半小时或者1小时的节目，如果观众想了解全部的细节，可以在网络上跟踪实时观看。而且似乎越是隐私的内容，有时越是以夸大或者彰显性的视听语言更加强烈地呈现在观众面前。比如，美国版的《老大哥》连唯一的一间厕所的马桶正上方也安装了一台摄像机，引发部分人士质疑CBS电视台是否故意在黄金时段"夹带"极富争议性的"偷拍画面"，用来刺激收视率。

（二）残酷竞争：对人性阴暗面的展示

真人秀栏目（"真实电视"）的很多游戏在设置之初就暗中预设了种种让人担忧的行为。如《幸存者》中，竞争者可以发挥除暴力以外的任何手段，这实际上意味着竞争者除了发挥人格魅力赢得支持外，还可以运用不正当但行之有效的手段，如欺骗、诽谤等。后来的事实表明，竞争者的确对这一游戏规则的潜在含义心领神会，在电视直播中也自然地展示出了人性隐秘的一面。

人类奸诈、虚伪的本质被堂而皇之地"发扬光大"，对于民众，尤其是青少年的身心健康来说，有消极的影响，应予以规避。

（三）金钱和性

金钱和性一直是西方"真实电视"栏目最重要的结构性元素，已经深深地植根于这种栏目类型的最基本的游戏规则和人们的观看快感机制之中。"真实电视"与好莱坞对视觉快感的娴熟技巧和令人心满意足的控制如出一辙。

不少"真实电视"栏目干脆就把男女关系和情感隐私作为自己的主旨和最大的卖点，如《老大哥》《阁楼故事》。在《老大哥》中就有相当多的暴露镜头、夜间卧室的镜头，而且它的很多游戏规则都是在鼓励和怂恿选手们呈现和暴露自己的身体，如做人体模型、游泳、扫描身体部位等。

（四）博彩性质

真人秀栏目都设置了巨额奖金，抓住了人们的投机心理，满足了人们对财富的欲望，具有明显的博彩性质。

第六节　综艺娱乐类栏目综述

一、综艺娱乐类栏目的特征

（一）大众化、通俗化的价值取向

可以说，综艺娱乐类栏目是最大众化和通俗化的电视栏目形态，在符合主流价值观和不违背传统道德原则前提下通俗化，从而赢得最大的受众群，是此类栏目的核心诉求。从电视节目生产方面看，电视节目很少能做到像电影、绘画、音乐那样具有强烈的个性化风格。电视栏目化和周期性，长年累月定期定时播出，决定了节目的生产必须批量化、标准化，往往是在分工的基础上实行流水线式的作业。因此，电视节目的制作尤其是综艺娱乐类栏目的制作不是艺术创作，其产品不再是艺术品，只能是大众的消费品。

从电视的欣赏方式看，它是一种家庭娱乐，是市民每天日常生活的一部分。看电视所带来的家庭娱乐在舒适感上是前所未有的，手中的遥控器可以对各种娱乐节目进行随时随地的选择，它是一种实惠、廉价、随意、自在的家庭

式的娱乐方式。

因此，大众化、通俗化、家庭性决定了综艺娱乐类栏目的基本制作理念。

（二）以游戏活动作为栏目的基本框架

构成综艺娱乐类栏目的基本框架是各种游戏活动，在内容的表达形式上是开放的。综艺娱乐类栏目以提供消遣和使人快乐为主旨，为了赢得更高的收视率，往往要在消解传统审美基调、颠覆严肃话语的过程中逗乐、搞笑、猜谜、游戏，或插入边缘性角色，这在当前的综艺娱乐类栏目中屡见不鲜。在综艺娱乐类栏目中，不仅游戏活动是游戏，而且贯穿这类栏目的也是游戏精神。它设计了一个公共娱乐空间，人们在其中按照一定的游戏规则进行活动，使自己的心灵和谐、健康。

（三）电视化和综合化

1. 电视化 电视化大致包含如下几个方面的含义：首先是电视的直播技术和手段的使用，这使综艺娱乐类栏目（尤其是综艺晚会）给每一位观众以身临其境的同步性与现场感。其次是电视的多时空自由表现。电视可以通过镜头的自由摇移、画面的分切组合等特技手段而在电视屏幕上自由地进行时空交错和重组，完全突破时空的限制，把最大的逼真感和最强烈的幻觉效果结合在一起。最后是独特的电子切换剪辑技术的充分利用，这有赖于导播对电子切换技术的高超应用。

2. 综合化 所谓"综合"，虽是将不同种类、不同性质的事物组合在一起，但绝不是简单地拼凑、排列和相加。借用一个哲学概念来说，这种综合是一种"异质同化"，即同化不同质地的其他事物而为一个有机的整体，这是一种高层次的综合即化合。因而，综艺娱乐类栏目既非某种或多种独立的艺术样态的演出，也并不只是各种艺术或非艺术形态的简单相加或叠合，而是电视综艺吸收其他艺术样式的有益元素并使它们有机化合在一起，从而产生电视艺术的新质。这些新质既有对原有艺术母体的继承，又与之有异，这使其能广泛包容和吸收几乎所有的艺术样式和许多非艺术样式。这种内容的无限丰富性和手段的无穷多样化正是综艺娱乐类栏目作为新兴电视艺术一个最重要的亚门类的最大优势。

（四）互动参与性

综艺娱乐类栏目进行的是一种多点对多点的群体式的传播，讲求的是一种情感的互动和交流，所提供的是群众性的娱乐活动。

强调观众的参与并与之达成互动，这是综艺娱乐类栏目的一大贡献，同时也是其最显著的特征之一。直到现在，在所有的电视栏目类型中，综艺娱乐类栏目仍然是将互动性发挥得最好的栏目形态。这是符合电视作为大众传媒的本性的，电视的本体就是一种特殊的大众传媒，所以，它的至高境界也许就是与受众的互动，即强调参与性。不仅在现场，观众和嘉宾共同面对问题，一起应对挑战，可谓同舟共济、同甘共苦，而且荧屏外的观众也会与场上的观众和嘉宾在情感上找到契合的渠道，在心理上发生身份的替换，从而实现了栏目的最佳传播效果。

（五）主持人是核心

综艺娱乐类栏目的主持人是栏目的灵魂和核心，他们只有对栏目整体的创意和构思必须了如指掌、胸有成竹，在现场上才能应对自如、左右逢源，灵活机动地将各式各样的、不同形态的栏目板块串联成一串串闪亮的珍珠，形成一个有机的整体。主持人应知识广博、亲切自然，语言亦庄亦谐、轻松活泼，反应灵活、机智，在栏目的转折与关键处加上即兴解说，适时穿插，无缝对接，不断抖动栏目那根"兴奋线"，使栏目紧张、刺激、有趣、有味，拓展出一方快乐空间，给人们全新、鲜活的快乐感觉。

二、综艺娱乐类栏目存在的问题

（一）创新意识匮乏

"克隆"一直以来都是国内综艺娱乐类栏目和节目的致命伤。

虽然我国电视的综艺娱乐类栏目曾经火爆并仍有热度，但真正首创的栏目几乎空白。许多综艺娱乐类栏目结构雷同，手法单调，没有新意，缺乏个性，一再模仿他人或重复自我，给人以大同小异、千人一面、千篇一律的感觉。内地综艺娱乐类栏目几乎都遵循着一个不成文的规律：欧美／日本首创—港／台移植—内地（大陆）"星火"—内地（大陆）"燎原"。

在内地（大陆），综艺娱乐类栏目还处于发展阶段，学习和借鉴境外的一些栏目样式无可厚非，但是一味模仿、不思创新，只会走入死胡同。重复是任何艺术形式的敌人，综艺娱乐类栏目相互抄袭、自我复制，这在根本上是因为一些编导人员缺乏生活经历、闭门造车、脱离群众与现实以及创造力萎缩。群起而上的"克隆"的结果，不但使得原先较为优秀的栏目之个性消失在众多模仿者的阵营中，而且各个电视台也在互相的竞争、对观众的争夺战中两败俱伤，既降低了栏目的档次，也造成了资金的浪费，必定失去观众。

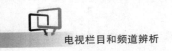

（二）媚俗和庸俗

这一问题在游戏类栏目中尤为严重。一些栏目制作水准不高，一味地迎合大众，一味地搞笑、逗乐、耍贫嘴、喧闹，而欠缺基本的文化品位，艺术格调低下。

毋庸讳言，电视的功能的确具有通俗性的一面，这是由它作为大众传媒的性质决定的，但是，必须强调，通俗化与庸俗化或低俗化是有区别的，娱乐性也显然不等同于一味媚俗。就栏目特性而言，综艺娱乐类栏目首先应具有娱乐的性质，理应包含观众乐于接受的轻松与愉快，但娱乐性并不表示文化的缺失，更不是趣味的低俗。综艺娱乐类栏目必然要蕴含一定的价值导向和审美取向，承担一定的社会责任，发挥教育功能，即使是纯粹的娱乐，也一定会触及精神层面和价值取向，没有精神支撑的娱乐，单纯地为娱乐而娱乐，是不会有长久的生命力的。

（三）铺张浪费

综艺娱乐类栏目特别是综艺晚会，往往追求排场，在舞美、布景制作和栏目包装上铺张浪费，奢靡豪华之风盛行。文化和旅游部有关部门提供的数字表明，有的大型文艺晚会制作费用高达数千万元甚至更多，引起广大观众的强烈不满，也受到有关领导部门的批评。

针对综艺晚会和游戏类栏目还有一个总量控制的问题。据有关资料统计，每年我国各电视台综艺娱乐类栏目总时长达10万个小时，平均每天生产250个小时。从节日庆典到各行各业的纪念晚会，从中央到地方，各种主题晚会、节日晚会应有尽有。

而且，在栏目中过于依赖以高科技为基础的电视手段。舞美完全依赖灯光，音乐完全走向视觉化，画面闪回切换，让人眼花缭乱，以致喧宾夺主，其形式大于内容，从而抽空了节目的文化内涵，降低了节目的艺术品位。

三、综艺娱乐类栏目的生存策略

综艺娱乐类栏目在内容和形式上尽管还不尽如人意，但应该看到，综艺娱乐类栏目是观众最喜爱的栏目之一，如何满足观众的需求，制作出有中国独特文化标签的栏目，这是综艺娱乐类栏目所要解决的首要问题。综艺娱乐类栏目要走出困境，朝着健康的方向发展，主要应该从以下方面努力。

（一）坚守品质、品位与品格

用令人愉悦的方式，使人受到启迪，能让人在娱乐中学到东西，这样的栏目才能真正为大众所喜爱。严肃的栏目，通过深入浅出的表现形式，让观众懂得人生哲理，获得精神启迪，这就是好的栏目。综艺并不排斥严肃，关键是做到"不肤浅、不流俗、有深度、有品位"，或说"通俗而不庸俗、用情而不滥情、娱乐而不愚乐、平凡但不平庸"，这是综艺娱乐类栏目应该追求的目标。

（二）增强创新意识，打造本土化的电视栏目

创新是一个民族发展的动力，也是一个栏目长盛不衰的法宝。刻意模仿的东西形成了类型，虽然有利于观众接受，但随着大众传播的日益国际化、网络化，一些没有生命力的复制之作必然会被淘汰。国内综艺娱乐类栏目的最大问题在于缺乏创新、内容贫乏、形式单一。

因此，我国综艺娱乐类栏目必须面对竞争，大量挖掘我国的传统资源和民间资源，加快娱乐节目的本土化进程。我国综艺娱乐类栏目的传播必须立足中国文化，充分研究中国人的审美趣味和接受心理，致力于推出老百姓喜闻乐见的节目。应该看到，我国综艺娱乐类栏目的发展越来越多样化，新的娱乐节目不断涌现，丰富了娱乐节目的样式，拓展了栏目的发展空间。

（三）受众为本

和任何大众传播一样，电视娱乐传播要赢得观众，必须建立"受众本位"的传播观。

对综艺娱乐类栏目来说，舞台不仅是明星的，更是大众的。通过表演、演唱等获得荣誉，成为偶像，并不是少数人的专利。经济的发达，传播的广泛，生活质量的提高，都使观众具有了参与其中的欲望，电视则是观众实现这种欲望的最佳平台之一。

第七节　融媒体时代对综艺娱乐类栏目的影响

新媒体视频平台迎合了网络用户碎片化接收信息的特点，以及为迎合个性化、娱乐化的观看需求所制作的题材丰富、话题开放、模式融合的自制网络综艺节目，对传统媒体的综艺娱乐类栏目的形态、内容、收视都带来了颠覆性的挑战。面对融媒体时代大环境的变化，综艺娱乐类目需要主动适应媒体融合趋势，并不断创新发展。

一、融媒体对综艺娱乐类栏目的挑战

在媒介融合的整个尝试过程中,电视综艺先后经历了与新媒体二元对立、学习借鉴、深度融合的三个阶段。在不断摸索中,电视综艺的栏目制作播出、受众定位、营销模式、传播渠道等方面都顺势做出了调整。

(一)网络综艺使电视综艺受众严重分流

2014年被称为"网综元年",新媒体视频平台依靠互联网优势和自身团队与平台的年轻化,精准定位年轻一代网络用户,不断推出内容轻松有趣、形式新颖独特的自制综艺娱乐类栏目抢占市场。2016年,网络综艺节目进入"井喷期","全球各国共生产264档网络综艺,其中,中国以95档网络综艺节目高居全球第一……爱奇艺以23档高居全球网综产量第一位"[①],2017年爱奇艺《中国有嘻哈》的推出将网络综艺推向高潮。网络综艺无论是从制作团队的专业性、高成本的投入和高质量的视听享受方面都与电视综艺齐肩,电视综艺在网络综艺不断崛起的过程中遭遇了严重的受众分流。

首先,网络综艺在题材择取方面更具开放性,更贴近网络用户的生活、工作、情感需求。其次,网络综艺定位年轻网民,在内容制作方面包容性更强,不断向小众文化垂直深耕,如嘻哈文化、街舞文化、摇滚乐队、偶像养成等。最后,利用互联网的传播优势,在微博、微信、抖音、快手等网络社交平台中以短视频、话题讨论、代言宣传的方式精准投放,以多元看点和高互动性吸引大量网络用户。网络综艺的这些制作策略都对传统电视媒体制作的综艺娱乐类栏目造成了强大的冲击力。

(二)电视观众接收方式的调整和转变

数字媒体时代的到来彻底改变了人们看待世界的方式和途径,改变了人们在信息传受中的地位——由被动接受到主动参与。在传统媒体掌控信息渠道和信息分发窗口的时代,观众作为"单向人",只能作为"受众"被动地获取和接受资讯。而融媒体环境下,以"用户数据为核心,多元产品为基础,多个终端为平台,深度服务为延伸,这才是融合媒体的架构"[②]。数字技术强调互

---

① 冷淞、张丽平:《网络综艺节目的创新发展、营销传播与价值解析》,《电影评介》2017年第17期,第22页。
② [美]亨利·詹金斯:《融合文化——新媒体和旧媒体的冲突地带》,杜永明译,商务印书馆2012年版,第157页。

联互通，人们不仅可以收看到更为广泛的视频内容，更通过用户原创内容、专业用户生产内容的方式，自产视频内容，并在新媒体平台实现共享。在这种趋势下，人们更加看中与媒体平台的互动、及时反馈和沉浸式体验，电视受众逐渐向电视用户转变。这意味着综艺娱乐类栏目在制作过程中，一方面，在栏目形式上，应格外注重用户参与环节，克服电视平台单向传播、反馈滞后的缺陷；另一方面，在栏目内容上，更贴合目标用户的观看需求，选择最能反映当下社会问题、情感诉求的话题切入，产生情感共鸣。

中央电视台一套播出的文化类综艺栏目《经典咏流传》增设了"云上观众"，并在节目过程中与实时观看现场节目的线上观众展开互动。栏目联动央视频 App 在大屏添加扫码环节，在小屏收听传唱人的原创音乐，实现大屏与小屏的互动。《我家那小子》《女儿们的恋爱》等情感观察类栏目，聚焦当下的亲子关系、年轻人的情感问题、独居现状，第二现场观看视频场景的设置代入了观众边看边聊的角色体验，不同身份嘉宾的观点碰撞也与观众产生了情感上的互动。

（三）融媒体人才短缺

随着新兴媒体的崛起、运营机制的更新和传统电视媒体的停滞不前，电视媒体内部原有的优秀制作人和团队纷纷独立创建自己的工作室或加盟新媒体视频平台。电视媒体的年轻力量和创新人才储备稀缺，导致栏目过度依赖模仿，在与新媒体模式对接时也存在滞后性。

二、融媒体时代综艺娱乐类栏目的发展

（一）台网联动，不断深度融合

传播与媒介研究学者亨利·詹金斯（Henry Jenkins）指出："跨媒介叙事表示这样一个过程，即一个故事的各个有机组成部分穿越多个媒体传播渠道，系统构建出一种协作合一的娱乐体验。在理想情况下，每一种媒介对于故事的展开都具有自己独特的贡献。"① 综艺娱乐类栏目的创新和发展不应故步自封，而应该和新媒体平台实现制播、宣传的合作共赢。

1. 播出模式变革 台网同步、先台后网、先网后台的播出模式已经成为媒体融合共生的常见方式。新媒体平台也实现了从最初作为电视综艺栏目的资源库，到向电视台反向输出优质节目，再到和电视台合作发行综艺节目的转

---

① ［美］亨利·詹金斯：《融合文化——新媒体和旧媒体的冲突地带》，杜永明译，商务印书馆 2012 年版，第 157 页。

变。台网联动为电视综艺栏目利用网络平台互动性强、用户广泛、传播信息效率高等特点，为前期栏目预热、播出期间及时收获反馈和引发话题讨论、播出后实现二次传播和 IP 化打造提供了全新的智能化空间。

比如，中央电视台综艺频道推出的《你好，生活》通过"你好民宿"微博账号，在微博客户端持续推出系列话题类短视频，与网友进行实时互动。湖南广电传媒创办的芒果 TV 新媒体视频平台制作的《明星大侦探》，将时下火热的剧本杀游戏与综艺相结合，获得了良好的收视和口碑，原制作团队推出了大屏版的《我是大侦探》反哺湖南卫视。2020 年初，芒果 TV 推出的"原创声音互动陪伴真人秀"《朋友请听好》，也实现了先网后台的播出方式。

2. 为互联网电商企业定制晚会成为台网联动的一大趋势 2015 年湖南卫视与天猫合作举办的"天猫 2015 双 11 狂欢夜"拉开了电商平台与电视平台融合发展的序幕。2019 年苏宁也加入了定制晚会的阵容，与湖南卫视携手创办了"'狮晚'双 11 晚会"。据统计，2020 年"双 11"期间就有六台电商定制晚会播出。综观 2020 年卫视定制晚会阵容，分别有湖南卫视播出的"天猫双 11 开幕直播盛典""2020 拼多多 1111 超拼夜"，东方卫视、浙江卫视推出的"苏宁易购 1111 超级秀""2020 天猫双 11 狂欢夜"，东方卫视推出的"2019 阅文原创文学风云盛典""苏宁易购 618 超级秀"，江苏卫视推出的"'快手一千零一夜'大型晚会"，等等，拼多多、天猫、抖音、苏宁、聚划算、快手、京东等互联网企业均纷纷加入定制晚会的热潮中。

3. 与自媒体平台深度合作 除节目正片内容为满足不同平台需求制作长视频综艺在多平台分发播出外，电视综艺也尝试与抖音、快手、西瓜视频等短、中视频平台合作，开发综艺更多的价值链。如，浙江卫视的《中国好声音 2020》（以下简称《好声音》）首度尝试与西瓜视频平台合作，在节目播出期间，西瓜视频为《好声音》设置了专题页、App 开屏、banner 页等，增加了节目的曝光度。与此同时，《好声音》的人气学员也入驻西瓜视频，成为视频内容生产者，并与站内的创作者进行合作，观众可以在西瓜视频观看所喜爱的学员的舞台纯享版。这种全新的融合模式已经超越了单纯的拓展观众群、增加收视的目的，为节目本身的价值赋能，形成了从制作、播出、内容生产到后续全产业链开发的全新生态链。

（二）综艺 IP 链化已成共识

1. 综艺节目的持续性播出成为各大省级卫视收视率与商业效益的保障
CSM 媒介研究核心城市大屏最新数据显示，截至 2020 年 10 月，上星卫视所播出的64档综艺中，综N代占比45%，共29档。① 中央电视台与各大卫视已经将形成频道品牌和支撑频道观众持续关注的综艺节目，发展为头部综艺资源。如，中央电视台的《中国诗词大会》《经典咏流传》《国家宝藏》《你好，生活》等，湖南卫视的《快乐大本营》《中餐厅》《向往的生活》《我家那闺女》，浙江卫视的《王牌对王牌》《奔跑吧，兄弟》，东方卫视的《极限挑战》《欢乐喜剧人》，北京卫视的《跨界歌王》，等等。

2. 衍生节目意识得到强化　电视综艺栏目相较于网络综艺栏目，除了话题开放度和内容的把控更为严格外，时间限制也对栏目内容看点的剪辑存在制约。网络综艺除正片时长可达2～3小时外，还推出用户定制视角、VIP版、花絮小视频集锦等多元化视频群落，满足网络用户多样化的观看需求。电视综艺栏目也开始布局自己的"栏目群"，如，2020年东方卫视的《欢乐喜剧人》第六季、江苏卫视的《最强大脑》第七季都推出了"悠享版"，并在网络视频平台播出。东方卫视《我们的歌》也推出了"特约版"。这些衍生栏目按照网络综艺栏目模式，剪辑正片中未播出的花絮、幕后嘉宾互动、访谈等内容作为补充，增加了栏目的看点。但对电视端来说，这种制作方式仍处于摸索阶段。

（三）综艺内容不断垂直深耕，形式多元共生

电视综艺栏目具有泛大众化娱乐的特点，而网络用户的年轻化、多样化、碎片化特点所形成的圈层文化，已使电视综艺栏目无法满足不同圈层特定的审美需求。综艺内容向小众文化的垂直深耕成为现阶段电视综艺栏目的发展方向。网络综艺栏目已经出现了对嘻哈文化、街舞文化、国潮、电子音乐、偶像养成等青年亚文化的探索，并制作了《中国有嘻哈》《这就是街舞》《潮流合伙人》《明日之子》《创造101》等一批受年轻群体热捧的网络综艺N代，成为头部新媒体视频平台的品牌核心竞争力。电视综艺栏目如何吸引更多年轻人的关注又对现存观众保持吸引力是电视破圈的关键所在。

湖南卫视推出的《声入人心》《声临其境》《舞蹈风暴》《幻乐之城》等原创栏目涉足音乐剧、影视配音、影视剧、各类舞蹈混搭题材，将高雅、小众文化与大众文化很好地融合在一起，为栏目创新提供了范本。湖南卫视2018年播出的原创声乐竞演节目《声入人心》，从音乐剧入手另辟蹊径，邀请专业音乐剧演员参与竞演，选取经典音乐剧、歌剧唱段进行改编和舞台重现，将高雅、小众的音乐领域与选秀节目形式完美结合，带给观众全新的视听体验，也带动了音乐剧行业的发展。

---

① 参见《跨出舒适区，"综N代"节目的"续命"法则》，2020-12-25，https://www.sohu.com/a/440627837_120044757。

近几年，慢综艺、情感观察类综艺和代际类综艺火爆综艺市场。慢综艺聚焦当下快节奏生活下人们的生活状态，力图纾解其生活压力，营造田园式慢生活情境。情感观察类综艺以明星的独居生活、情感问题、家庭婚姻为缩影，通过第二现场的观看讨论影射当下社会年轻人的生活态度、家庭关系，并试图提供多视角解读。代际类综艺是在年轻化综艺资源不断被消耗的现状下试图在"30＋"市场再现波澜的全新尝试。湖南卫视与芒果 TV 制作的《乘风破浪的姐姐》成为"她综艺"的现象级节目，该栏目利用时下火热的养成类综艺形式开启"30＋"女艺人的成团之旅，在这档栏目中，我们看到了流量横行的背后前辈演员、歌手的生存现状，她们作为女性的独立和温暖。东方卫视的"代际潮音竞演"栏目《我们的歌》，以资深歌手和新生代歌手、演员搭档演绎经典华语曲目。湖南卫视 2020 年 7 月播出的"代际观察类互动游戏综艺"《元气满满的哥哥》以"元气大哥队"和"元气小哥队"的游戏对垒，碰撞出两代人不同的价值观和思想的火花。

（四）电视综艺栏目与网络综艺栏目的差异化发展

电视媒体作为主流媒体，仍然坚持发挥在文化、社会价值导向上的先锋作用，并以一批优质的文化 IP，重拾电视媒体的独特魅力。如，2016 年在中央电视台综合频道开播的《中国诗词大会》，以"赏中华诗词，寻文化基因，品生活之美"为宗旨，采用益智竞赛的形式重温诗词之美。北京卫视的《上新了·故宫》栏目以寻宝形式，带领观众徜徉故宫，探寻古人足迹。栏目将实景纪录与虚拟技术下的文物复原、情景演示相结合，带给观众全新的视觉体验，在故宫的文物与建筑中汲取古人的智慧与精神。文化类综艺栏目以综艺、娱乐的轻松形式将中华文化精髓融入节目内容，唤起人们的集体文化记忆，增强了大众的文化自信。

许多综艺娱乐类栏目还将助农、扶贫、公益内容纳入栏目内容，体现主流媒体强烈的社会责任感。如浙江卫视《青春环游记》第二季联合人民网新电商研究院和淘宝，开启助农直播，明星嘉宾来到海南三亚、广西阳朔等地感受风土人情，品尝当地美食，利用明星的社会影响力推动当地农副产品的线上销售，提高人们对扶贫攻坚任务的关注度。

三、融媒体时代综艺娱乐类栏目的应对之策

（一）技术赋能，制播和内容升级

一是从传播机制入手，综艺娱乐类栏目应与当下媒体终端智能化相适应。

互联时代，人们已习惯于通过手机、平板、电脑等不限时间、地点地浏览网络资讯、观看视频。电视综艺娱乐类栏目应顺应这一趋势，实现大屏小屏间的互联互通、信息差异化、多渠道投放，适应当下信息碎片化传播与接收的时代特征。可以充分利用微博、微信、抖音、快手、豆瓣等社交平台和各类手机App，前期，投放综艺娱乐类栏目的线上宣传物料，从热门话题、嘉宾、花絮入手，以短视频形式为栏目预热；后期，通过大数据，对观众重点讨论和关注的情节进行重新编排，形成网络热搜关键词创造栏目的二次传播。

二是技术对栏目内容的增色，依靠数字化技术提升节目的视听体验，打造沉浸式观赏模式。舞台舞美的设计，利用 AI、VR、8K 技术打造沉浸式舞台，使舞美与栏目内容浑然一体。5G 时代的到来使信息的传输速度大大加快，容量大大增加，直播内容常态化、节目视效高清化是电视综艺栏目的精益求精之处。

（二）融媒体人才团队培养

一是电视台在互联互通的数字化时代应更新运营思维，培养管理者和内容生产者的互联网思维。所谓互联网思维，包含三个要素："用户""开放""分享"。① 这意味着节目内容垂直化、节目流程互动化、节目资源 IP 化。

二是技术上的后期剪辑团队的培养。后期剪辑的精雕细琢和巧妙构思成为现今综艺娱乐类栏目脱颖而出的重要一环，很多综艺娱乐类栏目凭借后期花字、动画特效，成为社交媒体的热搜关键词。综艺栏目通过吸收和合作专业化、年轻化的剪辑团队提高后期技术，为栏目增色，吸引年轻观众。

三是对人才的激励。面对优秀制作人员的纷纷出走、各大网络综艺节目制作水准与专业团队逐渐与电视平台比肩的现状，电视台不断尝试转变运营机制，为栏目生产者提供更大的创作空间和理想的回报。比如，湖南卫视 2018 年开始实行"工作室制度"，采取创新激励政策，近年来创作出了很多优秀的原创综艺栏目，如徐晴工作室出品的《声临其境》，沈欣工作室推出的《声入人心》，陈歆宇工作室出品的《我家那》系列情感观察类综艺。湖南卫视提出的"飙计划""30 未满"则激励了年轻人创新创优，培养出新一代综艺人才成为电视台的核心竞争力。

（三）坚持原创，注重栏目品质优化

在电视媒体与新媒体多元共生的当下，电视媒体在积极向更年轻态和走在数字技术前端的新媒体学习融合的同时，也应找到和巩固自身的优势。电视在

---

① 胡正荣：《传统媒体与新兴媒体融合的关键与路径》，《新闻与写作》2015 年第 5 期。

综艺栏目的走向上应不断发挥作为主流媒体的优势，注重栏目质量的精良、优化，在培养社会价值与文化价值的过程中体现自身的权威性和精神文化底蕴。

在网络信息碎片化的当下，优质的内容仍是从中脱颖而出的制胜法宝。电视媒体在抓住机遇的同时，应积极反思当下网络用户短平快的及时享受所带来的浅层娱乐吞噬精神诉求的危机，一批富于艺术性、思想性的文化类综艺节目正是在这样的媒介语境下应运而生。如中央电视台推出的《中国诗词大会》《经典咏流传》《国家宝藏》对我国优秀传统文化瑰宝——诗词、戏曲戏剧、古文物的挖掘，与现代文化娱乐形式的互动，以综艺化的形式、新的面貌呈现在观众面前，使观众在轻松愉悦的同时，接受知识，重拾中华文化的精髓，丰富自己的精神世界。

坚持原创节目的开发也是提高栏目质量的关键要素。除了越来越受重视和欢迎的文化类综艺栏目外，电视综艺栏目还在原有的音乐、舞蹈、喜剧等类型的综艺节目进行多元创新。在节目形式上，解锁节目新玩法，不再只有导师为喜欢的学员爆灯转身的老套方式，比如，江苏卫视的《蒙面唱将猜猜猜》采取"音乐+悬疑竞猜"方式；东方卫视《我们的歌》采取资深唱将与年轻艺人共同改编经典歌曲的方式。在内容上，吸收和容纳更多小众化的舞蹈、音乐类型，解锁青年亚文化潮流，将其带入大众视野。比如，湖南卫视的《舞蹈风暴》将各个舞种融合演绎；北京卫视的《跨界喜剧人》探索影视剧演员的喜剧潜力。

（四）拓宽传播渠道，创新市场发展思路

1. 赢取广告商青睐　传统电视平台单一的硬广投放方式，与节目内容无关的广告时间过长、广告与栏目内容的低契合度，使广告内容的吸引力下降。而采取广告与栏目内容的场景化植入，增强广告与栏目定位的契合度，形成品牌化营销模式，则是当下各类栏目创新的方向。综艺娱乐类栏目将广告商的产品置于游戏环节，引入栏目内容，或为产品打造小剧场等全新 IP 链开发，使产品理念与栏目理念相融合。"一旦人们进行消费，那就绝不是孤立的行动，人们就进入了一个全面编码价值生产交换系统中。在那里，所有的消费者不由自主地相互牵连"[①]，如此植入式的广告营销方式可以让"人们在商品中识别出自身"[②]，获得自身在栏目所营造的圈层内容中的认同感和身份意识，是综艺娱乐类栏目在融媒体时代获得市场投资、拓宽销售渠道的思维创新。

2. 加速电视综艺栏目的国际化道路　2019 年发布的《关于推动广播电视

[①] ［法］让·鲍德里亚：《消费社会》，刘成富、全志钢译，南京大学出版社 2000 年版，第 70 页。
[②] ［美］赫伯特·马尔库塞：《单向度的人》，张峰、吕世平译，重庆出版社 1988 年版，第 9 页。

和网络视听产业高质量发展的意见》提出,要"实施'视听中国—公共外交'播映工程,讲好中国故事、传播好中国声音。大力实施'走出去内容产品创作扶持计划',通过创新研发、创作引导、中外合拍等方式,打造更多展现中国价值、符合国际表达的电视剧、动画片、纪录片等内容作品"①,指出了电视综艺"走出去"战略的重要性。比如,湖南卫视 2019 年 10 月 14 日在戛纳国际电视节开幕首日启动"全球飙计划",向全球媒体发起创意征集活动;国内原创综艺栏目《上新了故宫》《声入人心》《声临其境》《中国诗词大会》等栏目创意也获得了国外创意公司的青睐。

---

① 国家广播电视总局:《广电总局印发〈关于推动广播电视和网络视听产业高质量发展的意见〉的通知》,广电发〔2019〕74 号,2019 年 8 月 19 日。

第四章　电视文艺和文化类栏目

所谓电视文艺栏目，目前有两种理解。

其一是指广义的"电视文艺栏目"。《辞海》对"文艺"这一词汇的诠释是"文学与艺术的统称"，由此来看，电视文艺栏目从泛义上是指"电视文学与电视艺术的统称"，它涵盖了电视屏幕上的一切文学艺术样式，这其中包括电视剧（电视短剧、电视单本剧、电视连续剧、电视系列剧等）、电视戏剧（电视小品、电视相声、电视戏曲、电视曲艺等）、电视艺术片（电视风光艺术片、电视风情艺术片、电视民俗艺术片、电视音乐艺术片、电视歌舞艺术片、电视文献艺术片等）以及各类电视文艺节目。

其二是指狭义的"电视文艺栏目"。它主要是特指那些运用先进的电子技术手段，对舞台上和演播室演出的各种文艺节目以及各类文艺活动进行二度创作，使得通过电视二度创作的艺术作品既保留原有艺术形式的审美价值，又充分发挥电视特殊的艺术功能，成为有别于在舞台上和演播室演出的各种艺术以及各类文艺活动的一种新的艺术品种。诸如，文艺会演——电视文艺晚会，歌唱——音乐电视，散文与诗歌——电视诗歌散文，文艺活动、文艺人物、文艺现象、文艺动态和文艺热点——电视文艺专题等。

本书综合以上两种定义，认为电视文艺是对"电视"和"文艺"的整合，电视是手法，文艺是本体，电视文艺栏目就是运用电视手段对文艺进行二度创作的栏目形态。而文艺的分类，也就是电视文艺的种类，主要包括电视文学（含电视小说、电视诗歌、电视散文、电视报告文学）和电视艺术（含电视音乐、音乐电视、电视舞蹈、电视戏曲等），此外，电视专题文艺栏目也是其中的一大种类。

而诸如电视剧、电视晚会、电视综艺娱乐类栏目则不包含在本书所定义的电视文艺栏目之列。如此，本书对电视文艺栏目的讨论，将严格限定在"电视文学""电视艺术"和"电视文艺专题"的范围。

至于电视文化栏目，虽然是电视栏目的一个类型，但考虑到此类栏目在现阶段的实际状况以及篇幅原因，也由于它与电视文艺栏目本质上的相通性，故把它与电视文艺栏目合并在一章讨论。

第一节 电视文学栏目

一、电视文学的界定

对"电视文学"的名称及其概念内涵的界定争议不断,原因在于电视文学的"边缘性":它横跨电视和文学。而从本质上说,电视是媒介,文学是艺术,这样,电视文学就在一种非同质的基点上进行意义的互渗、关联。在外延上,它不仅包括电视屏幕上的一切文学形式,而且包括电视专题片、电视纪录片、电视艺术片内部构成中的文学部分,当然也包括电视文学剧本;在内涵上,它主要包括依据文学的创作规律、文学的审美特征所创作的电视作品,如电视小说、电视散文、电视诗、电视报告文学等。

本书是在狭义上使用"电视文学"的概念,即:所谓电视文学,主要是指通过特殊的屏幕造型手段,运用文学创作的一般规律,形象地反映生活、塑造人物、抒发感情,充满文学气息,给观众以文学审美情趣的电视艺术作品。

二、电视文学的特征

(一)普及性

电视文学是在大众传播媒介中产生、生存与传播的。

电视文学在大众传媒中的生存境遇,导致了它必须适应基本的大众传媒规则。比如,大众传播的基本要求是尽可能多地使产品面对大多数的受众,而不是躲进象牙塔里孤芳自赏。大众传媒本身的商业色彩也要求电视文学应尽可能创造出商业利益,这本是电视艺术生存的基本规则。

因此,从文学作品到电视文学,从文字传播到电视传播,所带来的进步是巨大的,那就是让文学深入民间,普及文学。一部文学作品,无论它多么优秀,真正阅读它的人毕竟是少数,但是,经过二度创作,将其搬上屏幕,就会立即插上电子的翅膀,迅速飞入寻常百姓家,大大地拓宽了读者面。尤其是随着科学的发展和社会的进步,以及人们生活节奏的加快,整日捧着小说借以提高文学修养的人已经日益减少,而在紧张的工作之余借观赏电视文学以休暇、在潜移默化中提高文学修养的人则越来越多。

（二）复制性

电视的表现媒介是以活动影像为主的声画统一体，是对物质世界的最大限度的复制，具有较强的客观性。

复制，是工业文化的典型特征，表现在电视文学上，就是它独创性的缺失。

电视文学是依据文学的审美特征和创作规律摄制的，因此，讲到其美学特征，其实也就是其所复制的文学作品的特征，它本身只是一种"二度创作"，具有复制性。换句话说，作为一种艺术，它最高贵的品质就是独特性或个性，而电视文学在这方面却带有天生的缺陷。

因此，电视文学作为一种独立的文学式样，如果只是移植现有文学的现成成果，就很难建立自己独立的美学体系，只有根据自己独立的艺术规律和独立创作的艺术作品出现，并使之在电视屏幕上占有主导地位，才能说是确立了一种新兴的艺术式样，才会获得人们真正的认可。

（三）平面性

所谓平面性，是指电视文学消解了文学的神圣性意味。对人类来说，仅有电视文化是远远不够的，读书仍然是他们主要的精神文化生活方式之一，文学仍然是他们寄托灵魂的精神家园，生活中仍然需要书香。文学的不可替代性体现为：阅读好的文学作品，使人变得深刻、丰富、充实、高尚、文明，更加人性化和富有人情味，会使人进入一种境界、一种氛围，人的情感将得到宣泄、补偿、升华，而这些是电视文学无法给予的。

在这个意义上，电视文学是一把双刃剑，从"阅读"文学作品到"观赏"电视文学，文学的独特美感、深刻的意蕴和个性特点也不可避免地在电视荧屏上受到损害。

（四）综合性

从艺术史中可以发现，原始的艺术是浑然合一的，最早的诗、乐、舞是三位一体的。随着社会生产力的发展，社会分工进一步细化，一方面，艺术内部的分工逐渐明确，艺术进入了各自独立发展的自觉时代；另一方面，艺术发展中的综合趋势也从未停止过。一边是艺术门类分化、分工，新的艺术门类、亚艺术门类不断产生，一边是旧有的和新生的艺术要素不断地整合。这是艺术内部两种从未停止过的运动，旧的艺术衰落或重生，催生出新的艺术门类。电视文学就是这种艺术运动在新的科学技术条件下产生的，它糅合了时间艺术和空间艺术门类的要素，参与到自身的建构中。电视文学的综合性是在"大众传播媒介"和"复制现实的活动画面"的基础上实现的,这就把它与传统的综合艺术如戏剧、电影等区别开来了。

三、电视文学的种类

电视文学的种类划分,依据的是现有的文学种类,从目前电视屏幕上出现的电视文学来看,基本上可以分为四种:电视小说、电视散文、电视诗歌和电视报告文学,以下分而述之。

(一)电视小说

所谓电视小说,就是通过对小说进行图像与音乐的加工,搬上电视荧屏。一方面,它必须忠于原作的结构、语言和艺术风格,另一方面,它又比原作丰富,通过画面和音乐这两大电视语言把原作的精神表达出来,达到比读小说原作更有兴味的效果。

从创作角度来看,电视小说具有强烈的文学性,因此,它应努力保持原有的文学风貌和文学审美特征。首先,这种文学性要求体现出原作的内部构成因素,忠实原作所提供的社会环境、自然氛围、结构布局、情节处理、人物性格以及语言表达方式。其次,电视小说直接沿用文学语言。正是这种文学语言的屏幕化,才保持了电视小说的基本文学属性以及作家的创作风格。

(二)电视散文

1. 电视散文的界定 将散文作品用电视语言(画面和声音)展现出来,就是电视散文。电视散文的制作,在对篇目、音乐、画面尤其是朗读选择上,追求的是一种情趣之美、风格之美。电视散文通过文学的美感作用,向广大观众介绍优秀的中外散文作品,起到感染观众的作用。电视散文的含义包括两个方面,一是指文学散文的电视化表现,它把文学形式的格调、品性和意境用电视特有的艺术手段加以反映,营造动人的艺术魅力;二是指电视表现内容用散文的方式,形式比较灵活,追求意境营造,画面优美动人,本书所论述的主要集中在第一方面。

2. 电视散文的特征

(1)明志抒情。"志"是作家对待生活的态度和思想倾向,换句话说,"志"是文章的统帅。

既然"志"是文章的统帅,那么,在电视散文中,"志"是如何体现的呢?如电视散文《黄山观瀑遐思》(黄山电视台)是以作者"我"的真人形象出现在画面里的,并通过回顾邓小平同志75岁高龄登黄山的经历而有感而发,说登黄山的邓小平同志"像老红军,像老农民"。该片恰当地剪接了邓小平同志当年登黄山的历史镜头,并以他无限深情的话语"我是中国人民的儿子,我深情地爱着我的祖国和人民"作为全片的结束,至此,电视散文片"以人明志"的宏旨卓然显现。

明志与抒情是不可分割的,"情"是电视散文作品的灵魂。

如,电视散文《生日快乐》(淄博电视台)通过母女之情的种种表达方式,阐发了"爱"的主题。《朵朵》(浙江电视台)则是一曲生命的咏叹调。在片中,朵朵,一个平平常常的小姑娘因车祸而死亡。这是事件的背景材料,而在作者的心灵中永远抹不去的恰恰是"朵朵"天真可爱的笑靥、那永远没有烦恼的活泼好动的身影。朵朵虽然去世很多年了,然而真情与美好却永远留给了活着的人,凡人小事也闪烁着人间真情。电视散文正是以电视化的手段,将文章原本不可显现的事物烘托出来,使其情真意切,从而更加打动人心。

(2)意境美。意境,是中国古典文论特有的范畴。清代刘熙载《艺概》中引用庄周"意有所随,意之所随,不可言传也"来阐述意境的奥妙。所谓"不可言传",是指读者通过对艺术作品特定气氛的领悟、感觉获得审美愉悦。

电视散文《野荷》,荷花、荷叶与人生共鸣,产生意境美;《父亲的背》中深邃的小巷、背负儿子缓缓而行的背影以及黑白色彩效果,共同构成了深刻、隽永的意境。《会画画的爷爷》中不断倒塌的大树和一条条葱茏挺拔的新枝构成强烈的对比,这也是一种意境,观众通过画面的对比产生审美直觉,在树与树之间领会到人的精神品质的崇高与伟大。

电视散文作品创造意境,实指在语言文字所规定的基础上寻求画面的补充和扬弃,而电视化的手法则完成了散文意境的直观性和可视性。

(3)形式美。电视散文"形式美"法则是与散文艺术电视化进程密不可分的。

首先是它的外部形式。极度夸大的装饰效果成为电视散文不可或缺的结构元素。遮幅式屏幕处理,有别于其他电视艺术门类,特别是在边框中用字幕显示散文本体语言文字,就是一个最为显著的结构特征。

其次是虚拟化表演。虚拟化表演,是指人物表演的电视化处理手法。

最后是朦胧美。电视散文片所营造的意境,具有梦幻的审美直觉。朦胧之于电视艺术,似乎不能单独存在。而电视散文恰好利用了这一手法,加强了它的意境美感和诱惑力。

(三)电视诗歌

1.电视诗歌的界定 电视诗歌,顾名思义,就是电视与诗的结合,是以电视的手段来展示的诗。它着重通过视听艺术,在屏幕上创造诗的意境,抒发创作者的主观情绪。电视诗歌在镜头的运用上比较诗化，较多地运用抽象、表现性的艺术手法，画面清新，诗句凝练，富于想象，强调节奏，是具有诗的空灵意境的电视文学样式。

作为人类最古老的艺术形式的诗歌与最现代的传播媒介——电视的结合，也许成为一种必然。诗意的世界是人类理想的世界，电视艺术理应进入这个世界。电视诗歌通过屏幕传递的不仅是一份交流，更是一种过滤、共享和渗透。呈现美本身就意味着对丑的抵制和瓦解，意味着对美的认可和赞颂。

2. 电视诗歌的特征

（1）语言美。诗的语言是跳跃的、多义的。电视画面既不能是语言的图解，也不能拍成一幅幅的新闻镜头，诗的语言要有诗意，画面也要有诗意。电视诗歌较多地采用现代化的、朦胧抽象的拍摄方法。创作者讲究画面的空间造型，注意光的运用，以增强画面的艺术张力，这渗透着创作者的文学修养、审美情趣。

（2）情感性。电视诗歌创作者首先要准确理解诗人的意图和情怀。只有准确地理解诗人内心深处的真情，才能在屏幕上给予准确细腻的表达。电视诗歌是一种情的抒发，通过电视画面创造的"境"，配合诗的"意"，达到诗歌抒发情感的目的。

（3）意境美。构成电视诗歌的又一因素是画面，而追求意境是诗歌形象化的重要途径。所谓意境，是贯注了诗人喜怒哀乐之情的生活图画，这种画面重在写意传神。

回顾我国电视诗歌创作，从不起眼的零星创作到渐成规模，证明艺术美具有不容低估的价值，但作为电视中难得的审美存在，我们有理由要求更加精致的艺术创造和更富有感染力的作品出现。

（四）电视报告文学

1. 电视报告文学的界定　电视报告文学是一种纪实性的文学样式，是电视与报告文学相融合的产物。它直接选材于现实生活中的真人真事，是运用电视化思维与手段和文学的艺术表现形式创作的一种电视文艺形式。电视报告文学兼有文学的美学风格与新闻的时效性和真实性这两种长处，与文学领域的报告文学相比，电视报告文学有着更大的优越性，它除了可用文字旁白来叙述、描写所要报告的对象之外，更可以通过实地拍摄，把所欲报道的人或事清清楚楚地展示观众眼前，然后再加以音响效果等艺术处理，其震撼人心的力量比文学领域的报告文学更加强大。报告文学中的纪实文学风格，如今被广大电视工作者广泛运用，不仅创作了大量以飨观众的纪录片，其产生的强烈的社会效果有目共睹，而且纪录片已成为电视节目中举足轻重的栏目类型。

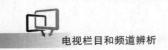

2. 电视报告文学的特征

（1）真实性。电视报告文学所表现的人和事是真人真事，通过真人真事反映生活百态，属于新闻的范畴。

（2）文学性。即以浓郁的文学语言叙述真人真事。电视报告文学中的语言、声音部分采用文学语言来叙述，这是与新闻不同的基本特征。电视报告文学为观众所接受，除了真人真事的吸引力之外，更重要的原因是浓郁的文学色彩，让观众从中得到陶冶。

（3）评论性。电视报告文学表现的虽然是真人真事，却表露出创作者的真情，对人和事的报道都是一边叙述一边评论。这种评论富有哲理性，对观众极有说服力。

第二节 电视艺术栏目

一、电视音乐

电视音乐是指以电视的特殊手段对原有的各类音乐演出进行二度创作、通过电视屏幕传播给广大观众的电视音乐形态。

从形式上，音乐栏目分为声乐和器乐，据此可以将电视音乐栏目分为两类。一是电视声乐栏目，指有歌唱演员演唱、经过电视技术的处理而构成的电视音乐节目。这类栏目可以说是电视文艺节目中数量最多、影响最广的。电视声乐栏目不仅存在于各种类型的电视晚会和文艺栏目中，也拥有自己独立的栏目，如比较常见的《每日一歌》《每周一曲》以及屏幕上播出的演唱会。二是电视器乐栏目，指通过电视传播各种器乐演奏的电视音乐节目。这类栏目以实况转播和录播为主，包括单一器乐演奏（如二胡演奏、钢琴演奏、小提琴演奏等）和综合演奏会（如民族乐器演奏会、西洋乐器演奏会、电声乐器演奏会等）。

相比较而言，从内容或主题上对电视音乐进行分类更为合理，即分为音乐专题片、电视音乐风光片和电视片音乐。

（一）音乐专题片

音乐专题片是一种有主题的电视音乐片，与一般性电视音乐栏目的不同之处在于，音乐作品的选用和创作必须服从于一个既定的主题。其特点是主题鲜明，内容相对完整，风格相对统一，以音乐作品为主体。

如由几家电视台联合录制的《西部之声》就是一部系列音乐专题片。它通过我国20多个民族的300多首传统民歌和现代民歌，展现了我国西部地区悠久的历史、多彩的风情和灿烂的文化。

大型音乐专题片的特点是：所采用的音乐作品从创作到表演都具有较高的艺术水平和艺术感染力，作品之间风格既统一又有变化；解说词围绕主题进行时空跳跃性的组接，以扩大音乐叙说的背景和深度，同时又潜入音乐内部，与之相连接，形成一个统一的整体；以画面的选材和剪辑作为构成整体风格的重要环节。

还有以人物为中心主题或以音乐文化的视角为主题的音乐专题片，如《莫扎特之旅》《人与音乐》等。这类音乐专题片像一部电视音乐传记、电视音乐史或音乐札记。以主讲人、主持人或画外音做串联，将历史资料、场景资料和音乐作品资料穿插其间，往往知识性多于欣赏性，语言所起的思想引寻作用多于音乐的感染作用。

（二）电视音乐风光片

电视音乐风光片以风光、风情来诠释音乐的各种文化内涵，它的影像为欣赏音乐创造了多种物质的和文化的空间。

电视音乐风光片给予人的感受是多维的。人在风光中赏心悦目，开阔眼界，增长文化知识，在音乐中感受多种风情。画面延伸着音乐的文化内涵，音乐点缀着山水风情。

如，获国际电视旅游片"金龙"奖的《丹麦交响曲》，以十多分钟的篇幅，全靠画面、音响、音乐、色彩，把丹麦的美丽山川景色、旅游胜地、经济、文化、艺术娱乐、人文景观、人的精神风貌、大人物和小人物的生活方式以及丹麦特有的风情民俗，谱写成一首精炼、生动、声情并茂的《丹麦交响曲》。该片没有任何解说，没有一首主题歌和插曲，全靠声画的魅力吸引观众，以自然、真实、和谐的风光美、生活美、艺术美、异国风情美去打动观众。

（三）电视片音乐

电视片音乐是指各种电视片如电视剧、电视纪录片、电视专题片等的主题歌及插曲（配乐）。

电视片音乐的主要作用是：其一，概括和提示主题；其二，烘托气氛；其三，刻画人物形象和性格；其四，帮助转场或推动情节的展开。

二、音乐电视

(一) 音乐电视的界定和类型

1. 音乐电视的界定　国外一般将音乐电视界定为制作精良的歌曲,辅以拍摄精湛、后期画面制作严谨的音乐电视节目形式。

音乐电视是音乐与电视的结合,它作为一种电视节目样式,充分运用了电视特有的表现手段,其目的是展示音乐。歌曲是音乐电视的主要表现内容,画面是围绕音乐、用来进一步表现音乐的。根据音乐电视的这些特性,本书将"音乐电视"界定为:音乐电视是充分利用电视的手段,根据对音乐歌曲内涵和节奏的理解与处理来创作、设计和拍摄包括演唱者在内的既具有情绪化,又具有感情与内涵、相互联系的由多组画面组成的艺术形象的电视音乐节目。

音乐电视作为一种新型的电视艺术样式传入内地(大陆),是一个从港台地区向内地(大陆)扩张的过程。1988年,中央电视台在《潮——来自台湾的歌》中播出了"小虎队"演唱的音乐电视。1993年,中央电视台创办了第一个播出音乐电视的栏目《东西南北中》,并推出了一系列音乐电视作品,为来自西方的音乐电视体裁和风格的中国化、合法化及电视栏目化开启了先河;《东方时空》栏目创立,其中设立了播放音乐电视的板块"东方金曲";中央电视台首届音乐电视大赛——'93中国音乐电视大赛播出,中国的音乐电视正式起步。当时拍摄了一系列以艺术效益为首要出发点的内容健康、风格多样的音乐电视作品,如《长城长》《我的梦》《轮椅上的梦》《流浪的燕子》《牵手》等作品,为内地(大陆)风格的音乐电视作品的创作开辟了一条新路,自此音乐电视这种新的栏目样式红红火火地在中国发展起来,现已发展为一个相对成熟的形态,也成为许多电视台的常设栏目,其中最有代表性、影响也最大的是中央电视台音乐频道的《中国音乐电视》栏目。

2. 音乐电视的类型　对音乐电视的类型划分多以艺术风格为标准,综合国内专家的意见,本书将其分为如下三种。

(1) 意境型音乐电视。意境型的音乐形象是超现实的,它旨在营造一种朦胧超然的艺术氛围,用形式美来吸引观众进入优雅深邃的意境。比如,音乐电视《水中花》,其音乐形象极其精美,极大地烘托了摄影的魅力。伴随着淡雅的音乐,画面出现梦幻般的跌宕起伏,在透明的水中,一条美丽的鱼在慢慢游动,蝴蝶飞来翻开鲜艳的花瓣,美轮美奂的画面调度让观众产生迷幻的感觉。整个作品几乎让人忘掉了音乐而只专心欣赏奇特的画面和艳丽的色彩。《水中花》可以说是意境型音乐电视的典型。

（2）叙事型音乐电视。叙事型的音乐形象是指在叙述性歌曲中再现真实可感的生活画面。音乐电视《常回家看看》就是典型的叙事型作品，它讲述了一对老夫妻在家中等待孩子们的归来。演唱者用音乐给我们讲述一个回家的故事。这类音乐电视画面朴实，无须使用太多的特技手段，而是用真情实感吸引更多的观众。

（3）抒情型音乐电视。主要是指画面的选择从抒发情感的需要出发的音乐电视。与叙事型相比，这类音乐电视叙事的清晰度与连贯程度都更加抽象和残缺，其连接也更加缺乏现实逻辑。这一类的典型作品有苏芮的《牵手》，它用一对青年的婚礼、一对老人的相依漫步及日常劳作等情节表现人生历程。在这类音乐电视的画面中，实物表现为意象，较多地运用移情、拟人等手法，而抒发情感则是它恪守的准则。

（二）音乐电视的特征

1. 声音为主，画面为辅　在一般的影视片的声画关系中，声音处于依附画面的地位，即声音是次要的，画面是主要的，画面是吸引观众兴趣之所在，声音只是为了烘托或帮助画面更清楚地表现主题。而在音乐电视中，声音是画面赖以存在的条件和基础。

在音乐电视栏目中，音乐起到叙事抒情以及说明和阐释的作用。通过一首乐曲或歌曲的旋律和节奏组合，引起观众的情感共鸣，从而产生一种由联想到幻觉的审美愉悦，让观众在这种审美的愉悦过程中体味生活、了解人生，起到感化人的作用。因此，一部成功的作品，首先应该有一首好的乐曲或歌曲，然后有精美的电视画面来烘托包装。

画面在音乐电视中是创作者对音乐意境感悟的具体表现。在音乐电视中，它与音乐互为补充、相互协调，完整统一地表现同一个主题，两者的关系是和谐且相得益彰的。音乐旋律和歌词所提供的意境，要通过画面的进一步阐释和再塑，才能得到准确表达和意义延伸。画面是以表现音乐为目的而出现的，画面按音乐的结构、意境，采用更多的电视手段来创作，故其画面创意更能体现电视屏幕艺术的魅力。

2. 时空的广阔性　一般的电视音乐在舞台或演播室或实景拍摄完成，其时空特征较为现实，而音乐电视的时空表现更具艺术特征。在时间表现上，可从远古到现在再到未来；在空间表现上，可以是现实空间，也可以是幻想空间、虚拟空间。其时空特征多为表意性的，故而更能体现音乐电视的电视艺术特征。

3. 创意是音乐电视的灵魂　音乐电视是一种十分讲究创意的屏幕艺术作品，有别于一般的电视演唱歌曲，它是在创作者充分理解音乐作品的前提下，

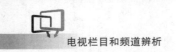

充分利用电视手段，设计创作与音乐作品相适应的画面，将音乐与画面相结合而成的屏幕艺术。

在音乐电视中，画面表现音乐多采用音画对位的方式，即音乐和画面相对独立地表现各自的内容，音乐的听觉内容与视觉内容并不一致，但是两者又是一个统一的艺术体中两个不可分割的侧面，它们互相补充、协调，通过组合，升华为一个共同的主题。

有的音乐电视也采用音画统一的方式，即音乐歌词内容与画面内容的统一，音乐和画面表现同一个主题。

三、电视戏曲

电视戏曲是近年来发展迅猛的栏目形态。中央电视台于2001年开辟了专门的戏曲频道，之后，全国许多电视台也纷纷开办自己的戏曲频道。可以说，电视戏曲已经成为电视文艺中的重量级成员。

（一）电视戏曲的界定

通俗地理解，一切用电视来表现的戏曲艺术、戏曲文化、戏曲信息都是电视戏曲。其中，早期的电视戏曲节目如戏曲直播、录播节目、音配像戏曲艺术精粹等，对戏曲的特性继承较多，几乎没有改变戏曲的舞台虚拟表演性质，电视化程度比较低，属于原生态的电视戏曲。而电视手法运用较多，声画结合特征更为明显，戏曲在运用景别、画外音、快动作、慢动作等电视手段处理过后，舞台表演特性减少，这类电视化程度较高的戏曲专题片、戏曲电视剧、戏曲小品、戏曲歌舞、戏曲 MTV 等电视戏曲节目样式属于新生态的电视戏曲。

（二）电视戏曲栏目

电视戏曲栏目，既具有专栏节目的共性：每个栏目有特定的名称、标志和内容范围，在表现形式上有自己的特色和格调、固定的播出时间和时段；又具有戏曲节目独特的个性：围绕戏曲艺术和戏曲文化构架节目，介绍和分析评论戏曲名家名段。可以说，电视戏曲栏目是我国电视屏幕上数量最多、影响最广的电视戏曲节目样式，最有代表性和影响力的是中央电视台戏曲频道的各类戏曲栏目。

戏曲频道是以弘扬和发展我国优秀戏曲艺术、满足戏迷审美要求为宗旨的专业频道，于2001年7月9日开播。戏曲频道充分体现中华民族优秀传统文化的博大精深，汇集全国各地戏曲种类200多个，内容以欣赏性为主，同时加强了知识性、趣味性、参与性、服务性，强化戏曲艺术与中华民族深厚文化底蕴的渊源关系，并完整播出全国各地戏曲的优秀传统戏和新编现代戏。

电视戏曲栏目则是最早被栏目化的电视文艺栏目之一。综观我国电视屏幕已有的戏曲栏目，可以划分为三类。

1. 录制播出戏曲名家的各种代表剧目和现场转播戏曲舞台演出的优秀栏目 此类栏目的宗旨是满足希望欣赏原汁原味戏曲的观众的需求。如中央电视台《名段欣赏》栏目定位于戏曲界著名艺术家及新秀演唱的经典传统剧目，栏目的选段以京剧为主，同时兼顾全国上百个剧种，力求选段的典型性、观赏性和奇绝有趣。在每天30分钟的栏目里，精选几个演唱片段，集中向观众介绍一个剧种的一两位演员，文戏、武戏各展风采，唱念做打样样俱全。

栏目制作以演播室内搭建拍摄实景为主，努力营造不同剧种、不同选段的特定氛围和时空感，以有别于舞台演出的电视转播，让观众在赏心悦目的视听享受中，领略戏曲艺术的独特神韵，普及相关戏曲知识，弘扬优秀的中国传统文化。

2. 经过电视栏目化改造，以板块的方式介绍与戏曲有关的内容 如名段欣赏、戏曲界的著名人物访谈、剧种剧目的专题片等，融知识性、欣赏性、趣味性于一体的杂志型戏曲栏目。比如，《九州大戏台》栏目改版后，包含上午、下午和晚间三个时段，京剧、地方戏和影视戏曲三个节目种类。《空中剧院》栏目也是以剧场舞台表演大戏或折子戏为主体，通过现场专家访谈、剧目历史背景介绍等多种形式，增加栏目的厚度和文化含量，使观众在欣赏现场表演的同时获取更多的京剧艺术知识。

3. 戏迷票友参与性强的栏目 这类栏目是以专栏形式教唱戏曲唱段、介绍戏曲知识，如中央电视台戏曲频道的《跟我学》《梨园擂台》《点播时间》《过把瘾》栏目。这类栏目紧跟娱乐热点，紧随电视戏曲栏目潮流，将戏曲改制、包装成时尚的形式，为观众提供了良好的展示和交流平台。

第三节 电视文艺专题

电视文艺专题是电视文艺中不可替代的部分，种类和风格多种多样，手法丰富多彩，而且还在不断发展、创新、完善之中。

一、电视文艺专题的起源

"电视文艺专题"这种称呼是我国艺术创作领域的一大特色，国外没有这一名词。这种题材形式形成于20世纪70年代，直接来源于电视专题。70年代，专题片这种形式成为各电视台一种主要的创作手段，在大量专题片中涌现出不少文艺类专题节目。专题与文艺专题可以说是种与属的关系，电视专题中属于文艺的部分，就属于电视文艺领域，借用音乐、舞蹈、文学等元素对专题片重新包装，也就形成了今天所称的"电视文艺专题"。对多数电视台来说，在20世纪70年代甚至80年代，文艺部制作的节目以录制舞台戏为主。

经过二十几年的探索发展，电视文艺专题逐渐从新闻社教专题中剥离出来，形成了独有的新兴的文艺种类，无论是在内容上还是在形式上，真正出现了可称为艺术的栏目。

二、电视文艺专题的界定

对电视文艺专题的定义似乎尚无一致意见。本书认为，电视文艺专题是"电视文艺"和"专题片"的复合体，因此，对它的界定应该与对电视文艺和专题片的定义联系起来。学界对电视文艺的界定是："运用先进的电子技术手段，对各种文艺样式进行二度创作。既保留原有的艺术价值，又充分发挥电视特殊的艺术功能，主要给观众以文化娱乐和舞美享受的电视屏幕形态"[①]。而专题片的基本含义是："对某一专门题材和题目所创作的电视节目"[②]。将这二者综合起来就可以视作对电视文艺专题的定义，即，电视文艺专题是运用电视技术手段，采用专题的形式对文艺进行二度创作，以写意、抒情及时空跳跃为主要创作手段，给观众带来特殊的审美愉悦的电视节目形态。

一般来说，电视文艺专题具有这样几个要素。

第一，选材范围应是文艺类题材。经过电视的二度创作，将社会活动中的文艺对象及文化对象提升到一个新的范畴。电视文艺专题命题之所以成立，是因为其综合性、兼容性非其他艺术可比。既然有电视文艺形式的存在，就不能否认电视文艺可以有一套自己的体系，并相对独立地发展与完善。将属于文艺文化范畴的多种艺术门类诸如舞蹈、文学、声乐、器乐、戏曲、曲艺、杂技等融合，有助于电视文艺增强娱乐性、大众性、欣赏性，走向更高层次。比如，在《西藏的诱惑》中，如果编导仅仅记录西藏的风光、风土人情，仅仅记录当地藏民的朝圣仪式，那么这部片子也就只是一部普通的电视专题片。但是，编导为了实现他的固有的审美价值，寻找到了一个很好的框架——到西藏进行艺术创作的四位艺术家。这样一来，编导就不局限于西藏的风土人情，他把自己的情感置于更为广阔的背景中，为艺术创作留下了更大、更深的想象空间，

[①] 朱羽君、王纪言、钟大年：《中国应用电视学》，北京师范大学出版社1993年版，第126页。
[②] 朱羽君、王纪言、钟大年：《中国应用电视学》，北京师范大学出版社1993年版，第161页。

而拍摄对象本身也具有了一定的空灵之气。

第二，制作手段具有较高的艺术要求，艺术主体成为审美对象。创作活动过程是通过对创作对象的了解，运用适合于这个对象的创作手段而完成的。如电视文艺专题片《六龄童》，选取绍剧表演艺术家六龄童为审美对象，通过对他艺术道路的回顾与介绍，向观众展示出一个平易近人、无私奉献的艺术家风采。创作者采用白描的手法，娓娓道来。画面优美感人，演员、舞台、观众都围绕着"戏德"做文章，音响选用大量戏曲录音和现场同期声。全片以艺术家深入到群众中演出为主线，片中舞台戏曲的音乐人物动作处理准确到位，用艺术的手法深刻提示了艺术家与人民的血肉联系。

第三，写意强于写实，抒情强于叙事，感性强于理性。文艺是具有艺术技巧的，经过艺术家构思的精神产品，具有浓缩、简练和升华的属性。电视文艺专题必须强调有别于电视新闻的纪事与再现色彩。比如，同一题材的电视纪录片或电视专题采用的是"写实""叙事"手法，而文艺专题用的是"抒情""写意"手法，尽可能把握总体效果，而不太重视细节真实，因此，电视文艺专题的音乐、场地、画面、解说词等的选择处理必须具有浓重的"艺术"色彩，追求美的效果。

第四，时空跳跃比较自由。在文艺专题中，艺术手段的运用多体现为现实时空、心理时空的交叉跳跃。它可以从6000年前仰韶文化时期跳到现在，也可以从法国凡尔赛宫和卢浮宫的油画跳到中国美术馆的国画，还可以从舞蹈艺术跳到书法艺术，这一点是同电视文艺专题的着重"写意"分不开的，近似于中国水墨画，飘逸、洒脱、不拘小节。比如，专题片《中华百年祭》记录了青年画家蔡玉水耗费10年时间制作巨型水墨组画《中华百年祭》的历程。该片以当代青年人的视角，审视了中华民族从鸦片战争到日军侵华制造南京大屠杀这长达近百年的屈辱史，倾吐了画家对历史的深沉反思，以强烈的悲剧意识警示人们：历史的经验教训永远不能忘记。该片编导没有就画拍画，他们不仅拍摄了画作创作、展览的过程，还追寻了历史背景，选拍了百年历史中最具代表性的历史遗迹、遗址、图片、文物。两条时间线构成了作品的全部框架，一条是以资料形式出现的历史纵线，一条是以纪实画面展现的现实纵线。该片给人以深刻的历史意蕴和浓厚的悲剧意识，显得大气磅礴。

总之，每种艺术作品都只能属于某一特定种类的艺术，而不同种类的艺术作品又不能被简单地混合。然而，当不同种类的艺术作品结合后，除了个别艺术作品之外，其余的艺术作品都会失去独立性。当某种艺术表述形式的外在物质环境和文化环境形成后，这种艺术便应运而生。每一种新技术的出现，一开始都被当作模仿的手段，后来才被视为一种新的形式或新的风格惯例。电视文艺专题的出现自然有其本身的规律，需要不断产生具有广泛影响、具有指导作

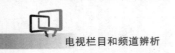

用的艺术作品，才能最后确定自己的地位。

三、电视文艺专题的审美特征

谈电视文艺专题的特征，前提是确认该艺术形式的客观性和独立性，并且承认该艺术形式在电视荧屏中表现语言的特有性。厘清电视文艺专题的表现特征和美学价值，有助于进一步探讨本体意义，即特质的阐释。

（一）艺术性

1. 技术手段的艺术化　电视设备提供了足够的、必要的技术手段，帮助实现电视文艺专题的艺术性。现代技术的发展使一切艺术形式的产生成为可能，尤其是电视技术的更新换代，让电视文艺插上了想象的翅膀。但是，仅仅依靠技术远远达不到人类的审美要求，电视文艺工作者进行艺术创作的时候，必须利用现有技术，对审美对象产生新的艺术冲动，形成新的艺术思维，进行新的艺术创作。拥有了技术支持，电视文艺专题才不至于成为无本之木。摄像、灯光、音响、舞美、特技等大范围的应用，极大地丰富了电视文艺专题的表现形式，成为反映美的题材的有效载体。

2. 对感知手段的艺术处理　所谓感知手段，即编导对审美对象的外在形式如画面、灯光、音响、文字、舞美等的情感认识和审美感觉，用个人的体验将外在形式内在化。艺术知觉属于一种审美感知，具有强烈的主观性、情绪性、多样性和独创性。

3. 处理手段的艺术性　艺术源于生活，又高于社会生活。艺术家进行创作时，不仅要对生活中的素材进行搜集、整理、认识、分析、剪裁，而且应该注入他的情绪、意志、情趣等。同样道理，电视文艺专题的制作者在一堆素材面前，只有将其经验、思维、想象、情趣等完全浓缩在作品之中，才能使作品让人陶醉、令人回味。在这个再处理的过程中，素材不仅发生了"物理反应"，而且发生了"化学反应"。对电视文艺专题而言，这个过程便是编辑、制作等电视艺术处理手段的艺术创造过程，这个过程好比一座桥，左边连着应用手段、感知手段，右边连着艺术作品。

（二）愉悦性

电视文艺的各种样式提供不同的虚拟情境，满足多种层次、多种类别的娱乐需要。可以认为，电视文艺的娱乐受众的方式就在于使他们在虚拟的情境中释放感情。

电视文艺专题除了具有某些信息传播和服务功能外，愉悦性是它的主要功能。无论是介绍作家、画家、舞蹈家,还是介绍戏班、剧团或民间艺术,观众观看的目的是这个节目"表现了什么",而不是这个节目"说明了什么",在这里,观众的"欣赏"要求远大于"教化"要求。从总体上说,电视文艺专题是一种"寓教于乐"的艺术形式,就电视文艺而言,无论是综艺晚会还是文艺专题,电视的文化价值观的渗透对观众来说是一种潜移默化的行为。"寓教于乐"的愉悦性是其最明显的标记,是电视文艺的固有属性。

(三)文化性

电视理论界有一种意见认为,电视文艺是运用艺术的审美思维创造屏幕形象、强调审美和愉悦功能的文艺性电视节目。电视文学使冰冷的铅字变得有形、有声、有乐、有色,音乐电视让耳边的音乐在人眼前变得更加立体、绚丽。文艺专题更是打开了一座艺术宝库,东方的、西方的、古典的、现代的、高雅的、民间的,将种种艺术不断呈现给广大电视观众。如果把综艺晚会、戏曲晚会、娱乐节目、音乐电视等看成电视艺术中"俗"的部分,那么,电视文艺专题等就是电视文艺中"雅"的部分,因为这些作品具有较高的艺术价值和审美价值,并且拥有较强的感染力和吸引力,通过审美来完成娱乐过程并最终达到审美目的。因此,这些作品基本上能够满足消费大众的审美趣味和审美需要,能让观众在多层次、多种类的审美体验中得到娱乐、获取美感、认识人生、陶冶情操。由于这些节目的形式和内容拥有较高的文化品位,相应地,受众也拥有较高的文化素养。

电视文艺专题作为一种电视文化,属于一种意识形态产品,它必然会直接或间接地传达或表达某种文化价值倾向,传递文化信息,通过画面解说、音乐等艺术处理,不同程度地反映出各时期的主流文化和意识形态。从电视文艺专题的文化品格上讲,其主题、形式都必须表现和引导文化消费时尚。因此,编导首先要具有敏锐的嗅觉和深刻的洞察力,了解画面、音乐、解说中包含的文化信息,其次要懂得应该用什么风格和结构来完成一件散发着浓郁文化气息的作品。

(四)综合性

随着电视媒体的成熟和发展,早期形成的电视栏目分类方式已逐渐分化瓦解,新闻、专题、体育、文艺、教育等不同类型的电视栏目经过磨合、渗透、影响,形成了一些边缘性栏目,如中央电视台的《文化正午》《开门大吉》《黄金100秒》等,文艺与新闻、文艺与竞技、文艺与真人秀等相互融合,引起巨大反响。这种边缘性栏目的兴起,表明电视艺术领域还具有很大的拓展余地。

美国美学家苏珊·朗格在分析各类艺术之间的关系时总结道："各门艺术之间的另一种较为引人注目的类似关系，是人们用一种艺术品去创造另一种艺术品，这种艺术品最终又是与它想要创造的另一种艺术品归并在一起时显示出来的，……也就是当人们把某一种艺术品看作是某两种艺术品的结合物时显示出来的。"① 艺术的创造法则本来就允许这种"转换"的存在。电视是一种综合媒体，不同性质的栏目相互渗透的现象十分普遍。从艺术原理上讲，电视文艺专题应该是文艺栏目与新闻栏目"杂交"的产物，它是由电视专题栏目中分离出来的属于文艺范畴部分的节目组成的，因而，综合性也是电视文艺专题的属性之一。

四、电视文艺专题的类型与结构

（一）电视文艺专题的类型

尽管电视文艺专题创作手法多种多样，表现形式也千变万化，但基本形态是有规律可循的，研究并掌握这种基本形态，对从事文艺专题的创作是十分必要的。现在就电视文艺专题的基本类型做一些简述。

1. 人物类 这是实际创作中最为常见的一种类型。一般说来，每个创作者在采访中遇到最多的就是文艺界、文化界的各种人物。文艺专题栏目所接触的人物主要是演员、画家、作家和各种基层文艺工作者，这其中又分为名人、普通人两种，制作的方式也不相同。名人文艺专题，应突出其主要成就和人生阅历及人生感悟，具有传统特色。拍摄普通人一般不采用传记体手法，而是尽可能用最接近人物本身生活状态的创作手段，以"平"的视角拍摄，拉近距离感。作为电视艺术创作者，针对不同职业的人物应采用不同的创作构思和不同的制作手段，这样才能保证片子既切合人物身份又有规律可循。电视文艺专题人物类片子中较有影响的作品有《呼兰河的女儿》《神鹿呀，我们的神鹿》《沙与海》《方荣翔》《六龄童》《谢添和他的人间喜剧》《一代风流贾作光》《一个舞者的独自》《时代的歌手》等。

2. 作品类 该类专题片在制作过程中，在适合该作品艺术特点的基础上，应成为相对独立的、有自身精神特质的艺术作品。对那些产生一定影响的文艺作品，该类专题片要帮助观众了解作者的情况，了解作品创作的历史背景，并评价该作品的艺术特点。比如，《中华百年祭》讲述了一位画家创作一组作品和展览这组作品的过程。栏目把这组作品置于广阔的历史背景下，从不同时

---

① ［美］苏珊·朗格：《艺术问题》，滕守尧、朱疆源译，中国社会科学出版社1983年版，第8页。

间、不同角度、不同侧面进行叙述，使作品具有相当的深度，增强了其艺术感染力。以介绍艺术作品为内容的有影响的专题片还有《民族的吼声》《放歌九十年》《梦约清园》等。

3. 文艺事件类　此类专题片为观众提供来自社会各界的文化动态和文化信息，帮助观众了解、分析、掌握文艺现状。从范围来讲，大到国际、国家举办的大型文艺和文化活动，小到地方各级政府、街道乡村举行的文艺演出，电视文艺专题均会反映其活动的情况，这对透析社会的发展起到了重要作用。一般来说，文艺专题所选择的事件均是在一定范围内具有一定影响和新闻价值的。如获得第26届（2020年）"电视文艺星光奖"的《上新了·故宫》《经典咏流传》《闪亮的名字》等。

4. 文艺风情类　这类片子具有相当大的文化价值，无论是展现民俗还是时代感较强的地域文化，无论是展现自然风光还是风土人情，都可以归到此类。在这里，可以抒发强烈的情感体验，表达创作者独特的哲理思考。大自然本身充满了无穷的魅力，给艺术提供了广阔的创作空间；地域和文化的差异，使得人类生活多姿多彩、千变万化，风情类的文艺专题应该以色彩饱满的自然风光、充满情趣的地域文化为主要拍摄对象。如何把创作者的情感融入风土人情，是风情类文艺专题片应该关注的问题。这类成功的作品有《美丽中国》《人说山西好风光》《航拍中国》等。

（二）电视文艺专题的结构

常见的电视文艺专题的结构可以划分为以下五种。

1. 故事结构　这是一种比较传统的叙事性结构形式，按照时空顺序来安排电视材料，无论是人物还是作品、事件，根据情节发展的先后组织拍摄并进行后期剪辑。这种结构非常注重故事发展的合理性，强调情节的冲突，重视细节的真实，通俗地说，就是要把拍摄对象像讲故事一般从头到尾叙述清楚。它有主题，并且有非常浓郁的创作情感。这种结构的片子需要向电视纪录片学习，讲究艺术性、文化性与纪实性的高度结合，从中吸取有益的经验。

故事结构在电视文艺专题中运用得比较多，但是需要特别注意的是，在强调故事性、纪实性的同时，一定要考虑到文艺专题自身的艺术特点，只有两者合理地结合，片子才能符合其创作规律。采用这种结构的片子有一些相当出色，如《望长城》《神鹿啊，我们的神鹿》《云来雾去》《沙与海》《六龄童》等。尤其是《望长城》，开创了我国纪实体电视文化片的先河，直到今天，其中的一些场面还为人津津乐道。《神鹿啊，我们的神鹿》这部反映大兴安岭原始森林中鄂温克族人现实生活的纪录片，以一位经过现代文明熏陶又在内心深处深深依恋自己民族文化的画家柳芭的生活经历为线索，逐步展开他们一家三

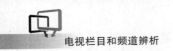

代面对现实与传统的不同心态,揭示出当代人类学的深层次问题。在这部片子中,我们看到的不仅仅是一名少数民族画家的故事,透过画面上暮色苍茫的白桦林,我们也看到了一个民族的历史,触摸到人物隐秘的情感世界。

2. 传记结构 这种结构经常被用来描写某一个人物或记载某一历史事件,与传记体文学作品有相似之处。对历史人物,由于无法再现历史,只能通过今人的采访叙述和书籍、图片、景物等画面体现出来;对现实人物,这种结构也很常用。对历史事件题材,拍摄真实场面已无可能,节目编导只能将遗迹、文物、图片、绘画、建筑甚至影像资料等,按一定的逻辑关系合理地整理、连接、组织起来。这类结构的代表作品有《呼兰河的女儿》《方荣翔》《在那遥远的地方》《走进新时代——印青》等。

3. 音乐结构 这种结构以歌曲、音乐或舞蹈作为主题旋律,结合或优美抒情或深沉含蓄的电视画面,给电视观众以美的享受。这种结构经常用于音画对位型的音乐风光片和音乐欣赏片。音乐结构用于电视文艺专题片的历史比较长,也出现了许多脍炙人口的优秀作品。如在《朝阳与夕阳的对话》中,音乐起到了相当重要的作用,编导用作曲家雷振邦、雷蕾父女两代人之间对话的形式,用他们的音乐作品贯穿始终,音乐与画面相互衬托、共同发展,使这部片子生动活泼、情趣盎然。

4. 主持人结构 这是以栏目主持人或类似节目主持人的某一人物做主线,按照主题思想和内容要求,主持人或采访、评论、串联,或内景、外景、内外景结合,将整个片子串联起来。这种结构会产生一种现场气氛,可以给观众营造出"身临其境"的现场感。通过主持人,栏目把各个段落连接起来,用主持人的情感情绪变化或主持人不同的叙述状态来决定片子的内容和节奏变化,推动片子一步一步不断地向前发展。如在《土地忧思录》中,主持人参与了整部影片的拍摄过程,对该片的叙事过程和情感节奏起着决定作用。

5. 散文结构 这种结构非常独特,文体典雅清新。它俯仰自由,创作手法多样,可以或抒情、或叙述、或写景、或议论,也可以兼而有之,不拘一格。这种结构的电视文艺专题片情景交融,把一些看上去似乎没联系的画面,用解说、音乐串联起来,阐释出某一主题。采用这种结构的片子制作起来较为复杂,一般要求创作者具有较为深厚的艺术功底,对电视画面和文字也要求严格。如《西藏的诱惑》,不仅向电视观众展现了雪域高原的自然风光,更通过几位艺术家在西藏采风的艺术活动,表达了创作者对这片神奇壮丽的土地和西藏宗教文化的强烈情感与深刻的哲理思考。

第四节 电视文化栏目

一、电视文化栏目的界定

电视文化类（人文类）栏目，是以文学、艺术、音乐、舞蹈、美术等方面的人物和事件为主要题材的栏目。如《文化访谈》（中央电视台、河北卫视台）、《文化视点》（中央电视台，2005 年停播）等。

我国最早的电视文化栏目是中央电视台的前身原北京电视台①的《文化生活》，开办于 1961 年。开初它更像一个综合栏目：文化知识介绍、文化人物访谈、文学新书推介、文化知识传播（戏曲知识、书法讲座等）。"文革"期间停办 10 年，1977 年 5 月复办，遵循知识性、思想性、欣赏性原则，内容包括文学艺术家专访、文艺作品赏析、影视剧评介、文化知识竞赛等；1992 年改版为《文化园林》，打破专题片样式，代之以板块式：评论性的"辣椒园"、介绍海外文化的"海风堂"、文化精品欣赏的"集粹楼"、获奖作品介绍的"金榜台"、文化人物介绍的"撷英殿"、文化赏析品味的"赏心篇"等，可以看出，后来的《精品赏析》《文化视点》《环球 30 分》《戏曲》等都有其影子。

二、电视文化栏目的分类

根据栏目的内容，可以分为如下三种类型。

（一）文化风情类

文化风情类栏目，是以介绍、赞美某一地域、民族、地区独特的风土人情为主要内容的栏目。如中央电视台曾经的栏目《祖国各地》（后更名为《走遍中国》，在中央电视台中文国际频道播出）。

《走遍中国》是一档大型的纪录片栏目，每期 30 分钟。它以探索的目光和亲历的脚步，触及和走遍中国的山山水水、城市乡村；它以古今为坐标、情感为取向，寻找华夏大地上的传奇人物和动人故事；它以纪录片的表现形式和故事化的叙述方式，揭秘历史事件，记录现实生活，讲述人物命运，探究热门

---

① 北京电视台 1978 年 5 月 1 日更名为中央电视台。作为中央电视台的前身，本书称其为原北京电视台，以示与后来的北京电视台相区分。

现象，以点带面，生动而深入地反映中国的历史和现实的发展变化。

《走遍中国》的栏目宗旨是传播历史悠久的中华文明，展示今日中国的发展变化。栏目定位于人文故事类纪录片。栏目形态突出情节化、细节化，以系列化、主题化为基本操作方式。栏目具有选题具象、视角独特、现实切入、进行时态、悬念递进、故事跌宕、背景清晰、信息关联、情感突出、叙述平实的特点。栏目内容以题材划分，可分为现实故事、历史故事、人物故事、文化故事、社会故事、地缘故事、自然故事、族群故事等；以操作划分，又可分为常态节目、主题系列和特别节目。

再如中央电视台1993年5月开办的《环球》栏目，侧重介绍各国科技和社会的发展，内容涉及文化艺术、社会经济、人文风情等各个方面，栏目形态为杂志型，其子栏目有《越过大洋看世界》《异域剪影》《神奇的世界》《人物》《科技传真》《电影魔术》《金唱盘》等，同时还不定期地播出具有欣赏价值的系列专题节目，如2001年播出的《失落的文明》《我们的宝贝》。

（二）文化生活类

文化生活类栏目，是指以文化人生（文化人的生活和人的文化生活）、作品赏析、艺术知识等为主题的栏目。

代表性栏目有中央电视台的《读书时间》（1996年5月12日开播）。但此栏目开办以来收视率不高，虽不断改版，在画面的生动、轻松上下了很大功夫，但成效不大，并最终在所谓的"末位淘汰"中惨遭淘汰。

河北电视台原有的《读书》比较有代表性，不妨分析之。

该栏目于2000年6月3日开播，原名《读书新体验》，2013年2月7日停播，主持人为周晓丽等。

栏目形式：时长30分钟，分为两个板块。第一个板块是作家访谈，采访作家作者，以书为点，畅谈创作生活，交流人生体验；第二个板块是图书信息板块，以"新书推介"形式推介最新图书、播报书坛最新动态。

栏目宗旨："四句话"——发现好书，推介好书，引导观众，服务读者；"四性"——思想性，知识性，新闻性，艺术性。

目标："由书里到书外"——由书谈人生和社会各方面；"透过书本看社会"——对书的价值的再开发。

流程：①选好书——以思想性、权威性、健康、艺术水准高、时代性等为标准；②吃透原作——读透，策划提纲，拟解说词，列采访提纲；③精心策划——找"闪光点""出彩点""兴奋点"；④现场采访；⑤后期制作。

还有一类是艺术赏析或知识类的文化生活栏目，如中央电视台的《电视诗歌散文》《舞蹈世界》《神州戏坛》《子午书简》等。

中央电视台曾经的《文化正午》栏目也比较有代表性。它是一档文化艺术的评论节目，从当今社会发展中公众最关心的问题切入，以文化的视角分析、解读社会文化热点问题，给予主流价值观的引导，将媒体观念"植入"千家万户。

（三）文化人物类

文化人物类栏目一般是对文化名人艺术生涯和生活的介绍，但又不限于文化名人，凡社会关注度较高的人都可以归入。

这类栏目曾经有很多，比较有名的有中央电视台的《大家》（2019年停播）、《人物》（2018年停播），凤凰卫视资讯台的《风范大国民》（2013年停播），等等。栏目大多以纪录片为主体形态，加入后期演播室包装，利用人物口述、丰富的影像资料和适度的细节再现等多种拍摄手法，形成生动、平实、不矫饰、有深度的栏目格调。沉稳、大气、学者型风格的主持人，在栏目与观众之间搭建起有机的沟通平台。

比如，中央电视台的《人物·故事》讲述新时代为幸福生活而奋斗的奋斗者的故事，彰显时代精神。栏目日常表现形式为"虚拟演播室+主持人+短片"，虚拟演播室通过对场景图片、影像、三维等元素的变换，营造讲故事的悬念感，将观众带入情境。短片重点讲人物的二三事，从细节入手，以小见大，立体讲述主人公的传奇故事，塑造以"奋斗的人生最幸福"为核心的时代精神。

第五节　融媒体时代文艺和文化类栏目的变革

融媒体时代对文艺和文化类栏目产生了深刻的影响。新媒体内容的时效性和碎片化的特点，改变了年轻一代对信息的接收方式，也给电视晚会和文艺栏目带来巨大的冲击，甚至可以说，在所有的电视栏目中，文艺和文化类栏目所受到的影响最大。

一、融媒体时代对文艺和文化类栏目的影响

（一）电视收视老龄化趋势明显，文化和文艺类栏目受众面狭小

互联网的发展使得传统电视媒体的观众大量流失，尤其是年轻观众转向了更具娱乐化和个性化的新媒体，电视的受众日趋老龄化，这点在文化和文艺类

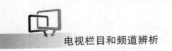

栏目上体现得尤为明显，留住并吸引年轻观众的目光是文艺和文化类栏目的当务之急，这需要从内容生产和传播形式两方面着手，创新升级，与时俱进。

（二）收视的碎片化，不利于文化和文艺类栏目生存

新媒体的井喷加剧了信息接收和传播的碎片化特征，因而电视观众很难留出完整且固定的时间收看电视节目，这对播出时间相对固定、播放时长相对完整的文艺和文化类栏目的收视是不利的。在娱乐选择更为多元化的今天，新鲜感来得快、去得快，导致文艺和文化类栏目培养忠实的粉丝群体的难度也大大增加。

（三）跨媒体环境促使文艺和文化类栏目变异

传统的文艺和文化类栏目形式较为单一，如分门别类的电视音乐、电视舞蹈、电视文学等。进入融媒体时代，不同种类的文艺和文化类栏目自觉进行了高度综合，将不同的艺术形式汇聚一堂，丰富并扩展了单一的艺术形式，增强了电视文艺的表现力和感染力。

二、融媒体时代文艺和文化类栏目的变化

融媒体时代文艺和文化类栏目发生了生产方式和传播形式的双重变化。

（一）生产方式的变化

1. 从精英文化转向平民文化，文化门槛降低 传统的文艺和文化类栏目的精英文化倾向较明显。融媒体时代，文艺和文化类栏目邀请普通人走进演播厅，着力发现普通人的不平凡之处，从日常生活中见微知著，并以更亲民的方式与观众展开互动。文化门槛的降低，表达形式的多元化，为文艺和文化类栏目拓宽了受众范围。

比如，《中国诗词大会》《中国汉字听写大会》《经典咏流传》栏目，参与者多是各行各业的普通人。舞蹈文化栏目《舞蹈世界》设置了一套互动机制，有效地吸引和维系观众。在节目录制过程中，主持人会挑选几位具备一定舞蹈基础的现场观众，并邀请他们向民族民间舞蹈演员学习舞蹈，大幅度提升了现场观众的参与热情。《梨园春》还将普通观众上传至微信公众平台和《梨园春》App 的优秀视频进行剪裁并传播。

2. 泛娱乐化 融媒体时代，文艺和文化类栏目呈现出泛娱乐化倾向，即通过文化和娱乐的紧密结合吸引观众、留住观众。

首先，文艺和文化类栏目纷纷引入益智竞赛的元素，增强可看性。如

《中国汉字听写大会》各学校队伍的比拼，《中国诗词大会》的擂主挑战赛、飞花令竞赛，等等。

其次，文艺和文化类栏目充分发挥了明星的影响力，邀请明星参与节目，增加收视率。比如，《国家宝藏》邀请众多影视明星，每件文物都绑定一位与之气质相符的明星嘉宾，他们或对文物的传奇前世娓娓道来，或装扮成古人形象，演绎宝藏诞生的故事，带领观众进入一个神秘的探寻空间。此举一方面提升了明星的文化形象和责任担当；另一方面，明星自身的影响力也为栏目增加了影响力，从而实现双赢。再如，《经典咏流传》邀请老艺术家和新人歌星，一方面展示了他们的艺术才华，另一方面也通过这种方式创新并推广了传统文化；《朗读者》邀请各个领域具有影响力的嘉宾来到现场，分享自己的人生故事，并演绎经典美文；《见字如面》以明星读信为主要形式，用书信打开历史场景和人生故事。

为了让更多的年轻观众认识并了解戏曲艺术，戏曲文艺和戏曲文化栏目也纷纷邀请当红影星、歌星加盟，在栏目中跨界学戏并演出。明星"跨界"表演的戏剧性效果在《叮咯咙咚呛》中表现得极为充分，中韩明星在栏目中学习中国传统戏曲，明星被分配在不同的戏曲组完成各项"跨界"学戏的任务。中韩两国明星在学戏过程中产生了两种不同文化的碰撞，具有强烈的娱乐效果，也为栏目增添了冲突性与喜剧性。

3. 多种艺术形式融合，实现文化创新　融媒体时代，文艺和文化类栏目将传统文化与全新表现形式相结合，利用新技术使视听享受更鲜活立体。

比如，《典籍里的中国》聚焦中华优秀文化典籍，以"文化节目＋戏剧＋影视化"的方式，讲述典籍的成书过程、核心思想以及流转其中的闪亮故事，让书写在典籍里的文字"活"起来。《中国诗词大会》为营造出具有视觉冲击力的比赛场面，运用了舞美、动画、音乐等视听手段，并邀请非遗传承人拍摄视频短片，展现他们的绝技，如用剪纸、蛋雕、糖画、木雕等形象化地呈现题目所蕴含的文化含义。《经典咏流传》用"和诗以歌"的形式，将传统经典诗词与现代流行歌曲相融合，以明星或普通人为代表的经典传唱人，用流行歌曲的演唱方法重新演唱经典诗词，带领观众在一众唱作歌手的演绎中领略诗词之美。相对于传统的音乐栏目，电视音乐栏目《声入人心》的新形态特征在于以美声、音乐剧唱法为切入点，将古典与流行相融合，开创了新颖的竞演模式和情境建构方式，打造了扣人心弦的视听盛宴。电视舞蹈栏目《舞蹈世界》充分考虑了观众的审美能力和舞蹈基础，专业人士在普及舞蹈时，使用口语化、亲民化的语言，甚至一些流行的网络用语，同时纳入一些舞蹈创作故事、历史故事、个人事迹等，避免讲述流于刻板化，进而达到帮助观众快速掌握要领的目的。

(二) 传播形式的变化

1. 跨平台传播 在传播方式上，文艺和文化类栏目充分利用其他媒介和平台，进行跨平台传播。不少文艺和文化类栏目与爱奇艺、优酷、搜狐等视频网站合作，联动播放和宣传。比如，戏曲栏目《梨园春》开通微博、微信公众号、App、视频客户端（与爱奇艺、优酷、西瓜视频合作）、抖音，以"听得见的电视，看得见的广播"为宗旨，把每期栏目的音频在电台播出。

2. 网络直播 此种方式更接地气，能够体现社会多元的声音与状态。比如，《梨园春》采用网络直播形式，在内容呈现上，以一位特殊观众或者节目解密者的视角，在节目录制过程中，走进节目的台前幕后，解密每一个工种的工作状态：与导演畅聊导演思路，与编导探讨编排技巧，与参赛选手们聊准备情况，与普通观众聊观看感受，带领观众看后台工作人员工作，与主持人嘘寒问暖，这样亲民化的内容更加了契合网络终端受众的审美需求。《朗读者第三季》同时打造了"一平方米"和"一万公里"两个新的栏目样态："一平方米"是朗读亭直播活动，"一万公里"则是栏目组走出演播室，走向广袤大地，去聆听远方谁在朗读。

3. 互动性传播 融媒体时代，文艺和文化类栏目充分利用新媒体平台的互动功能，加强栏目传播的互动性。比如，《中国戏曲大会》综合戏曲知识和故事，通过竞猜进行比赛。栏目设"融媒体互动观察区"，播出过程中客户端同步答题，充分运用新媒体增强栏目的互动性。如戏曲综艺栏目《角儿来了》，舞台上运用增强现实技术对栏目进行包装，通过设虚拟观众席、实时视频连线、文字和视频评论等形式，线上线下观众与栏目现场实时互动，使栏目内容可以全方位、立体化传播。

三、融媒体时代文艺和文化类栏目的发展对策

(一) 注重用户运营

内容生产和用户需求之间应建立稳固的桥梁，取得平衡，良性生产，良性消费。在融媒体时代，作品推出去并不代表工作结束了，编辑还需要持续跟进，分析用户数据和留言情况，获得用户反馈，从而将其作为内容改进的依据。文艺和文化类栏目还应充分利用大数据，获得用户信息和用户画像，统计和分析用户需求、爱好，为媒体创新生产内容、形式，以吸引和稳定更多用户。在策划阶段，充分利用网络优势，征求网友对栏目的意见，借助社交网络展开话题讨论，使栏目实现精准定位、精准传播、快速扩散与发酵。

（二）避免过度娱乐化

在新媒体的冲击下，为了避免收视率下滑，各级各类电视台纷纷寻找突围之路，娱乐化被许多电视台和电视栏目视作法宝，从而刮起了一股娱乐风。这也给电视栏目带来了消极的后果。应该充分认识到，电视、报纸等传统媒体的权威性、公信力远胜于新媒体，其文化品位也是新媒体所不能比拟的，如果丢掉这一优势而片面追求娱乐化，是得不偿失的。因此，文艺和文化类栏目必须抓住核心优势。内容是根本，融合发展必须坚持"内容为王"，以内容优势赢得发展优势。文艺和文化类栏目要响应落实中国共产党第十九次全国代表大会报告提出的"推动中华优秀传统文化创造性转化、创新性发展"的精神，加强创新驱力，培育本土精品，用大众文化的外壳包裹精英文化的内核，立足电视的优势，在深度、广度、高度上下功夫。

（三）重视传播营销，升级传播思路

传统文艺和文化类栏目存在重内容、轻传播的倾向，但是在融媒体时代，要学会深度使用社交媒体、网络媒体的裂变效应，逐渐适应利用移动端为电视屏导流等新做法。把电视的选题变成社交媒体的话题，进而变成社会的议题，成为内容传播的关键。

文艺和文化类栏目可以通过整合栏目资源形成IP，进而推出一系列的新媒体产品，不仅能提升栏目本身的娱乐性，还能开发很多新媒体娱乐产品，如文化综艺、网络游戏等。比如，《中国戏曲大会》不仅在节目中加入新媒体元素，如图文并茂、现场互动等，引发全场参与热潮；文物题巧借戏曲文物，让历史与现代隔空对望，让参与者感受悠远漫长的戏曲历史；表演题通过演员精湛的特技展示，彰显勤学苦练的匠人精神，唤醒观众对戏曲艺术的文化自觉，并开发栏目同款手游等，用产业链的理念拓展栏目的持续影响力，促进"中国戏曲大会"IP化传播。

除了网络营销之外，文艺和文化类栏目可以进行线上线下的部门联动，提高栏目品牌影响力，推出外延产品。比如，《朗读者》在许多城市设置了"朗读亭"，使"阅读"这一文化形式进入每个人的生活。

第五章 社会教育类栏目和频道

第一节 社会教育类栏目概述

一、社会教育类栏目的界定

社会教育类栏目(以下简社教类栏目),即面向公众、以社会教育为宗旨的电视专栏节目,它的主要功能是传授知识、传导理念、修正思想和指导行为。新闻、文艺(含综艺类)、社教(含服务类)常并称为电视三大支柱性栏目。虽然社教栏目相对年轻,但是经过一段时间的发展,它已经成为各大媒体中非常重要的栏目类型,如中央电视台播出的总节目量中,社教栏目就占据了30%。

就世界范围看,一般将电视栏目分为新闻、公共事物和娱乐三大类,公共事物类栏目包含教育、文化、知识类的栏目,社教类栏目可以归入公共事物类。在国外,该类栏目又被称为"公众利益服务栏目"或"公共教育节目"。

二、我国社会教育类栏目的发展历程

从我国电视发展的历史来看,自电视事业诞生之日起,就有一些专题化的社教类栏目存在,如注重科普教育的《科学知识》,普及卫生健康知识的《卫生常识》,着重表现地理、历史、地域文化方面内容的《祖国各地》,等等。事实上,在电视台创办初期,社教类栏目就几乎成了电视栏目的同义语。在1960年1月原北京电视台的固定栏目表中,所列的28个栏目中就有17个属于社教类栏目,比率高达60%。原北京电视台1963年设立了社教节目部,直至发展到今天的社教节目中心。在当时,一般人认为,办专栏就是社教部的事,因为当时的北京电视台挂牌的栏目除了《电视新闻》和《国际新闻》外,只有社教类栏目不定期地打出了栏目名称,如《国际知识》《科学常识》《卫生

与健康》《文化生活》等。

中央电视台曾经举足轻重的两档社教类栏目《九州方圆》和《与你同行》的发展历程最具代表性。这两档栏目的共同点是整体庞杂多样,它们将多个专题化的小栏目融为一体,组成五花八门的大拼盘,内容丰富,但缺乏针对性。

1987年1月,中央电视台尝试对社教类栏目进行改革,将《为您服务》《卫生与健康》《人物述林》《祖国各地》《兄弟民族》《规矩与方圆》6个常设栏目和1个电视纪录片栏目合为一体,推出了一个长达120分钟的大板块结构的社教类栏目,这个栏目似乎想要总揽社教栏目的全部领域,囊括所有的选题内容,所以它被赋予了一个气势磅礴的名字——《九州方圆》。该栏目选题范围更加宽泛,包括衣食住行、修身养性、文化修养、奇闻逸事等方面的内容,服务性较强。

《九州方圆》栏目开办的初衷在于通过弱化内容的专题化、专一性达到强化栏目的普及性、普适性的目的,但是它冗长的篇幅、浩大的规模、面面俱到的内容以及庞杂的表述形式使观众无所适从,观众对该栏目的新鲜和好奇很快消逝。1987年8月底,《九州方圆》的长度由120分钟缩减为90分钟,后来又缩减为80分钟,三大栏目无形取消,这年年末,《祖国各地》另立门户。1988年2月,《九州方圆》终于告别了观众。

之后,社教类栏目又回到了专题化的发展道路上来。

进入20世纪90年代,中国电视进入了一个快速发展的新时期,社教类栏目重走综合化的老路,最典型的就是中央电视台重点社教类栏目《与你同行》的推出。和《九州方圆》相仿,《与你同行》同样以面面俱到、四平八稳的形象出现在观众面前,囊括了社会、文化、生活服务三个方面的内容,内容庞杂,整体形象不鲜明,表现形式也无独特之处,开办仅两年时间,栏目就匆匆停办。但从此以后,社教类栏目专题化的观念开始深入人心,成为社教类栏目制作者的自觉意识。

三、社会教育类栏目的分类

关于社教类栏目的类别,分法不一,基本上有如下三种分类方法。

(一)按观众对象分类

按年龄,可以将栏目分为老年人栏目(如中央电视台的《夕阳红》)、青少年栏目(如中央电视台的《第二起跑线》、江苏电视台的《金色少年》、北京电视台的《SK状元榜》)和儿童栏目(如中央电视台的《东方儿童》)等;按性别,可以将栏目分为女性栏目(如广东卫视的《女性时空》)等;按职业，可以将栏目分为军人栏目（如中央电视台的《人民子弟兵》）、工人栏目（如南京电视台的《职工之友》、中央电视台的《当代工人》）、农民栏目（如江苏电视台的《乡间彩虹》、中央电视台的《金土地》）等。

实际上，不同的观众有不同的性别、社会定位、职业定位、家庭定位等，相应地就会有不同兴趣爱好、不同的关注重点、不同的收视心理和不同的信息需求。20世纪90年代以来，我国电视传播逐渐向非群体化阶段过渡，电视观众群体的分化和细化成为现实，电视面向不同的观众群体，满足观众多样化的收视需求成为可能，讲求对象化、注重针对性的社教类栏目大量涌现，其中以面向妇女、少年儿童和老年人的对象性社教栏目的发展速度最快，尤为受人瞩目。

20世纪90年代初，一些地方电视台，如上海电视台、山西电视台就开办了专门针对女性观众的社教类栏目。以1995年第四次世界妇女大会在北京召开为契机，中央电视台推出了以女性观众为主要收视对象的《半边天》栏目，于1995年1月1日正式播出。栏目以"关注社会性别，倾听女性表达"为宗旨，致力于维护女性权益，拓展女性的发展空间，增进两性沟通，风格轻松温馨又不失敏锐的观察。收视调查表明，城镇职业女性是该栏目的主要收视群体。

在我国，面向青少年的社教类栏目一向备受重视。进入20世纪90年代，青少年和儿童社教类栏目在继续受到关注的同时，观众群体越来越明确和细化，对象性得到进一步增强。以中央电视台为例，继1991年12月出台面向青年观众的《十二演播室》之后，1994年9月又创办了一个以13～17岁的中学生为对象、反映6000万中学生生活的栏目《第二起跑线》，并且在原有栏目的基础上推出了面貌一新的面向儿童观众的《大风车》栏目（1995年6月开播），使中央电视台的青少年儿童栏目向不同年龄层的观众铺开，目标具体，层次清晰，形成了对象感鲜明、整体感突出、针对性强的特点。

除此之外，还有其他众多的对象性社教栏目层出不穷，如中央电视台专门针对产业工人的《当代工人》栏目（1997年5月开播）等。各级地方电视台从更贴近观众需求、增强传播效果、改善收视状况的角度出发，也都在不断增强栏目的对象性，一种做法是新开办许多对象化的社教类栏目，另一种做法则是利用原有的社教类栏目，增加对象性强的板块的分量，以此来甄别不同的观众群，实现栏目的对象化。

对象性栏目因其观众对象明确，易于了解观众的收视心理，吸引观众参与，和观众及时互动沟通，从而易于加强栏目的针对性，强化栏目的专业性，更好地满足观众需求。《半边天》《夕阳红》《第二起跑线》等对象性栏目受到特定对象群的广泛欢迎已经证明了这一点。对象性社教类栏目的大量出现，并受到特定观众群长期持续稳定的关注，也预示了社教类栏目的对象化将进一步向更微观、更具体的小的收视群体倾斜的趋势。

（二）按栏目样式分类

按栏目样式，可以将社教类栏目分为纪录片、谈话类栏目、杂志型栏目。

（三）按题材分类

1. 社会政法类　即以反映一段时期内的重大社会政治法律问题、社会现象、历史事件等为题材的栏目，典型的如法制类栏目，其中比较有代表性的有山东电视台的《道德与法制》以及中央电视台的《今日说法》。《今日说法》（1999年1月开播）是中央电视台每日播出的一档法制栏目，注重选取典型案例，通过曲折生动的案例分析，层层剥笋，以理服人，阐释法律知识具体生动，观点明晰，说理透彻。栏目既满足了观众的法律需求，也受到司法界等专业领域的认可。

从中央台到地方台，各级电视机构几乎都有自己的法制类栏目，而且大都很受观众的欢迎，具有较广泛的社会影响，在向全社会宣传法律常识、普及法律教育的进程中发挥了举足轻重的作用。

2. 经济民生类　即以经济和国计民生为中心内容的栏目。如中央电视台财经频道就有许多该类栏目。一般认为，社教栏目是指教育、科学、文化、卫生、法制、民族等社会知识、社会服务类栏目，它弘扬民族优秀文化，使人增长见识，开阔眼界、陶冶情操、提高道德观念和思想素质，而对经济栏目的社教属性却很少提及。实际上，从广义上看，很难将新闻性、文艺性、服务性和社教性的界限划分得非常清晰，但经济栏目的社教作用是显而易见的，这点在经济专题栏目中表现更为突出。

如何使广大人民群众建立健康的生活方式，解决生活中遇到的有关问题，也是社教栏目关注的热点问题之一。在我国电视事业的发展过程中，以卫生健康为专题的社教栏目具有50多年的历史，如原北京电视台1961年1月就开办了《医学顾问》栏目，后来又有湖南电视台1979年4月开办的《卫生常识》、中央电视台1989年开办的《卫生与健康》等栏目。

3. 科教类　比较典型的有中央电视台的《科技博览》（1997年5月开播）和《走近科学》（1998年6月开播）等栏目。《走近科学》以弘扬科学精神、宣传科学思想、提倡科学方法、传播科学知识为主旨，引发观众对科学的兴趣，引导观众走近科学。《科技博览》则强调严谨、精彩、贴近生活，力求化深奥的科学理论为通俗易懂的语言，以形象生动的方式展示现代科技，让人们在轻松有趣的气氛中领会科学的奥秘，把握科学动向。

为了提高民族的思想道德素质和科学文化水平，中央电视台于2001年7月9日推出全新的"科学·教育频道"（2010年6月5日改称科教频道），其宗旨是追求教育品格、科学品质和文化品位，崇尚探索、创新，提倡社会文明。在此前后，各地方电视机构也适应社会发展的需要，加大了制作科学类社教栏目的力度，制作播出了许多科学类社教栏目，并且有多家地方电视台开播了科教频道。科教频道的大量涌现，不仅带来了科学类社教栏目的繁荣，也促进了社教类栏目整体的全面进步。

本书采用按题材的分类法，以避免交叉和重合。

第二节　社会教育类栏目的特征

一、内容专题化

20世纪80年代末以来，社教类栏目经历了曲折的发展过程，经过长期的探索，人们逐渐认识到了社教类栏目的传播规律，在内容的结构方面，社教类栏目应该坚持专题化的发展方向，这是符合社教类栏目发展趋势的规律性认识，也成为了人们对社教栏目的共识。从更好地满足观众的需要出发，更多关注法律、科学、教育、医药卫生等与人民群众现实生活密切相关的领域的内容，成功推出了一大批深受观众欢迎的专题化的社教类栏目。

在社教类栏目专题化的发展趋势逐步明确之后，一方面，具体到一档社教类栏目，它的内容越来越单一化、专门化，越来越专业、精深；另一方面，从社教类栏目的整体来看，它涉猎的领域越来越广泛，所反映的专题化的内容丰富多彩，遍及社会政治、经济、文化生活的方方面面。这一时期，观众在屏幕上看到了面向家庭、亲切温馨的生活服务类栏目《万家灯火》（1996年5月开播）；看到了探究民族、民俗方面内容的人文类栏目《中华民族》（1996年12月开播）；看到了探讨美术创作现状、进而努力寻找艺术的时代发展方向的艺术类栏目《美术星空》（1997年9月开播）；看到了给人心灵启迪、使人开卷有益的文化类栏目《读书时间》（1996年5月开播）；看到了深入自然界、视角独特、充满人文关怀的自然类栏目《人与自然》（1994年5月开播）；看到了视听语言清新、异域风情浓郁、轻松活泼，以介绍世界文化为主的知识性社教栏目《环球》（1993年5月开播）；等等。

二、对象广泛性

按字面理解，可以把社教类栏目定义为以传播知识、进行社会教育为主旨、具有社会教化功效的一类栏目。具体到电视媒体，以电视化手段播出的社教类栏目，通常按传统的社会科学来划分，它包括经济栏目、科教栏目、法制栏目、军事栏目、卫生栏目和心理咨询栏目，以及其他对象性、服务性栏目。根据社会的发展和受众的需求，在若干交叉学科或许还会产生一些新的栏目内容和形态，由于内容的综合性，它们中的多数可能还会归入社教类栏目。因此，社教类栏目的受众面相当广泛，应当说社会的各个层面都囊括在其视域范畴，它具有对公众进行教育、催化、审美提高的综合功能，承担着培育民主意识、科学意识、法制意识和人格尊严的重要责任，因而在我国有着广阔的发展前景和重要的社会作用。

电视节目重复播放以及录像操作方便易行的特点也为社会上广大的求学者们提供了更多学习上的便利，它使求学者们不仅可以重复学习，在学习时间的选择上拥有更大的自由度。电视以其独有的深入浅出的特点和优势，降低了思想理论传播的智力门槛的高度，从而保证了其说服力和吸引力，呈现出了一种特有的语境，使得一切深奥的哲理和思想内涵慢慢地浸入观众的脑海，承担起对社会大众的教育义务。对社教类栏目而言，收视率只是衡量栏目市场收视效果的一个指标，立足于现有的社会环境，结合社会大众现有的条件，有计划地开展针对性的教育，才是社教类栏目策划者需要关注的首要问题。

三、结构形式多样化

社教类栏目形式的多样是与社教类栏目的栏目化密切相关的，在电视节目栏目化之初，社教类栏目的构成形式非常简单，大体上是具体的专题节目的简单综合。栏目可以没有主持人，可以没有相对固定的风格和形式，这完全是由栏目决定的。从栏目构成的微观角度看，节目就是栏目的全部；从创作者的创作过程看，创作构思的体现都集中在具体节目的创作当中。这类栏目比较典型的有中央电视台的《动物世界》《体育之窗》等。在这里，栏目基本上等同于节目，栏目的作用是给节目提供一个可有可无的包装。

20世纪90年代以来，社教类栏目的创作开始越来越注重栏目的本体特征，主要从栏目结构形式的变化着手确立栏目意识，使栏目的结构日趋多样，风格日益明显，跳出了节目的窠臼，从总体上实现了对节目的宏观控制和统筹安排，从而形成真正意义上的栏目。这是创作观念更新的反映，也是栏目意识

电视栏目和频道辨析

渐趋成熟的表现。

社教类栏目结构的多样性，一方面，表现为不同的栏目采用不同的结构方式，栏目形式丰富多样。比如，《读书时间》采用访谈的形式，谈古论今，娓娓道来，令观众如沐春风；《健康之路》则发挥直播的特长，与观众即时互动，增强观众的参与意识；《今日说法》采用演播室访谈与专题片结合的方式，夹叙夹议，叙事清楚，说理透彻；等等。另一方面表现在具体栏目的节目构成中，在栏目编排上充分发挥不同类型节目的特色，多角度展示相关专题的内容。比如，中央电视台2000年7月推出的生活服务类栏目《为您服务》，由"家事新主张""生活培训站""法律帮助热线""旅游风向标"四个不同结构类型的小板块组成。

在一个栏目中采用多种节目形式，一方面，可以利用不同节目的优势，多方面地表现主题，满足观众多样的收视需求；另一方面，不同类型节目之间相互补充，可以令栏目内容更全面、深入，避免单调、平面。另外，多种类型小栏目的存在本身能使栏目产生多样的节奏，从而更契合观众的收视心理，能充分调动观众的收视兴趣，这一点在节目数量剧增、观众选择性越来越强的时代也是很重要的。

第三节 个案分析——法制栏目

一、法制栏目概述

（一）法制栏目的发展历程

1. 开创期（1985—1993） 1985年5月22日上海电视台首次试播的《法律与道德》是我国电视史上第一个真正意义上的法制栏目，它在形式上不拘一格，有案例报道、人物专访等，主要用生活中生动的实例进行法律教育，对难以用实例反映的法律知识则采用小品的形式来演示，收到了很好的宣传教育效果，揭开了我国电视法制栏目的序幕，中央电视台也开始了对法制栏目的实践。其实，中央电视台早在1980年7月创办的第一个带有评论性的栏目《观察与思考》就具有法制栏目的性质。中央电视台十分注重对一些重大法制事件的报道，并发挥了其权威性的优势。如1986年9月26日的《新闻联播》结束之后，中央电视台播出了一个特别节目——《六届全国人大常委会第十七次会议采访纪实》，该节目以实况录像的方式报道了六届全国人大常委会审议《国营企业破产法》的详细过程，并突击采访了彭真委员长，节目播出后引起了强烈的社会反响。此后，法制栏目在中央电视台的发展也经历了一波三折。而当中央电视台的法制栏目在跟跑中成长时，各个地方台的法制栏目已开始发展。

总之，1985—1993年，我国法制栏目从无到有，渐成气候，处于开创阶段。到1994年中国广播电视学会电视法制节目研委会成立前夕，全国法制栏目已初具规模。据不完全统计，在此期间，开办法制栏目的省、市级电视台已有50余家。

2. 发展期（1994—1998） 1994年4月中国广播电视学会电视法制节目研委会正式成立，标志着法制栏目建设进入了一个有序、有组织、重视自身类型特征的新阶段。这一时期，电视庭审节目开始兴起并蓬勃发展起来，南京电视台《法庭传真》栏目的问世，标志着我国法制栏目的一种新类型——庭审栏目正式产生。随后，各地电视台也陆续开办了一些庭审节目，主要有1996年5月济南电视台开办的《庭审纪实》、1996年6月上海电视台开办的《庭审纪实》、1996年8月河北电视台开办的《现在开庭》、1997年5月北京电视台开办的《庭审纪实》、1997年12月长沙电视台开办的《法庭直播》等。这一阶段，中央电视台和各个地方台的法制栏目齐头并进。中央电视台《社会经纬》的开播表明中央电视台作为龙头高举起法制栏目的大旗，为全国法制栏目的发展树立了一个标杆。再看看各地方台，1994—1998年开办法制栏目的电视台从50多家增加到150多家。其中，山东、四川、云南、广东、上海、南京等省市台拥有2个以上法制栏目，法制栏目开始成为主流的电视栏目类型之一。

3. 繁荣期（1998年至今） 1999年1月2日中央电视台《今日说法》栏目的正式开播成为法制栏目走向繁荣的标志，至此，我国法制栏目形成了一股高播出密度、高收视率、栏目品牌化、频道专业化的潮流。中央台和各省级、地市级电视台还专门开辟了法制频道，如中央电视台社会与法频道、山西电视台法治道德频道、黑龙江电视台法制频道、河南电视台法制频道、陕西电视台政法频道、新疆电视台法制频道、山西科教法制频道、贵州电视台法制频道。市级法制专业频道有长沙电视台政法频道、太原电视台法制频道、烟台电视台政法文体频道、徐州电视台社会政法频道、大连电视台法制频道、盐城电视台法制生活频道、合肥电视台教育法制频道、郑州电视台政法频道、洛阳电视台科教法制频道、贵阳电视台法制频道、潍坊电视台法制生活频道、株洲电视台法制频道、湘潭电视台法制频道等。

除了法制频道外，各地电视台还开办了许多法制栏目。在《今日说法》栏目的带动下，长沙、重庆等各地近200家电视台有了自己的法制栏目。在观众常看的电视节目类型中，位居前列、影响比较大的有中央电视台《今日说法》,北京电视台《法治进行时》,上海电视台《案件聚焦》《庭审纪实》《社会方圆》,上海东方电视台《东方110》《终极对话》《法制与道德》,天津电视台《案与法》,重庆电视台《拍案说法》,吉林电视台《法律在行动》,辽宁电视台《法制时空》,河北电视台《法制时代》《反腐警示》,内蒙古电视台《法制专线》,郑州电视台《法庭传真》,山东电视台《道德与法制》,江苏电视台《举案说法》,扬州电视台《方圆之间》《人与法》,安徽电视台《重案调查》《周末断案》,福建电视台《与法同行》,江西电视台《警方行动》,甘肃电视台《法制天地》,青海电视台《法制时空》,四川电视台《道德与法》《走向法制》,贵州电视台《社会方圆》,云南电视台《法制大视野》,湖北电视台《法律在线》,广西电视台《非常档案》,广东电视台《与法同行》,等等。

法制栏目的蓬勃发展一方面赋予了法制栏目新的意义与内涵,如更具时效性,更具人文关怀,更具文化品位。但在发展过程中也暴露出了一系列问题,如栏目的同质化倾向愈来愈明显,选题撞车的现象日益严重,过分追求案情的展示,依赖偷拍手段,这些问题都将在下文中一一加以分析。

(二) 法制栏目的定位

普及和弘扬法律精神,是法制栏目的灵魂,而法律精神的基本原则就是保障老百姓的利益,公平公正、合情合理。在这一前提下,法制栏目要完成三项任务。

首先,普及法律知识。无可否认,法制栏目要承担起对大众进行法律教育以及普及法律知识的任务。在我国,这一点尤其应该加以强化,甚至应该成为电视法制节目的中心工作。

其次,法制栏目要监督法律的正确实施,并为提高执法水平做出努力。社会主义法制的基本要求就是"有法可依,有法必依,执法必严,违法必究",这四个方面相互联系、相互制约。有法可依是前提,有法必依是核心,执法必严是关键,违法必究是保障。这四个方面是统一而不可分割的整体,它包括立法,也包括执法,法制栏目要在这些方面做出回应和提供服务。

最后,法制栏目通过对社会生活中出现的具体案件的报道和揭示,不断提出新的法律建设问题,从而推动法律建设和社会进步。社会生活是不断变动的,人类的历史进程也永无止境,这一过程也不断出现新的法律问题,并需要我们去解决。法制栏目要通过对社会生活中出现的新的法律问题的揭示,促进法制建设的发展与完善,从而推动社会进步。比如,有些案件超出了现有法律的解释范围,就可以通过报道和讨论来促进法律的完善,甚至推动相关法律的建设。

（三）法制栏目的形态

我国目前的法制栏目和频道，总的来看，有以下几种形态。

1. 专题式　专题式属于深度报道的一种，因此，这类栏目一般关注普通人的生活和命运、当事人的心理状态，以及追踪案件的发生、庭审等过程。

由于法制题材往往充满矛盾冲突、悬念和曲折的人物命运，因此，专题纪实性的报道可以增强栏目的可视性、可信性和说服力，一般以调查为手段，围绕案件，穿插对人物的访谈等，故事性强。其目的不在于宣传或普及法律条文或法律知识，而在于揭露事实真相，给人以思索和回味的余地。这类栏目如北京电视台科教频道《法治进行时》中的"现场交锋"板块。

2. 谈话式　它借鉴了谈话栏目的结构，以演播室评论＋案件展示为主要形式，主持人和演播室嘉宾就案件所涉及的法律问题进行点评，并普及相关法律知识。其中以中央电视台的《今日说法》最为典型。

3. 庭审式　是以法庭审判过程为结构依据的栏目形式，包括庭审直播和庭审录播两种。此类形式曾因在2001年4月21日中央电视台对张君、李泽军的庭审直播应用而受到广泛关注，但随后逐渐式微。

4. 法制教育式　这一形态结合案例，普及法律常识，以进行普法教育为主。如中央电视台社会与法频道的《法律讲堂》。

5. 社会纪实剧情类　这类形态以"真实故事改编"为核心，致力于用真实案例改编的剧情故事展现真实的人间百态和社会面貌，普及法律知识，探讨社会现象，聚焦百姓生活，弘扬向上向善的人间正能量。以中央电视台社会与法频道的《忏悔录》等。与此近似的栏目形态还有法制剧情类栏目，如中央电视台社会与法频道的普法栏目剧。

二、法制栏目的原则

法制栏目的原则具体表现为栏目应贯穿人文精神和真善美原则。

（一）法制栏目的人文精神

人文精神的基本含义就是以人为本，尊重人的个性，关注人的生存。一句话，一切以人为中心。

如此，人文精神在法制栏目中的存在，就要求栏目制作者必须时时处处将人的价值、人的尊严放到至高无上的地位，重视人性的表述，传达人的呼声，而不能就事论事、就案说案。

在法制栏目中，人文精神的存在是以两种方式表现出来的。

其一是现实性。即从关注人所处的现实的、具体的生存环境入手，展示人物的命运，并在其命运的展示中深入挖掘其历史的、文化的、社会的根源和背景。

其二是心灵性或精神性。即在挖掘案犯的心理根源上下功夫，尽可能地防止把它作为孤立的、静止不变的天性来看待，而应该为观众展示其动态过程，说明罪犯是如何滑进深渊的。也就是说，要从人性的角度向观众交代清楚一个人是如何堕落的、人性是如何堕落的。

具体说来，法制栏目应该在如下几方面入手注重人文精神。

第一，正确认识法制栏目的属性。以往我们对法律精神和人文精神的理解存在误差，"法"不是"罚"，而我们长期把法和"刑""惩罚"画等号，这是违背法律精神的。长期以来，法制栏目总以"法"作为其性质所属，一切以"法"为中心，这样一种观念实质上是眼光狭隘的表现，它的局限性在于将一个具有广泛精神内涵的文化品种降低到工艺水平，失去了社会文化的深厚背景。如，有的法制栏目报道完案件之后，演播室着力讨论的只是犯什么罪、应该判多少年等。如果放大到一个大的系统来看，法制栏目实际上是从属于人文栏目的，是人文栏目的一个分支。法制栏目以"法"为中心并不错，但必须有人文精神做支撑，这种人文精神恰是法制栏目的根基，为栏目提供水分和养料。法律在一定意义和范围上是严肃的、不通情理的，正所谓"情法不相容"。但只要透过这一表象，就会发现各种法律原则背后却蕴藏着巨大的人文力量。换句话说，栏目和法律都是手段，人才是目的，栏目和法律结合在一起的法制栏目，也只是从一个独特的角度，借助现代化的传媒工具，体现对人和人性的尊重。

第二，法制栏目应当将法律条文和法律精神区分开来。一个具体案件的审理，所依据的是法律条文，这些条文是刻板的、冷冰冰的，没有任何情面可言。但是，这些法律条文后面却蕴含着深厚的人文关怀的内容，它们才是法律赖以建立和实行的精神资源和道义支持。换句话说，法律条文应该也必须是机械的、客观的，但法律精神却是温情的、主观的，即以维护绝大多数人的利益为根本目的，公平公正、合情合理。

不仅如此，法制栏目不能满足于只对既成事实的法律处理，还要对案件的成因做不断的追问，对案件的后续影响尤其是案件对人的命运的影响做出关照和报道，使观众能超越案件本身进行回味和思考。任何一个案件引发的深思并不仅是法律的启示，更多的是人文的追问。因此，法制栏目只有注入人文关怀，延伸和放大法律的内涵，才能将自身提升到一个更高的境界。

第三，在法制栏目的制作过程和技术环节上，要把握好人文关怀的价值尺度。

首先，在栏目选题的取舍上，其标准应该是案件是否有益于对人文精神的弘扬。一般来说，除了法律明文规定不予公开的案件，其余的都可以被列入法制栏目的选题范围，在这种情况下，选题取舍的主要考虑因素就应该是其人文价值，即它是否会引发观众做深层次的思索，是否有益于维护广大群众的根本利益。同时，法制栏目还要特别考虑报道的负面影响。

从法制栏目的宗旨来说，它要受到双重价值标准的约束：一是法律的价值选择，二是人文的价值选择。一般情况下，这两种价值指向是一致的，但也有可能发生冲突。一种情况是，某种现象为人文精神所提倡，但为法律所不容（如饱受虐待的老人、受虐妇女杀死恶棍儿子或丈夫等）。这就要遵从法律的尺度。另一种情况是，某种现象合法，但为人道精神所不容，这时就要以人文精神为重。因此，如何在两者之间寻找到一条合法又人道的报道角度和途径，是法制栏目必须重视的。

其次，在具体的技术环节上，因为法制栏目内容的特殊性，往往需要做必要的技术处理。如，对有些画面只能覆盖或打马赛克，对涉及隐私的案件，要从人道的角度予以保护，对一些刺激性的镜头，如涉及暴力、血腥、性犯罪、吸毒等场面应予以技术处理，这些都是出于人道的考虑。

最后，在对观众的基本估计上，要做到心中有数。法制栏目的观众群是成年观众，但有文化层次的区别（区别在于是否看"记者调查"后面的演播室评论），考虑观众的出发点也仍然是看栏目是否有利于观众健全、理性的人格的培养，是否有益于一个健康社会的形成和成长。总之，要以人作为出发点。

在法制栏目中，人文精神之所以能发挥如此巨大的作用，其根本原因在于法律精神与人文精神在本质上是一致的。从广义上讲，法律精神就是一种特殊的人文精神。人文关怀挖掘出法律的人文价值，将法律提升到一个更高的境界，重新肯定法律的价值和意义，它弥补了法律的局限和不足，在更广的范围确立了法律的本质，它推动了法律精神的传播，召唤和促进了法律的良性循环和健康发展，因此，法制栏目应该高扬人文精神的旗帜。

（二）法制栏目中感性与理性的关系

1. 理性统领感性　所谓理性统领感性，是指从确定选题、案件选取的角度、结构布局到编播制作，栏目的编导和策划人都需要在理性的统驭下，而不应以情感代替或冲击理智，只有如此，才能不违背法制栏目的性质和特性，其原因有三点。

其一，法律在本质上是理性的，它的最基本要求是客观、公正、严密，排斥过多的感性因素的渗入，更不能局限于现象，而必须上升到本质。法制栏目所要达到的目的不是案件展览，而应该是案件背后所隐藏的法律和社会的正义,是在法律原则指引下对案件的分析和提炼,换言之,是法理的真实。

其二,法制栏目有着严格的政策性、严密的法理性和强烈的社会功利性,栏目制作人必须时刻考虑栏目的社会效果,把握好报道的尺度和分寸。

其三,法制栏目的法律事件和案件有许多都涉及普通老百姓所受到的不公平待遇和冤屈,因而极易使制作者的情感处于激愤中。在这种情况下,如果没有理智的积极干预和控制,往往会使栏目的选题、立意乃至记者的采访和后期的编播制作都发生偏离,甚至与栏目的宗旨相违背,不但起不到普及法律知识、促进法制建设的作用,甚至会适得其反,产生预料不到的消极后果。

因此,法制栏目的制作者应该时刻保持清醒的头脑、高度的理性、科学的思维、准确的判断力。其中,对国家基本法律政策的把握和对国情、民情及时事政治的了解是对法制栏目制作者的基本要求,应对所报道事件或案件所涉及的法律和政策做到心中有数,这些既是对法制栏目创作主体理性的严格考验,也是对其处理感性和理性矛盾能力的严格考验。

总之,法制栏目有其特定的哲学定位、严格的法理论证、缜密的逻辑思维、深刻的社会文化内涵,而这些都是理性的光芒。

2. 感性引领理性分析　所谓感性引领理性,是指在制作一个节目之前,首先必须为它的题材所打动,在情感上为其所吸引,甚至往往凭直觉就能发现并预见到某个选题或题材的"亮点",进而挖掘其中的法律和社会意义。换言之,只有先为选题和素材所打动,才可能制作出引人入胜的节目。因此,在制作法制栏目时,要充分重视感性的力量,重视情感的导引作用。

3. 感性与理性统一　一个成熟的法制栏目的制作者,应该在感性与理性之间寻找到一个平衡点。如果感性与理性、情感与法律发生了矛盾,如何解决?笔者以为,应该毫不犹豫地让感性服从于理性的要求。因为,法制栏目毕竟是具有严肃目的性的专题栏目,而它的目的的贯彻和实现是以其客观、公正性为基础和前提的,是不允许个人的情感掺杂其中的,否则,将不可避免地影响栏目的说服力和原则性。但这并不是说法制栏目完全不允许情感的介入,恰恰相反,在不影响法律和公正的基本原则的前提下,最大限度地在栏目中融入情感和个性因素,是法制栏目的最佳境界,也是其获得理想收视率的保证。因为,对普通的电视观众来说,他们对栏目的要求首先是"好看",而在"好看"的组成因素中,情感是基本的。因而,理性在本质上的严肃和公正性往往与观众的这一要求背道而驰。在这种情况下,就需要引入情感因素,以避免栏目陷入枯燥或缺乏人情味。

如何寻找到感性和理性、情感和法理之间的最佳平衡点,确实是法制栏目制作者需要认真对待和解决的一大课题。

(三) 法制栏目中可视性与法理性的关系

所谓可视性,是指栏目的观赏性强,而观赏性主要依靠栏目的形式美和内容中所包含的动情、感人等感性的因素来实现;法理性无疑是要通过理性因素的干预和介入方能得到保证的。

可视性与法理性在法制栏目中的关系表现在如下几方面。

1. 法理性是栏目的灵魂　对法制栏目来说,法理性和可视性基本上是内容与形式的关系。一个栏目成功与否,当然主要还是由其内容——法理性来决定的。因此,每一期栏目都应当包含一个确定的法律目标,而且通过栏目使这一目标获得实现,这是栏目的基本要求。也就是说,理性的内容在栏目中无可置疑地占据中心地位,只有在这个基础上,才能在感性形式上提出要求。

但也应注意一种倾向,即过于追求栏目的法理性,但又不注意栏目的包装,造成栏目中法律知识含量过多,陷于说教和枯燥。它具体表现为事实交代不清或过于简略,栏目意图过于直露,说教味太重,往往是直奔主题,缺少必要的事实来过渡及穿针引线,通篇要么以演播室的"谈法"贯穿始终,要么用干巴巴的法律条文解释代替原本应该具有的生动性和现场感、即时性,结果栏目因枯燥而失去观众,其意图不仅难以实现,甚至可能会适得其反。毕竟,观众观看电视的主要动机是求得精神上和情感上的愉悦与满足,忽略了这一点,栏目也就失去了生存的基础。

2. 可视性是法理性得以实现的保证　恰当的选题、好的立意或者法理性的传达是要靠优质的栏目包装即好的栏目形式才有可能实现的,这就要求法制栏目必须同样在可视性上下功夫。在这方面,法制栏目相对来说是做得比较好的,栏目所涉及题材的特殊性,如案情的曲折离奇、破案的错综复杂、审理过程中的一波三折、案中人形形色色的表现等,为其可视性提供了较好的基础。可以说,正是这些因素确保了法制栏目的迅速发展,成为从中央到地方各级电视台竞相推出的重点栏目。

不过,在追求可视性的同时,如何维持与法理性的平衡是一大问题。现在的一些法制栏目,由于片面追求收视率,往往喧宾夺主,在栏目的形式上着力过多。曾经有一段时间(甚至现在),有些法制栏目在题材的选择、角度的摄取、编辑的剪裁上,为了可视性,而以猎奇、刺激性为时尚,甚至完全不必要地展露色情、暴力等镜头,缺少必要的正面剖析和法理涵盖,似乎栏目就是以披露案件为目的,将一个本应具有社会和法律教育意义的法制栏目变成了"案件写真"。观众除了得到一些案情的片段印象外,很难从中获得法律方面的教益。毫不夸张地说,这类节目的负面影响大于其正面效益,已经引起了观众的忧虑和反感。从理论上讲,这种失误产生的根源在于对"真实"的理解有偏差，把"真实"片面地理解为对案件事实的直接揭露，而且只停留于事件表象，不做深层次的社会、文化以及法理的分析，更谈不上对报道素材的"哲理的真实""本质的真实"的挖掘。其结果是，栏目在热闹的案件追踪报道中迷失了方向。这样的栏目也许有一定的收视率，却失去了灵魂。

3. 可视性和法理性要维持适当的平衡 在法制栏目中，要使得可视性和法理性、感性和理性处于和谐、平衡的状态，不能为了突出某一方面而忽略了另一方面。这一点中央电视台的《今日说法》就做得比较好。

《今日说法》的成功之处就在于将可视性和法理性紧密地融合在一起。栏目由两个部分组成，先是案情的扼要介绍，这部分的内容制作得一般都很精良，并采取纪录片的形式，使观众易于进入情境，从而具有了很好的可视性；然后，通过专家的精彩点评，将案件所涉及的法理揭示出来，并适当加以引申，从而与案情介绍形成互补。这也提醒我们可视性和法理性、感性和理性的平衡对法制栏目的重要性。

（四）法制栏目"真"的原则

"真"的基本含义是真实，而真实又可以区分为两个层面：一是现象的真实，二是本质的真实。所谓"现象的真实"，是指事物表面的、个别的、形式的真实；"本质的真实"亦可叫作"哲理的真实"，指事物深层的、普遍的、内容的真实。在这两个层面的真实当中，无疑后者是最为根本的，也是"真"的核心含义。

将这样一个"真"原则应用于法制栏目，其必然的逻辑是：法制栏目所报道或涉及的具体案件中的人物、时间、地点等要素必须是真实可信的，这是栏目的最基本要求，也是法制栏目第一个层面的真实。

就第一层面的真实来说，法制栏目可以说已经做得很好。各个电视台的法制栏目在对案件的报道和采访中，基本做到了事件交代清楚、过程叙述张弛有度、结果符合情理，即符合新闻采访的"五个W"要求。再加上现场法律专家的精彩点评，谁也不能否认，如果就一个纯新闻纪录性质的电视专题栏目来说，这些要件已经使得它具备成为一个优秀电视栏目的前提。

然而，对法制栏目这样承载着明确而又必需的社会教育目的和人文目标的栏目来说，仅仅局限于这个层面的真实是远远不够的，还必须在此基础上挖掘下去，以求"本质的真实"。换言之，法制栏目必须摆脱单纯案件报道或事实披露的局限性，而要将对案件的报道和讨论引向对社会经济背景、民族文化心理乃至个体生存境遇和特殊精神氛围的展示，以使个别的案件上升为带有普遍意义的"文化症候"，亦即使观众能通过栏目所提供的事件，抓住那些没有具体描绘和展示的内容——对栏目制作者和栏目本身来说都更为根本的内容——

现实世界的本质及人和世界、人和人之间的真实关系。如此,一方面,法制栏目因为对涉案人的个体性关注而使其具有了人情味和"亲和力";另一方面,由于对它的普遍意义的深入挖掘而使其产生了超出栏目本身的法律和文化力量,从而揭示了"本质的真实""哲理的真实"。

如中央电视台《社会经纬》栏目第 149 期《我就是要给他一缕阳光》,通过北京某公司经理焦云收养上海失足少年陈雨这一事件,透视家庭环境不良(父母离异,随后,父亲杀人逃逸,下落不明,母亲则因病而死)导致陈雨失去基本的生长和生活条件以及由此导致的人格和心灵发育不健全这一社会问题。正如焦云含泪在法庭上说的:"社会没有给他定居、学习、上工的权利和地位,(陈雨)也不懂得他可以向社会申请他应该有的权利和社会地位。"并进一步挖掘收养人的动机,提出青少年的教育和成长、青少年不良习性的社会和家庭根源问题,以促使人们思考:谁应该对失足少年的犯罪行为负责?犯罪少年的现在和未来又将涉及多么严肃的社会和家庭问题?我们的社会又是多么需要爱心和"阳光",而出于个人行为的爱心是否足以成为失足少年健康成长的阳光?社会、家庭和学校应该分别做些什么?法律可以并应该发挥什么作用?这一切才是事件的本质或哲理真实,它留给观众深深的思考,法制栏目的本质精神也在这一思考中得到深化和升华。

(五)法制栏目"善"的要求

"善"是人的"目的性",是人类实践的普遍要求和现实性,即符合社会发展规律并起进步作用的普遍利益。具体到法制栏目,必须符合人民群众的根本利益,并且反映社会发展的进步要求,可以说,"善"的原则就是法制栏目的理念或最高原则。

如上所述,法制栏目的理念就是"一个中心,三个基本点"。一个中心,是说它应该也必须维护和弘扬法律的基本精神——保护老百姓的利益,公平公正、合情合理;三个基本点,即普及法律知识,监督法律实施,促进立法和社会进步。这也就是法制栏目的"善"即目的性,只有站在这个高度上,法制节目才有可能发挥其应有的功能。

如,中央电视台某期《今日说法》栏目,以《楼梯为何不能走》为题,报道和讨论了如下案例:吉林省辽源市东丰县居民王有材一家住在二三楼,位于一楼的机电公司商店却不允许他们一家通过店内的楼梯出入,他一家包括 80 岁的母亲和还在上幼儿园的孩子都只能经过搭建在室外的楼梯上下楼。而此楼梯属于违章建筑,并年久失修,只能拆除,这样,他们一家十多口人的工作和日常生活就因这一近乎荒唐的"楼梯事件"而陷入困境。王诉讼到法院,法院审理后,最终以诉讼时效已过为由裁决他们不能走一楼的楼梯,此案已引起最高人民检察院的关注,并派员展开调查。案件的事由部分到此结束,节目也并没有报道此案的最终结果,而是转入演播室进行讨论,这一讨论正是这期节目最可圈可点之处。由此充分证明,法制栏目追求的目的是关注老百姓的生活,为老百姓的利益服务。

如此,这期节目留给观众的印象就远远超出了案件本身的容量,它不再仅仅是对法律条文的应用和阐释,而是使我们的目光延伸到它所涉及的法律精神,留给我们的是关于人的生存和法律的关系、情与理的矛盾以及对社会的公平和正义的悠长思考。而这正是法制栏目所应追寻的效果和目的。因此,这期法制节目是非常成功的。

总之,法制栏目不能脱离栏目的宗旨而"就事论事""就案论案",而应深入挖掘其中的内涵,以实现栏目的理念,贯彻"善"的原则。

(六)法制栏目"美"的归依

"美"的表层含义当然是形式的和谐与完整、包装的精致和制作的精良,即形式上的要求,这已经成为法制栏目从业人员的共识,此处不赘。

然而,我们对"美"的理解不能局限于纯形式或技术层面,而应将之上升到理论乃至美学的层面,只有这样,才是接触到美的实质。在美学上,美的本质是一个千古之谜,它所涉及的问题关乎人的生存的根本性问题,是对人的生存的本源性承诺。也就是说,美的原则是人类生存和发展的根本原则,是人的自由全面发展的标尺,在人的所有需要中,美的需要与自我实现的需要处于同一个层次。所以,人的生活中是否有美,人是否按"美的规律"从事物质生产和精神生产,是人之成为人、人的活动是否有意义和价值的根本标准。这一美的原则落实到人的心理上,就是人的理智和情感的和谐自由状态,即"理"的规范性和强制性通过情感上的接受而成为人的自觉要求,成为人内心的渴望和满足。因此,作为以"说理性"为主要特征的法制栏目,如何在情感上打动人,使枯燥的、机械的法律条文和深奥的法律精神与广大观众在情感上发生联系,是其能否发挥自身应有的社会和文化功能的关键因素,即只有打动观众的情感,栏目的目的才有可能实现,正所谓"知之者不如好之者,好之者不如乐之者"。

比如,中央电视台某年"3·15"特别节目中曾播出这样一个专题片:村干部出于让村民致富的良好愿望而购进一批果树苗,村民们对它们尽心呵护,近乎虔诚地期盼这些树苗可以帮他们脱贫。植下树苗后的一段时间内,村民们精心呵护到了无以复加的地步。可是,秋天到了,树苗并未结出应有的果实,原因是这些树苗是假的。应该说,这部片子的内容并无特别吸引人之处,抢眼的新闻点也并不多,而且,近些年的打假类报道已经相当多,观众对此的关注程度已大为下降。在这种情况下，如何将节目做得"好看"，吸引观众，并引起他们的共鸣，其难度是相当大的。而这部片子之所以成功，在笔者看来，原因就在于编导者牢牢抓住一个"情"字，在"情"上做足了文章。我们从片子中看到，村干部"好心办错事"的委屈之情、遭受严重损失的广大村民的酸楚之情以及执法者和群众的愤慨之情汇聚到一起，使这部片子具有了极强的情感感染力，也引起了观众的强烈同情和愤怒，同时也和片子中的人一起深刻领悟到，必须坚决贯彻《消费者权益保护法》，为农民讨回公道，并让出售假树苗坑农害农的人受到应有的惩罚。这样，人们在情感上接受了《消费者权益保护法》，认识到了法律对人民生活的重要性，节目的意图也得到了很好的实现。

三、法制栏目存在的问题及解决对策

（一）法制栏目存在的问题

1. 案件事实的平铺直叙或渲染多，理性分析少 目前的法制栏目在一定程度上存在重刑事、轻民事、避行政、重犯罪、轻违法的倾向，影响了观众法制观念的全面性形成和对法律知识的掌握，使得报道缺乏思想性和深刻性。这种现象的形成是因为法制栏目过于强调其可视性，一般来说，刑事案件画面惊险刺激，案情富有吸引力，且善恶分明，接受难度小；民事案件则缺乏这些收视亮点，尤其是涉及某级政府的行政纠纷，由于牵扯到错综复杂的各种关系，对其报道的分寸把握有一定的难度，这就使得法制栏目在这方面往往避重就轻，甚至"绕着走"，从而在相当程度上影响了栏目的思想深度。

2. 法律含量不足 我国是一个重视道德评价的国度，习惯于首先将问题放到道德的天平上进行衡量，而法制意识则相当淡薄（如许多电视台的法制栏目的名称就是《道德与法制》，如中央电视台和山东电视台）。对违法行为和犯罪行为可以进行道德评价，但作为法制栏目，首要的是进行深刻的法理分析，并在此基础上达到普及法律知识、进行法制教育、监督法律实施、促进法制建设的目的。如果道德评价过多，随意性过大，说法又千篇一律，就会显得苍白无力，并影响法律的尊严。特别是由于道德评价大多不能以法律的裁定为基础，更显得牵强附会，失信于观众。

3. 深度挖掘不足 法制栏目报道的事件本身有着很强的吸引力，这种矛盾冲突的事件留给人们许多悬念，有着很强的新闻性。然而，由于缺乏对这一事实过程的总体把握，在报道中不能对同一事件多侧面、多视点、多层次地理清其来龙去脉，相关的背景材料得不到展示，使得报道单调乏味。又由于没有悬念，没有矛盾冲突和错综复杂的变化，人们不能从中得出更多的启示，也留不下深刻的印象。

（二）对策分析

要解决这些问题，最迫切的就是要重视电视法制节目的文化建设，提高其文化品位，具体说来要从如下四个方面入手。

1. 要充分考虑节目的社会效果　法制栏目总要涉及社会的阴暗面，但问题在于，如何选择合适的报道角度和把握报道分寸，是值得我们下大力气研究的。如果法制栏目过多强调社会的阴暗面，屏幕上总是充斥着刀光剑影、警笛长鸣，而又缺乏必要的舆论引导，势必产生负面作用。法制栏目不能为了提高收视率而不顾及社会影响，丧失其正确引导社会舆论的功能。

2. 要对法制精神有全面、深入的理解　所谓全面地理解法制精神，就是要将我国的法律体系理解为一个整体，它是由宪法、行政法、民法、经济法、环境保护法、劳动法、婚姻法等多种法律法规组成的。相应地，法制栏目的报道亦应多领域全方位地展开，因为人民群众的生活领域是全面而多样的，举凡与人民群众生活密切相关的法律事件，都应该为法制栏目所涵盖，而不能只从提高收视率或兴趣出发。所谓深入，是说法制栏目不应只局限于就事论事、就案说法，或局限于对法律条文的解释，而应在此基础上深入法律精神、法律实质的层面，法制精神的核心是维护社会公正的基本原则，捍卫正义，法律面前人人平等，维护公民的合法权益，等等，只有在这一法律精神的指导下，才有可能制作出有深度和分量的法制节目。

3. 要从法律的角度紧跟时代步伐　栏目的内容要有时代感，并且要保持栏目的本土特色。

4. 要培养和造就合格的栏目主创人员　栏目的质量如何、文化品位的高低，还取决于栏目制作者的素质，尤其是他们的政策和法律知识水平，以及对法律精神的理解水平。

总之，提高法制栏目的文化品位，要从多方面入手，既要注意政策性和舆论导向，也要把握好栏目的法理性和法律精神，这些均要求栏目的主创人员有良好的知识素养和敬业精神。

第六章 生活服务类栏目和频道

广义上讲,电视天生具有服务功能,当人们打开电视机的同时,电视就已经开始为人们提供观赏服务了。从最早的提供信息,到逐渐发展出娱乐、教育功能,电视服务类栏目的外延与内涵随着社会的进步也在不断地变化着。新闻栏目、教育栏目、娱乐栏目等形态各异的栏目,都在一定程度上体现着对受众的服务,这也应该是电视作为传播工具所具有的本性。因而,信息、娱乐、教育和服务被看作电视的四大功能,因此,生活服务类栏目乃至频道是电视台栏目的一大组成部分,现实情况也说明,这类栏目日益成为各级电视台开发的重要领域,故而有必要单独论述。

第一节 生活服务类栏目的界定和发展历程

一、生活服务类栏目的界定

《广播电视词典》对生活服务类栏目的定义是:"以实用性内容为主,直接为观众日常生活、学习、工作服务的节目。"[1]生活服务类栏目通过传播信息,解答问题和反映群众呼声,帮助受众解决日常生活、工作和学习中的各种实际问题,为社会提供直接、具体的服务。栏目注重使用价值,力求满足现实生活中的各种服务需求。显而易见,这个定义是狭义的,它限定了生活服务类栏目的内涵,即它一定是与人们生活有某种直接关系,满足人们日常功利需要的那一类电视栏目,这类栏目关注人们的生活状态、居住环境等生活的方方面面。

从目前的生活服务类栏目来看,主要分为两大类,一类是像中央电视台财经频道的《生活》那样的综合性服务栏目,还有一类就是提供不同服务内容的专题类栏目,如健康栏目、家居栏目、旅游栏目、导视栏目等。

---

[1] 赵玉明等:《广播电视词典》,北京广播学院出版社1999年版,第246页。

二、生活服务类栏目的发展历程

生活服务类栏目其实是20世纪90年代以后才增多的，这有两个原因：一是老百姓生活水平的提高，闲暇时间增加，"休闲"成为一种时尚和生活内容，对生活服务的要求自然随之增加；二是电视功能的转变，即由过去的宣传、教育的单一功能，转变为或者说回归信息、教育、娱乐和服务的四大功能并重。随之而来的是电视观念的转变——从"宣传本位""自我本位"向"人本位""受众本位"转变，开始按人的需要来设立栏目，即：不是"我播什么你看什么"，而是"你需要什么我播什么"。

我国生活服务类栏目的发展可以分为三个阶段。

（一）草创期

改革开放以前，我国电视还没有严格意义上的生活服务类栏目，有的只是一些具有生活服务性质的栏目，如《集邮爱好者》《摄影爱好者》《生活知识》《医学顾问》等，但传播方式上是"教育灌输"式的，而不是服务。

1979年8月12日，中央电视台最早的专题性栏目《为您服务》亮相荧屏。从栏目名称上就可以看出《为您服务》是一个生活服务类的栏目，这是电视面向市场和观众的肇始之作。由于生活服务类栏目的针对性很强，而且是讲日常生活中百姓身边的事情，因此，其初期制作水平不高，不大讲究对电视手段的运用；内容也比较单一，每期栏目只讲一个主题。但对习惯于电视宣教的我国观众来说，《为您服务》在内容上带给他们的欣喜和亲切是不言而喻的，因此，它一开播就赢得了观众的喜爱。

1983年元旦，《为您服务》改进了编排，在原有的家事内容之外，增加了精神生活、社会生活方面的内容，提高了知识性、趣味性。特别引人注目的是，《为您服务》率先设立了一位固定栏目主持人——沈力，其庄重、朴实、亲切、典雅的主持风格赢得了观众的喜爱，也奠定了生活服务类栏目最初的栏目风格类型。

20世纪80年代是《为您服务》的发展期，也是我国电视生活服务类栏目的形成期。

1989年，张悦接替沈力成为《为您服务》的主持人。在20世纪80年代末和90年代初的中国，出现了全国人民每周一19：45定时收看《为您服务》栏目的景象。作为中央电视台贴近百姓生活的品牌栏目，《为您服务》不断推陈出新的内容是我国改革开放以来人民生活发生深刻变化的见证，在全国生活服务类栏目中起到了率先垂范的作用，在以后20多年的时间里，它成了生活服务类栏目的标本。

在商品经济发达、素有商业广播传统的上海，1981年出现了一个服务型的新闻栏目《市场掠影》。广东电视台也于1982年开办了《市场漫步》栏目。1984年7月，上海电视台还创办了具有社会性、服务性、交流性的新闻栏目——《观众中来》，这成为后来电视热线交流栏目的最初形态。

随后，广东电视台的《家庭百事通》、湖北电视台的《生活之友》、湖南电视台的《社会与生活》等先后开办，而且无一例外都受到了群众的欢迎。

不过，总的来看，这时期的生活服务类栏目的内容大多是医疗卫生、栏目预告、生活小常识等，范围较小，节目形式以讲解为主。

（二）发展期

以1996年7月1日中央电视台第二套《生活》栏目的开播为标志，这是一档真正意义上的生活服务类栏目，衣食住行玩无所不包，以"反映、服务、介入、引导生活"为宗旨，很快赢得好评，并具有了示范性，随之在全国推动生活服务类栏目形成潮流。

《生活》的一个崭新视野就是内容上的拓展和开阔，不再局限于日常生活知识和技能的传播，而是着力表现在时代的变迁中，新的经济生活中涌现的新的生活观念、新的生活方式，它告诉你什么是时尚，什么是身边的科学，你该如何配置你所拥有的资源，又该如何走出生活的误区。这时的《生活》是"消费时代"的产物，也是消费潮流的推波助澜者。

1996—1997年，《生活》栏目设置了子栏目《背景》《消费驿站》《百姓》；1998年设置了子栏目《生活报道》《消费调查》《时尚接触》；1999年设置了子栏目《消费调查》《有话要说》《时尚接触》。4年中，子栏目有了不少变化，但是一直未变的是有关"消费"的栏目，从这些栏目可以看出，"实用至上"是《生活》栏目的宗旨。

栏目"杂志化"也是《生活》的另一个创新。《生活》栏目以主持人在演播室串场的方式，把"背景""百姓"和"消费驿站"通过相关的、通俗的语言串联起来，使每一个小板块既可以成为一个单独的整体，又是整期栏目的一部分。这样做出的栏目通顺流畅，观众收看起来如行云流水，同时在节奏感和信息量上都较以前的专题栏目有很大的进步。

与《生活》同步发展的还有全国的生活服务类栏目。这时期，全国的生活服务类栏目的具体定位都开始向小型特定受众群体发展，综合性生活服务类栏目在屏幕上逐渐减少，专业性的分类栏目如烹调美食栏目、旅行栏目、健康栏目、时尚栏目等逐渐增多，并受到特定的收视群体的喜爱。

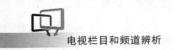

（三）繁荣期

进入21世纪以后，我国的生活服务类栏目出现了繁荣局面，不仅表现为栏目形态更加多样化，而且表现为专业的生活服务频道的出现，具有广阔的发展空间。

目前的生活服务类栏目呈现出良好的势态，多种多样的栏目形态为其所借鉴。

1. **和新闻的结合** 这类栏目形式适应了关注百姓生活状态和普及法律知识的需要。借助于新闻的表现手法和视角，可以将这类生活节目做得形象而生动。如《生活》栏目的《热线3·15》《特别关注》，《为您服务》栏目的《法律帮助热线》，北京电视台生活频道的《生活面对面》，等等。其中以《生活面对面》最为典型，栏目采用平民视角，直接取材于北京市民的生活，关注百姓所关注的事，百姓身边的新闻事件是栏目最主要的题材来源。

2. **加入了娱乐和竞赛节目的元素** 在当今的生活服务类栏目中，除了过去栏目制作理念中倡导的庄重、朴实、大方的风格之外，在一些节目形式中还加进了表演、娱乐和竞赛的内容。这类栏目以中央电视台财经频道的《厨王争霸》为代表。《生活》栏目的"投资理财"板块则是直接用主持人在外景地，借用表演的手法设身处地地为观众演示投资理财的新招。

3. **借用了社会学抽样调查的方法** 如浙江电视台曾经的《商城实验室》栏目、中央电视台财经频道所做的百姓关心的十大生活话题特别节目等。大胆地尝试各种节目形式，是现今生活服务类栏目发展的趋势。事实证明，任何栏目的成功，不在于大而广，而在于是否具有创新意识。有创新，哪怕只是一点，抓住一点，将它做深做大，也是可以做好的，《天天饮食》就是一个例子。

4. **专业化生活服务类频道的出现** 在频道专业化的大趋势下，各省级电视台在完成无线、有线电视合并之后，以原有的有线电视生活频道、卫视双休版为基础，重新整合或设置新的经济、生活频道。还出现了如海南旅游卫视、长沙电视台女性频道、黑龙江电视台女性频道等专业化程度高、对象性更为具体的专业频道，而且已经形成了自己的特色。这些都可以看作生活服务类栏目的进步。

三、生活服务类栏目的分类

生活服务类栏目涉及的领域众多，内容非常宽泛，有时甚至和其他类型的栏目存在一定的重叠，也就是说，有的栏目既可以被划分为生活服务类栏目，也可以被划分为其他类栏目。

（一）依据栏目内容分类

依据栏目内容，我们可以将生活服务类栏目分为四类。

1. 动态信息类 这类栏目为社会大众提供一种恒定的、长久的、动态的社会信息，这类信息常常和人们的生活有着密切的联系，但也随着时间的变化而不断改变。比如，正点报时，为大众提供一天准确的时间资料；气象预告，为帮助人们外出旅行前做好安排和计划；交通信息，成为大众选择交通工具、交通路线时的参考依据；市场信息，如外汇牌价、股市动态、菜场价格等，为不同的受众提供分类的需求；其他生活信息，如何处停水、停电，何处有特殊警报；等等。这些都为我们的生活提供了便利，成为我们生活中必不可少的一部分。

2. 应急咨询类 这类栏目并没有长期的、恒定的栏目内容，它只是根据生活中的突发性事件，为广大群众提供一种应急性的生活咨询，以缓解他们的生活顾虑。如出现自然灾害时，电视台都不间断地播出大量相关信息，对饮食、卫生、治疗等问题提出专业性的建议，以安定大众情绪，做好防灾救灾工作。现在很多电视台都开播了"热线服务"或者"群众热线"等类似栏目，目的也就是为了做好一些应急咨询工作。

3. 技能培训类 随着社会的进步、人们文化素质的提高，这类栏目在生活服务类栏目中所占的比重越来越大，逐渐成为人们学习知识、掌握技能、获得经验的一个窗口。这类栏目主要是介绍一些具体的技能，如烹饪、裁剪、纺织、摄影、美容、减肥、健身、种植、维修、装配等专业或者非专业的应用性技能，学习这些技能有益于我们的生活和工作。

4. 广告宣传类 广告宣传是否属于生活服务类栏目，尚存争议。本书在宽泛的意义上认为，广告是生活服务类栏目中最常见的一种类型，它主要的作用就是提供市场信息、指导大众消费、促进各种生产、方便人民生活。现代广告的发展已经使原有的电视广告节目的表现形式发生了根本的变化，广告开始把单纯的产品推介变成一种讲究艺术内涵、讲究文化底蕴的广告形式，早期的固定模式也开始被打破，广告类型多种多样，广告内容精彩纷呈，为生活服务栏目增添了色彩。

（二）依据栏目形态分类

依据栏目形态，可以将生活服务类栏目分为两类。

1. 单一服务类 即只为受众提供某一方面的具体服务、内容单一、针对性和目的性强的生活服务栏目。它又可以分为三种类型。

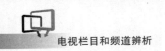

（1）单一门类型。它是指专门为衣食住行用玩的某一个方面提供集中、全面、细致服务的栏目，特点是知识性、实用性强。这类栏目很多，以北京电视台生活频道为例。

"衣"有《时尚装苑》；

"食"有《食全食美》《美食地图》等；

"行"有《汽车梦幻》等；

"住"有《生活+家装攻略》；

"医疗保健"有《专家门诊》《全民健康学院》等。

（2）单一对象型。即专门为某一特定收视群体提供服务的栏目。如山东电视台的《老友》、中央电视台的《夕阳红》，都是专为老年人开设的服务类栏目。

（3）单一目的型。顾名思义，就是只有一个目标的生活服务类栏目。它与单一门类型的不同在于：它不提供某一主题的全面的服务，而是有非常明确的目的性、直接性。如《天气预报》（《天气资讯》）、《求职》、《下周荧幕》等。这类栏目一般只介绍一种独立的服务品种或者一个单独的服务项目，内容相对单一而集中，让人一目了然。栏目的名称也直截了当，如《电脑维修》《家具设计》《衣物洗涤》《天天饮食》等。

2. 综合服务类 这类栏目中服务项目较多，涉及衣食住行各个方面，各类观众都可以在其中找到所需要的服务项目。代表栏目有中央电视台的《生活提示》，该栏目以"服务观众、服务生活"为宗旨，紧扣衣、食、住、行、健康等与百姓生活息息相关的话题，进行深入浅出的解答和权威提示，倡导健康生活，教观众用简单有效的窍门轻松解决生活中的难题。从衣食住行到心理、情感等方面，全方位关注、服务于百姓的生活，为丰富多彩的生活提供了一道独特的视觉风景线。

还有一种栏目形态，兼有综合型和专题型的特征，很难归类，其代表是凤凰卫视曾经的《完全时尚手册》（2010年停播）。首先，它具有综合型的特点，从周一到周五，主题分别是《天桥云裳》《饮食文化》《科技前线》《车元素》《周末任你游》，几乎涵盖了生活各个方面；其次，它又具有专题型的特点，即每一期只围绕着一个主题进行，具有独立栏目的形态。

（三）依据服务对象分类

1. 按照性别分类 可以分为女性栏目和男性栏目。但是，就目前生活服务类栏目的特点，我们很难直接界定其性别特征。其中，女性生活服务类栏目较为常见，很多电视媒体都设置了风格各异的女性生活服务类栏目。长沙电视台甚至设立了一个女性频道，专门制作各类女性节目，包括女性生活服务类栏目,而男性生活服务类栏目目前还较为少见。这是因为社会发展使许多原本存在性别差异的技术工作和兴趣爱好的界限都模糊了,所以这类分类方法存在很大的应用难度。

2. 按照职业分类 可以分为许多类型,如农民栏目、工人栏目、学生栏目、部队栏目和儿童栏目等。在大部分电视台的栏目设置中,这类栏目常常和社教专题栏目合并,如中央电视台农业农村频道(CCTV-17)中就有针对农民的社教类栏目,其中既有农村社教专题栏目,也有农村服务栏目。

3. 按照年龄分类 可以分为老人生活服务类栏目、儿童生活服务类栏目和青年生活服务类栏目。在国外,这类栏目较为常见,如老人生活服务类栏目中常常介绍钓鱼、种植等休闲爱好;儿童生活服务类栏目中常常介绍剪纸、搭积木等娱乐活动。在我国,这些生活服务类栏目的服务功能一般融合在综合性对象类栏目之中,我们常常可以在老人栏目、少儿栏目或者青年栏目中找到需要的服务项目。但随着专类频道的开办和细分,可以预计,这种专类的服务栏目会逐渐多起来。

第二节 生活服务类栏目的特性

一、以实用信息为中心的内容定位

所谓实用信息,是指具体的、实在的、能够直接作用于他人的信息。生活服务类栏目就是日常生活中的实用信息的编播,而所谓的日常生活,无非是"吃喝拉撒睡,柴米油盐酱醋茶"。

从某种意义上说,受众的需要就是栏目存在的理由。关注百姓生活、服务大众是生活服务类栏目的内核,这种服务理念一定要以实用为基础,绝不能空谈。无论是求医问药的健康类栏目,还是为出行提供参考的旅游栏目,在栏目中出现的信息一定要以能够给观众以指导为目的。生活服务类节目中播出的信息,一定要具有可操作性,能够让观众落到实处。由于生活的琐碎繁杂,"实用"的触角也应该延伸至方方面面,大到事关前途命运的人生大事,如求学就业栏目,小到事关柴米油盐的家居栏目。生活服务类栏目的实用是具体的,是实实在在的,这种实在的服务性正是服务栏目区别于娱乐栏目、新闻栏目的本质属性。

"贴近观众、贴近生活、贴近时代",是生活服务类栏目内容定位上的总体原则。贴近观众,就是要认真分析自己的收视对象,研究他们的要求;贴近生活、贴近时代,即与现代生活同步,选择热点、焦点问题。

从目前国内的生活服务类栏目和节目内容来看，大致包含如下几类。

（一）生活常识

生活服务类栏目从诞生之日起，就是以生活常识作为主要内容的。《为您服务》是最典型的例子，并借此奠定了它亲切、平实的基础风格。

所谓生活常识，无非人们日常饮食起居中所遇到的各种知识性的东西，如何食得科学、穿得有品位、住得舒适、行得方便等，都是此类栏目常见常新的内容。

但是，随着人们生活水平的提高，其生活的节奏、方式都发生了巨大的变化，因此，以传授生活常识、小窍门为主要内容的生活服务类栏目虽然仍然是主要形态，但它应该在内容上迅速跟进时代的发展，所传授的内容不应只是"毛衣打法""如何烧菜"之类，而应该贴紧生活，适应现代生活的方式、要求，也就是说，生活常识应不断加入新的元素。如"公交礼仪"过去很少被纳入生活常识，而现在已经成为现代人生活中所应该掌握的常识。

（二）新知识、新技能的传授讲解

这方面的内容主要涉及五个领域。

1. 经济领域　与我国的经济发展相适应，国内以传授与老百姓日常生活有关的经济知识和消费技能为主要内容的生活服务类栏目也越来越多。如个人理财、股票投资、保险、纳税等，已经和普通百姓的生活息息相关，相关的知识和技能也就理所当然地进入这类栏目的选题范围。

2. 法律领域　随着我国法制建设的推进，法律与老百姓的生活已经须臾不可分离。而法律本身就是一个复杂的体系，众多的法律条文也绝不是普通人能熟知和熟练运用的。在观众当中进行法律知识的普及，指导他们积极运用法律知识来维护自身的合法权益，这已成为十分迫切的工作。而观众对用电视的形象化手段来宣传法律知识、提供法律服务的栏目也有着强烈的需求，生活服务类栏目中这方面的内容也日益增多，并且构成了栏目的一大亮点。

3. 新科技知识　以这方面内容为主的节目是生活服务类栏目在内容上与时俱进的显著表现，也符合电视是大众文化急先锋的本体属性。此类节目使生活服务类栏目从讲述常识、传授小窍门这样一个典型的传统"家务事"的层面，上升到帮助观众发展成为紧跟时代的现代人的层面，极大地拓宽了栏目的题材范围，也帮助栏目找到了除家庭主妇之外更年轻、更新潮、更广泛的观众群。比如，南京有线电视台法治生活频道的《数码时空》就是一个以科技资讯服务观众的栏目，主要内容有：电脑业、网络业最新情报，最新产品信息，最新科技动态介绍，最新最劲爆网页制作，带领观众进入网络新天地。栏目教给观众电脑知识,从简单的电脑操作到网络下载,无所不包。观众也可通过一封电子邮件,请教专家解决有关电脑方面的疑难问题。

4. 倡导新的生活方式　某种社会进步或某项科技成果的市场化普及会在很大程度上逐渐改变大多数人的生活方式。远的像电灯、电话的普及,近的如互联网和汽车的进入家庭,它们所带来的不仅是生活的便利,而且是整个社会生活方式的改变。生活服务类栏目应密切把握现代生活的脉搏,掌握生活的新动态和新特征,对那些改变人们生活的新的生活方式及时给予介绍,并加强节目对现实生活的指导。

正是基于这样的一种共识,一些电视台已经开办了一些以"汽车与生活"为主要内容的生活服务类栏目。如湖南电视台生活频道的《清风车影》栏目,为消费者提供的就是翔实、客观、全面的汽车和交通信息服务。它以小轿车的信息为主线,综合报道其他各类车型的性能、特点、市场行情、历史演变、驾驶技巧、维护保养,以及交通运输、交通法规和汽车相关产品的最新消息,对汽车市场热点及时做出分析、评论,为消费者提供一个了解汽车、欣赏汽车,获得实用知识和技巧的窗口。节目设置既专业化,又非常细致,几乎涉及与汽车有关的方方面面。

5. 报道新见闻　传统的生活服务类栏目中基本没有新见闻,这一内容被列入,虽有媒体对自身生存和发展的考量,但最根本的还是受众需求的驱动。今天,我国生活服务类节目的观众参与社会活动的程度比较高,他们收看节目的同时,希望能够从中感受到更多现实生活的气息,而不只是"柴米油盐"的味道;他们希望栏目通过对生活中的新见闻的密切关注和及时传播,加强栏目与生活实际的贴近性;同时也使他们增长见闻,增添在社交场合中的谈资。

二、平民化的受众定位

所谓平民化的受众定位,即以观众的日常需要为中心,以平民化的语言、平民化的视角播出内容。以"百姓的需要就是我们的追求"为原则来对待观众。"冬天别忘穿棉袄,夏天别忘戴草帽",节目就像每天送你出门、等你回家的妻子、母亲一样,为你操持生活,关心你的饥饱冷暖。

生活服务类栏目的平民意识从本质上说是以亲切的态度对待观众,栏目内容符合目标受众的消费层面和生存观念。

生活服务类栏目的平民意识应该是与生俱来的,应该渗透到栏目的每一个元素中,这是由栏目的特殊定位所决定的。生活服务类栏目的平民意识也意味着,这类栏目不仅是一种栏目类型,更是一种为老百姓提供服务的方式。如何利用这种方式更好地为受众服务才是栏目的目标任务,在实用性内容的基础上，还要选择观众乐于接受的形式，这样才能使栏目受欢迎。

尽管生活服务类栏目的存在方式多种多样，但归纳起来，其受众定位大致有两种类型。

（一）普泛型的受众定位

如一度热播的中央电视台的《为您服务》栏目，浙江电视台的《大家》栏目，北京电视台的《7日7频道》《生活面对面》栏目，湖北电视台的《百姓时间》栏目，等等，它们针对的是较广泛的收视人群，在观众的收入水平、购买能力、知识水平、欣赏习惯等指标上没有明确的排除性。这类栏目大多视角平民化，内容具有广泛的社会性和适应性。在栏目设置上以杂志型的多板子栏目相加，由主持人串联而成。目前国内生活服务性频道中的相当一部分的栏目都属于这种类型。

（二）专门化人群型的受众定位

如中央电视台的《夕阳红》栏目针对老年观众，中央电视台的《半边天》栏目、长沙电视台女性频道的《都市红颜》栏目都是以女性为传播对象的服务性栏目。

三、提高生活品质的文化品位

作为电视栏目，一经播出就成为社会文化产品，具有了文化的内涵，因此，结合栏目内容增加文化含量，对提高栏目品位是必要的。一是不仅有直接、具体的生活服务和实用知识，更注重对生活观念的引导和情操的陶冶。如《生活》栏目的理念之一就是"引导生活观念"。二是要找准栏目的视角，这是因为生活服务类栏目最容易产生两类偏差：①服务与广告的混同；②庸俗化。这就需要栏目的制作者在选题时选取有积极意义的、健康的内容，并且应该有较高的审美鉴赏能力，引导观众生活品位的提高。

举个形象的例子，生活服务类栏目是"裁缝+时装表演"，"裁缝"提供具体的制衣服务，而"时装表演"展示的则是一种潮流观念或时尚理念。生活知识的层次有高低，最高的层次应该是生活智慧，中间的是生活阅历，较低的是生活技巧和窍门。生活智慧是培养我们对生活的健康态度，提高生活品位；生活阅历是让我们从容生活，从而提高生活的质量；生活技巧则是生活中的调剂品，不能从根本上改变我们的生活。

为什么有这样的特色？因为电视具有社会属性，它应该承担一定的社会责任，应该高于商业性；而且，电视的本性决定，电视作为大众传媒，除了具有传播信息的本体属性外，还具有艺术和美的要求，电视的传播内容仍然是人的一种创造，是高于现实生活的；再者，这也与生活服务类栏目的历史有关。直到现在，对于它是应该独立还是从属于社教类，人们仍然意见不一，因此，"引导""教育"等意识仍然是生活服务类栏目根深蒂固的观念。

第三节 生活服务类栏目分类解析

一、职介类栏目

（一）职介类栏目概述

广义上，只要涉及人力资源题材（而不仅限于管理与开发）的栏目就是职介类栏目。在狭义上，只有关注择业和创业的栏目才是职介类栏目，它侧重于求职、升迁和创业的基本技能和技巧。广义上的职介类栏目除了包含狭义上的内容外，还涵盖了对中外人力资源存量与增量的报道、宏观政策的传达。

从栏目类型的发展来看，职介类栏目起到了一种"补偿"的作用，它顺应了时代之需，实现着专业化的服务，在为企业单位提供人力资源管理与开发咨询的同时，也在着力倡导个人生存与发展技能的提高，注重职业生涯规划，从这个意义上说，职介类栏目不仅有利于个人的发展，也有助于社会、经济的发展。

职介类栏目最早的形态是发布招聘或求职信息的信息服务栏目，以综合型栏目形态出现的是1999年9月10日开播的湖南卫视《新青年》，其中的子栏目《甲方乙方》以关注"择业与创业"为主题，采用招聘方与求职方在栏目现场完成求职、招聘过程的形式。但栏目时长短，内容与形式也较为简单。

2000年7月21日，东方电视台推出的《相约星期五》成为电视职介栏目的开端。该栏目的模式借鉴电视婚介节目的形式，男女双方变为招聘者与求职者，栏目的程序也与"找对象"相似：招聘双方自我介绍、应聘者展示才智或创业计划、话题讨论（每期一个与创业有关的话题）、自由提问、需求双方双向选择，在栏目现场完成迅速"找工作"的过程。

2000年12月31日，南京电视台推出《梦圆时分》，成为第一家推出职介类栏目的地市级电视台。

2001年5月1日，中央电视台《劳动·就业》栏目开播，这是中央电视台唯一以宣传劳动就业为主题、将知识性与服务性有机结合的大型杂志型专栏节目。以后，许多地方台陆续推出职介类栏目，如重庆卫视的《求职》、黑龙

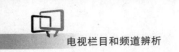

江电视台的《求职现场》、山东电视台的《择业》、辽宁电视台的《招才进宝》等,职介节目开始在荧屏活跃。

2003年10月,中央电视台第二套节目改版为经济频道后,随即和智联招聘联合推出了一档60分钟的大型人才秀栏目《绝对挑战》,一场自地方台到中央台的职介类栏目热浪被推向高潮。

2010年12月,江苏卫视和中国教育电视台联合打造《职来职往》,是国内首档帮助求职者正确地对待自己与职场、为多样的职场精英提供就业机会的真人秀栏目。

(二)职介类栏目的特征

1. 实用性的内容定位 此类栏目对收视人群的影响主要来源于内容的实在性,旨在为求职者提供最新鲜的信息、最先进的技能和最有代表性的人物故事。一般来说,这类栏目主要完成三方面的任务:一是提供岗位或职位需求信息;二是求职的必要条件和策略;三是将职介内容加以娱乐化的包装。

《绝对挑战》具有新颖的电视招聘形式:渴求贤才的知名企业提供真实的职业岗位,资深职业顾问、著名人力资源主管担任考官,经过初步选拔和面试的4位求职者,接受现场面试、职场实战等环节的考核,展现自己的职业才能,竞争诱人的职位,最终栏目揭晓谁获得了招聘岗位。同时,经过观众的投票选择,4名求职者中还会有一名幸运儿获得1万~2万元的培训基金。栏目板块构成有:①"压力面试",检验选手的基本素质与个性特征;②"实力作证",考核选手在特定环境中的实际操作能力和自己特有的行为特征,检验选手的综合素质和组织能力、应急处理能力;③"人在职场",测试的重点则是应聘者在职业生涯中每时每刻都会碰到的人际关系问题;等等。

2. 对象化的受众定位 职介类栏目属于对象化栏目,它针对的主要受众是求职者、创业者和用人单位。收视对象化的好处在于,可以提高栏目的到达率,从而放大传播效果,而这对栏目的广告招商是大有裨益的。在人力资本成为用人单位发展的核心竞争力,自我能力提高成为求职者、创业者事业发展必需的今天,职介类栏目具有厚实的群众基础,因而获得了很高的收视率。

比如,中央电视台《劳动·就业》栏目将收视对象定位为关心有关劳动就业方方面面知识与信息的观众,特别是那些需要或愿意重新择业的观众。黑龙江卫视女性频道的《求职现场》则是一档有代表性的受众细分化的职场类栏目,也是一档为求职者特别是女性求职者提供自我展示的机会、帮助用人单位寻觅良才的服务性栏目。栏目将招聘过程中的面试环节搬上屏幕,通过竞赛的方式,使优秀人才脱颖而出,同时,通过话题的讨论和双方的对话,在求职者与用人单位之间架起了宽阔的桥梁。

3. 娱乐化和多样化的形式 对大多数的职介类栏目来说，讲究栏目的趣味性和故事性成为生存与发展之道。所谓趣味性，就是节目报道形式多样、好看；而故事性则强调精心设计节目的环节，注重悬念的运用。

就目前的情况来看，职介类栏目的形式正呈现多样化，一些电视人在栏目设计中有意识地加入一些娱乐元素，如《绝对挑战》的个人才艺表演环节，而栏目的场外竞赛部分更像是"真人秀"，真实人物在特定环境中的展示是经过包装的，带有表演性。

（三）职介类栏目选介

目前影响比较大的是《职来职往》《非你莫属》等栏目。

《非你莫属》由天视卫星公司团队制作，在天津卫视播出，栏目定位为"大型职场真人秀""大型互动职场招聘节目"，首播于2010年10月30日。播出规模为每周2期，每期三四位求职选手。栏目设置了主持人兼主面试官，整体掌控栏目，与求职者进行互动。另外设置了观察员，主要负责协调招聘者和求职者的沟通，并适当给予点评与建议。此外还有第二现场主持人，抽离于现场的互动场域，进行单独点评以及场外采访等。12位企业高管组成的"Boss团"对求职者进行考核，高管通过亮灯、灭灯的方式表达自己公司录用与否的意愿。栏目设置的面试环节包括：第一轮的自我介绍及高管初步判断，亮灯、灭灯选择。这里赋予了选手一次对最不感兴趣公司的灭灯主动权。第二轮"天生我有才"。高管们对求职者进行再一次的资质能力测评，如果有两家以上公司提供职位，赋予求职者主动权，由他来选择最满意的两家。最后一轮"谈钱不伤感情"，最满意的两家企业通过薪金竞争争夺求职者。以上各个环节，如果亮灯企业的数量仅有两家或更少，则直接进入企业与求职者单独的沟通录用环节。

为了体现栏目招聘的专业性和合理性，栏目组安排了在往期栏目中应聘成功选手的"返场环节"，讲述自己的工作现状等。因为栏目的企业是为自身招聘员工，高管们也会通过招聘员工的过程宣传其企业文化和品牌，提升公司知名度。有时栏目组会安排同类的企业来招聘，出现的互抢人才、辩论的局面加快了栏目节奏，提高了栏目氛围的紧张度。

整体而言，《非你莫属》也存在一些问题，如栏目组设置了很多可以点评的人员：观察员、第二现场主持人以及退出招聘竞争的高管等，造成栏目现场有时会出现各方人员抢话的混乱场面。

二、饮食服务类栏目

(一) 饮食服务类栏目概述

饮食服务类栏目就是围绕着饮食这一主题介绍饮食文化、烹饪技法、饮食消费等相关内容或以饮食为情境衍生出来的各种栏目。

我国早期的美食节目更像是烹饪教学片，内容和表现手法都比较简单。如今我国的此类栏目比起几十年前的确是有长足的进步。究其主要原因，无外乎两点：一是物质生活水平的提高使得人们对饮食的需求层次也相应提高；二是电视人的制作理念随着大众需求层次的提高而发生深刻变化。无论是从内容还是形式上，栏目的制作都朝着多样化的方向不断进步。

1. **内容上，从单一性到多样性**　早期的饮食服务类栏目局限于烹饪技法的讲授与饮食常识的灌输，内容比较单一。如今的饮食服务类栏目的服务种类异常丰富。如北京电视台的《食全食美》更是一档美食全方位栏目，从"西餐我爱吃"再到"周末赛季饕餮夜"，内容无所不包，它打破了地域的限制，让人们吃出花样，更吃出情趣。

2. **层次上，从生活常识到文化内涵**　饮食文化是人们在美化饮食的过程中赋予饮食一定的文化形式和内涵，使饮食摆脱物质层面的单一性，升华为一种文化形态。如重庆电视台的《食在中国》，不仅让观众领略了中华烹饪的精湛技艺，更体会到中华饮食文化的博大精深。

3. **表达方式上，从沉闷刻板到生动活泼**　如很多美食节目几乎都有"美食侦探"，他们带领观众走街串巷搜寻美食站点或就地取材来个美食游艺比赛。在这里，食物的风味似乎显得并不那么重要，愉悦的心情远胜于饮食带来的享受。

(二) 饮食服务类栏目的特征

1. **实用性**　饮食服务类栏目的产生源于人们的需要，因此，实用性是它服务大众的最基本功能，也是这类栏目长足发展的根本动因。

2. **知识性**　现代人饮食讲究科学，根据自己的身体状况合理地进行膳食搭配。饮食中富含深刻的科学原理，这也为饮食服务类栏目提供了广阔的选题空间，但栏目对此的挖掘尚远远不够。

3. **趣味性**　食是人的本能，也是一种文化，既是人类物质生存的必需，也具有社会的意义。因此，饮食除了健康营养，还要追求吃的情趣。从某种意义上来说，饮食也是娱乐的来源之一。

4. 地域性 不同国家、民族、宗教的人的饮食结构大不相同。中国人口众多，饮食文化也相当丰富，各地菜肴在发展演变过程中形成了许多流派。如几大菜系的形成和它的悠久历史与独特的烹饪特色是分不开的，同时也不可避免地受到当地地理环境、气候条件、资源特产、饮食习惯等的影响，这些都为饮食服务类栏目提供了丰富的素材，大有文章可做。

（三）饮食服务类栏目选介及简评

中央电视台财经频道的饮食服务类栏目比较有代表性。

《味觉大战》第一季，是在美国的美食真人秀栏目《味道》（*The Taste*）的基础上，由中央电视台财经频道与新雅迪传媒共同制作的一档美食真人秀栏目，第一季共11期。栏目提出"'味道'是唯一的评判标准、'盲品'是唯一的评判方式"。导师团由3位美食领域的行家及人气明星担任，通过"盲品"方式分别选定4名队员组成自己的团队，按期淘汰队里的成员。栏目的特点首先是对味道的专注，少了对传统厨师的技术要求，整体上让厨艺更加日常化、生活化。来自各行各业的选手所做的菜品只要紧扣每期节目的主题，并且富有特色和创新性，就有可能取胜。其次是栏目形式。"一勺盲品定乾坤"，对美食类选手的评价只依据菜品味道，这样的形式还增加了栏目的不可预知性：导师也有可能淘汰自己团队的选手。

《厨王争霸》是北京大陆桥文化传媒集团与中央电视台财经频道合作的美食真人秀的季播栏目。每期时长约1小时。采取中外名厨比拼的形式，中外名厨各4位成员，组成团队进行比赛。比拼紧张程度的制造首先是通过对有限食材的选择。中外团队只能在栏目组提供的食材中进行选择，依据主客场的情况，客方先选，选择完毕还要强迫对方接受己方已选择的一种食材，并且强行取走对方已选好的一种食材，选择过程中双方都用到了计谋和战术，栏目组的设计是使一方可能缺乏最基本的食材如盐等，制造富有戏剧性的开局。其次是共三轮做菜的比拼。每一轮结束都要即时公布结果，并且即时给予奖励，如获胜方拥有选择一种食材的特权，失败方要接受惩罚，品尝一种奇怪的食材。再次是栏目的镜头和剪辑方式。快速摇动的纪实镜头，配以比赛结束之后主持人对当事人的采访。这种事后点评与身临其境的双重设计，让观众更容易被带入比赛环节之中，更了解比赛情况。复次，整期节目配乐节奏紧张，镜头有时会专门捕捉团队内部的一些冲突情节来增强紧张感。最后，在营造紧张感之外，还有意突出中外文化的比较、中外参赛者的交流。场内比拼的环节常配以主厨在场外体验当地文化的独立情节，带着观众了解当地的饮食特色与特产，这一点类似于旅游栏目的设计。另外，比赛过程中也有意突出不同文化背景的成员之间团队配合的特点。

（四）饮食服务栏目的不足

1. 内容单调 突出表现在"就食说食"、就事论事的层面上，似乎饮食服务类栏目的目的就是教人吃什么、如何吃、去哪里吃，未能充分发挥挖掘饮食的文化和娱乐功能。

2. 栏目编排缺乏变化 栏目编排平铺直叙，视听语言单调，呆板无趣，仍然未让观众完全摆脱"一间演播室、一个人、一套灶具、一种菜、一个拍摄角度"的印象，可视性差。

3. 主持人的言语乏味，对栏目缺乏深入了解 饮食服务类栏目的主持人可以不是饮食文化专家，但他应对每期栏目的主要内容有基本的了解，并做深入解析，而不是只会品尝、只会说"好吃"。

可以预见，随着观众的审美水平和要求的不断提高，未来的饮食服务类栏目会朝着更加专业化的方向发展，它的服务层次会更高，娱乐性会更强，表达会更有个性化。

三、房产家居类服务栏目

（一）房产家居类服务栏目概述

所谓房产家居服务类栏目，实际上包含了两大方面的内容，即房地产和生活家居。房地产方面包含房产和地产两部分，房产节目主要包括楼盘推介、楼市信息、购房指南、现代经典建筑欣赏、对消费者在房产方面的疑问或投诉的解答，以及置业理财、相关政策法规、二手房交易等方面的信息；地产节目主要是对最新出台的地产信息以及相关政策的介绍分析，重大城建规划、地产界突发事件跟踪报道剖析，有些栏目还包括对地产界精英人物的访谈等。生活家居涉及城市和农村两大部分；家居类主要包括居家装饰装修、家私信息等。

房产家居类服务栏目产生时间较晚，起因是人们对住房和家居布置的关注程度和审美需求的提高，目前全国多数省级电视台已经开办了这类栏目。比如，广东电视台公共频道《置业安居》、重庆电视台《家住重庆》、河南电视台经济生活频道《房产超市》、辽宁电视台经济生活频道《家居服务》、江西电视台公共频道《第一地产》、广西电视台生活频道《广西房地产》、甘肃电视台都市频道《置业安家》、天津电视台经济生活频道《聚焦房地产》、内蒙古电视台经济生活频道《内蒙古房地产报告》、东方卫视的《梦想改造家》等。更多的房地产家居类栏目则是作为综合服务类栏目中的一个板块，比如，凤凰卫视《完全时尚手册》中每周二播出的子栏目《我的家》、上海电视台生活时尚频道《生活在线》栏目中"住"的板块。如今国内的这类栏目已经发展得较为成熟，甚至成为电视台的品牌栏目。

总体来说，房产家居类服务栏目主要包括杂志类和专题类两种类型。如广东电视台的《置业安居》栏目包括地产资讯、构筑经典、家居时尚、地产聚焦、置业连线、置业导航和特别节目几个板块，是比较有代表性的杂志类栏目，而更多的房产家居类服务栏目则属于专题类服务栏目。

（二）房产家居类服务栏目的特征

1. 实用性　是指栏目在播出以后对目标受众有一定的实际指导价值，即能够积累相关知识，并且能够在生活中加以运用。同时栏目也因此实现其终极目标，即服务受众。

2. 真实性　是指栏目中所提供的信息必须是经过实践的论证确定无误的，而不能误导受众。相对于其他服务类栏目来说，房产家居类服务栏目更需要科学谨慎的态度，把真实权威的信息传达给受众，因为房产家居不仅是人的基本生活需要，而且是绝大多数人生活中投入最大的消费项目，对老百姓的生活格外重要。也正因为如此，人们对购房方面的关注程度要远远超过购买其他商品，这就要求房产家居类服务栏目的创作人员一定要有严谨科学的制作意识。

3. 专业性　相对于其他服务栏目来说，房产家居类服务栏目对专业性的要求更高。大到居住环境的选择、住房结构设计、房屋装修，小到面积计算，都需要非常专业的知识，这就要求房产家居类服务栏目充分借助"外力"，将专家请进栏目，以此来保证栏目的科学性、权威性和可靠性。

比如，中央电视台财经频道曾经影响很大的《交换空间》栏目贴近普通观众，倡导自主动手、节俭装修的理念。在保证观赏性的同时，提供装修知识、家装创意、家装常识，让观众认识家庭装修的乐趣，推广绿色环保装修，同时促进人与人之间的理解，和睦相处。

（三）房产家居服务类栏目选评

《梦想改造家》是由东方卫视打造的一档家装改造栏目，每期栏目聚焦一户住房有困难的家庭，并委托设计师在有限的时间里使用有限的资金为其房屋进行"爱心改造"。

栏目突破性地改变了传统装修类栏目以美化外观为主旨的栏目样式，聚焦与住房难题息息相关的家庭故事和人物命运，通过颠覆性空间布局重置、细致入微的人性化设计，把人文情怀贯穿其中，用温暖而光明的故事结尾，彰显人性的善良。

住所改装完成后，栏目真实地记录了入选家庭返回家园的全过程，记录他们幸福的泪水、感动的笑容。在演播室中,主持人和明星再次评点改装中的匠心和亮点,突出高科技高品质的功能设计和装修材料背后的人文关怀,强调爱心和科技含量。

《梦想改造家》的VCR从施工队工人的视角,展示了装修过程中遇到的与以往不同的问题和困难。从设计师个性化的视角,在施工现场介绍对焦点问题的解决方案,再到演播室,从还原家庭实景的视角,为家庭提出装修产品和服务的建议。栏目结合各家庭的故事背景,多角度展现了对他们居所的改造。

我国现阶段的房产家居类服务栏目尚处于初级阶段,存在许多问题,如信息量不大、专业性不强、可视性不高等,都是显而易见的。尤其是某些栏目背离了生活服务类栏目"平民化"的宗旨,也脱离了绝大多数老百姓的实际生活水平,求奢求华,已经招致批评。

但是,受众的需要是栏目发展的最根本源泉,房产家居已经进入普通百姓的消费生活,并日益成为广大群众每天都要面对的问题。经过一段时间的摸索和经验的积累,现阶段,房产家居类栏目的质量已有明显的提高,为国内相关栏目的发展和成熟提供了实际有效的参考和借鉴。

四、旅游服务类栏目

(一)旅游服务类栏目概述

旅游服务类栏目是指为人们休闲娱乐提供旅游信息与服务、介绍历史地理文化知识、给观众以性情愉悦的栏目。

我国的电视旅游服务类栏目出现得较晚。《祖国各地》是我国最早播出的旅游服务类栏目,它是作为国庆29周年的献礼栏目,于1978年9月30日开播的。该栏目主要介绍我国的山川风光、名胜古迹、民族风情,以此传播地理、历史、文化知识。1986年《祖国各地》停播,1988年5月恢复播出,每周2期,加大了信息量。1997年栏目确定由"城市年轮""旅游探奇""中国一绝"3个板块组成,每期时长30分钟。

进入20世纪90年代后,各类旅游服务栏目和生活服务类栏目中的旅游板块开始增多。中央电视台陆续开办了《世界各地》《走遍中国》《华夏掠影》《旅游黄金线》等旅游服务类栏目,另外,还开办了大量的旅游板块或具有旅游元素的栏目,前者如《为您服务》中的"旅游风向标",后者如《正大综艺》等。各地方台也纷纷办起特色旅游服务类栏目,尤其是那些旅游资源丰富的地区,如北京电视台的《四海漫游》《好山好水好心情》,江西卫视的

《新旅游》，甘肃卫视的《时尚旅游》，新疆电视台的《走进新疆》，云南电视台的《走遍云南》，山东电视台的《走四方》，等等，几乎每个省级电视台都有自己的旅游服务类栏目或节目。甚至一些经济发达地区的市级台也办起了旅游栏目，如惠州电视台的《旅游》。海南卫视则于2002年1月正式更名为旅游卫视，倾全台之力，不仅把旅游节目的规模化播出做到极致，更充分利用了旅游这张牌，使旅游卫视家喻户晓。从其十几年来的实践看，效果不错，这也成为我国第一个省级专业台，其启示和借鉴意义不可小觑。

从目前各类旅游服务类栏目来看，基本上有三种类型：一是观光型。即整个栏目由纯粹的风光欣赏构成。如中央电视台早期的《祖国各地》及后来的《请您欣赏》、重庆电视台曾经播出的航拍《新重庆》等。二是实地旅游型。这是较为普遍的一种旅游栏目的表现形式，采用演播室录制、主持人串场与外景拍摄相结合的方式，由主持人、嘉宾或特约观众表达其亲身体验的所见所闻及感受，为观众营造身临其境的感受，注重给观众提供更实用的信息。如2004年2月3日，中央电视台经济频道《为您服务·旅游风向标》播出的大型系列片《向北·向北》就是采用这种形式，该片以自驾车旅游的方式，向观众介绍纵贯七省（市）的旅游线路——从陕西省咸阳市国家授时中心出发，至最北端黑龙江省漠河的北极村，沿途介绍各地的文化、风光、民俗、娱乐项目等，为观众提供了第一手的旅游资讯服务，推荐新鲜的旅游设施，起到了导游作用。三是真人秀型。这类栏目吸收和选拔观众亲身参与旅游并设立奖励项目。如2004年7月，中央电视台原西部频道《旅游黄金线》栏目中的体验式旅游栏目《体验中国》，通过最时尚的旅游方式，推选出"中国最会玩的人"。类似的还有陕西电视台的《勇敢无畏》、江苏电视台的《勇者胜》等，此类栏目充分发掘旅游的娱乐和冒险刺激元素，具有较强的可视性。

（二）旅游服务类栏目的特性

旅游服务类栏目作为生活服务类栏目的一种，有其独特性，主要表现在以下三方面。

1. 实用性　旅游服务类栏目的受众可以分两类：一类是为了出游，想通过栏目得到一些有价值的实用信息；另一类则纯粹为了观赏。事实上，前一类观众占据了旅游服务类栏目观众的绝大多数，所以，实用信息对他们来说是最重要的。而这恰恰是我国的旅游服务类栏目比较薄弱的环节，往往是主持人自娱自乐，带着观众痛痛快快地玩了一场，但最后观众连怎么到达那里都不知道。

实用性体现在栏目制作的各个环节，从栏目内容到包装、宣传等方面都可以体现出制作者贯彻实用性原则是否彻底。旅游服务类栏目区别于一些科学纪录片的根本所在就是观众可以亲身体验，观众通过栏目的介绍对某个地方产生向往，并对相关的交通、食宿、景点门票、气候等旅游者欲知的内容有较清晰的了解，这就要求栏目尽量给有旅游意向的观众提供有价值的出行参考。

2．审美性　对象的美带来画面的美。旅游栏服务类目自身的特性决定了审美性是它与生俱来的本质属性，大自然的绚丽多姿为旅游栏目提供了无穷无尽的美丽画面。无论是哪一类旅游栏目，其画面都离不开大自然的鬼斧神工，这对摄像人员提出了较高要求：要充分利用镜头，让旅游服务类栏目具有强烈的观赏性，给观众带来了视觉冲击力。

3．知识性　名胜古迹是旅游服务类栏目选题的重要部分，而这些名胜古迹蕴含着丰富的人文资源，旅游服务类栏目自然要传播历史与人文知识，其知识性与服务性是相辅相成的，知识性内容往往自然地融入栏目当中。观众在游览过程中，潜移默化地受到知识的熏陶。如中央电视台的《走遍中国》实际上就是一档具有相当文化韵味和厚度的旅游服务类栏目，它经常将专家请进演播室，与主持人一起，结合栏目的内容，就相关的历史文化知识进行讲解，观众在欣赏美景的同时，也学到了历史文化知识。

（三）旅游服务类栏目简评

旅游是与社会的发展水平和人们的生活水平密切相关的，而我国40多年的经济发展，已经使旅游日益进入人们的生活，经济越发展，社会越进步，物质生活越富足，大众对旅游的兴趣也就越浓厚。在这个意义上，旅游服务类栏目的发展前景广阔。

在看到旅游服务类栏目良好的发展前景的同时，我们也应重视旅游服务类栏目的时代性。现在的旅游服务类栏目早已脱离风光片的层面，旅游对其他电视栏目的嵌入与融合，旅游的内容与其他栏目形态的结合，旅游服务类栏目日益增强的服务性和文化品位，这些都值得电视工作者思考和研究。

五、医疗保健栏目

（一）医疗保健栏目概述

狭义上的医疗保健栏目指医疗栏目，即就病论病，通常邀请医学专家介绍各种医学常识，讲解疾病的预防以及日常保健方法。广义上的医疗保健栏目除了狭义上的含义外，还包括优生优育、健身、美容、养生等。

狭义的医疗保健栏目较多，近年更有成为热点之势。此类栏目有：中央电视台财经频道的《健康早班车》、中文国际频道的《中华医药》、科教频道的

《健康之路》，北京卫视的《养生堂》《我是大医生》，北京电视台生活频道的《健康生活》，上海广播电视台新闻综合频道的《名医大会诊》，旅游卫视的《健康365》，江苏电视台城市频道的《万家灯火》、体育休闲频道的《健康解码》，等等。

比如，《养生堂》是北京卫视的日播养生栏目，2009年1月1日开播，在2011年由北京科教频道转到北京卫视播出。现每日17：25首播，时长60分钟左右。栏目提出的宗旨是"弘扬国医文化，传播养生之道"，通过医学、养生专家的专业解读，为观众提供日常实用的一些养生健康知识。栏目主题设定参考传统中国养生学"天人合一"的观念，加入了二十四节气等时间点设计，给予观众的当下生活一些健康指导。为了增加趣味性和接受度，栏目还加入了现场实验、图表讲解、影像资料播放等形式。

随着人们生活水平的提高，养生类栏目越来越多，并且内容丰富，通过宣传一些健康新理念，进而影响观众的生活方式和生活习惯。

（二）医疗保健栏目的特征

1. 科学性 寻医问药是人命关天的大事，不允许有丝毫的差错，而电视是影响巨大的大众传播工具，如果内容把关不严，以讹传讹，其结果不仅是败坏电视台和栏目的声誉，甚至直接危及患者观众的生命健康，因此，医疗保健类栏目制作的最基本要求就是高度的责任感和科学性。

2. 仁爱性 "仁者，爱人"，仁乃医之本，无论是面对那些渴望救治的患者观众，还是期待健康生命的普通观众，医疗保健类栏目都必须提供足够的慈爱与关怀。不仅演播室的设计要体现温馨与关怀，而且主持人也要富有亲和力，给观众以信任感，更重要的是要真正想观众之所想，急观众之所急，体现出救死扶伤的人道主义精神。

3. 规范性 我国是一个人口众多的大国，社会的医疗保障体系尚不很完善，而老百姓对医药的需求迫切且多样，由此形成了一个巨大的医药市场，自然也就带来了从业人员良莠不齐甚至虚假欺骗的问题，这对医疗保健类栏目是一个重大的考验。

而且，由于栏目所涉领域的特殊性，一些不健康的内容会乘虚而入。一些医疗机构在节目中推广医疗资讯服务，夸大诊疗效果，并利用个别伪专家和患者名义做证明等手段来误导观众。一些电视购物公司在电视购物节目中夸大产品特别是一些丰胸、减肥产品的功能，配合所谓的消费者使用产品前后形象的对比，以示功效，等等。这些问题损害了消费者的合法权益，降低了电视媒体的社会公信力。

因此，除对医疗保健类栏目以及广告要加强监督和规范外，栏目自身也应

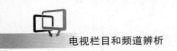

加强自律，为栏目的健康发展打下坚实的基础。对医疗保健栏目来说，廉洁自律乃立身之本。

（三）医疗保健栏目选评

以中央电视台财经频道《健康之路》栏目为例，对此类栏目做一简评。

《健康之路》栏目自1996年7月6日开播以来，以其知识性、服务性和客观性而受到广大观众朋友、医疗机构和医药企业的关注和喜爱。由于栏目聘请的主讲大夫都是全国各大医院的著名医学专家，所选的专题又是大众最关心、最希望了解的病种，因此，栏目不仅具有普及性、可信性，而且具有权威性和指导性，令人信服。栏目采用直播的方式，增强了现场感，并将栏目内容编写成系列书籍出版，拓展了品牌影响力。此外，每年适时推出大型系列活动，体现了栏目操作理念的成熟。

《健康之路》以开阔的健康视野、新颖的卫生理念，倡导科学的生活方式，为观众传递健康知识和理念，使观众认识健康、了解健康、把握健康、拥有健康。

《健康之路》现播出时间为周一至周日18:00首播，次日8:30重播，每期约50分钟。栏目定位为日播医学科普类节目，提出的口号是"健康之路，医生天天来帮助"，栏目形态设定为"医案故事化呈现，医理权威性解读"。改版后的《健康之路》栏目设置一名主持人，两位其他行业的著名人士作为嘉宾，一位专家进行专业讲解。节目就某个健康问题设计类似于益智类节目的答题环节，100位观众现场答题，由专家进行点评。两位嘉宾也参与答题，但比普通观众拥有更多的表达机会，解释自己的观点，讲述自己的有关经历。遇到可以现场演示的一些问题，专家会做现场演示。相较于一般的健康讲座形式，答题设计增加了观众的参与度和趣味性。

总体而言，我国的医疗保健栏目深受观众尤其是有着求医问药需求的观众的欢迎，体现出科学性、仁爱性和可靠性，大部分栏目也赢得了观众的信任。但也存在着诸如隐性广告、选题面狭窄、权威性和针对性不强等问题，亟须改进。

第四节 生活服务类栏目存在的问题和发展趋势

生活服务类栏目是目前许多电视台都下力气抓的领域，但总体而言，许多栏目都是虎头蛇尾，无论从收视率还是观众满意度上都有很大的遗憾，需要反省。

一、生活服务类栏目存在的问题

（一）服务分类不科学

目前，生活服务类栏目多以综合类为主，对服务对象的细分化做得不够，导致一个频道有几个同类的服务栏目，这一方面分流了既有的受众，另一方面影响了潜在受众的开发。

如此造成的直接后果就是服务对象空泛，针对性不强。几乎所有的生活服务类栏目都标榜自己"服务大众"，但恰恰这个"大众"是非常空泛且不易把握的，因此，节目做出来面面俱到又面面不到，缺乏"个性化"服务。

在分类服务方面，实现收视对象化的典型栏目是《回家吃饭》和《健康之路》，前者针对家庭主妇，后者主要针对病患人群。目前这样定位明确的生活服务栏目仍然偏少。

这有点像"观众点播"，生活服务类栏目不妨设立这样的板块，细致地针对某一具体问题来做栏目。这样，虽然就某一期栏目来说可能很琐碎，但连贯起来就形成了系统和全面的服务。

比如，中央电视台曾经的《为您服务》栏目的《法律帮助热线》，每期解决一个法律疑难问题，日积月累就组成了系统的法律知识，每期都有非常明确的针对性。而星空卫视的《星空妙管家》目的性就很明确：生活小窍门、小技巧、小制作，收视对象明显就是家庭妇女或全职太太，非常具体。

（二）单一化

一方面，我国生活服务栏目总体上仍然处于品种单一、形态不丰富的状态，主要以杂志型为主体。比如中央电视台财经频道原来的《生活》收视率高，各省市一批综合性信息整合型的生活服务栏目跟风而上，从而出现栏目同质化现象。生活服务栏目的电视呈现不活跃，没有更好地使用视觉语言。写字板等道具的使用不足，字幕的运用也不充分，弱化了电视的传播效果。

栏目涉及的领域有限，大多集中于气象、饮食、服饰家居和健康等。而且，在同一领域中，节目的同质化现象严重。

（三）表层化

所谓表层化，是指对实用信息加工不够甚至不进行处理而直接搬上屏幕。

比如，有的家居栏目，15分钟的一个"家居装修"板块只是反复播出哪里有装修建材卖、价格多少，这与广告已经没有什么区别，而且信息的深度根本不够。观众需要的不仅是这类简单的信息，而且需要知道现在流行的是何种装修材料，哪种适合其家居，不同居室应该选哪类材料，怎样设计，如何装修才能既实用、美观又省钱，有无设计单位，材料最方便的购买途径是什么，等等。

表层化在单一专业型的栏目中表现得尤为突出。比如，谈"吃"就是如何做菜、怎样做得好吃，好像除了满足口腹之欲外就没有了别的内容了；谈"住"就是"家居"，好像"住"就是待在家里。

如果打开思路和视野，"吃"完全可以做出一篇大文章，从营养到保健，从食文化到名人趣闻，从食材到餐具，从中西餐的不同到进餐礼仪，等等，上升到饮食文化的层面。

（四）呆板化

客观地说，相对于其他栏目类别来说，服务类栏目的可视性最弱的，大多数栏目思路狭窄，制作拘谨，技术手法单一，其可视性不言而喻。虽然近年来这种情况有所改变，如增加明星嘉宾、引入竞赛方式等，但总的来看，形式仍显单调，可视性还有较大的提升空间。

二、生活服务类栏目的发展趋势

（一）从物质生活向精神生活扩展

对消费信息的传达，对物质生活的服务，是现在生活服务类栏目的主要内容。对比其他媒体的同类栏目，探讨人的情感、说生活的内容很少，更没有专门关注和提供情感、精神生活的节目，使得生活服务类栏目的人文色彩相对贫乏。

生活服务类栏目应该成为观众的朋友，成为观众可以倾诉的园地，而不仅是你播我看的消费信息汇总。

（二）"三农"成为栏目的关注对象

从广告经营的角度，生活服务类栏目大多瞄准"三高"（高学历、高收入和高层次），而从社会效益的角度，我们的服务节目还应该多关注农民。而且事实证明，这同样会取得成功。如中央电视台农业农村频道（CCTV-17）《致富经》栏目，秉承"传递致富经验，更新致富观念"的宗旨，报道了大量的致富信息、致富典型人物和典型事件，为观众创造财富提供了许多有价值的参考。《致富经》设有三个板块：①"闯天下"。报道老百姓身边的"致富明星"，以农民的创业经历、经济生活，经营涉农产业或城市人的创业经历、经济生活等题材，讲述一个具有时代感的财富故事。②"经济视野"。及时报道涉农经济热点事件和现象，也报道各地发展区域经济、县域经济、特色经济及农业产业化经营等的一些创新做法和经验。③"名人本色"。从百姓视角解读我国涉农商界风云人物的事业经验，理清产业脉络，洞悉产业发展趋势。选择涉农商界名人，是因为他们是行业领军人物，他们的成功或失败会影响业界的产业格局。

可见，面向农村、农民、农业的服务栏目大有可为。

（三）娱乐化

受电视娱乐风影响，也是出于栏目生存的考虑，现在的生活服务类栏目更多地注入了娱乐化元素，这表现在两个层面：一个是整个栏目形式的娱乐化。如中央电视台财经频道曾经热播的《超市大赢家》，通过"无敌手""争分夺秒""眼疾手快"等环节的设计，在竞赛中充分引入娱乐元素，取得了不俗的成绩。另一个是栏目部分板块的娱乐化。如中央电视台财经频道《绝对挑战》中的个人才艺表演环节和《生活》的"朱轶说计"板块，结合现场展示、现场实验等多种手法，还将主持人风格化的语言与道具、漫画、实验、新闻资讯等有机结合起来，并通过短信方式与观众进行互动。

（四）地域化与社区化

我国幅员辽阔，民族众多，风土人情也异彩纷呈，从这个意义上说，生活服务类栏目也应有地域上的区别。

随着城市化进程的加剧，人们的日常生活会呈现社区化的特点，受众更需要的是贴身服务的电视节目。

因此，注重地域化，给观众带来更贴近的服务内容，具有针对性，又亲切感人，是生活服务类栏目首先应该考虑的。

第五节　专业生活频道概述

所谓专业生活频道，就是以生活服务类栏目和节目为主要内容的专业频道。

一、国内专业生活频道概况

（一）发展历程

确切地说，国内专业生活频道的大量出现是在 2001 年，它们是随着频道专业化的改革进程逐步发展起来的。通常是各地对原有的有线生活频道进行资源整合和调整后建立的面对本土受众的地面频道。因此，一般以提供生活资讯、服务信息为主要节目构成。它的发展基本可以分为三个阶段。

1. 第一阶段：节目构成以生活资讯为主，但没有一个专业呼号的频道定位 在这个阶段，节目定位是先于频道定位的，也就是说，节目定位已经有一种自觉的分众意识，抛开国计民生等硬性题材，以和普通老百姓生活息息相关的内容为切入点。但这种自觉意识只是在小范围内产生影响，并且没有一个稳定的平台使得以普及，因为在频道专业化改革之前，所有的无线频道和有线频道都是分开的，而电视台频道之间仅仅以数字来区分，受众也只能通过收看节目来认识频道，并非根据频道的定位有选择地收看节目，因此，频道还只是一个播出载体。

2. 第二阶段：专业生活频道在建制上已确立，但一般依附于经济、文化等主定位 由于已经有第一阶段时积累的栏目制作功底和较为广泛的栏目资源，生活频道成为中央、省级、地方各个级别的电视媒体都会开办的频道。这个阶段可以说是专业生活频道大量出现、确立、发展的时期。但是，无论是中央电视台的生活频道还是地方台的生活频道，专业属性均不突出，节目构成基本沿袭过去的体系，节目的专业含量远未能与专业生活频道的定位相匹配，加上本身定位的双重性——往往是以经济、文化、科教为主定位，然后才体现"生活"的面目，节目设置模糊，更缺乏整体的营销理念做支撑，频道缺乏特色和龙头节目，更谈不上品牌效应。

3. 第三阶段：专业生活频道的品牌意识凸显，提炼特定运作理念，体现专业属性 由于第二阶段大量并不专业的专业生活频道雷同，毫无特色可言。一些具有前沿意识和创新精神的生活频道开始自觉地提炼出符合自身特性和地域色彩的运作理念，用专业性的理念弥补节目专业内容含量的欠缺。尽管目前做到这些的专业生活频道还是凤毛麟角，但已经初具锋芒，令人耳目一新。其中最具代表性的是上海电视台生活时尚频道和北京电视台生活频道，虽然这两个专业生活频道享有各自的天时、地利、人和的先天优势，但在具体的运作理念上有很大差异：前者主打的是"时尚"概念，倡导一种时尚的生活方式；后者主打"平民"视点、市民趣味，以贴近京城百姓作为频道的主导理念。

然而，二者在打造品牌、频道营销的思路上不谋而合，上述思路和做法对国内大量的专业生活频道具有很强的参照意义。

（二）专业生活频道的类别

1. 按照节目构成分类 专业生活频道一般是非上星频道，因此，它的目标受众是本地的受众，侧重的节目内容也是紧贴百姓生活，以指导消费、提供服务信息为主。从目前全国范围内的专业生活频道来看，一般有两大类型：

第一类是以经济为主导，涵盖生活服务消费。如中央电视台原经济·生活·服务频道，浙江电视台经济生活频道，福建电视台经济生活频道，内蒙古电视台经济生活频道，辽宁电视台经济生活频道，等等。

第二类是纯粹提供生活服务的栏目，即通过设计某一主导品牌，串联整个频道的内容。如北京电视台生活频道主打本土社会新闻和普通百姓生活，上海电视台生活时尚频道主打时尚流行。

2. 按照受众分类 根据专业生活频道的受众面可以分为两种类型。

第一类是面向全国受众。中央电视台财经频道是目前国内唯一一家上星的专业生活频道，它面向全国受众，而且频道以财经为龙头，兼顾竞技益智和服务消费，分别针对不同层面的受众。

第二类针对本土受众，在特定区域内运作。如北京电视台生活频道、上海电视台生活时尚频道等大量地面生活频道，都是在本地区内播出节目。

二、专业生活频道存在的问题和生存策略

（一）专业生活频道存在的问题

由于生活是一个很宽泛的概念，与专业频道应该具备的专业属性相抵触，从目前国内的专业生活频道运营情况来看，先天后天的因素都对专业生活频道的发展造成了很大障碍，其发展瓶颈包括四个方面。

1. 专业含量欠缺 目前国内的大多数专业频道还只称得上是准专业化频道，仅仅靠几档专业含量较高的栏目来支撑频道的专业属性。整个频道缺乏有机的组合，还没有上升到专业频道层面。关于专业化频道的定位方法主要有两种，一种是根据节目内容来定位，另一种是根据受众群体即收视对象来区分和定位。目前国内绝大多数专业频道都以节目内容来定位，如财经频道、影视频道、体育频道。但是，专业生活频道的定位基本属于第二种，也就是说，它的目标受众应该是关注生活、服务、消费的都市人群，他们注重生活质量，并且具有消费能力。对专业化频道来说，由于收视对象已经分众化与窄播化，必须

定位准确、特色鲜明，才能使目标受众群形成稳固的收视习惯。这样，尽管专业化频道的受众面缩小了，但由于满足了受众市场的多层次性和欣赏趣味的多样性，受众的关注度、忠诚度与满意度都会有大幅度提高。

2. 频道定位多重性 专业生活频道的栏目不像新闻频道、体育频道那样有很强的专业性，其定位比较模糊，基本上是一个小型综合频道。版面的栏目构成比较庞杂，有纪实类栏目，有电视剧，有游戏综艺类栏目，有财经栏目，等等。

而且，目前国内大量生活频道都没有强大的资源来支撑特定的定位，为了争夺受众资源，往往需要依托高收视的栏目来吸引受众。因此，即便是纯粹的生活频道，都难以有一个符合专业化的频道定位。事实上，还有大量的地面生活频道都是依附于经济、文化等主定位的。

3. 节目供应量不足 目前国内专业频道的专业节目供应量不足是一个普遍问题，在专业生活频道中表现得尤为突出。为了弥补播出时间段的空白，大量地播放软性广告和电视剧，而正是这些削弱了专业生活频道的专业属性。专业频道不专，表现出的更多的是综合性，许多专业化频道靠电视剧当家。对此，许多专业频道是出于无奈，因为它们没有足够的专业节目来支撑，而有的专业频道则是想借电视剧聚人气。

目前，国内的大多数生活频道都无法购买到适合自身频道定位的专业化节目，而自身的制作力量都不强，为了填补时段，只得大量播出和本频道定位不匹配的节目，这已成为制约频道专业性发展的突出问题。

4. 频道整体营销意识淡薄 营销概念的本质就是以产品为核心，提供相关的系列服务。落实到电视频道的运营上，就是要利用各种促售手段，将有限的节目资源打包，尽可能地吸收目标受众资源。但目前国内专业生活频道推出整合营销传播（IMC）策略的寥寥无几，很多频道为了争夺收视率，在频道内部进行恶性竞争，造成资源浪费。

在频道形象宣传上更是手法简陋，通常只是用三维动画技术做一些片花和简单的频道包装，缺少符合频道特质的形象宣传体系，造成频道视觉效果缺乏特色，往往被淹没在众多的频道中，观众也因此对专业生活频道的认知度非常低。

5. 节目编排欠专业 有线电视台转型为分众时代专业化频道以后，它的节目编排就应该实行技巧性的时段式的编排，而不是栏目式的编排。因为在传播分众化以后，频道是一个最基本的经营单元，在提高节目内容专业性的同时，节目编排也需要专业化的设置。

专业生活频道由于播出的节目类型各异，品牌栏目又很匮乏，因此在节目设置、时段编排中存在许多问题，因而在实践中尚未真正走出一条有鲜明特色又别具一格的专业化道路。

（二）专业生活频道的生存策略

1. 差异化原则和地域特色 差异化竞争是市场经济的基本规则，专业生活频道要想争取足够的市场份额，必须首先分析频道的生存环境。无论是在原有频道的基础上将频道的内容、特色、风格加以强化和明确，还是将频道面貌以旧换新，都需要把握专业生活频道的地面特征，对频道所处的竞争环境、播出范围、目标收视群体等方面加以研究，同时对竞争对手加以归类分析，充分地认识自身的主客观条件，认清自己的优势、劣势，这些都是确立一个频道定位的前提。

在频道定位含混和节目同质化严重的背景下，必须采取差异化的竞争方式，而专业生活频道的差异就在于它的地域特色。对专业生活频道而言，经济实力无法和大台抗衡，播出范围受地域限制，但它在本土受众心目中所具有的亲和力和贴近性，对当地文化、人文特征、生活原生态的理解和展现，都是其他电视媒体无法比拟的。

2. 细分传媒市场和选择目标受众 从功能上说，电视媒体无一例外地承担着宣传和服务两大任务。而在媒体市场日益成熟的今天，受众的需要被视为媒体生存的第一前提，因而媒体的服务功能被放到了首要位置。那么，怎样的服务是电视受众最想获得的呢？从覆盖范围比较大的台（中央台与省级台）与小台（城市台）之间的差异来看，大台因为服务面广而针对性相对较弱，小台因为覆盖范围明确而使服务更有的放矢，专业频道则让这种服务进一步细化。而受众希望得到的正是一种具体的、可以触摸的关怀。

频道一旦确定了专业走向，无疑也是对受众的一种再分配。一方面，一个专业的频道不可能也没有必要满足所有受众的喜好；另一方面，电视播出的目的又是要最大限度地争取受众。因此，如何确定自己的收视群，如何扩大自己的收视群，成为频道专业定位后面对的一个重要问题。明确的目标收视群将直接影响频道的专业化程度，它是频道具体栏目的设置、栏目的定位、板块的串联、栏目的编排等的前提。

在一定意义上，频道定位是受众定位的反映，能否最大限度地找准目标受众群，可以说是专业化频道营销成败的关键。

3. 打造品牌栏目 品牌栏目对一个频道来说，不仅是提高收视的有效手段，也是体现频道特色和个性的重要方式。

任何专业化频道都必须至少有几个自己的品牌栏目，这些品牌栏目应当做到"三高"（高知名度、高收看频次和高欣赏指数）。看一个频道的定位，具体来说就是看频道设置了一些什么样的栏目，这些栏目又是怎样设置的，这些栏目的内容设置和板块结构能否贴切地反映频道的专业属性，能否用一种视觉的冲击赢得最多的受众。专业生活频道拥有的受众数量有限，因此，根据既有受众群的收视诉求，立足本土，集中力量打造几档能体现频道气质的栏目，是应对众多频道竞争的有效手段。自办栏目一般都是一个频道综合实力的体现，对专业生活频道而言，自办栏目的准确定位主要依赖两点：一是栏目是否符合频道的总体定位，二是栏目能否在与大台的竞争中扬长避短，体现频道个性。专业化频道营销最重要的策略之一，就是通过一系列品牌栏目来建立受众的频道忠诚度，使受众建立约会意识，并在固定时间锁定频道观看节目。从总体上讲，"品牌"是企业的生命，也是频道的生命。从市场营销学来看，品牌本身就是无形的巨大财富（无形资产），是带动频道收视率、吸引受众并增加广告收入的主力军。

第六节　融媒体时代生活服务类栏目的变革

一、融媒体时代对生活服务类栏目的影响

（一）生产方式的变化

融媒体时代，生活服务类栏目呈现出"泛内容"的发展趋势，将服务与娱乐相结合，以此拓展受众范围。电视的受众流失已成事实和趋势，单一类型的生活服务类栏目的受众则更容易流失。为此，不少生活服务类栏目融合了其他栏目和类型的特点，将新闻和资讯相结合，将生活和娱乐相结合，题材也越来越宽泛，从科技、健康、旅游、消费、医疗上进行全方位指导。中央电视台综合频道《生活圈》的许多题材关注当下，根据社会热点编排，注重新闻性，"微整形"和"二手车"都出现在栏目中。

1. 平民意识、人文情怀　具体来说，平民意识就是平民化角度、平民化语言。生活服务类栏目贴近大众生活，从用户需求出发，受众为先。如中央电视台财经频道2020年1月27日19：30首播的大型生活服务类栏目《生活家》，提倡时间无价、效率为王的省时生活，不降品质、只降开销的省钱生活，好物分享、理性智慧的省力生活，服务目标就在于帮助观众走向美好生活。再如旅游类节目在新冠肺炎疫情防控背景下开发了云游景区等新形态，主持人从演播厅走向自然和日常生活，主持风格生活化，从官方立场转向平民视角，以普通人的视角向普通人传递生活中别样的风景。从录播转向直播，使得节目具有即时性的特点。直播没有彩排，也因此增加了现场状况的不可控性、

不可预料性。观众对演播室的预期是不允许出错。观众想看直播是因为其更真实,如果制作方和主持人把自己放到和观众平等的地位上,那么,观众对直播中的意外、出错的容忍度也会更高。所见即所得,所拍即所看,手机直播能让观众第一时间领略到风景的美感。

2. 表达形式的高度综合 融媒体时代,生活服务类栏目呈现出表达形式高度综合的特点,将戏剧、电影、竞赛元素融入栏目之中,将服务与娱乐相结合。如《生活家》在生活资源的演绎上,首创360度多元场景化环绕演播室,融合了情景剧演绎、生活技能竞技、知识竞答、专家解读等多种影视化表达方式。老牌生活服务类栏目《为您服务》借鉴微型喜剧和情景剧的元素,推出角色扮演类的《你该怎么办?》,指导人们在出行中遇到心怀叵测的司机时应怎样自救,《生活》栏目开辟了《朱轶说计》等微型剧形态,揭开生活中的骗术。

2020年,《健康吉林》栏目开辟了子栏目《营养厨房》,以养生结合美食知识,带来新看点。让营养学专家为一般人群、特定人群和家庭提供膳食指导、咨询和健康烹调方式示范;推广应用《中国居民膳食指南》指导日常饮食,控制食盐的摄入量,量化用盐用油,减少隐性盐的摄入;倡导平衡膳食的基本原则,坚持食物多样、谷类为主的膳食模式,推动国民健康饮食习惯的形成和巩固。

随着真人秀和脱口秀的火爆,生活服务类栏目也将之引入进来。如中央电视台《是真的吗?》栏目,以网台联动的全新方式,对网络流言进行验证和实验,探求真相。每期栏目一开始,先是主持人的脱口秀,接下来是真相视频调查和现场真假实验,为增加看点,每期还会找一位明星嘉宾猜真假,猜输了的人会被翻椅子。栏目把新闻调查和综艺娱乐、脱口秀元素结合起来,主持人则会用幽默的语言讲述大家关心的严肃事件,很有观众缘。

除了娱乐化,新闻性也是当代生活服务类栏目的重要特点。现代化的节目编排理念是把新闻融入服务性之中,使观众迅速了解最新的信息,以调整自己的生活。将有效的资讯和综艺的表达方式相结合,其中有效的资讯是生活服务类节目的核心。比如,上海电视台的民生新闻节目《新闻坊》,推出了名为"新闻坊+"的全媒体民生服务平台,帮助市民寻人寻物、线索爆料,关注上海早晚高峰交通动态,并且还与公益组织展开合作,解决老百姓的实际生活难题,从真正意义上推动电视民生栏目从"关注生活"转型为"服务生活",极大地满足了当地受众的生活需求,实现了经济效益和社会效益的双丰收。如,《1818黄金眼》做出了积极大胆的跨媒介融合尝试,不仅打通了公众号、微博、爱奇艺、抖音等新媒体平台,搭建了新老媒体同步的播出模式,还与B站合作推出了民生纪录片,不断拓展电视民生新闻在内容实现上的可能性。

3. 强大的明星阵容 融媒体时代，生活服务类栏目应善用明星效应，邀请明星担任栏目嘉宾，利用明星的影响力和号召力来扩大栏目的受众范围。比如，深圳卫视的《时尚旅游》是国内首档以明星作为体验者身份的深度旅游类栏目，它摈弃了固定的节目主持人，每期邀请一位体验者，提升新鲜感，明星、旅游达人、草根，全新面孔、全新目的地，带给观众新奇的旅行感受。

（二）传播形式的变化

融媒体时代，生活服务类栏目从单一的传播方式走向融合传播。电视仅凭一己之力，传播效果有限，借助其他媒体的优势，建立跨媒介传播矩阵，传播效果有了显著的提高。比如台网联动，节目在电视和互联网上同步播出，有效地拓展了受众范围，弥补了传统电视媒介的传播劣势。

然而，不同的媒体平台有其自身的媒介特性，电视节目的内容不能原封不动地照搬到其他平台，而要针对媒介自身的特性做出调整。相对来说，电视节目内容完整，时长较长，当生活服务类栏目在抖音、快手等短视频平台上传播时，可以将信息碎片化，以一两分钟的时长投放，从而适应新媒体平台的观看特性。例如《一分钟远离癌症》《一分钟自测健康》的短时长适应了当代媒介碎片化的特点。除了栏目内容的服务功能之外，生活服务类栏目利用新媒体平台拓展自身的服务功能，比如在微信上开通服务号，开展咨询，在微博上每日发布一条生活助手，以短小精悍的实用内容进入寻常百姓的每日生活中，让便利随处可见，科学遍地开花。

新媒体平台的一大特性是互动性强，传播速度快。生活服务类栏目与新媒体融合的趋势是形成全民互助的模式，服务的时效性大大增强，形成了全民参与的平民化、开放性、互动性、服务性。而电视以其精良的制作水准，也胜过新媒体的短平快，这体现在生活服务类栏目邀请业内权威专家，做深入浅出的指导，从而增强了电视节目的权威性和公信力。

建立全媒体传播矩阵，多平台传播。如《生活家》是中央电视台财经频道推出的生活服务类季播栏目，在快手、抖音等融媒体平台进行二次传播。《生活圈》是中央电视台综合频道全力打造的一档"融媒体"生活服务类栏目，每周一至五在中央电视台综合频道早间播出，并且在微博、微信、抖音等多网络平台开设栏目号。它开发出多个全网投放的音视频产品，组合成为具有创新特色的全媒体传播矩阵，微信公众号拥有几百万粉丝，影响力排名全国500强；在短视频平台投放的中央电视台"一分钟懒人厨房"等一批系列短视频公众号，也快速成长为各视频平台上的热门账号。在播出形式上，不少直播节目采取了小屏优先、大屏配合的策略。

二、融媒体时代生活服务类栏目的发展对策

(一) 内容生产方面

1. 树立以服务为主的价值导向　随着电视用户娱乐需求的增加,生活服务类栏目为了吸引观众,也在栏目中加入了不少综艺元素,如真人秀的方式。

有些生活服务类栏目为了追求商业利益,在栏目中穿插大量广告,且对内容把关不严。如,健康类栏目以科学的角度向人们传递健康知识,从某种意义上讲,所承担的是一种健康教育普及的公益性功能。然而,大健康传播时代的到来,健康传播诉求日益增长,很多栏目出于商业目的,变相为医院、保健品、药品等做广告,导致一部分观众流失。栏目邀请的专家准入门槛低,由于监管不力,没有对专家的专业性和权威性进行严格要求和把关,因而出现了许多伪专家。传播的健康知识缺乏科学性,误导观众,影响了栏目的公信力。对此,生活服务类栏目应对选题和商家审核进行更严格的把控,保证栏目的科学性和权威性。

2. 增强创新驱力,建立本土品牌　生活服务类栏目的同质化现象严重。一个栏目兴起后,其他电视台跟风模仿,导致观众产生审美疲劳,缺乏新鲜感和刺激感,栏目吸引力下降,收视率下降。

如婚恋类栏目,除了江苏卫视《非诚勿扰》外,还有湖南卫视《我们约会吧》、东方卫视的《百里挑一》、上海电视台《相约星期六》、浙江卫视《相亲才会赢》和《爱情连连看》、贵州《非常完美》等。如求助类栏目,江苏卫视的《职来职往》一炮打响后,天津卫视推出《非你莫属》,其他卫视发现商业热点后,也相继推出类似的求职栏目。

而当观众对此产生审美疲劳后,栏目便全力挖掘劲爆话题或话题人物来刺激观众,但在这个过程中,真实性被削弱了,更多的是被制造出来的热点和话题,栏目中的求助者有多少真实的诉求值得怀疑。栏目越来越真人秀化,离生活服务的初衷也越来越远。

在国内的生活服务类栏目创新乏力的情况下,引进国外节目版权和生产市场化成为电视媒体的核心竞争力。然而,有不少生活服务类栏目在未购买版权的情况下,抄袭国外的电视节目。如《四大名助》被韩国KBS电视台投诉抄袭,开办不到一年,就因为版权纠纷而停播。

3. 对用户垂直细分,精准定位市场　融媒体时代,受众群体的偏好发生了转移。如《职来职往》当初开播出时,电视行业发展如日中天,观众群体的定位是大学生,也有高中生,而现在的年轻人有了更加多元的娱乐选择,不

会在电视机前收看类似的节目，使得栏目在观众构成上发生了很大的变化，最明显的就是年轻观众流失。旅游类栏目具有特定的服务性，需要满足旅游景点、旅行社和游客等旅游产业相关领域的需求，然而，这类栏目往往缺乏时效性，不能及时有效地满足不断变化的市场与用户需求。对此，生活服务类栏目应充分利用大数据，精准定位受众群体，实时把握市场动向，生产更符合用户需求、更受观众欢迎的内容。

4. 加强生活理念的引领 融媒体时代，内容产品不再是稀缺资源，广大受众需要的是正确的价值观和审美观的引领。

首先，紧跟时代潮流，内容轻量化。轻量化的节目能在短时间内吸引观众，满足受众碎片化的消费需求。

其次，紧跟民意走向，发挥内容优势。生活服务类栏目的宗旨是为观众服务，重点体现人文情怀，内容应该与百姓的生活息息相关，根据百姓的需求制作，与大众的生存状态、消费潮流、消费观念紧密相连。融入新技术手段、添加新知识内容、提倡新生活方式，鼓励民众追求美好生活。

生活服务类栏目要建构与我国现阶段经济发展阶段相适应的文化理念，将最先进的生活理念、科学的生活方式等传递和呈现给观众，根据不同的栏目类型，从不同侧面进行文化倡导和审美提升。不应该局限于制造感官和情绪上的浅层快感，而是要努力挖掘心理和情感上的深层美感，要注意保护节目中文化生态的整体平衡，追求通俗和高雅的共通共融。

（二）传播形式方面

1. 电视与新媒体优势互补 融媒体时代，传统电视的传播理念亟待更新，要加强电视媒体与新媒体的优势互补。传统媒体公信力强，新媒体传播的有效性和影响力相对有限，二者可以互补。传统电视节目传播形式单向，互动性差，演播室的录制模式也显得落后，新媒体在这方面的优势可以有效地弥补电视传播的遗憾。电视媒体经过多年的发展，在信息资源和媒体运营上有着相对成熟的模式，融媒体在网络助推下可以与之共享资源，先网后台，融合传播。建立新媒体传播矩阵，利用小屏的互动优势引爆热点话题，利用大屏全维度呈现、深入挖掘，大屏小屏有机联动，扩大节目的影响力。

对生活服务类栏目来说，应增加与观众的互动，让主持人走出演播厅，走进社区，将社区现场变成栏目演播室，借助新媒体平台与观众更好地互动。比如，《约吧！大明星》栏目设立"万事屋"，接受大众的求助，明星走进现实生活，在真实的生活场景中帮助求助者解决问题。

2. 发挥融媒优势，打造品牌 品牌意识对当下受新媒体冲击的传统媒体而言尤为重要，在媒体融合的媒介环境下，如何让新媒体优势为我所用，对生活服务类栏目来说是一大课题。在这方面，湖南卫视《向往的生活》栏目做了很好的探索，也取得了初步成功。作为一档生活服务纪实类栏目，该栏目自2017年开播以来已连续播出五季。它充分发挥融媒优势，一方面，栏目组积极利用新媒体做宣传，扩大品牌影响力。另一方面，整合品牌产业链中的各个环节，打造了一条多渠道盈利的产业链。栏目与爱奇艺和芒果TV视频网站进行跨媒介合作，在视频网站设置了"游戏大全""本周美食"等视频模块，内容有"开还是关：场外观众福利""一分钟教你做猪油拌饭"等，场外观众与明星嘉宾一起娱乐，从而实现了栏目和视频平台的互惠双赢。

第七章　电视纪录片和纪录片栏目

纪录片是当代电视节目最主要的表现形态。

事实上，我国初期的电视栏目与社教类栏目基本同义，而社教类栏目的主要报道形态是纪录片。纪录片孕育了电视栏目，在我国电视发展初期，大量的纪录片丰富了电视栏目的内容，如中央电视台综合频道曾设置《纪录片》固定栏目。

需要说明的是，2011年，中央电视台纪录频道开始设立，但直至目前仍然很不成熟，还不具备进行系统的理论化总结和概括的条件，因而本章暂不涉及纪录片频道。

第一节　纪录片的本体特征

纪录片是运用现代电子、数字技术手段，真实地记录人类社会生活，以现实生活的原始内容为基本素材，经过创作者的选择、重组、集中、强化，结构而成一种完整的节目形态，它的素材保留了生活鲜活、真实的信息，具有极强的真实性、客观性，供观众观察、体验和思考。而在选择和结构过程中，则有创作者对生活的认识、理解、兴趣、爱好的介入。可以说，纪录片是客观生活与主观认识之间保有较大空间距离的一种结构，它既能将真实的生活物化成一种可以复制、保存、传播的形态，留给人们一段活的历史，又能给观众提供创作者对生活独特的、个性化的视角，供观众欣赏和评价。

一、纪录片的界定

纪录片的英文为 documentary，即"用影片叙述非虚构的故事"之意。纪录片的创作主要运用记录的方式，真实地再现生活。记录意味着对创作主体的淡化、对客观生活的尊重。

纪录片有几个基本特征。

1. 真实性 真实是纪录片的本质属性，是纪录片存在的基础。所谓无假定性的真实，是相对于艺术的真实而言的。与故事片、电视剧中的假定性的艺术真实不同，纪录片所面对的客体对象必须是现实生活中真实存在的事物和人物，不允许虚构。它的基本手法是采访摄影，即在事件发生发展的过程中，用挑、等、抢的摄影方法，记录真实环境、真实时间发生的真人真事。真实是纪录片的生命，而且这种真实是人能从屏幕上感受到、同时摄影师有可能拍到的真实事件。

2. 形声一体化的表现结构 纪录片记录现实生活中真人真事的功能是通过摄像机这种特殊的电子工具实现的。现实世界中，客观事物的存在与运动都以形声一体化的完整形态进行的，摄像机以一种特殊的记录形态再现了客观事物直观的形声结构和运动过程。这种记录形态强调记录行为空间的原始面貌，强调记录形声一体化的行为活动，使得纪录片中人和事物的活动具有一种符合人们日常生活经验的逼真感。正是这种纪实本性——客观物质现实的复原，才使得纪录片有着其他节目形态无法替代的独特价值和永恒的魅力。

过去，由于技术手段的限制，在用摄像机去记录生活时，声音和形象往往被机械地分离了，或者出于"宣传"需要，图像脱离了声音，脱离了具体的情境，变成了一种形象记号，使人变成了抽象的类概念，人物的活动也变成了某项活动的类概念，这样的图像可任人阐释。纪录片《望长城》开始了电视观念的一次革命，自此人们开始重视现场声音在画面中的作用。

3. 情境化的叙事方式 情境化的叙事，就是要使纪录片的图像符号所表现的抽象内容有一种"可经历"的情景意义。纪录片的创作者既不能像故事片的创作者那样用虚构的方法来安排情节，也不可能将生活完完全全地记录下来，而只能以真实自然的生活流程为素材，通过择取一个个有"意义"的瞬间和片段来再现生活的原貌。这种再现是建立在情境完整性的基础之上的。所谓"情境"，应包含三大要素：①人物活动的具体时空环境；②人物面临的具体事件或情况，即过程；③由此构成的特定人物关系。一部纪录片正是由多个具有一定逻辑联系的情境按一定意义组成，从而达到叙事的目的。

二、我国电视纪录片的历史

1958年，北京电视台（中央电视台前身）成立，同年6月1日播放了我国第一部电视纪录片《英雄的信阳人民》，记录了河南信阳人民抗灾夺丰收的感人事迹，这部制作粗糙的作品的深层意义在于，它宣布了我国电视纪录片近20年新闻纪录时代的来临，中国电视纪录片也由此起步。当时，新闻忄节目的摄制队伍由原来的电影纪录片的摄影师和编导组成，他们是电视纪录片的开拓者。综观起来，这个时期电视纪录片的内容主要是报道型的，以介绍先进典型、宣传党的方针政策、报道领导人出访等重要活动和重要节日为主要任务，同时也有一些表现我国的自然风光、人民生活风貌和风土人情的纪录片。代表性作品有《芦笛岩》《长江行》《周恩来访问亚非14国》《战斗中的越南》《收租院》等。

这些带有新闻纪录性的纪录片的主要特征是：以国家重大政治事件、各条战线的先进典型为主要内容，以颂扬独立自主、艰苦奋斗的精神为主要基调。当时，《周恩来访问亚非14国》《欢乐的新疆》《三口大锅闹革命》《大庆在阔步前进》等多数电视纪录片都具有那个时代鲜明的教化色彩，但给后人留下了很多极为宝贵的历史影像资料。在形式技巧方面，受苏联的"概述片"模式和纪录片是"形象化的政论"观念的影响，注重纪录片的教化作用，画面、音乐都十分重视形式美、造型美，倚重解说词和蒙太奇的剪辑效果，几乎没有用写实音响。

改革开放之后电视纪录片创作初步繁荣，此时期出现了一些好作品，如《周总理的办公室》《长白山四季》《雕塑家刘焕章》等。《雕塑家刘焕章》（陈汉元导演，1982）是早期人物纪录片的巅峰之作，播出时曾在电视界引发轰动。该片采用了报告文学体，画面自然朴实，解说词平易亲切，类似于拉家常，贯穿全片始终的咚咚作响的凿刻声使结构更加紧凑完整。在同期声技术应用之前，该片以解说词和后期配音技术塑造了一位形象饱满的中年艺术家形象。

纪录片史上标志性的事件是1979年8月中日联合摄制组开始拍摄《丝绸之路》，揭开了中外合拍大型纪录片的序幕，《话说长江》《话说运河》《让历史告诉未来》《祖国不会忘记》等接踵而至。也就是在这个时期，出现了专门播放纪录片的电视栏目，如中央电视台《祖国各地》《人物述林》《兄弟民族》《地方台30分》（原《地方台50分》）等。这一时期的纪录片，内容题材涉及广泛，体裁形式也突破了传统新闻纪录片单纯报道式的形式，出现了散文式、抒情诗式、音画式、调查报道式等，但新闻纪录片作为主流意识形态宣传载体的功能依然在延续。

题材上，20世纪90年代拍摄的《飞越太平洋》（江泽民访美纪实）、《挥师三江》（反映1998年抗洪救灾）、《大江截流》（三峡大江截流工程）等电影纪录片和《邓小平》《香港沧桑》《澳门岁月》等电视纪录片都是较为成功的重大题材作品。这部分纪录片产量很大，覆盖社会各个领域，文献价值极高。但由于对纪录片自身美学规律重视不足，很多作品呈现出"技术精细、艺术粗糙"的面貌。

军事题材也是电视新闻纪录片的重要表现内容，《让历史告诉未来》《中华之门》《中华之剑》《第二次世界大战纪实》等都是这方面的优秀之作。以《中华之门》为例，这部8集的电视纪录片反映的是国门卫士与偷渡、贩毒分子进行的生死较量，在表现方式上运用长镜头跟踪拍摄，将缉毒抓人的过程实景式地展现在观众面前，使观众自始至终保持着强烈的观看兴趣。此片并没有像同类作品那样，通过热情激昂的画外音来渲染缉毒战士的崇高伟大，而是在平实的叙述中，让人感受到国门卫士将生死置之度外的爱国热忱和大无畏精神，在此类纪录片中可谓是一大突破。

而且，我国纪录片创作屡获各类国际大奖。1991年，辽宁、宁夏电视台合拍的《沙与海》荣获"亚广联"纪录片大奖，这是中国纪录片首次获国际大奖。《沙与海》在结构上采取了两条线索交叉剪接的方式，一条线索反映西北戈壁滩一家牧民的生活，另一条线索展现东海之滨一家渔民的生活。两条线索的时间背景都是在改革开放之后，牧民和渔民的生活水平都有了很大提高，但沿海和西部的差距也是非常明显的，这个差距决定了两地人在生活方式、家庭观念、婚姻理想等方面的差别。"亚广联"大奖授奖辞评价它"出色地反映了人类的特性以及全人类基本相似的概念"，并"有助于本国发展"。同年，四川电视台拍摄的《藏北人家》荣获四川"金熊猫"国际电视节纪录片大奖，吉林电视台拍摄的《家在向海》获第五届意大利桑迪欧自然纪录片电影节三项大奖。

1992年，在上海国际电视节上，上海电视台的《十字街头》获得短纪录片大奖。

1993年，中央电视台的《最后的山神》和《远在北京的家》双双夺魁，前者获"亚广联"纪录片大奖，后者获1993年度四川"金熊猫"国际电视节纪录片大奖。

1994年，上海电视台的《茅岩河船夫》获得上海国际电视节"白玉兰"大奖。

最为辉煌的是1995年，我国共有8部电视纪录片获国际大奖，它们是《龙脊》《人·鬼·人》《壁画后面的故事》《回家》《龙舟》等。1997年，独立制片人段锦川的作品《八廓南街16号》获得法国真实电影节纪录片大奖，中央电视台的《神鹿呀，我们的神鹿》获得第二届帕努国际传记电影节"评委会特别奖"、爱沙尼亚国际影视人类学电影节大奖。

1998年，上海电视台的《回到祖先的土地》获"亚广联"信息类纪录片最高奖。

1999年，沈阳电视台的《好大一个家》在第20届东京影视节上获得最高奖。

1999年是中国纪录片丰收的一年。在此不能不提到张丽玲的《我们的留学生活》，该片全力迎合观众，极尽煽情之能事：原来纪录片也可以是"肥皂剧"，"故事性"于是成为纪录片界的热门话题。

2000年，上海电视台的《一个叫做家的地方》获上海国际电视节最佳人文类纪录片奖。

2001年，湖北电视台的《英与白》获四川"金熊猫"国际电视节最佳长纪录片奖、最佳创意奖、最佳导演奖、最佳音效奖四个奖项。此外，许多系列纪录片如《丝绸之路》《话说长江》《话说运河》《望长城》《广东行》《毛泽东》《庐山》《中华之门》《中华之剑》《邓小平》《共和国外交风云》等，虽然因为篇幅较长，没有机会在国际电视节上获奖，但它们在海内外观众中产生的反响更为强烈。

21世纪以来，国内纪录片创作活跃，《不快乐的不止一个》（王芬导演，2001）参展2001年新加坡国际电影节，获得2001年日本山形纪录片电影节"亚洲新浪潮"优秀作品奖；《空山》（彭辉导演，2001）、《公共场所》（贾樟柯导演，2002）获得2002年法国马赛国际纪录片电影节大奖；《英与白》（张以庆导演，2002）、《铁西区》（王兵导演，2002）获得2003年葡萄牙里斯本纪录片电影节大奖、2003年法国马赛纪录片电影节大奖、日本山形国际纪录片电影节弗拉哈迪大奖、南特电影节纪录片单元大奖、2004年加拿大蒙特利尔电影节纪录片单元奖；《盛夏的果实》（郭静、柯丁丁导演，2004）获得第26届法国真实电影节国际竞赛单元伊文思奖、第2届葡萄牙里斯本纪录片电影节国际竞赛单元最佳处女作奖，入围2005年第15届瑞士BLACK MOVIE纪录片电影节国际展映单元；《敬大爷和他的老主顾们》（施润玖导演，2004），获得2004年法国里昂电影节"最佳公众奖"大奖；《好死不如赖活着》（陈为军导演，2003）获得2003年美国广播电视文化成就Peabody奖、2003年圣丹斯电影节世界纪录片提名、2003年阿姆斯特丹纪录片电影节最高竞赛单元提名、2004年英国国家最佳纪录片奖；《俺爹俺娘》（韩蕾导演，2003）中，主角焦波获中央电视台"科龙杯"，影片获2004年我们的影像故事DV大赛"评委会大奖"；《姐妹》（李京红导演，2004）中，李京红获2004年《南方周末》致敬中国传媒之年度现场报道奖，影片获2004年《新周刊》中国电视台节目榜之最佳纪录片；《德拉姆》（田壮壮导演，2004）、《幼儿园》（张以庆导演，2004）、《故宫》（周兵、徐欢导演，2005）、《淹没》（李一凡、鄢雨导演）获得2005年柏林电影节青年论坛沃尔夫冈·斯道特（Wolfgang Staudte）奖、2005年法国真实电影节国际多媒体作者联合社奖、2005年中国云之南纪录片电影节青铜奖、2005年香港电影节纪录片单元人道奖、2005年德国慕尼黑国际纪录片电影节首奖、日本山形国际纪录片电影节大奖；《美美》（高天导演，2005），获得2005年韩国光州国际电影节评委会大奖，参加2005年10月新加坡华裔电影节展映、2006年柏林电影节展映、西班牙马德里国际电影节展映，入选2005年美国真实中国电影节参赛作品，2005年德国莱比锡国际纪录片电影节参赛作品；《东》（贾樟柯导演，2006）获得2006年威尼斯电影节地平线竞赛单元"2006开放奖"和纪录片奖；《梦游》（黄文海导演，2006）获得2006年法国真实电影节评委会大奖；《三里洞》（林鑫导演，2007）获得2007年中国第四届纪录片交流周独立精神奖最高奖；《告别圆明园》（赵亮导演，2007）入选2007年第60届瑞士洛迦诺国际电影节；《南京路》（赵大勇导演，2007）获得2007年第四届纪录片交流周评委会奖；《木帮》（于广义导演，2007）获得首届韩国首尔数字电影节导演奖与影评人奖；《浩然是谁》（杨弋枢导演，2007）参展香港国际电影节，入选2006年第59届瑞士洛迦诺国际电影节Filmmakers of Present单元等；《蜕变》（杨干才、王毅导演，2007）参加第16届东欧"媒体震撼"国际影视节，获最佳长纪录片奖；《马戏学校》（郭静、柯丁丁导演，2007）获得法国真实电影节奖，入选第29届法国真实电影节国际竞赛单元、加拿大Hot Docs纪录片电影节国际展映单元；《天里》（宋田导演）获得第17届法国马赛国际纪录片节最佳处女作奖；《秉爱》（冯艳导演，2007）获得山形国际纪录片电影节小川绅介奖、2007中国第四届纪录片交流周优秀纪录奖；《和凤鸣》（王兵导演，2007）获得2007年山形国际电影节弗拉哈迪大奖、马赛"乔治斯·德·博勒加德奖"；《无用》（马可、贾樟柯导演，2007）获得2007年威尼斯电影节地平线单元纪录片奖；《木帮》（于广义导演，2007）获得首届韩国首尔数字电影节导演奖与影评人奖；《罪与罚》（赵亮导演，2007）入选2007年第60届瑞士洛迦诺国际电影节、2007年法国南特三大洲电影节大奖、第十届捷克"就一个世界"电影节最佳导演奖、2008年拉斯帕尔马斯国际电影节银奖；《我们Wo men》（黄文海导演，2008）获得2008年第65届威尼斯电影节地平线单元评委会特别奖；《归途列车》（范立欣导演，2010）获得2010年"亚太银屏奖"最佳纪录片；《海上传奇》（贾樟柯导演，2010）获得第13届蒙特利尔国际纪录片电影节大奖、夏威夷国际电影节最佳纪录片奖；《舌尖上的中国》（陈晓卿导演，2012）、《乡村里的中国》（焦波总导演，2013）等优秀纪录片，代表了近段时期以来，文化、经济、自然类题材国产纪录片的较高水平。

三、我国纪录片栏目的发展

纪录片栏目是与纪录片一起成长的。

1978年后，我国电视纪录片创作在题材创新、风格式样多样化方面取得了很大进展，并不断发展完善。与此同时，纪录片栏目也相继问世，仅中央电视台就有《祖国各地》《兄弟民族》（1983年10月2日开播）、《神州风采》（1989年3月18日开播，每周播出6期，每期5分钟）、《地方台50分钟》（1989年1月开播，1990年改为《地方台30分钟》），它们是纪录片蓬勃发展的象征，对纪录片在内容题材和表现风格形式多样性方面也起到了积极的推动作用，拓展了电视纪录片的社会影响，奉献了大量的优秀纪录片。

《祖国各地》是我国首先开办的一个固定的纪实类栏目，它的开办使电视纪录片有了一个较为固定的播出载体，有利于进一步促进我国电视纪录片事业的繁荣与发展。据统计，1980年我国电视纪录片产量超过了历年，其中有一半的作品是在《祖国各地》播出的，播出内容非常丰富，也可以说是庞杂，大致有城市或城镇介绍、山水风光、名胜古迹、生产建设成就、特种工艺和文化发展、民族风土人情、人物介绍等。

《兄弟民族》每周播出1期，每期20分钟，主要介绍我国各兄弟民族的历史、文化、风土人情和传统习俗以及新中国成立后的发展和变化等。这个栏目的开播，扩大了我国电视纪录片的创作领域，少数民族的民风民俗、富于表现力的民族歌舞和服饰文化也使人们领略到了另一番风情，加深了各民族之间的了解，促进了各民族之间的文化交流。

《神州风采》栏目的主要特色是短小精悍，简单明了。每集仅有5分钟，但题材广、内容多，每天按时播出，形成短片长系列，构成了杂志化特色，形成良好的播出效果，栏目收视率进入最高行列，直至1997年4月停播。

《地方台50分钟》栏目创办之初对内容有如下考量：围绕不同时期党的宣传方针组织创作；积极反映各地较有意义的事情；节目绝大部分应处于国内较高水平；内容上要有地域特点；制作手段可以多样化，但要精心制作，每个节目从各自的角度看去都应有自己的深度。栏目犹如一个大擂台，一大批优秀作品和电视新人在这里崭露头角，带动了我国地方电视台纪录片创作的全面发展与繁荣，密切了中央台与地方台之间的联系，培养了一批有追求的电视编导，同时为电视纪录片创作开辟了一个崭新天地。栏目的特色或贡献是定位于"自始至终为一个主题内容的50分钟长度的专题节目"，向长发展是形势的需要。优秀的长纪录片代表一个国家电视专题类节目的高水平。另外，50分钟是当时国际上纪录片的一个通行长度，这个栏目的创办架起了中国纪录片通向世界的一座桥梁。

1993年，上海电视台《纪录片编辑室》开播，播出了《摩梭人》《德兴坊》《茅岩河船夫》《远去的村庄》《毛毛告状》等杰作；同年，中央电视台《生活空间》开播，创电视纪录片每日定期栏目的先河。从此，讲述老百姓的故事逐渐成为一种潮流。1993年5月1日中央电视台《东方之子》的开播使人物纪录片有了栏目化存在的形式，同时开创了谈话体人物纪录片的先河。

1997年由北京电视台创办的《百姓家园》栏目，将几十部小型数字摄像机发给普通人，简单地传授给他们使用方法，让他们自己去拍，与这种拍摄方式相一致，栏目打出了自己的广告语——"老百姓自己讲述的故事"，在观念上前进了一步。

1999年，北京电视台创办《纪录》栏目，把讲故事作为核心策略。第二年《东方时空》催生出《纪事》，接着，同在中央电视台一套的《纪录片》栏目也呱呱坠地。而讲故事是这些栏目共同的突破口。

由北京零频道广告公司和上海东方卫视联合制作的大型电视纪录片栏目《东方全纪录》，2004年1月3日于东方卫视首播，这是我国第一个完全市场化运作的纪录片栏目，可以看作纪录片栏目为数不多的亮点之一。《东方全纪录》自播出以来，已经成功覆盖全国90%以上的省区市，收视人口超过10亿，并成功打入国航、海航、深航、南航等航空公司的媒体，其目标是成为中国最大的纪录片生产、交易、播出、展映基地以及中国专题类电视栏目的强势品牌。

但进入21世纪以后，电视纪录片日益被观众疏远却是一个不争的事实。一方面，轻松欢快的娱乐节目和引人入胜的电视剧夺取了大块的观众市场；另一方面，纪录片与生俱来的一些特点也限制了它的收视前景。同时，当前的电视纪录片是以栏目化的形式存在的，这种栏目化一方面使得纪录片获得了生存的地盘，另一方面又造成了其与个人创作之间的矛盾：纪录片编导的创作欲望得不到满足，即使满足了，也难以召唤起观众的收看热情，创作人员日益陷入一个进退维谷的尴尬境地。在经历了短短几年的奇迹之后，各种电视纪实栏目的收视率开始急遽下降，比如，凤凰卫视的《DV新世代》苦撑两年分文无收，不得不宣告解体；曾创下36%收视奇迹的《纪录片编辑室》早已风光不再；《纪录片》改名为《见证》后，已经收到收视警告；北京电视台的《纪录》还在挣扎中观望；中央电视台的《探索·发现》和东方卫视的《东方全纪录》则行走在寻求纪实和娱乐之间平衡的钢丝上，其中的很多节目已不再受纪录片这一框框的束缚。

纪录片在创作上也陷入萎缩状态，尤其是以电视台为中心的体制内创作。由于收视率的大幅滑坡，纪录片创作人员的转行也是一个不争的现实。

当今世界纪录片格局日趋多元化，美国探索频道和国家地理频道、日本NHK、法国电视5台的纪录片长盛不衰，独立制片和基金会扶持的纪录片计划也比较流行，灵活的制片方式保证了纪录片的繁荣。尽管在资金投入和运作经验方面，我国和很多国家存在差距，但华语纪录片的影响在不断扩大，市场前景也被看好。

四、纪录片频道

2014年,国家新闻出版广电总局(以下简称国家广电总局)要求,所有上星综合频道平均每天必须播出30分钟以上的国产纪录片。

随后,国家广电总局开展优秀国产纪录片推荐播映工作,在各地各部门推荐的基础上,每季度评选一批优秀国产纪录片,并向全国推荐播映。为表彰奖励优秀国产纪录片作品、人才以及制作、播出机构,加快推动中国纪录片产业繁荣,国家广电总局发布了《关于2011—2012年度国产纪录片及创作人才扶持项目评审结果公示的通知》《2012—2013年度优秀国产纪录片及创作人才扶持项目评审办法(试行)》等文件。

目前,国内专业的纪录片频道有:中央电视台纪录频道(CCTV-9),以播出各类纪录片为主,24小时全天候排播。这是中国第一个国家级纪录片频道,曾经是中国第一个覆盖全球的中英文双语纪录片频道,2011年1月1日8:00正式开播,首播《舌尖上的中国》《京剧》等。

上海纪实频道成立于2002年1月1日。纪实频道自2009年改制实行传媒公司化运营以来,逐渐成为中国有影响力的纪实节目生产和播出平台之一。从2012年起实行24小时全天候播出,并全新改版为"全纪实"数字频道,目前已完成高清播出的全部技术指标。

湖南金鹰纪实频道,主要栏目有《历史现场》《我的纪录片》《纪实真好看》等。

北京电视台纪实频道,2011年7月1日开播,栏目有《昨天的故事》《全纪实》等。

其他播出较多纪录片的频道,有中央电视台科教频道、中国教育电视台三频道、重庆电视台科教频道等。

从近年的收视率来看,电视纪录片的播出平台以专业纪实频道、中央电视台和一线卫视为主,地方频道为辅。中央电视台(包括综合频道、中文国际频道、纪录频道)仍拥有纪录片制播的绝对优势,但地方卫视进步很快,实力已有明显加强。但不容忽视的是,新媒体传播的快速发展加剧了电视纪录片的困境。

第二节 纪录片的类型

一、历史文献类纪录片

所谓电视历史文献类纪录片，是指利用电视的多种表现手段，对重大的历史事件、历史人物或某一个阶段的历史发展进程进行多角度、多侧面、多层次、全方位的回顾、审视和观照的一种具有独特风格样式的电视纪录片。电视历史文献类纪录片一方面充分利用以往拍摄的影像资料，另一方面要拍摄大量的新的素材，按照事先拟定的主题，完成对历史的宏大叙事，最终以影像历史的形式与受众见面。由于成本和制作以及播出的原因，电视历史文献类纪录片制作得比较快，以多集连续的形式播出，容易引起较大的社会反响，而电影历史文献类纪录片由于走的是院线发行渠道，因而其影响力不如电视历史文献类纪录片。实际上，作为主旋律作品中重大革命历史题材的一部分，无论是电视历史文献类纪录片还是电影历史文献类纪录片，近年来都以其居高不下的收视率和出人意料的票房，成为影视创作中一道独特的风景线。

比如，1996年在全国影院公映的反映抗美援朝战争的电影历史文献类纪录片《较量》，在当年的国产片票房收入中排名第二，随后发行的纪录影片《丰碑》《周恩来外交风云》也都取得了不俗的票房业绩。1997年初，12集电视历史文献类纪录片《邓小平》在中央电视台连续播出，在社会上反响热烈。该片很快在中央电视台重播，甚至连香港的电视媒体也多次播出该片。而进入21世纪，《潮涌东方》等一批大型电视历史文献类纪录片的热播，也充分说明了电视历史文献类纪录片的历史价值与深远意义。

从创作角度来看，电视历史文献类纪录片首先要尊重历史和真实，真实地记录、反映历史，并以新颖、多样的艺术表现形式营造尽可能强的可视性，以生动和富有表现力的手段把历史再现于屏幕，从而给受众以审美享受和思想启迪。注重纪实风格、多角度深层次地反映历史、细节描写以小见大、多种结构形式及信息新颖、具有揭秘性等，是近十多年来优秀电视历史文献类纪录片的突出特点。而电视历史文献类纪录片在艺术表现手法上主要有访谈、选用历史文献资料、使用历史遗迹、真实场景再现、现实时空和历史时空交替呈现等方式，形成了独特的艺术风格，成为观众观赏电视历史文献类纪录片时的审美认同基础。

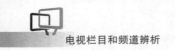

二、科学类纪录片

科学类纪录片，是指以反映自然状况和自然科学研究为题材的电视纪录片，主要包括两大类：记录自然生态环境状况的纪录片（以野生动植物、地址、地貌、自然景观、天文现象为主要内容）和记录人类在自然科学领域活动的纪录片。与纯粹以传播知识为目的的科教类栏目不同的是，自然类纪录片的落脚点是人类本身，要么通过自然及野生动植物来观照自身的存在，成为反观自身的"生存之镜"，唤起人类对生命的重视和对自然的热爱；要么通过人类对未知领域（自然科学）的探索，实现对人类自身伟大力量和人性的本质的深层理解，从而通过对人类命运的认同，产生对电视纪录片的审美愉悦。

科学类纪录片的摄制，需要相关领域的自然科学知识和专家学者的支持，同时也要体现摄影手法和制作特技的完美结合，在反映自然生态环境状况的纪录片的摄制中，这一点尤为明显。这一类题材的自然类纪录片要求尽可能地靠近被摄动物，而这必须依靠各种拍摄器材来实现。法国纪录片导演雅克·贝汉制作的《迁徙的鸟》就是这样一部佳作。该片在摄制过程中使用了各种摄影器材。大量独创的技巧和特殊设计的摄影机的运用可以使拍摄者从各个方位靠近鸟类，滑翔机和三角翼飞机可以近距离甚至是零距离拍摄迁徙的鸟。该片还运用了动画合成的方法，以营造一种令人震撼的美感。在长达三年的拍摄中，摄制组得到了法国科学研究院等机构专业上的支持，对拍摄路线都有了详细的了解，因而出色地完成了这部作品。

这类纪录片也是电视台栏目中较多的一种类型。仅中央电视台科教频道就有《探索·发现》《大千世界》《自然传奇》等几档栏目，它们以引进、编译国外优秀节目为主，结合节目的主题化、系列化的选题及制作理念，聚焦动植物世界生命传奇故事，探寻揭示宇宙万象的神奇奥秘，打造了一个充满神奇自然生命、展现天文地理奇观的平台，属于科普类栏目。它的内容丰富、题材多样、制作精良，是开阔观众眼界、提高公众科学素养的一个窗口。栏目编导在引进国外栏目的基础上，充分进行二度创作，如加进国内外相关的素材、资料，特别是最新的发展情况的介绍，弥补了引进的某些科技内容过时等不足之处。在栏目创作与录制时，编导还邀请国内科技专家担任顾问和嘉宾，请他们对节目的科技内容加以解释、评述和补充。另外，除了结合内容、在演播室大屏幕上放映相关镜头外，还经常把有关的标本、图片及模型拿到现场展示，使栏目进一步通俗化、形象化、立体化，更加贴近观众、贴近生活。

比如，中央电视台中文国际频道曾经的《见证——发现之旅》栏目，宗旨是以科学的态度和科学的视角揭示方方面面的科学内容。所谓"发现"，并不是走马观花、蜻蜓点水式地展现一些新画面、提供一些新说法，而是客观、深入地挖掘表象背后的科学意义，让观众不仅知其一，而且知其二，从中真正体会发现的魅力。而发现本身就是一个过程，栏目打破了传统科教片只注重传达科学结果的制作手法，以真实记录加再现的方式，让观众感受追寻、探索未知世界的严谨与乐趣。"发现之旅"实际上就是一种科学揭秘的旅程。栏目的选题范围虽然广泛，却紧紧围绕着科学去展开，不刻意追求新闻效应，也不一味迎合猎奇心理，它的可视性体现为科学地向观众一层一层地揭开大千世界的神秘面纱。

《探索·发现》是中央电视台科教频道黄金档的栏目，每期约40分钟，是国内第一个同时也是时长最长的自然地理、人文地理日播纪录片栏目。栏目的题材定位为自然地理和人文地理，并在探索中不断扩大其内涵和外延，倡导的创作理念是"娱乐化纪录片"，认为故事片有"纪录片化"的趋势，纪录片也可以向故事片借鉴。栏目用搬演的手法重现历史，把相关人物的访谈、动画特技等表现手法运用于栏目中，情节和内容甚至比故事片更加丰富，不仅迎合了观众的收视需求，也培养了我国观众收看纪录片的习惯。

三、人物类纪录片

所谓人物类纪录片，就是反映普通个体生存状态的纪录片。这类纪录片因贴近生活、贴近百姓而受到了广大观众的欢迎，"讲述老百姓自己的故事"是人物类纪录片的独特优势和突出特点，可谓观众自身的"投影"和"再现"。

人物类纪录片的主要特征是以普通人物个体的命运为出发点和归宿。将镜头对准日常生活中常态的人，社会大环境仅仅是作为人物生存的背景而存在的，在纪录片中主要起到舞台和布景的作用，而不是纪录片要反映的主体，这也是人物类纪录片与人文类纪录片的主要区别。

在具体创作中，人物类纪录片主要运用纪实的创作手法，力求尽可能真实客观地反映人物的命运；在选题上，通常选择普通人、普通事，将个体对生活的理解呈现给观众，为社会提供一部由小人物构成的微观的影像历史。因此，理想的人物类纪录片可谓"一部用普通人的话语书写的、民本化的影像历史"。

人物类纪录片从20世纪80年代兴起，目前已成为电视纪录片中影响较大、数量较多的一个片种。20世纪80年代早期的代表作品有《雕塑家刘焕章》；20世纪90年代，随着业界创作观念的进步，许多电视纪录片创作者开始自觉地将纪实理念付诸创作实践，出现了一大批优秀的人物类纪录片和人物类纪录片栏目，其中的代表作品有《茅岩河船夫》《毛毛告状》《女特警雷米》

《侯家家事》。

代表性的栏目有中央电视台科教频道曾经的《人物》。《人物》栏目以纪录片为主体形态，以"探求科学知识，传播文化观念，共享生命阅历，自由交流体验"为宗旨，以独特的视角、新颖的理念，关注现当代文明进程中那些显现出智慧光芒、卓越创造力和非凡品格的人们；关注富于奇思异想、敢于超越常规、勇于挑战极限的人们；关注重大事件的亲历者、目击者和文化与传统的捍卫者；关注在某些领域作出过特殊贡献却鲜为人知，而其创建正改写我们的生存状态与思想方式的人们。智慧者奇特的灵光闪现，思想者深邃的心境物语，发现者执着的迷离幻梦，先行者坚韧的身形步履，观众通过屏幕去接近、触摸这一个个性格迥异又极具魅力的中外人物，进入他们的生命旅程、思想轨道与情感世界，感受和领悟他们对生活、社会文化变迁所产生的影响。

四、人文类纪录片

人文类纪录片是以某一类人群或某一地域人群的生存状况以及物质文化生活等社会活动为题材的纪录片。就表现形式而言，它以人物活动或事件的发展为中心线索，通过人物与所在环境（自然或社会）的一定（平淡、丰富、离奇或复杂）关系来展示人物形象；就内容而言，它着重表现人类的生存方式、道德情感、生活态度等。

人文类纪录片的主题是人，是人的本质力量和生存状态，人与自然的关系，人对宇宙和世界的思索。它不像专题片那样有直接的主题目标和宣传的功利效果，它的主题趋向于更为深层、更为永恒的内容。它从看似平常处取材，以原始形态的素材来结构影片，表现一些个人化的生活内容，通过一种蕴含人类通感的生存意识和生命感悟——生与死、爱与恨、善与恶、同情与反感、生存与抗争、美与丑等，突出人文内涵、文化品质。比如，《沙与海》《半个世纪的爱》《藏北人家》《望长城》《重逢的日子》《德兴坊》《龙脊》《神鹿啊，我们的神鹿》《山洞里的村庄》《影人儿》《婚事》等，都调整了纪实语言结构，体现了对人的深层关注，都是以人为核心，直接关注人，重视人的本质力量，去除了功利心，多了人文性。

《老头》《铁西区》《好死不如赖活着》《乡村里的中国》《姐妹》《蜕变》等作品是人文类纪录片中的扛鼎力作。

在今天，数字技术条件为这种对人的关注提供了更为广阔的空间。近年来，国内就有一些专业或非专业创作者采用更为个人的方式走近人，利用小型数字摄像机，呼吸与共地记录身边的人。如《江湖》《老头》等，其独立制片人用微型数码相机作为拍摄工具，近距离微观地记录下普通人的日常生活，这些片子的拍摄和剪辑尽管粗糙，但其对人的关注具有历史和人文的价值。

五、人类学纪录片

人类学纪录片是指人们运用影视手段，旨在研究人类学和体现人类学研究成果而拍摄的纪录片。这个定义包含三层含义：其一是目的的表述。它是为了研究人类学和体现人类学的研究成果，这是人类学纪录片的本质，研究是出发点，研究指导拍摄。其二是手段的运用。影视手段是工具，是表达人类学研究内容的重要媒体。其三是内容的表述。人类学纪录片的内容是人类学研究和人类文化研究，它包括人类的生存状态、生活方式、人种繁衍、组织规则、宗教信仰、社会结构、文化模式等。

按照影视人类学家格瑞欧（Griaule）的分类方法，人类学纪录片大体可分为三类。

一是提供研究用的纪录片段。此类片子数量最大，也最珍贵。它包括只用一个镜头拍摄的一个完整过程，像制陶、打制器具、舞蹈等，也包括人类学家利用较长时间对研究对象进行全面系统的记录。这些素材不仅可以提供给今天的人类学家研究，更重要的是保存下来留给后人回顾与研究。

二是用于人类学课程的教学片。一般是指那种只剪去素材中冗杂的部分、经过粗编后的纪录片。有的加解说；有的则不加解说，但附上文字说明。这类纪录片虽对素材进行了剪辑加工，但依然保留着资料的原始性，摄制者不提出任何见解。

三是供电视台播放或学术交流的具有完整结构的作品。这类人类学纪录片加入了摄制者的观点，是制作者按照自己的感受和理解，对素材进行剪辑和加工而成的，剪辑较细致，结构较完整。从一定程度上说，这一类纪录片是摄制者对所拍摄的文化事象所做诠释的结构性再现，或者说是摄制者对所反映的客观文化的主观再现。在这类纪录片的制作中，运用相同的素材，根据不同的需要，常可以成功地剪辑出不同类型的人类学纪录片。比如，中央电视台的《最后的山神》和中央民族大学的《最后的萨满》这两部纪录片，前期拍摄一起进行，所获素材相同，后期制作是从完全相同的素材中分别剪辑出成片。在《最后的山神》中，制作者按照自己对鄂伦春族原始宗教萨满教的衰落以及残存影响的感受和理解，表现了萨满教在鄂伦春族现实生活中的地位和在鄂伦春族群众心理上的历史积淀，生动真实而富有人情味。《最后的萨满》则详尽、客观地展示了萨满祭祀仪式，包括萨满所穿的法衣、使用的法器、祭祀程序和活动细节等完整段落，为研究鄂伦春萨满教的现状提供了丰富可信的资料。

第三节 纪录片栏目化

一、我国纪录片栏目的现状

我国电视纪录片自20世纪90年代蓬勃发展以来,第一个高峰业已达到,其标志是培养了一大批中国的电视纪录片观众和国家电视台的纪录片制作人,使一批纪录片栏目在全国各大电视台得以出现和运作,形成了一种引人瞩目的、具有中国特色的纪录片现象。在20世纪90年代前半期的纪实主义浪潮中,仿效《纪录片编辑室》《生活空间》的纪录片栏目在全国各省市台遍地开花,虽因克隆而严重同质化,却由于纪实浪潮的深广影响及上级相关部门的积极扶持而风光无限。而90年代中后期,由于电视体制改革,收视率地位上升,大批娱乐类栏目的兴起造成大量观众流失,纪录片的栏目化生存也陷入了重重危机,大量的纪录片栏目纷纷谢幕,当年的风光不再,收视率也呈下降趋势。比起20世纪90年代初的一派繁荣,目前,我国的纪录片创作仍处于低谷状态。许多名牌纪录片栏目要么消失,要么被某一杂志型栏目兼并成为其附庸,即使在一些实力较强的电视台,能顽强坚持下来的纪录片栏目也寥寥无几,而且多数已退出黄金时段。电视界人士常把拥有优秀的人文电视纪录片和名牌纪录片栏目视为一个电视台实力的标志,但事实上,目前人文类纪录片大都淹没在新闻、综艺、电视剧之中,甚至成为可有可无的点缀。

2013年,国家广电总局制定了鼓励纪录片发展的相应政策,并要求保证纪录片有一定的播出时间,但效果并不明显,纪录片栏目的发展和现状仍不乐观。

二、纪录片栏目化的生存策略

栏目化是纪录片与电视结合后的主要生存形态。由于主动权在电视一方,纪录片与电视磨合的结果只能是作为电视的组成分子而附和电视运行规律,顺应电视发展趋势。而栏目化是20世纪90年代我国电视发展的大势所趋,这是由电视"节目—栏目—频道"的三段式发展规律决定的,因此纪录片栏目化是纪录片与电视结合的必然结果。

应该说,纪录片栏目化是纪录片在大众传播时代的生存策略,电视对电影的挤压迫使纪录片抛弃纪录电影形态,而以电视纪录片栏目的形式在电视中占据一席之地,而这是与20世纪90年代初的纪实主义浪潮同步的。1993年上海电视台《纪录片编辑室》与中央电视台《东方时空·生活空间》的开播标志着纪录片栏目化的开始。因此，纪录片栏目化并不是在90年代中后期纪录片进入困境之后而寻找的生存策略，相反地，纪录片栏目的生存危机正是90年代中后期纪录片生存困境的表现。因此，现在我们说栏目化是一种生存策略，其意义在于，如何在纪录片栏目化的形式下寻找栏目化纪录片的新出路，解决纪录片栏目化的生存危机。

（一）纪录片栏目化的必要性

事实证明，纪录片的栏目化是电视发展的必然结果。

1. 电视产业化发展的需要 任何一家电视台出钱出力拍摄电视纪录片，都不是让纪录片的编导们去"玩艺术"，而是借助它去发挥电视台的社会影响，或产生经济效益，带来收益，这就决定了纪录片产品必须保证按时播出，形成规模，创出品牌，形成合力，以增加电视产品的附加值，提高含金量，来换取更大的效益回报。

2. 媒体受众分众时代发展的需要 今天的中国，已经不是处于电视传媒一枝独秀的时代，而是进入了全媒体融合发展的时代，民众对媒体的选择迅速分化，即便对电视观众而言，他们对信息、休闲、娱乐、求知、修养等方面的不同需求，也要求电视荧屏生产出更多形式多样、内容丰富的节目。电视节目的栏目化正是对这一要求所做出的反应，电视节目通过栏目的专业化分工以吸引不同需求、不同欣赏倾向的观众，形成电视节目在竞争中的整体优势，这已成为电视媒体求生存求发展的现实需要。

3. 市场因素 如果说市场研究的是消费者，那么电视市场研究的就应该是电视观众，在这里，市场占有率被代之以节目收视率，观众对节目的喜好程度成为电视栏目策划者与经营者最为关注的指标。处于边缘状态的电视纪录片栏目的情况也大同小异，栏目化的纪录片要研究观众喜欢什么样的选题，想听怎样的故事，欣赏什么样的作品风格，接受何种节目形式。电视的市场化过程就是艺术的大众化过程，这就决定了在市场化的前提下，艺术必须向市场做出某种妥协。

市场化的目的就是产生效益，而且主要是经济效益。电视台在电视产业化发展的背景下，必须对各个栏目的投入与产出做出准确的考量和权衡。首先，栏目化容易使电视节目形成规模，产生合力，形成市场上的品牌效应，进而实现利润的最大化。其次，电视台对电视节目制作的人力投入、财物支出、设备使用都有严格的限制，每增加一人的工作量，每增加一天的拍摄时间，每增加一小时的后期制作，都会追加栏目的成本，而这种追加对节目质量的提升幅度又难以量化，因此，管理者对于任何"追加"都会本能地持否定的态度。于

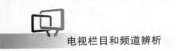

是，电视节目制作者与他的作品必将承受由此带来的损失（也许是不可估量的），这是一种现实，更是一种无奈。

4. 效率因素 纪录片的栏目化事实上已经使制作人与观众之间形成了某种（至少是时间上的）约定，保证如期"赴约"成为纪录片栏目的首要任务。

既要降低成本、提高效益，又要诚实守信、如期播出，就必须对电视作品的风格模式、制作方式、操作程序制订出明确的标准，这不仅有利于电视栏目的批量生产，以保证货源，又便于对产品质量进行监控，实行量化管理，纪录片栏目化也摆脱不了这样的约束。

从北京电视台曾经的《纪录》栏目来看，个性化已逐渐融入类型化之中，纪录片生产线般地投入紧张的运行，有着统一的纪录精神和统一的纪录风格的作品在规定期限内不断地被生产出来，从而保证了节目的来源，保证了规模，也就保住了市场。公正地说，《纪录》为纪录片作品与市场相结合的目标进行了大胆的尝试，同时也为纪录片栏目化的发展做出现实而有益的探索。但它也掩盖不了这样一个事实，那就是，它必须在艺术与"猎奇"之间做出抉择。

（二）纪录片栏目的生存和发展策略

1. 转变制作观念 自20世纪90年代以来，精英文化理念逐渐消退，人们开始把关注的目光从伟大和崇高转向平凡和普通，开始从缥缈的历史和远方的世界抽身，转而关注身边的人和事，关注自己和周围人的生存状态。纪录片作为电视文化的重镇，受到这种文化观念转变的影响，纪录者纷纷将镜头聚焦普通民众的生存状态与生存空间。

纪录片迎合受众市场的观赏口味本无可厚非，但片面地将"平实"作为纪录片最重要甚至是唯一的叙事风格，无疑是将纪录片发展推向穷途。纪录片作为一种精品艺术，虽依附于电视这一大众传媒，但其文化起点高于一般大众文化类型，这就决定了它的内容必须比其他大众文化更丰富、更立体、更高层次。因此，对同一种题材，可以采用不同的叙述手法，而由此产生的不同作品风格，对于满足感官、加强内心体验和细化受众群来说都有很大益处。

不论哪种类型的题材，我们采用不同手法便可以制作出不同风格与感受的纪录作品。纪录片栏目应该转变观念，不拘泥于平实的叙述，而是多种风格兼收并蓄。

纪录片栏目化后，由于各栏目独特定位的需要，也由于作为背景因素的社会文化转型的影响，开始出现品格分流：有的坚守精英阵地，有的毅然走下神坛、汇入大众文化的时代潮流。

2. 多种品格并存

首先是精英品格。纪录片是一门艺术，艺术性是它的基本属性，要求有精英意识。这体现在两个方面，一是在制作上要有精品意识；二是要有一定深度。通常要创作一部制作精良而又有思想深度的纪录片精品，是需要有比较长的创作周期的，周期长并不一定能出精品，但要出精品则一定要有周期做保证，这已经成为纪录片创作中不成文的规律。而与此相矛盾的是，由于必须定期连续播出，纪录片栏目难有宽松的创作周期，因此，要坚持精品创作是有很大困难的。但也正由于纪录片栏目播出的连续性，使它能以"系列"的方式形成一个"场效应"，从而弥补了单个作品的不足。这样，也许单独的一期并非精品，也不一定很有深度，但多期的系列则可以在进行精品化制作的基础上达到一定的思想深度。

这样的精英意识在中央电视台 2000 年开播的《纪录片》栏目（已停播）中得到了很好的体现。栏目侧重于对中国的历史人文进行深刻的思考和探索，以每周 5 期、每期 30 分钟的规模连续播出了两年。虽然量很大，但是创作者们将每一期都当作精品进行创作，纪录片的精英意识在他们身上得到集中体现。栏目的作品大多以系列片的形式播出，如 4 集系列片《来自 1910 年的列车》、13 集系列片《正阳门外》、6 集系列片《巴人之谜》、16 集系列片《经典纪录》、16 集系列片《一个作家和一个城市》、4 集系列片《甲午悲歌》等。2003 年 5 月 8 日，《纪录片》栏目改版为《见证》，以全新的面貌出现，但一贯的纪录片精英品格却没有丧失。

其次是大众品格。纪录片其实在栏目化伊始走的就是大众化的路子。一是题材的大众化。创作者们将目光从缥缈的历史及边远的山林移开，开始将镜头对准现世中的芸芸大众；"讲述老百姓自己的故事"使中国的老百姓第一次在屏幕上看到了自己及身边的人，老百姓成了真正的主人公，这背后潜藏着的是一种文化观念的转型。二是视角的平民化。平民视角是一个创作心态的问题，体现的是创作者与被摄对象的关系问题，它要求创作者与被摄对象站在同一水平线，尊重他们，平等地对待他们。

3. 树立品牌意识　纪录片栏目更需要有长远的战略意识。首先，在所有的电视栏目类型中，电视纪录片是最具艺术品格的。而对艺术的追求是人类不懈的追求，因此，只要坚守自身的艺术品格，纪录片的生命力就是永恒的。其次，随着全社会文化水平的提高，以及社会群体的分化，社会精英群体逐渐产生，纪录片将会是他们在电视中的最终关注点。因此，电视纪录片拥有大量的潜在观众，需要纪录片栏目去挖掘和培养。关注到以上这两点，纪录片栏目就会有自己的长远战略规划。

4. 发扬创新精神　纪录片栏目化后的主要问题之一是不适应以封闭的模式化生产为基础的栏目运行体制。封闭完全靠栏目自身进行生产，纪录片的长周期使栏目有心无力；而模式化要求又限制了纪录片的艺术创造空间。因此，纪录片栏目要突破完全的栏目体制进行体制创新，出路在于：利用社会力量进行创作，以形成互补的开放式创作体制；而在作品的外围，即栏目层面上保留栏目体制。在中国，体制外一直以来都存在着大量的纪录片创作者，DV 在中国的推广更是大大扩展了这股力量，他们有着很强的探索意识，极富创造力，也不乏精英，却苦于没有播出平台。因此，如果体制内的纪录片栏目向他们寻求合作，会是双赢的结局。

三、纪录片栏目化的利弊

曾经的《生活空间》《纪录片》等纪录片栏目，一度带动了我国电视纪录片栏目的发展，形势令人鼓舞（至少看到了某种趋势），纪录片的理论发展也随着创作实践的深入而日渐活跃。

有学者指出，10 分钟或 20 分钟并且每日播出的作品不能算作真正意义上的纪录片，而纪录片栏目的大量出现有着滥用纪实手法的倾向，并且这种纪录片故事化的极端发展，是纪录片理性化向追求视听刺激娱乐化的自愿归顺。纪录片栏目化虽然满足了生产与收视的需求，但纪录片纪实主义的理性精神却在这个过程中被一点点地消磨殆尽，而这一切绝不是纪录片栏目化推动者们的初衷。

无论如何，电视纪录片，或"写实主义"或"纪实风格"的作品，正是通过《生活空间》一类的"非虚构"的电视栏目走进千家万户，让我国亿万电视观众从中感受到"非虚构"栏目的魅力。事实上，《生活空间》们所做的工作就是纪录片艺术基础知识的全民普及，以至于众多普通的电视观众每提及纪录片必言《生活空间》（《百姓故事》）。

令人担忧的是，纪录片栏目的发展在一定程度上掩盖了经典纪录片创作疲软的现状，而观众在讲故事的《百姓故事》与挖掘人类深刻思想主题的精品纪录片之间进行选择的过程中厚此薄彼程度的加深，将造成他们艺术鉴赏力的简单化与模式化甚至退化，正如好莱坞商业大片在带给人们感官上的强烈刺激的同时，丢弃掉的却是思想的沉淀与理性的火花。这一切不仅对于一个民族而且对整个人类精神世界的健康发展都会有相当负面的影响。这揭示出，在电视产业化发展的过程中，电视节目的栏目化与市场化的结合所造成的精品艺术空洞化的危险。

但即使事情真被不幸言中，也不能说这就是电视节目栏目化的过失。正如人人都喜爱艺术珍品，而真正能有机会享用又享用得起的人却少之又少一样，在大众消费的时代，人们需要珍品，也需要大路货。如果为保护艺术精品而关闭工业化的生产线，不仅会使整个社会向手工作坊时代倒退，也是对人类丰富多彩的生活自由的无情剥夺。

如果电视还是一种大众传媒，只有将节目实行栏目化，包括纪录片节目的栏目化，才会为广大电视观众源源不断地提供大量的电视作品。只是这个生产线应该不断提高和完善作品的艺术水准，而不是生产媚俗的精神垃圾。

其实，栏目化播出本身不应该对纪录片制作产生直接的影响，只是在中国纪录片创作还不够发达的情况之下，要定期提供足够数量的纪录片播出，对制作模式、机制和制作观念会产生影响，至少会打破原来的节奏和平衡，从纯粹考虑作品艺术性的质量转向不得不兼而考虑产量等因素。

这是一种无奈的状态，却并不可悲，从某种意义上来说，它是一种必然，或者是一件值得高兴的事。因为，批量生产计算成本，的确是纪录片走向市场化的必要的经营方式，只有这样，才能保证生产的循环进行。而同时，市场化又是纪录片走向成熟的关键一步。市场化不仅可以使纪录片日常化，而且可以培养越来越多的、越来越高层次的纪录片观众。因为，纪录片市场成熟，就自然会更好地与国际接轨，会有越来越多的优秀的国际纪录片进入中国纪录片市场，也必然会有更多的纪录片传播空间，不但会有越来越多的纪录片栏目，还会有越来越多的纪录片频道。也就会有越来越多高层次、高品位的纪录片在大众传媒中出现，而这是提高纪录片观众审美水准、继而提高纪录片创作整体水平的重要推力。

第四节　融媒体时代电视纪录片的变革

拓宽受众的范围，尤其是吸引并留住年轻群体，成为融媒体时代电视纪录片改革的当务之急。

一、融媒体时代对电视纪录片的影响

（一）以用户体验为导向的内容生产

融媒体时代，网络视频平台作为电视纪录片消费的重要市场，用户以年轻人为主，多为受教育程度较高、生活忙碌的网络原住民。因此，电视纪录片在项目开发和选题阶段，倾向于从年轻人的视角考虑，选择他们喜欢的真实故事或议题，或者在传统选题中设置现代性的议题，从传统选题中演绎出新故事和新认知。

而传统电视纪录片的播出时长相对完整，播出时间相对固定，在碎片化的

快节奏时代，传统电视纪录片以电视为播出的单一渠道，其播出时长和播放时间都与融媒体时代观众的收看习惯格格不入，不利于其长期生存和发展。

电视纪录片如何在海量信息中不被淹没、脱颖而出，精准定位消费用户是融媒体时代对传统电视纪录片的转型升级提出的挑战。纪录片作为一门相对小众的影视艺术，拓宽受众的范围尤其重要。图像时代追求视觉刺激及其所带来的短暂快感，在某种程度上与纪录片所具备的理性求真、深度思考的特质是相悖的。毫无疑问，纪录片的这种精神特质在今天依然没有过时，且对当今社会的浮躁之风有一定的矫正作用，因此，如何用大众文化包装精英内核，值得今天的电视纪录片从业者思考。

（二）媒介融合背景下的新传播方式

与传统电视纪录片的"重内容，轻传播"不同，融媒体时代的"爆款"打造离不开内容和传播并驾齐驱。在播出前期，积累人气从而收获更多的关注度必不可少，如此方有可能一炮打响。利用微博、短视频平台、微信公众号等新媒体平台播出预告片、花絮，与观众互动，成为如今电视纪录片提高收视率的不二法门。前期的宣传营销到位后，播出过程中的宣传也不能松懈，借助社会热点宣传营销，是融媒体时代电视纪录片中期工作的重点。融媒体时代，互联网所聚集的爆发力和庞大的舆论网络是打造"爆款"纪录片不可或缺的利器。用户定位精准后，如何"破圈"也依赖于电视纪录片的宣传团队所做的努力。

与传统电视纪录片以电视为媒介的单向传播不同，新媒体的双向互动模式更受年轻用户的青睐。在传播形式上，传统电视纪录片与新媒体平台合作，台网联动，建立融媒体传播矩阵，利用多样化的播出平台来拓宽受众的范围。当然，所谓"融媒体"，不是将不同媒介简单相加，而是根据媒介属性的不同，调整内容以适应媒介，比如，纪录片在电视上播放的时长较长，而当投放到新媒体平台时，经过适当加工和剪辑，能以短视频的形式快速渗入互联网，从而连接更多的用户。

二、融媒体时代电视纪录片的变化

（一）生产方式的变化

融媒体时代，电视纪录片在内容和生产上均发生了一定的变化，具体表现在以下方面。

1. 小体量+结构化 融媒体时代，人们习惯了信息的碎片化和强烈的视觉冲击。传统电视纪录片的播放时长较长，略显沉闷，与之相比，新媒体平台的更新速度、内容活力、创新驱力都更为强劲。传统电视纪录片正在适应产业转型，追赶时代潮流，其生产更符合融媒体时代的接受习惯。

融媒体时代，电视纪录片的变化之一是播放时长大大缩短，播放集数增加，微型纪录片正逐步占领电视纪录片的市场。短时长的纪录片像一块块积木，可以随意拆分并自由组合，从而适应了较长篇幅的成组播出和碎片化的单独播出等不同需求。成组的纪录片更适合在电视上播出，时长较短的纪录片则可以在短视频平台上发散传播。比如，《人间有味》每集3~5分钟，组合而成的每集24分钟的长版本在海峡卫视、福建电视台综合频道播出。《了不起的匠人》同样采取这样的组合方式，每集10分钟的版本在互联网播出，组合而成的50分钟精编版在中央电视台播出。可拆分、可组合的特点使得融媒体时代的电视纪录片能适应在不同媒介平台播放的需要。

2020年，中央电视台科教频道制作的《从长安到罗马》，每集5分钟，跨越千年时空，展现东西文明的交融与碰撞。北京电视台纪实频道的《二十四节气》每集1分45秒，用影像语言展现每个节气的自然电视台景物和人们的生活习惯。腾讯视频和海峡卫视出品的《早餐中国》以每集5分钟的短小篇幅记录一家早餐店的一种美食。中央电视台的《秘境之眼》每天一期，每期1分40秒，记录下青山绿水间动物们经过的瞬间以及它们悠闲自得的生活场景。微型纪录片的大量涌现，与快手、抖音等短视频App的风靡有关，短视频的视觉冲击力较强，可以在第一时间抓人眼球，播放时长短、碎片化的特征使其有力地渗入了现代人的快节奏生活。从不到2分钟到5分钟，电视纪录片借鉴了短视频的特点，以小体量的内容生产，更好地与观众的收看习惯相适应。

2. 小题材和大主题 从个人叙事着手，延伸到宏观叙事，可谓以小窥大、见微知著。《我在故宫修文物》摒弃了宏大叙事，平实地记录了文物修复师的日常，修文物这一行为，恰好勾连起古与今两个时空，传递着古人和今人的对话，寓远大于绵巧。《早餐中国》中的小饭馆老板以第一人称叙述的方式介绍店里的美食和开店的经历，第一人称的有限视点让观众更加贴近现实、直击现场，由"观看"升级为"体验"，主人公的自述不仅传递了信息，其生动鲜活且个性化的叙述方式，又使纪录片的表现力和感染力得到了进一步增强。

3. 个性化叙事 融媒体时代，电视纪录片倾向于更亲民的叙述口吻，权威叙事被个性化叙事所取代，全知视角被个体视角所取代，叙述中融入了强烈的个人情感，叙述的口语化也有所增加。如《西南联大》从个体生命的角度进行叙事，近百岁高龄的西南联大的毕业生们接受采访，向观众讲述有关西南联大的故事，回首在母校的求学时光，以口述历史的形式直接、鲜活地还原了中国最传奇的大学——西南联大的原貌。融媒体系列短视频《武汉：我的战

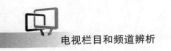

"疫"日记》,适应社交网络平台的传播属性,呈现出个性化、口语化的话语风格。《再见紫禁城》中的一集以溥仪的自述为叙事线索,再现了他被逐出紫禁城时的真实心情,从带有个人情感和个人体验的视角重新审视那段历史。

4. 新科技、新元素的加入　科学技术的进步也影响了融媒体时代的电视纪录片创作。《风味人间》使用超微摄影和显微摄影,让观众跟随镜头深入到食物内部,亲眼见到分子运动给食材性状带来的改变,感受美食的物理演化;其间,高科技摄影技术手段的加持,丰富了传统美食纪录片的镜头构成。《如果国宝会说话》采取了全新的3D扫描技术和全息传存拓技术,将深埋于地底几千年的文物360度无死角地展现在观众面前,让人们能够观察到在博物馆中无法看到的微观世界。科技纪录片《创新中国》的配音全部都由人工智能机器人完成,开创了人工智能配音的世界先例。为纪念马克思诞辰200周年所拍摄的两集电视纪录片《不朽的马克思》,全程采用4K超高清技术拍摄。与目前高清电视的标准相比,4K标准的每帧信息传输量能提高4倍,不仅提升了电视图像的清晰度,还使电视图像的色彩表现力远胜于高清系统,给观众带来了更加丰富的视听体验。

动画元素的加入也丰富了电视纪录片的表达形式,增添了纪录片的趣味性和感染力。《手术两百年》中由原创作曲、中国爱乐乐团演奏完成的7段音乐,结合现代电音与传统交响,紧紧围绕视觉结构,叙述了生命科学的国际史诗。三维动画遵循医学逻辑与现代审美的准则,以微观动画清晰呈现人体内部"奇观",模拟医学模型示意高精尖的手术技法,用趣味动画包装医学史料。科技感与现代感并存,使科学不艰涩、历史不沉闷,也丰富着纪录片的国际话语表达。《西南联大》以水墨漫画插画的形式,还原了历史事件和置身其中的人物,年轻化的表达方式既凸显了西南联大学子们的朝气与活力,也为纪录片增添了儒雅的感觉,赢得了年轻人的喜爱。《不朽的马克思》在100分钟的时长里,运用了大量的三维技术来创新视觉表达,其三维动画的视频总量占据了全片1/3的篇幅。《如果国宝会说话》也采用了大量的三维动画,比如在《人物御龙帛画:天上见》一集中,将二维平面的帛画做成动画,将历史文物拟人化,同时将历史知识融入其中,让观众更加喜闻乐见。

(二)传播方式:建立融媒体传播矩阵

融媒体时代,在内容生产的变化之外,电视纪录片的传播方式也发生了巨大的变化。

基于网络空间强大的传播能力,多数电视纪录片与互联网视频平台展开合作,台网联动,扩大受众的范围。《2020中国网络视听发展研究报告》显示,

2020年6月，我国网络视听用户规模已经达到9.01亿①，充分说明影视行业与互联网正走向深度融合。

电视纪录片不仅利用新媒体平台进行预热宣传，投放微博、软文、预告片和花絮等，而且与粉丝们展开互动，制造热点并吸引流量。多媒介的联合传播有利于电视纪录片和受众之间的意见交换，电视纪录片根据观众的反馈进行调整和改进，受众也可以了解电视纪录片制作的台前幕后，从而增进观众与作品的情感沟通。由于互联网庞大的舆论网络空间和迅捷广泛的传播速度，电视宣传方精准定位宣传点便可事半功倍，同时，借助社会热点进行宣传也能起到良好的传播效果。

电视纪录片不仅与新媒体平台合作，优秀的电视纪录片也获得了进入影院、登上大银幕的机会，展开了跨媒介叙事。比如，电视纪录片《西南联大》在电视上和网络视频平台取得了不俗成绩之后，剧组趁热打铁，继续制作姊妹篇电影《九零后》，通过电视积累的良好口碑和相当数量的粉丝群体，进一步为电影的成功打下了基础。只看过电影的人，在良好的观影体验之上，增加了对纪录片了解的欲望，进一步去观看电视纪录片，电影纪录片和电视纪录片互相反哺，进一步打响了品牌。

融媒体时代拓展了电视纪录片的互动功能，便利了观众对电视纪录片的讨论。互动讨论可以延伸观看行为，网络终端，特别是智能手机的客户端，为电视纪录片提供了兼具观看与互动交流功能的平台，弹幕、点赞、留言区讨论拓展了纪录片的互动功能。综观《我们走在大路上》《祖国在召唤》《我们一起走过——致敬改革开放40周年》等大型电视纪录片，创作团队精准地进行了内容与文本的结构设计，为受众留出较多的"留白"性思考空间，变传统的单一性解码观看行为为互动讨论式的融合传播模式，让受众真正地沉浸于纪录片的观看与思考中。在观看纪录片时，受众可以通过移动小屏发送互动弹幕，丰富所要传递的价值认同，还可以在观看页面的留言区发表感想。

三、融媒体时代电视纪录片的对策

融媒体时代，电视纪录片应与时俱进，进行现代化的美学创作，这包括美学观念的革新和技术的革新。

---

① 参见《2020中国网络视听发展研究报告》，2020-10-13，http://news.cctv.com/2020/10/13/ARTIip4Jhu TW6q REt Ot5SV2t201013. shtml。

（一）观念和技术创新

在美学观念上，电视纪录片肩负着向观众传播现代价值理念的使命，发挥着艺术改造现实的功能。历史文化题材微纪录片将传统与时尚链接，符合现代人的审美口味。如微纪录短片系列《传家本事》的《好金主义》一集中，主人公将古典皇家工艺运用于现代时尚首饰制作。《了不起的匠人》将传统的西藏牦牛绒纺织品转化为巴黎奢侈品牌服装作品，唐卡画师用直播的方式让众多网友认识这种古老的民族艺术。古老神秘的东方艺术因被赋予现代时尚元素而华丽转身，焕发出新的生机。《如果国宝会说话》中的国宝甚至教给现代人一些穿越时空依然深邃的处世理念。如讲到陶器时提道："陶器是时间的艺术，泥土太干则裂，太湿则塌，为了完成一件完美的陶器，匠人们需要等。"在快节奏的现代生活中，陶器告诉人们如何与时间相处，陶器的制作蕴含了中华传统文化的中庸之道。

在技术手段方面，融媒体时代的信息更新速度快，电视受众容易产生审美疲劳，为此，电视纪录片应加快对新技术手段的运用，创新表达方式，使其创作走在时代前沿。

融媒体时代，电视纪录片类型逐渐与电影、电视剧、综艺节目融合，呈现出"泛内容"的特征。纪录片的表现手法也在积极创新，呈现出"纪录+"的趋势，体现出商业性、消费化的特征。在流量为王的时代，电视纪录片也应警惕过度娱乐化，保证纪录片的质量。

（二）建立品牌和 IP，整合营销传播

目前国内电视纪录片的制作模式已逐渐从"栏目制"向"项目制"转型，正处在产业化发展的探索阶段。但在加快产业化步伐的同时，绝不能忽视品质的重要性。思想价值的开拓、现代化的美学创作，是不少成功的影视作品"破圈"的重要动力，电视纪录片仍需将社会价值与文化美学作为未来产业化发展的重要资源与力量。

许多美食类纪录片与当下新媒体传播相结合，在带动消费、促进旅游业发展、传播中国文化方面起到了积极作用。如《主食千变》《万物滋养》《风味人间》《早餐中国》《源味中国》《人生一串》等，共同组成巨大的中国化符号，用带有仪式感的画面向世界呈现中国人的热情、好客、善良。美食类纪录片通过食物所呈现的变化，让更多国外受众增进了对中国的了解。

微纪录片叙事结构的模式化也有助于实现内容 IP 的打造以及节目品牌的建立。历史文化类的电视纪录片"爆款"颇多，形成品牌后可进行产业链的拓展延伸，如开发相关的文创产品，进一步推进品牌建设，丰富内容 IP。如

《了不起的匠人》《如果国宝会说话》等微纪录片都成功地形成了内容IP，衍生出众多周边产品，甚至跨界到商业、教育界等其他领域，产生了较大反响。模式化的叙事结构让纪录片作品拥有了鲜明的标识和独特的个性。

建立品牌离不开线上线下的互动传播，将电视纪录片的宣传深入生活的方方面面。网络空间是现代人生活的重要组成部分，因此，善用融媒体对电视纪录片进行宣传尤为重要。除了线上宣传，线下宣传也不可忽视。如《如果国宝会说话》在地铁上投放广告，扩大了宣传的辐射范围。

在电视纪录片不断寻求产业化的今天，打造一部纪录片就是打造一个品牌，只有充分发挥品牌所带来的效应，才能使电视纪录片实现可持续发展。"互联网+"所带来的无限可能性使得电视纪录片也有了IP属性，而在电视受众和网络受众的不断融合之下，这种产业化、产品化的制作思维还将继续在电视纪录片行业焕发生机。

（三）从生产到运营，实现不同媒介的资源整合

从生产投资和生产主体来看，融媒体时代的电视纪录片制作呈现出"一大四强"的格局，传统电视媒体、新兴互联网媒体、民营制作机构形成合作竞争与差异化发展的格局。

近几年，中国纪录片行业发展值得关注的现象是网红纪录片的出现，这些影片有《我在故宫修文物》《人间世》《生门》《如果国宝可以说话》等。网红纪录片一般是指在电视台播放后反响不大，但在网络视频二次播放时受到网民好评、拥有百万点击量的超高人气、在网络中走红的纪录片。网红纪录片是转型期的产品，是从传统媒体（电视台）到新媒体（移动互联网）的转型阶段出现的一种现象，即在这一阶段电视媒体依旧拥有传统的声誉，是优秀纪录片首选的播出平台，但其传播力和影响力已经逐渐减弱；相反，网络视频迅速崛起、人气骤增，但纪录片的制作和传播还有待进一步成熟，优质纪录片暂时还需从传统媒体"转载"过来。因而，转型期出现的这些网红纪录片同时拥有传统电视台时期的品质和网络视频时代的特征，甚至可以说正因为拥有被网络视频文化生态认可的品质，才能在海量的网络视频资源中脱颖而出，成为"网红"。

传统的电视纪录片由电视团队制作，得益于团队的专业基础和制作经验，其质量要高于网络纪录片，各大视频平台也因此多将电视纪录片的资源搬过来。但是，近年来，网络视频平台不断积累经验并引进人才，由互联网视频平台直接制作的网生纪录片也正在崛起，并逐渐探索出纪录片独立的运营之路。平台之间的合作带来的传播覆盖面更广，同时适应了网民更多在手机App上观看电视节目的习惯，这为纪录片的传播提供了更契合受众需求的方式。传统电视纪录片应与网络平台合作，共同创作纪录片，实现优势互补。

第八章　电视综合频道

电视频道可以简单地分为两个大类别：专业频道和综合频道。专业频道是以某个专门方面的内容建设为主，为观众提供专业的单一的服务，满足观众某个方面或层次的特定需求。而综合频道则通过综合性的节目内容设置，满足观众多方面、多层次的要求，为观众提供全面综合的服务。

也就是说，综合频道与专业频道是相对应的概念，其特征可以从其与专业频道的对照中见出：综合频道的节目类型、组合机构相对松散，内容涵盖面较广，而专业频道则相对集中，内容比较单一；综合频道的观众构成相对复杂、成分多样，而专业频道的观众一般是特定人群，成分相对简单；综合频道的时段收视组合结构高低起伏，呈现明显的收视高峰和低谷，而专业频道则未形成明显的收视高峰。概言之，综合频道的特征是：节目类型丰富多样，受众复杂广泛，能够形成规模收视。

我国的电视综合频道也可以划分为三个主要级别：国家级综合频道、省级综合频道和地市级综合频道。国家级的综合频道是指中央电视台和中国教育电视台的综合频道，以中央电视台综合频道为主要代表；省级的综合频道包括省级的上星综合频道和非上星综合频道，其中，省级卫视由于其辐射全国的影响力而具有重要的战略位置；地市级的综合频道主要是非上星的地面综合频道，覆盖面积有限，地域色彩浓郁。这三级综合频道在我国电视综合频道的发展历史中相继诞生，受社会、经济和文化多方面因素影响以及电视自身发展规律的制约，呈现出此消彼长的发展态势，形成了鲜明的阶段性发展特征。

第一节　我国电视综合频道的发展历程

我国电视综合频道经历了三个重要的发展时期，根据每个时期的特征，可以将其划分为中央电视台综合频道成长期、省级卫视全国辐射扩张期、中央地方两级自觉发展期等三个阶段。

一、中央电视台综合频道的成长期

电视开办初期,观众只能收看到中央台和省级台两个电视频道,节目资源和频道资源都极度稀缺。电影和戏剧转播在电视节目中占据了极大的比重。如北京电视台刚开办时,"播放电影的时间占全部节目时间的75%,戏剧转播占15%。到1959年底,故事影片占时50%,戏剧转播占时30%,余下的20%是纪录影片、科教影片、《新闻简报》和小型演播室节目"①。另外,一些节目形态如现场直播的早期电视剧以及一些教育性、知识性、服务性的节目也开始逐渐出现在电视荧屏上。

之后的10余年间,我国电视事业的发展几乎停滞不前,1978年党的十一届三中全会的召开开启了我国电视事业的改革时期。《新闻联播》《为您服务》、春节联欢晚会等具有代表性和深远影响的节目出现,一大批电视剧译制片以及国产电视剧播放,我国电视荧屏的内容迅速丰富起来。

同时,在"四级办电视,四级混合覆盖"的政策影响下,电视台数量迅速增长,电视频道资源和节目资源逐渐丰富。到1987年2月,中央电视台第二套节目由面向北京改为面向全国播出,并实现了向经济信息频道的转变;接着,中央电视台增办面向北京的第三套节目,以播放文艺节目为主。这两套节目虽然还称不上专业频道,但是作为中央电视台财经频道和综艺频道的雏形,它们的出现具有划时代的意义,综合频道独霸荧屏的时期由此终结。

总的来说,在我国电视发展初期的30多年中,综合频道的发展处在一种自然的状态,表现为:首先,受经济、技术、理念等多方面因素的限制,电视节目形态较少,节目资源匮乏,频道资源奇缺,频道的综合性发展是自然的选择。专业频道必须建立在节目资源和频道资源的极大丰富之上,因此在单频道时期是不可能出现的。其次,综合频道的发展规律尚处于摸索阶段。在对"频道"的概念尚且陌生的年代,对综合频道的概念、特征、编排都不可能形成理性的分析和认识,更没有系统的研究和总结。尽管当时国际上已经出现了诸如CNN之类的专业频道,国内电视台也纷纷顺应"四化"建设的需要,开办经济频道之类具有细分化倾向的电视频道(本质上仍是综合频道),但是,综合频道的主体地位并未发生动摇,发展才刚刚开始。

---

① 郭镇之:《中外广播电视史》,复旦大学出版社2005年版,第240页。

二、省级卫视全国辐射的扩张期

从20世纪80年代末开始,我国电视的"圈地运动"拉开帷幕。中央电视台在原有电视频道基础之上,扩充出经济、电影、电视剧、文艺、体育等专业频道,巩固和强化了其国家大台的地位。同时,省级台上星纷纷完成,首次打破了中央电视台的独家垄断,开始介入全国电视市场的竞争。从1989—1999年的10年中,共有31个省级电视台的数十套综合频道节目具备了辐射全国的条件。理想中的全国市场与现实的高额落地费用和地方保护主义之间的矛盾逐渐凸显,虽然这在一定程度上挫败了省级台上星成功的成就感,但是丝毫没有影响到上星运动的积极性,综合频道尤其是省级卫视频道开始了新的发展征程。

(一) 省级卫视综合频道出世

1989年,西藏电视台率先上星,点燃了上星运动的星星之火,5年后的1994年,山东、浙江、四川三个省级电视台的卫星频道步其后尘,而在1996—1999年的四个年头里,上星运动呈燎原之势,燃遍全国,迅速形成全国性的影响力。这些上星的卫视几乎都是省级电视台的一套综合频道,因此,观众的视野中一下子多出了好几十套综合频道。综合频道在全国收视版图上的影响自然空前巨大,同时,综合频道在定位、发展模式、经营战略上也有了大规模的实践。

从地面到天空,省级卫视在地位提升的情况下,迅速陷入了发展中的彷徨境地,定位的困惑、覆盖的竞争、内容的同质、经营的尴尬都使省级卫视的发展道路从一开始就坎坷不平。

1. 定位的困惑 省级卫视是最具有中国特色的电视频道划分,带有鲜明的行政色彩,虽然从政策上得到了优待和扶持,但是它所肩负的宣传任务也束缚了它的发展。上星意味着频道具备了面向全国性市场的可能性,但是到底是走立足全国观众、兼顾本省观众的"全国性频道"发展道路,还是走辐射周边地区、在一定区域产生重大影响力的"区域性频道"发展道路,抑或走以服务本地观众为主、兼顾全国观众的"本地化频道"发展道路,是每一家省级卫视都在思考和探索的问题。这不是简单的选择,而是需要在充分考察自身条件和竞争优势的基础上做出理性的抉择。经过优胜劣汰之后,省级卫视必将走向两极化或者多级化。

2. 覆盖的竞争 上星意味着辐射全国的可能性,落地才能决定面向全国收视市场的现实性。频道覆盖问题一直是省级卫视发展工作中的重要部分,抢占全国性的收视市场是省级卫视竞争的重要目标。但是，日益高涨的落地门槛导致了落地问题的艰难，原有的"对等落地""对等差额落地"等已经成为历史，地方有线电视网开始按照市场规律提升收费标准，在一些经济条件好的地区，卫视落地权的拍卖开始盛行，经济实力较差的省级卫视面临着越来越困难的覆盖问题。

3. **内容的同质**　省级卫视频道基本都是原省台的一套，即新闻·综合频道或综合频道，基本上是清一色的"大而全"的综合频道。在频道建设上，省级卫视基本照搬了中央电视台综合频道的模式，成为其复制品，但又在规模和品质上逊色不少，千篇一律的频道内容和一盘散沙的频道建构，使得省级卫视在频道建设上的同质化误区徘徊，迷失了发展的方向。

4. **经营的尴尬**　省级卫视上星是一个物理的变化过程，但是却没有引起频道定位、传播理念、频道形象等核心因素的化学变化，这犹如换汤不换药，无法治愈疾病。如此一来，省级卫视在经营上所陷入的尴尬境地也就在所难免。

（二）专业频道挑战综合频道

在省级卫视纷纷上星、形成了综合频道空前的全国辐射力的同时，我国电视的频道专业化也开始被提上日程。尽管与国外专业化频道的历史相比，我国的专业化频道在起步上远远落后，但是其发展的速度却是惊人的。从20世纪90年代中后期开始，频道专业化成为我国电视发展中新的关键词。

当省级卫视还沉浸于上星的喜悦中时，中央电视台开始了它的扩张计划，率先在1995年开通体育、综艺和少儿·军事·农业三个专业化频道。而今天，中央广播电视总台的版图中已经拥有了42个电视频道，其中专业频道涵盖了新闻、电影、电视剧、戏曲、法治、综艺、少儿、音乐、科教等多个专业领域，而这些专业频道也通过卫星传送到全国。与此同时，省级电视台地面频道和地市级电视台也开始了频道扩张。除了省级卫视，省级电视台也效仿中央电视台的模式，建构了包括新闻、影视、生活等类别的专业频道，有些电视台还开播了具有浓郁地方文化特色的专业频道或称特色频道，如重庆电视台的喜剧频道、山东电视台的齐鲁频道等。

专业化频道的出现，把一种全新的频道概念提供给全国广大的电视观众，带来了观众收视心理的转变和收视选择的多元化，综合频道一统天下的绝对优势已然被削弱。在受众细分化的过程中，电视观众的分流是不可避免的，综合频道发展的压力与日俱增。

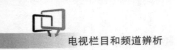
电视栏目和频道辨析

三、中央地方两级的自觉发展期

20世纪末至今，综合频道的发展和变化之巨大是前所未有的，这一时期的综合频道的发展，不再体现为数量上的简单增长，而是体现在品质上的不懈追求。中央和地方两级分别在"大综合"和"小综合"的道路上体现出自身优势，而省级卫视则在频繁的改版中探寻着出路。综合频道的发展规律在实践中不断被探索，进入了自觉性的发展时期。

（一）综合频道的全国竞争环境

中央电视台－索福瑞媒介研究的统计数据显示，目前，能够覆盖全国的电视频道有中央电视台的16个频道、中国教育台的2个频道以及45个省/副省/市级卫视频道，合计有63个频道。① 这个数据表明，综合频道在全国市场中的竞争随着上星频道的增加而变得更加激烈。同时，经过努力，省级卫视的覆盖范围明显扩大，逐步开始走向全国市场，其中，山东、浙江、湖南、广东、贵州、江苏、上海等省市的卫视都已经产生了全国性的影响。

（二）综合频道的竞争态势

部分省级卫视的覆盖率已经达到较高水平，2020年，湖南卫视全国覆盖人口12.9亿，覆盖率达96.8%②。而省级卫视在农村地区的覆盖更具优势，不仅有山东卫视高居排行榜第2位，四川卫视和浙江卫视都挺进了前10名，超过了中央电视台的许多专业频道，省级卫视的全国扩张已渐成气候。

省级上星综合频道的扩张，虽然没有动摇中央电视台综合频道的绝对优势地位，但是中央电视台综合频道连年的收视份额下滑刺激了其变革和发展。中央电视台在频道专业化、频道精品化的发展道路上，坚持力保综合频道全国第一频道的地位，将综合频道发展为一个精品综合平台，按照更加科学化的方式进行节目编排和建构，不断尝试新的经营策略，使其真正地难以超越。省级卫视的同质化发展道路因为海南卫视的转型突然亮起了一丝曙光。海南卫视勇敢地冲破重围，开创省级卫视专业化发展思路的先河，为省级卫视的发展提供了新的思考和尝试。在这样的刺激下，其他省级卫视也在改版中寻求出路。特色化、差异化成为新的发展潮流，新一轮的特色竞争已经拉开帷幕。

地面综合频道数量庞大，分布在不同的省、市、县，各自拥有其目标受众

---

① 参见陈洲：《全国电视频道覆盖总体形势研究》，https://www.docin.com/p-2420255017.html。
② 北京美兰德：《2020年湖南卫视全国覆盖传播优势分析》。

群体，频道更具地方特色。受客观条件的限制，地面综合频道很难突破地区的范围，影响力极其有限。不过，江苏地面综合频道的异军突起，为地面综合频道的发展开辟了新路子，由其引发的"民生新闻"大战也逐渐成为地面综合频道扩大影响的策略之一。同时，地面综合频道之间的区域联合与合作越发频繁，地区之间节目资源的整合与利用、广告经营的合作与联营都逐渐走向成熟。

第二节 综合频道的定位

频道定位包括频道的观众定位、区域定位和功能定位等多个方面，分别从频道的目标受众、影响和覆盖范围以及频道的功能等方面完成频道的价值构建。频道定位的目的就是要凸显有别于其他频道的特质或价值，实现频道之间的市场区隔和形象区隔。

在多频道的竞争时代，综合频道由于在节目形态、节目内容、频道架构等方面具有诸多相似性，容易造成"千台一面"的同质化现象，频道的个性、特色、品质、形象都在模糊的频道定位之中逐渐消解，无法形成频道的影响力。同质化的倾向严重影响着综合频道的发展，长此以往，综合频道必然逐渐丧失生命力和竞争力。

找准定位，明确方向，是综合频道发展策略中的首要问题。而不同等级的综合频道，在定位时也有着不同的选择。

一、中央电视台的大综合定位

所谓大综合，就是集中精品栏目于综合频道，品种齐全，内容丰富。

2003年新闻频道的成立为综合频道彻底减负，综合频道的发展和改革也开始稳步地进行。2003年之后，中央电视台对综合频道的几次大手术，使其旧貌换新颜，真正成长为中央电视台的旗舰频道。

新闻频道于2003年5月1日开播，8天后，综合频道就进行了8年以来的首次大规模全新改版，打响了综合频道改革的第一枪。综合频道一改"新闻·综合频道"的定位，明确提出"综合频道"的口号。这次改版的重要举措是中央电视台名牌综艺栏目集体进驻综合频道以及晚间电视剧播出量的增加，不仅给综合频道正名，还增添了竞争的筹码（电视剧、综艺栏目的内容强化和编排策略都为综合频道的发展创造了条件），必然会拉升收视份额和广告收入。据资料显示，改版后的综合频道2003年的收视率比上一年增长了大

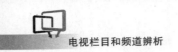

约15%。①

2004年9月的改版是前一年改版的延续。新闻板块的构建用编排创造效益,精品战略的扩展将更多优秀栏目汇集综合频道,电视剧集的持续增加使综合频道比地方电视台更具胜算。

两次重大的改版相隔仅仅一年有余,这是中央电视台在综合频道经营道路上的尝试和选择,从改版的内容分析,中央电视台对综合频道的经营至少形成了几点认识:首先是明确了受众。综合频道是覆盖最广、影响人群最多的电视频道,目标受众是最广大的群众,他们的年龄、教育背景、生活环境、收入水平等都不同,收视需求也千差万别。其次是明确了节目定位。综合频道的节目主要定位为普通百姓的娱乐和获取一般新闻的基本需求,这个定位的明确体现了最广大群众的收视需求,也反映出电视娱乐与资讯功能凸显的现状。根据这个定位,综合频道在改版时有意识地巩固新闻栏目的强势地位,增加电视剧和综艺类栏目的播出时长,综合特性更加明显。最后,明确综合频道的地位,保证综合频道的精品化,通过电视台内部资源的调整,不遗余力地打造这个旗舰频道。通过这两次改版和之后的微调,综合频道向大综合的"精品综合"方向发展的思路越来越明确。

二、省级卫视的特色综合定位

从21世纪初开始,省级卫视一直处于对频道特色化道路的探索中。2002年,海南卫视放弃综合频道的身份,转而定位为旅游专业频道,这是省级卫视特色探索中最彻底的转型。但是,海南卫视的转型与海南省的经济条件和旅游资源有极大关系,并不具有普遍的推广价值,而且由于省级卫视受当地政府的束缚,也很难彻底放弃宣传职责。因此,打造特色综合频道成了省级卫视的普遍选择。

经历轮番的改版风潮之后,省级卫视的特色定位出现了几个类型。

第一类是按内容划分进行频道定位的。如湖南卫视的娱乐牌、安徽卫视的电视剧策略。

第二类是以题材划分的。广东卫视的"财富"和广西卫视的"女性"定位都属于此类。

第三类是按主题划分的。如江苏卫视的情感定位、湖北卫视的公益口号等。

---

① 参见赵玉明主编《2003年中央电视台年度收视分析报告》,《中国广播电视年鉴2004》,第329页。

每一个省级卫视频道都在试图充分挖掘本省的优势和资源，找到最适合自身发展的特色化道路，从而在全国市场中站稳脚跟。

在区域定位上，省级卫视的多极化发展趋势已经显现。全国性频道、区域性频道以及省级频道的区别开始明显。2003年，中央电视台市场研究股份有限公司开始推出"全国性频道"的概念，将收视份额超过1%的电视媒体定义为全国性频道。从2004年全国上星频道的收视份额看，省级卫视中，湖南卫视（2.8%）、安徽卫视（1.5%）、山东卫视（1.1%）、北京卫视（1.1%）和东方卫视（1.0%）能够达到全国性频道的基本标准。而2005年的统计数据中，仅剩湖南卫视（3.4%）和安徽卫视（1.3%）两家仍能达到全国性频道的标准。而根据央视-索福瑞的调查，2020年全天收视率最高的省级卫视湖南卫视，收视率也只有0.343%。2021年上半年，全天收视份额在1%以上的，只有湖南、江苏、东方、浙江、北京、山东6家卫视。① 因此，许多省级卫视早已开始定位于做区域内的强势媒体，如贵州卫视打造"西部黄金卫视"、上海卫视立足长三角地区等，而一些覆盖面小、经济效益差的省级卫视最终只能选择在本省的市场中占据优势。

三、区域综合频道的小综合定位

安徽卫视曾经提出"小综合"频道的概念，并指出频道的节目架构可以采取"2+X"的策略。"2"指新闻和影视，"X"则代表频道的特色栏目，包括综艺、娱乐、专题等。这个小综合频道的模式具有较强的操作性和普适性，在地面综合频道的建构中有较大的生存空间。

地面综合频道都有各自的发展空间，但是竞争者越来越多，仅本省范围内就存在省级地面频道与市级地面频道之间的竞争，要保住这一空间也不是轻而易举的事情，地面频道都在伺机而起。借助民生新闻，地面频道试图以点带面，再不断延伸，突破地区影响力的限制，通过跨区域合作与联合，实现节目制作、广告经营、频道影响上的全面突围。

四、综合频道的受众定位

中央电视台改版的目的是把综合频道打造成"精品频道"，但由于定位不明，反而失去了频道原有的优势。各个频道定位不明，相互之间甚至互相竞争、各立门户。比如，对伊拉克战争的报道使中文国际频道一战成名，未来在

---

① 《2021年上半年卫视频道收视率排名》，https://www.douyin.com/video/6980996266033564969。

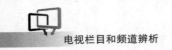
电视栏目和频道辨析

重大国际新闻的报道上,如果以新闻频道为主,那么,中文国际频道在伊战报道中积累的品牌资源又白白浪费了;反过来,如果以中文国际频道为主,那么,新闻频道就显得没有用武之地。

(一)树立受众为本的经营理念

广告给新闻媒介带来巨大的经济效益,支持了新闻事业的发展。资料表明,全世界有90个国家的电视台全部或部分靠广告收入而生存,广告收入成为新闻媒介赖以生存和发展的经济命脉。受众在新闻传播中具有决定作用,电视媒体只有树立以受众为本的经营理念,才能吸引广大受众,从而建立起电视媒体的强势品牌,吸引更多的广告业务,为行业的发展提供经济保证。有正确的理念作为引导,有利于实际业务中频道的发展;否则,做出的节目就不能适应受众的需要,收视率无法得到保证,频道也就没有了生存之道。

(二)适合受众和实际的需要求新、求变

成熟的频道不是一成不变的,而是在相对稳定中求发展,即:有相对稳定的节目源、相对稳定的观众群和相对稳定的广告收入,随着观众和实际情况的变化而做出相应调整。综合频道的改版,虽然解决了一些旧问题,却又出现了新问题,但是,只有不断改革,不断总结经验,频道才会拥有越来越多的观众,受到他们的喜爱。

好的频道要有好节目做支撑,更要通过对好节目合理地组织编排来体现,如此,观众才会喜闻乐见,收视率才能提高,广告商才会纷至沓来,频道的生命力才能维持。具体说来,就是把重要的、固定的、最具吸引力的节目放在最适合最多观众收看的时间段播放,如中央电视台综合频道在黄金时段安排名牌新闻类节目,如早间《朝闻天下》,中午《新闻30分》,晚上播出《新闻联播》,深夜《晚间新闻》,并安排较有深度的新闻节目如《焦点访谈》在固定时段播出,巩固和维护综合频道长久以来建立的权威性;在其他时段,则穿插播出符合大多数受众需要的节目,比如,少儿类节目既不能安排在上课时间播出,也不能安排在深夜播出,安排在孩子们放学而成年人尚未下班这个时段是最为合理的。

综合频道不能通过任意组合栏目而成,只有对资源进行整合,形成某种独特的优势,才能提高频道的核心竞争力。

第三节 综合频道的节目编排

从电视节目角度看,综合频道的实质是各种节目内容在单个频道之内的平衡发展。虽然从单个频道来看,专业频道偏重于较为单一的节目内容,但从所有专业频道来看,总体上也会基本维持不同节目内容的多元平衡。

在综合频道中,栏目种类十分丰富,新闻栏目、文艺娱乐栏目、教育栏目、服务性栏目、对象化栏目、专题片、纪录片以及电视剧都能够在综合频道出现。多样的、大众化的节目内容可以满足不同年龄、不同学历、不同背景的观众多层次的收视需求。

目前,国内综合频道在黄金时段的节目安排上大都采取"强势新闻+主打电视剧+大型综艺娱乐"的策略。作为综合频道中的主要节目形态,新闻、电视剧和娱乐仍然是综合频道的主要内容。

一、新闻是综合频道的重要内容

新闻是与综合频道结缘最深的节目类型,直到今天,"新闻综合频道"仍然是一些电视台的频道定位,"新闻立台"的观念也深入人心。新闻节目不仅承载着政策宣传、信息传递的作用,而且对外表现出频道的品质和价值,彰显着频道的魅力和影响力。

(一)中央电视台综合频道

2003年中央电视台新闻频道的开播是我国电视行业的一件大事,它不仅标志着一个24小时不间断滚动播出的新闻专业频道的诞生,也成为真正意义上的综合频道确立的重要契机。由于专门的新闻播出平台的出现,新闻·综合频道被真正意义上的综合频道所取代,新闻元素在综合频道中的地位发生了巨大的转变化,轻装上阵的综合频道中的精品新闻节目具有了特别的价值。

中央电视台凭借实力的优势和政策的支持,在制作国际国内重大新闻上具有得天独厚的条件,这是其他电视台无法企及的。综合频道汇集了中央电视台最高品质的新闻栏目,短消息类的《新闻联播》《新闻30分》,深度类的《焦点访谈》《新闻调查》,以及杂志形态的《东方时空》等,都是综合频道乃至整个中央电视台的支柱性新闻栏目。新闻频道开播之后,综合频道的新闻优势依旧,部分新闻栏目实现了与新闻频道的并机播出,如《朝闻天下》《新闻联播》《新闻30分》等,部分新闻栏目则独享首播的特权,如《东方时空》《新

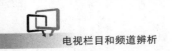

闻调查》等。

综合频道的新闻栏目也是频道创收的主力，中央电视台每年黄金时段（综合频道《新闻联播》和《焦点访谈》之间的 6 分钟左右）的广告招商是广告收入的重要支撑点。

但是，观众由于多年的收视习惯，对综合频道的新闻栏目如《新闻联播》《焦点访谈》等栏目产生了依赖性。新闻频道开播以后，综合频道和新闻频道同时播出《新闻联播》，造成其中某一频道这一时段的资源浪费，也在一定程度上削弱了综合频道新闻栏目的影响力，而新闻频道又无法弥补其所受的损失，可谓两败俱伤。新浪网在中央电视台新闻频道开播当年即 2003 年所做的调查显示，有 27.92% 的人对中央电视台新闻频道的印象不好，37.40% 认为一般，仅有 21.73% 的人认为很好。观众认为新闻频道缺少真正的权威主持；风格陈旧，相比原来的综合频道的新闻栏目报道的内容、形式没有超越。虽然新闻频道在不断改进，但距离观众的期待还有很长的路要走。

（二）省级卫视综合频道

省级卫视这个带着鲜明行政色彩的频道从诞生开始，就承载着重要的宣传职责，而新闻节目无疑是宣传的主要阵地。省级卫视的新闻节目制作常常分为两个方面，一方面是常规任务，即利用《××（省级行政区名称）新闻联播》等新闻节目样式进行对内对外的宣传；另一方面则是根据自身情况制作有区域和频道特色的新闻栏目，并在新闻报道的内容、形式上做出一定的创新和尝试。由于缺乏中央电视台新闻制作的优势，省级卫视的新闻内容主要针对本省或者周边区域，硬性新闻和软性新闻都有一定的市场。

如东方卫视开播时对其内容定位提出了十六字的方针："新闻见长、影视支撑、娱乐补充、体育特色"。"新闻见长"突出了东方卫视主打的新闻招牌和"新闻立台"的频道理念。东方卫视每天 17 档共 7 个小时的新闻播出量和多种类、重分量的新闻产品构成，都彰显了东方卫视的新闻魅力。同时，在新闻直播上的历练，也使东方卫视快速地成长。在省级卫视频道中，东方卫视已经开始显现出其新闻节目的优势。

下面是两个不同年份省级卫视新闻节目的收视数据对比（见表 8-1、表 8-2）。

表 8-1　2005 年 7 月 7 日黄金时段省级卫视新闻节目收视排名

节目名称	频道	收视（千人）
北京新闻	北京卫视	778

续表 8-1

节目名称	频道	收视（千人）
转播中央台新闻联播	北京卫视	627
东方夜新闻	东方卫视	365
晚间新闻	湖南卫视	360
伦敦恐怖爆炸事件最新报道	东方卫视	324
环球新闻站	东方卫视	259
新闻夜航	黑龙江电视台	237
晚间新闻报道	北京卫视	197
转播中央台新闻联播	山东卫视	157
天津新闻	天津卫视	133

（数据来源：央视-索福瑞媒介研究）

从表 8-1 中可以看到，除了北京卫视对中央电视台《新闻联播》的转播，在自编的新闻节目中，东方卫视的新闻收视率处于第二位，成绩可喜。

2020 年全国上星视频新闻节目收视前十强如表 8-2 所示：

表 8-2　2020 年全国上星频道新闻节目收视前十强

排序	节目名称	频道	29省网收视率（%）
1	新闻联播	并机频道	11.15
2	焦点访谈	CCTV-1、CCTV-13	3.78
3	新闻30分	CCTV-1、CCTV-13	1.90
4	共同关注	CCTV-13	0.92
5	东方时空	CCTV-13	0.88
6	海峡两岸	CCTV-4	0.80
7	新闻直播间	CCTV-13	0.79
8	中国舆论场	CCTV-4	0.75
9	今日亚洲	CCTV-4	0.64
10	新闻1+1	CCTV-13	0.60

（数据来源：央视-索福瑞媒介研究）

（三）区域综合频道

新闻的接近性原理指出，事实与新闻受众在地理、利害关系、心理等方面越是接近，越是贴近受众，就越能引起受众的普遍关注，新闻价值也就越大。其中，地理上的接近所产生的作用最为明显。

区域综合频道在民生新闻上探索的成功正是对这一原理的成功演绎。利用地面的贴近性、亲和力和反应速度，地面综合频道在民生新闻栏目中及时地报道本地的新闻内容，并在新闻播报的风格、受众与媒体的互动、主持人的个性化等方面进行尝试，全面颠覆了传统的新闻理念，在国内掀起了民生新闻的风潮。

最典型的是南京民生新闻现象。2002年元旦，一档全新的电视新闻直播栏目《南京零距离》（2009年5月1日起升级为《零距离》，播出时间及播出方式不变）在江苏电视台城市频道诞生。这档新闻栏目的蹿红和火爆是人们始料未及的，最高的收视率达到了21%，这个数字对于一档地方新闻节目而言是惊人的，由高收视率引发的栏目广告价格的飙升也是令地面媒体羡慕不已的。而这仅仅是开始，紧接着，南京电视台新闻综合频道《直播60分》和江苏卫视《江苏新时空》的开播，迅速使南京地区的新闻大战升温。南京地区的电视观众，每天18:00—20:35可以陆续看到这三档有分量的新闻栏目的登场。而南京地区新闻栏目的崛起甚至影响到电视观众的收视习惯，南京地区的观众平均每天收看电视的时间从2001年的146分钟上升到2002年的153分钟。南京电视现象开始引起电视业界的广泛关注。

民生新闻的魅力到底在哪里？何以在越来越挑剔的观众中引发收视热潮？从《南京零距离》的特点中我们可见一斑。

第一，"零距离"的贴近性和本土化，是吸引本地观众的法宝。地面频道充分利用地理上的接近性，为观众提供来自身边的信息和资讯，能够最大限度地满足他们的需求。

第二，新闻受众与新闻媒体的全面互动，极大地调动了电视观众的参与热情和收视兴趣。互动元素巧妙地融入新闻节目的全部过程，从制作过程到群众采编队伍的培养，到直播间里的现场采访和热线接听，《南京零距离》打造了一个巨大的互动平台。

第三，媒体舆论监督功能的切实发挥带给观众贴心的服务和关怀，树立了全新的媒体形象。与观众现场连线，真诚地倾听观众的心声，其信息反馈的及时、表达服务的真诚、新闻媒体的锐气和勇气都得到淋漓尽致的发挥。

第四，个性的主持颠覆了观众对新闻的传统认识。主持人的"另类"形象、口语的大量使用、评论的犀利和尖锐，凡此种种，都让《南京零距离》鹤立鸡群，短时间内在全国走红，成为民生新闻研究的范本。

二、电视剧地位举足轻重

电视剧是目前收视市场中份额最大的节目类型。除专业的电视剧频道之外,综合频道是最主要的电视剧播出平台。在综合频道中分量最重的电视剧节目,直接影响到频道的收视份额、广告收入、观众满意度等指标,因此也成为综合频道的重点保护对象,在购片投入、节目编排等方面都对电视剧节目呵护有加。各级综合频道更是摩拳擦掌,使出浑身解数,要在电视剧经营上占取先机。电视剧资源的争夺和电视剧编播的策划成为竞争的主要内容。

如中央电视台综合频道改版的核心之一是强化电视剧的编排和播出力度。目前中央电视台的电视剧节目主要安排在综合频道和电视剧频道播出,中文国际频道也间或播出电视剧。综合频道的电视剧主要为反映主旋律的作品,并且推出了不少优秀的电视剧作品,每日有三个时段播出电视剧,即上午、下午和晚间黄金时间,每一时段基本连播2集,合计下来,占每日频道总播出量的近1/3甚至更多,应该说比重相当大。

安徽卫视则直接提出"电视剧策略",是以电视剧作为主打内容的省级综合频道,也是国内首家打出"电视剧大卖场"招牌的综合频道,曾经先后开辟八大剧场,实现电视剧观众的细分。安徽卫视在电视剧的编排中采用了剧场化的策略,通过受众的细分,实现电视剧剧场的适位播出。曾有的七个频道中,设立《男性剧场》《女性剧场》《青少剧场》《雄风剧场》《正午剧场》《海外剧场》《第一剧场》和《独播剧场》等专播电视剧的栏目。而且,2012年安徽卫视改版后,以海豚宝宝作为吉祥物,推出《海豚第一剧场》《海豚星光剧场》《海豚万家剧场》《海豚真情剧场》,以目标观众命名,并根据他们的收视习惯安排剧场的播出时间。其他剧场也分别采取差异化的定位,比如,《第一剧场》以播出独家上星、独家首轮上星或者首批上星的优秀剧目为主,突出其"第一"的优势;《看了又看》是回放经典剧目的平台;《周末大放送》针对周末观众收视习惯的变化集中播放电视剧;等等。而且,充分利用电视剧资源,制作与电视剧相关的栏目和节目,将电视剧资源的价值发挥到极致。在安徽卫视凭借电视剧优势取得收视份额和经济效益的双重显著成效时,也有人对"电视剧大卖场"的价值和前景提出了质疑。事实上,以外购电视剧作为频道的核心资源无法保证观众的忠实度,同时,受资金和政策的影响也比较明显。实际上,安徽卫视的电视剧特色并未能保持下去,至今仅有《雄风剧场》《动画剧场》《真情剧场》《海豚万家剧场》等四个电视剧栏目,很难再称为电视剧特色卫视。

其实,电视剧资源相当有限,尤其是优秀的电视剧已经呈现供不应求的态

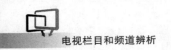

势，以致产生几家电视台同时播放同一电视剧的浪费现象。而且，在电视剧资源的争夺战中，电视台的经济实力起着决定性作用。在金钱与实力的比拼下，优秀的电视剧目向实力雄厚、资源相对丰富的电视台集中，而那些原本资源就匮乏的电视台因受经济条件的限制而无法在竞争中取胜，电视剧资源越发短缺，"马太效应"已经开始显现。

除了在电视剧剧目上的选择外，对电视剧的编排与包装的创新也成为综合频道电视剧竞争的重要策略，剧场化、大板块、主题化等编排方式被普遍运用。剧场化的实质就是固定播出时间、固定电视剧类型以及针对目标受众进行时间安排的一种栏目化播出方式，目的是实现电视剧的细分和目标观众的约会意识，保证电视剧的收视效果。大板块和主题化则分别是对电视剧播出的时段和内容进行的划分。这些编排策略的运用，既能充分利用电视剧资源，保证电视剧的收视效果，又为电视剧的经营创造了新的盈利点。

以湖南卫视金鹰剧场"三月姐妹传奇"的编排为例，湖南卫视巧妙地利用"女性成长故事"这个主题的概念，将《大长今》《金枝欲孽》《青青河边草》《阿信》四部反映不同年代、不同国度的女性成长历程的电视剧在一个时期内连续播出，尽管《大长今》已经不是首播，而《青青河边草》和《阿信》更是二三十年前的经典剧目，但是主题化的编排策略却带来了良好的收视效果。这种主题化的老剧新播也是电视剧的一种包装策略，新卖点的提炼犹如给老剧穿上了新装，同样能够吸引观众的注意，尤其契合中老年观众的怀旧心理。

在对内优化电视剧编播的同时，对外的强势宣传也是提升电视剧影响力、关注度，进而提高收视率的重要手段。电视剧的宣传包括两个方面，一方面是频道内的宣传片播放、剧情介绍的字幕滚动、主题曲的播放、有奖收视的设置、频道其他栏目的相关内容制作等，另一方面是频道外的主创人员的造势、其他媒体上的宣传、相关活动的举办等。湖南卫视独播韩剧《大长今》的收视成功就与其充分运用各种手段进行大肆宣传有着直接的关系。

电视剧并非只能安排在电视剧频道播出，但是，综合频道过于频繁地推出强档电视剧，在某些程度上影响了电视剧频道的品牌建设，观众无法分身同时收看两台节目，造成了资源浪费。

三、综艺娱乐类栏目占据综合频道

综艺娱乐类栏目是媒体满足受众高层次精神需求的重要栏目类型，也是发挥和实现媒体影响力的基础和途径。在综合频道中，综艺娱乐类栏目的价值不断得到挖掘和提升，成为频道中不可或缺的成分。

第八章 电视综合频道

中央电视台综合频道曾经一直安排播出收视率高的综艺娱乐类栏目,如《星光大道》《谢天谢地,你来啦!》《正大综艺》《出彩中国人》等综艺娱乐类栏目,加上《精彩一刻》《寻宝》及少儿动画节目,综艺栏目在综合频道中的地位一度甚高。

省级卫视综合频道对综艺娱乐类栏目也非常投入,纷纷斥巨资打造自己的品牌综艺娱乐栏目,力图通过优秀的综艺娱乐栏目聚集人气,提升收视率,获得丰厚的回报。目前,许多综合频道都在尝试在晚间开通综艺娱乐栏目通道,打造晚间除电视剧之外的第二个黄金收视时段,除上面提到的中央电视台综合频道晚间以综艺娱乐类栏目为主的精品打包时段,湖南卫视、天津卫视、浙江卫视等都曾在这方面有比较大的动作。

目前,综合频道的综艺娱乐类栏目主要有三个来源:一是"自制",以湖南卫视为主要代表。不断推陈出新,保持其综艺娱乐类栏目的优势。二是与制作公司联合制作,以部分省级卫视为主要代表。省级卫视与制作公司联合打造娱乐产品已经成为趋势,重庆卫视、东方卫视、浙江卫视、安徽卫视等都通过合作的方式制作综艺娱乐类栏目。三是购买,以地面频道为主要代表。地面综合频道因为覆盖范围小、频道实力有限,制作综艺娱乐节目的资源和经济条件不足,一般都通过购买或交换的方式获得。

但是,综合频道引入综艺频道节目,也损害了综艺频道的利益。如《星光大道》本是中央电视台综艺频道的品牌栏目,几乎成了综艺频道的品牌代言人,但是现在安排在综合频道播出,有些观众甚至以为这个栏目就是综合频道的。《新闻调查》从栏目性质上属于新闻频道,但现在却是综合频道的招牌栏目之一。同时,一些综合频道的名牌栏目放到其他频道播放,在显示综合频道作用的同时,也反映了专业频道缺乏自身的特点。

综合频道和各专业频道是整个传媒的共同组成部分,一荣俱荣,一损俱损。在节目的安排上,不但要在综合频道内部合理配搭,更要注意频道之间节目的安排,综合频道不应在损害其他频道的基础之上发展,专业频道也要从大局出发,配合综合频道的节目安排,频道之间互相补充、互相照应,使各个频道有机发展,避免一盘散沙的不利局面,最终形成一个良性发展的频道体系。

具体来说,一方面,综合频道要发展、巩固自己的优势栏目,同时向有专业需要的观众推荐专业频道的特色栏目,这既有利于提升综合频道在观众中的权威性,又有利于提高专业频道的收视率;另一方面,专业频道在安排节目时应避开综合频道的收视高峰,这样既可以避免本频道的资源浪费,提高收视率,又可以满足观众对优秀节目的收视需求。比如综合频道与电视剧频道之间,综合频道的强档电视剧反映主旋律,在播出之前强势宣传,具有频道优势和传播优势;电视剧频道可以在这一时段重播一些经典电视作品,而将其主打

电视栏目和频道辨析

电视剧安排在非综合频道收视高峰之际播出。

第四节 综合频道的经营

电视媒介营销就是电视媒介为了取得良好的传播效果和经济效益，主动与市场对接，进行宣传，也指电视媒介为了扩大对市场的影响力和扩大市场占有率所做的自我宣传。对电视媒介来说，它的营销不是单纯的媒介信息传播，也不是单向度的自我宣传，而是具有很强的目的性和功利性。

电视发展到今天，作为一种媒体，社会效益和经济效益都成为衡量电视机构发展的指标，而且，电视机构的创收能力和经营能力成为影响电视发展的头等大事。行政拨款的"断奶"，使得电视台不得不通过经营自收自支，维持电视台的正常运转，保证电视台发展的资金储备充足。如何在电视频道的经营上找到适合自己的道路，实现经营收入和社会效益的双丰收，成为电视频道研究的共同课题。

一、盈利模式

目前，国内综合频道的经营仍然表现为单一的广告经营，在绝大多数电视台的经营总收入中，广告收入占到了90%以上的比例，有些电视台甚至只靠广告收入，没有其他经营收入。

媒体的"二次销售"理论指出了媒体盈利的两个基本模式，即媒体的两次销售。媒体第一次销售的是载体，是电视节目和栏目或频道，它们是有一定的价格的，正如纸质媒体销售的报纸和杂志本身都有定价一样；第二次销售的对象是电视观众或读者或听众，媒体售卖的是由于观众和读者消费而带来的收视率和发行量，这样就产生了广告。实际上，媒体产业还存在第三种盈利的方式，就是通过衍生产品的开发、资讯的深度加工等增值服务实现利润。对纸质媒体而言，前两次销售都是存在的，发行收入都能在总收入中占到一定比例。如在我国期刊的总收入中，87%是发行收入（销售载体），广告收入只占13%。报纸的发行收入虽然不可能这么高，但至少也能回收相当的成本，有了广告就能盈利。而电视媒体则一直依靠第二次销售来维持运转，广告收入一直都是电视媒体的生命线。这种只销售受众而不销售载体以及拓展增值服务的方式，导致了国内综合频道竞争的加剧，对受众的争夺、对收视率的追逐，最终都是为了在瓜分广告市场时多一份筹码。买方市场的出现，加剧了综合频道广告经营的难度。

而在广告收入中，电视剧广告收入占重要比例，这是目前综合频道经营收入显著的结构特征。

对电视剧广告收入的过度依赖，使得各电视台对电视剧资源的争夺越发激烈，同时，由于电视剧片源质量的不确定性，电视频道的经营风险相对较大，无法形成长期稳定的收视率和广告收入。走出单一的盈利模式，创建多元化的盈利方式，才是综合频道能够持续稳健发展的重要保障。

二、综合频道的传播策略

电视频道是电视栏目和节目的排列组合，节目、时段与观众的准确对位是实现电视内容有效传播的基本前提。综合频道具有自身独特的传播策略，而栏目的编排和频道的架构就是传播策略的外化。

（一）内容符合原则

综合频道定位于满足受众最广泛的收视需求，频道内节目类型丰富多彩，在编排时要考虑各种节目类型的平衡关系，做到不同节目类型的合理搭配。

我们从代表性综合频道的栏目编排中可以看出，新闻、电视剧及综艺、社教服务构成了综合频道的三大节目主体，换句话说，综合频道之"综合"，主要是对电视三大传统功能——信息、娱乐、服务——的综合，只不过在不同层次的电视媒体中，三者的比重略有不同，地方电视台中综艺娱乐类栏目所占比重更大。

（二）观众适位原则

综合频道是大众化的电视频道，拥有广泛的观众群体，这些观众在收视习惯、收视兴趣、生活规律等方面会有所差别。对频道内的某个电视节目类型来说，它会有一个目标群体，然后针对目标观众进行分众传播。要使节目、时段与观众实现对位，就必须充分考察每种节目类别的受众群体的特征，研究他们的收视习惯，从而进行对位编排，达到最好的传播效果。比如，深夜是以年轻人收视为主体的时段，那么这个时段的节目就一定要符合年轻人的审美要求。

综合频道在形成固定的编排模式之后，同样要审时度势，进行灵活的调整和合理的改动。科学的编排模式会与观众建立良好的约会效果，保证观众准时收看，而根据实际情况的变通也是满足观众不断变化的需求以及适应竞争需要的策略。所以，电视节目的编排绝不是一劳永逸的事情，而是需要科学调研和理性抉择的重要课题。

假期节目的编排是灵活性原则的最大化体现。假期可以分为日常的周末、五一和十一等假期以及春节等传统节日等几类。近年来，频道在假期的灵活和特殊化编排上已经积累了经验，根据假期中观众收视习惯和收视时间的变化，频道会相应地改变编排策略，以适应观众的需求。在五一等小长假、十一黄金周中，还出现了将这几天作为整体进行特殊编排的现象，从而促成假期收视高峰。

（三）收视惯性原则

电视栏目化播出的目的之一就是固定播出时段、节目时长，培养和形成观众的约会意识，以达到惯性收视的效果。如今，综合频道为培养观众的收视惯性，开始实行将电视栏目一周横向打通编排的策略，打造出品牌时段、精品时段，保证观众对时段内栏目的持续关注，培养电视观众从对栏目的关注，放大为对时段的关注。

比如，中央电视台综合频道曾经在每天22：38—23：38这个时段连续七天分别播出《侣行》《出彩中国人》《寻宝》《撒贝宁时间》《谢天谢地，你来啦！》《开讲啦》《等着我》七档精品栏目。从这七个栏目的选择来看，栏目的知名度、收视率和观众的满意度是一个重要的指标，另外，在节目形态的丰富性上也有所考虑和选择。而这个精品时段的栏目能够充分代表和反映中央电视台电视栏目的制作水平和能力，成为一个窗口。事实上，这也是一个竞争的窗口，一旦其中的某个栏目收视率下降或观众满意度降低，它就有被淘汰的危险，而其他优秀的栏目也可以晋级到这个精品时段中来，《星光大道》成功进驻综合频道的例子就是很好的证明。

同样给人深刻印象的是凤凰卫视每天20：00—20：30时段的专题栏目，每周确定一个主题，曾经播出的如《风雨样板戏》《云南知青》等，都给观众留下深刻印象，而且已经形成了品牌时段效应。

（四）控制观众流动原则

电视观众的收视流向大致分为三类：顺流、入流和溢流。顺流是指电视观众继续收看原频道的节目，不转换频道；入流是指电视观众从别的频道转入现在收看的频道；溢流则指电视观众从现在收看的频道转出，进入别的频道的收看阶段。频道编排中控制观众流动的原则，就是要使观众的流向保持为顺流和入流、预防和避免出现溢流的现象，简单地说，就是在保持现有观众的持续收视的基础上，吸引其他观众的收看。

比如，中央电视台综合频道在改版中采取的板块策略就是控制观众流动的很好的措施。2004年9月1日，综合频道改版的最大变化之一就是新闻板块的形成。原本在早间播出、创办历史10余年的《东方时空》被平移到傍晚时段，填补了晚间《新闻联播》之前的节目收视低谷区，为接下来的《新闻联播》预热。而《东方时空》《新闻联播》和《焦点访谈》三档新闻栏目的联合，构建起一个强大的新闻板块。这三档新闻栏目在内容方面会有重合之处，但在报道形式和报道深度上则大有不同，属于不同的电视新闻形态。《东方时空》是杂志型的新闻栏目，主要以记者采访进行新闻报道，时效性稍差；《新闻联播》以消息形态为主，时效性强，新闻内容简短明了；《焦点访谈》属于深度报道，主要针对一个问题进行深入的调查和报道。不同的新闻形态满足了观众不同层次的需求，其收视人群具有一定的交叉和兼容性，栏目内容也相互呼应，产生了良好的整体效应，牢牢地锁定了喜爱新闻节目的观众，避免了观众收视的溢流。经过这次改版，综合频道18：20—20：00两个小时时段具有强大的竞争力，实现了 $1+1>2$ 的效果。

第五节　综合频道的品牌建设

频道的风格化是内在、稳定的传播形态和传播特质，是频道的传播内容与传播形式结合而成的一种稳定而内在的特点，它包括频道总体的文化品格、审美风格、形象定位，文化品格与审美风格通过具体的频道节目内容加以体现，形象定位表现为频道的CI包装。品牌是无形资产，大到一个国家，小到一个班级，都会有自己的形象和理念识别系统。台标、话筒标志、频道形象宣传片、固定节目中播放的音乐，都是频道形象的组成部分。在此基础上，频道还应该形成一段时间内固定的频道精神、频道风格等。加大宣传力度，策划大型活动，提高知名度和影响力，推出主持人形象和其所主持节目的宣传片，这些都是频道品牌形象的组成部分。

电视频道由节目和栏目构成，品牌频道则需要品牌栏目的支撑。中央电视台综合频道和省级卫视是品牌栏目的汇聚地，汇集了中央电视台和省级电视台的品牌栏目。从栏目来源上来看，一些品牌栏目是频道建设中自办的、经过栏目的培育期和成长期逐渐成熟起来的；另外一些品牌栏目则是将电视台所属其他频道已经成熟的品牌栏目直接平移过来的，进口型品牌栏目的出现无疑是电视台在节目资源配置上对综合频道的扶持和照顾，为综合频道的发展和壮大保驾护航。

以中央电视台综合频道为例，作为中央电视台的旗舰频道，这个平台上展示的几乎都是中央电视台的精品。现有的品牌栏目中，部分栏目是从中央电视台一套中成长起来的，如《新闻联播》《东方时空》《新闻调查》等新闻产品，而其他一大批综艺品牌栏目则来源于中央电视台其他频道，如《星光大道》

电视栏目和频道辨析

《中国诗词大会》《中国成语大会》《中国汉字听写大会》等优秀的电视栏目分别由中央电视台二套、三套、十套培育成熟后，再在综合频道用打包的方式创建一个精品通道，展示给观众，从而保证了综合频道的品牌效应和品牌价值。

一、品牌活动：媒体活动力收获媒体影响力

利用传媒这个平台来做活动，用活动的影响力来提升传媒的知名度和影响力，打造媒体品牌，已经成为"眼球经济"时代媒体做大做强、增强竞争力和号召力的重要策略。

比如，2005 年是一个电视媒体以大型活动、赛事为武器进行品牌战场争夺的年份。中央电视台综合频道的《年度人物评选》，湖南卫视的《蒙牛酸酸乳超级女声》《仁和闪亮新主播》和《国球大典》，上海东方卫视的《莱卡我型我秀》，安徽卫视的《超级魅力主持秀》，重庆卫视的《微笑大使选拔赛》，你方唱罢我登场，观众目不暇接。品牌活动的媒体主角仍然是中央电视台与省级卫视，区域地面综合频道常常以配角的姿态参与协办。

品牌活动与媒体之间是相互促进、相互提升的良性互动关系。在媒体品牌活动的打造中，媒体的创意能力、执行能力得到充分锻炼和发挥，媒体与观众的互动、活动与节目的互动、节目与广告的互动都充分展开，优秀的媒体活动能力直接导致媒体品牌形象的强化以及媒体实力的彰显。

同时，媒体与企业在品牌活动中的深度合作，也促成了媒体品牌与企业品牌的相互提升，强强联合，实现了双赢。比如通过大屏举办晚会的形式，促进小屏购物，实现文艺娱乐与商业营销深度结合。2015 年，阿里巴巴旗下的天猫"双 11"狂欢购物节首次与湖南卫视合作，举办"天猫双 11 狂欢夜"。2020 年，仅"双 11"期间，湖南卫视、浙江卫视、江苏卫视、东方卫视、北京卫视联动淘宝、京东、苏宁易购、拼多多等电商平台举办了 7 场购物晚会。

媒体活动的资源是有限的，先入为主才能产生轰动效应，媒体品牌活动的圈地运动已经拉开帷幕。

二、品牌形象：媒体诉求传达

媒体的品牌形象也是媒体的一种资源。品牌形象已经成为一种无形的资产融入媒体的经营运作中，它不仅成为体现媒体实力和影响力的重要指标，而且能为媒体的市场化运作带来更为广阔的运营空间。媒体的传播威力巨大，它在传播一般信息的同时，还发挥着重要的舆论导向作用，久而久之，一家优秀的媒体便会在受众的心目中树立起良好的品牌形象。这种品牌形象就是媒体的资

源，因为任何形式的资源整合的实施都是以已有的品牌形象为基础的。

在品牌的价值内容建立以后，传播战略中便需要大量的形象展示，包括标志、宣传口号和图形象征的确立，频道的产品或服务的水准以及对目标观众的明确定位，这是对观众的价值承诺，更重要的是，这是观众记住一个频道最容易的方式。

电视媒体的品牌形象是频道对观众的承诺、对频道的定位等内容的形象外化。电视媒体通过形象的塑造向观众清晰地传达自己的理念，形成观众对媒体的感官认识和形象识别，是实现频道的形象区隔的一种策略。

综合频道在以差异化、个性化为策略的品牌经营中，打造鲜明独特的频道形象是最直接和最直观传达频道理念的手段，是使频道的定位和特色能够到达目标受众的最简洁手法。因此，符合频道定位特色的频道形象设计和包装是综合频道品牌打造的重要内容。

三、差异化品牌道路

在综合频道的发展历程中，同质化一直困扰和束缚着其革新。从中央电视台综合频道模式的全国性推广采纳，到晚间黄金时段的电视剧比拼，再到频繁改版，综合频道一直都表现出"一窝蜂"式的冲动。比如，近年来，省级卫视的改版盲目上马，改版的出发点是寻找个性化的出路，而结果多是在不断的改版之中迷失方向，淹没在改版的漩涡之中。在改版中真正获得成功的，只有那些经过理性的分析、市场的考验、切实的行动，形成了别人无法复制的内容和特色的综合频道。发展模式的照搬和简单复制无法实现综合频道的真正革新，同质化竞争的继续演化，必然阻碍国内综合频道品质的提升和受众美誉度、满意度的提高。

综合频道已经进入了个性化和差异化竞争的时代，在相同的频道架构和栏目样式之下做出不同的特色和风格成为综合频道的追求。实际上，无论是专业频道还是综合频道，个性化、差异化都是频道生存的要诀。专业频道如果没有个性，也只不过是一堆相同内容的节目的集散地，不可能具有竞争力和吸引力。综合频道则更加需要个性化、差异化，以便从众多频道中脱颖而出，鹤立鸡群。

目前，许多综合频道在个性塑造上缺少理性思考和科学考察，只是盲目地跟风，表现为：或者不切实际，只求标新立异；或者有了个性定位，却缺少节目支撑，节目未动，概念先行，频道成为一具概念空壳。

国内的综合频道在频道的架构和编排的模式上互相模仿或者直接照搬，因而频道的大体结构基本雷同（如表8-3所示）。

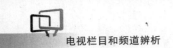

电视栏目和频道辨析

表 8–3　综合频道全天各时段编排模式

时　　段	播 出 内 容
早晨时段（6：00—9：00）	新闻节目、天气资讯
午间（11：30—13：30）	电视剧、电视栏目
下午时段（13：30—19：00）	电视剧、新闻节目
晚间时段（19：00—23：00）	新闻节目、主打电视剧

（资料来源：《2013 年 2 月中央电视台收视盘点》，《传播力》2013 年第 78 期）

全天各时段编排模式在绝大多数综合频道中普遍适用现象的出现，一方面反映了不同时段收视群体的收视需求，并且培养了观众的收视习惯，具有积极意义；另一方面，千篇一律的模式又会导致频道栏目的撞车和观众的分流，其弊端也是显而易见的。因此，尝试差异化的编排，会使综合频道在众多频道中脱颖而出，增加胜算。不可否认，个性化、差异化的策略已经促成了个别综合频道的突围，而良性理智的竞争也会成为发展的趋势。在差异化的品牌道路上，谁能坚持到最后，谁才有机会成为最终的胜出者。

第九章 电视栏目和频道的策划

策划，本意为筹谋、计划或谋略，现在引申为实现特定的目标，提出新颖的思路对策即创意。策划是以目标为起点、以信息为基础素材、围绕创意这个核心展开的思维活动与实践活动。

任何一项策划活动都包含策划主体、策划过程、策划结果三个要素，相应地，电视栏目和频道的策划也包含策划人、策划流程、策划方案三要素。本章就分别对这三个要素略加梳理。

第一节 电视策划人

我国电视行业对策划重要性的认识始于20世纪90年代初，而策划人的出现则是90年代末，但甫一出现，就引起业界和理论界的高度重视，并逐渐发挥出重要的作用。但客观地说，内地（大陆）电视界的策划机制仍然处于初级阶段，策划人的素养、观念、知识结构、专业背景等都有不尽如人意之处。

一、创新思维

电视媒体策划人的成功都基于一种思考方式——创新思维。对栏目策划者而言，这种思维方式表现为对栏目的选题、形式、风格等都力求创新。

创新思维是一种立足于事物发展规律，根据规律把握其发展倾向、预见其影响和作用的思维方式，它表现出的对事物的透视性分析和评价，使得它对事物的发展具有积极的引导作用。

电视媒体的发展是以栏目和节目为基础的，栏目节目的发展必须依靠策划者对栏目和节目未来发展的风格、构思、包装等多方面的精心设计和安排，说到底，媒体的发展首先是人的发展、思维的发展。这种思维发展最主要的表现就是对节目走向的预见性，这是一种总体的、全面的规划。从横向看，这种规划表现为对各类节目总体的设置，即制定一种发展目标和方向，设置一种标准和规格；从纵向看，这种规划表现在对某类节目的设计与预测上。无论发展趋势如何，这种预测都是一种时间上的展望，对未来的期待，这种预测可以以电视台为单元、以频道为单元、以栏目为单元进行。

所谓栏目和频道创新，包括内容创新和形式创新两个方面：内容创新主要涉及选题创新、故事创新、述评创新、观点创新等；形式创新涉及标题创新、包装创新、制作手法创新、广告创新、特技创新等。

二、品牌意识

"频道专业化，栏目个性化，节目精品化"，是20世纪90年代以来我国电视发展的战略选择。电视节目品牌是指电视节目同类产品中的精品，这种产品具有受众公信度和市场号召力，它不仅是一种优质节目产品，更创造了一种节目品牌文化，因为，节目品牌一旦形成，就产生了积极的社会功能。

一是维护了节目观众的消费利益。电视节目是一种精神产品，是一种使受众赖以接受信息、提高素养、获得知识、娱乐生活的渠道，观众观看电视节目的目的是从中获得有益的信息，享用有价值的精神产品，从而不断丰富自我、完善自我、提高自我。优秀的电视节目不但可以满足观众的上述需求，更重要的是还可以帮助观众准确地筛选节目内容，有效地节省选择节目时间，吸收有益的节目内容。这种品牌意识带来的最大优势就是维护了消费者对文化精神产品的消费利益，间接保护了他们的消费权益，使得他们的消费期待获得了满足。

二是压缩了劣质节目的生存空间。好的电视节目是一种榜样，这种榜样是以市场效应和社会效益为参照系的，它一方面确立了观众的收视水准，另一方面确立了制作者的制作水准，提高了节目观众的欣赏品味，提升了节目价值评判的标准，将节目制作要求推上了一个新的高度。这种节目榜样的树立缩小了劣质节目的观众范围，占领了劣质节目的收视市场，争夺了劣质节目的广告份额。总而言之，它压缩了劣质节目的生存空间，优化了节目市场的传播。

三是树立了创作者积极的制作形象。观众对节目的认可就是对创作群体的认可，一个节目品牌一旦形成，随即也就突出了节目组创人员的群体形象。节目品牌和策划人员之间形成了双向的积极互动效应，策划者策划了品牌，品牌反过来又烘托了策划者，这种关系为塑造新的节目品牌创造了新的契机。

四是凝聚了节目组整体的制作才能。一个节目品牌就是一个有效的聚合剂，它具有一种聚合和粘连的功能，它依靠着自身的品牌影响与竞争实力，将所有有才能、有智慧的创作人员的积极性调动起来。在保持品牌声誉、维护品牌效益、继续品牌成绩的过程中，它不断地挖掘众人的智慧与潜能，使节目不断开拓、创新，培养新的竞争实力，创造新的收视成绩。品牌节目的这种功能远远超过了一般节目，这也就是一个节目一旦形成品牌就很容易形成良性循环的原因。

五是奠定了电视媒体的传播效力。首先，这种功能来源于节目品牌对媒体的推介，大众透过节目进一步了解其所属媒体机构，并形成信息的良性接受心理；其次，品牌是一种精神产品，它具有传播的共振效力，易于形成传播的精神力量，产生一种收视强势群体；最后，品牌的垄断效应扩张了传播机构的传播权力，在传播内容、接受内容、传播效果上都使得传播机构拥有更多优势，这种优势提高了传播媒体的知名度，使之拥有了更多制作产品、交流产品、交换产品、交易产品的机会。

三、经营意识

电视媒体的不断发展使得节目的制作方式产生了变化。以往的节目制作大多是导演制，现在则大多采用制片人制，对导演和制片人的工作内容和性质有了更为合理和专业化的分工，导演往往只是负责节目的人员选拔、编排和制作，制片人则需关注整个节目制作过程的各个环节，从节目选题到内容制作，从成品播出到效果监测，从成本核算到工资调配，从节目交流到市场交易，这些都是制片人需要把控的环节。这种变化将经营的理念融入了原来单纯的节目制作中，对和制片人具有类似职责的策划人来说，树立节目的经营理念是一个非常重要的完善自身素质的环节。

电视节目经营原则，是树立电视节目策划经营者正确的经营观念、制定合理的经营制度、保障电视节目经营活动正常运作、实现电视节目经营价值的有力保证。一般来说，电视节目经营活动必须遵照以下原则。

（一）经济效益与社会效益双优原则

经济效益与社会效益双优原则，是指最大极限地实现节目经营的经济价值和社会价值。

（二）观众需求与舆论导向双赢原则

满足观众的需求是节目经营的主要任务，也是保证经营效益的主要因素。但是，作为节目经营者，不能仅仅以观众的需求为第一目标，对观众进行适当的舆论引导也是经营者义不容辞的社会职责。观众由于各自的文化素养、思想意识的差异，往往对节目内容的理解、分析和欣赏品味都不一样，运用传媒的力量适当地进行舆论引导，帮助观众树立正确的价值观念，是电视人应尽的职责。

(三) 节目竞争与节目合作双优原则

竞争是节目经营的必然现象，是符合市场经济发展需要的。随着我国电视媒体的发展、电视媒体产业化进程的加速，电视节目开始进入自主经营时期。目前，我国各级电视台的地域覆盖面以及观众类别各具优势，为了各自市场生存的需要，节目之间必然存在激烈的竞争，因此，我们要引导竞争，保证竞争的合理性和公平性，要实现合理竞争。

竞争并非不可以合作，合作并非竞争的对立面。在节目经营中，合作常常是伴随着竞争同步进行的，既要创造独特的节目风格，引进优秀的节目资源，在节目市场上占据优势地位，也要善于利用外界的力量，寻求多方面的合作与交流，共同获取经济效益。

(四) 节目创作与节目编排双优原则

电视人在重视节目制作、加大节目制作力度的同时，更应该意识到节目编排的作用。节目编排是在制作的基础上，根据观众和媒体的需要，通过合理设置节目传输结构来优化传播效果。节目编排上一般要考虑这样几方面的因素：首先是编排的创新性，尽可能用新颖的节目满足观众；其次是编排的动态性，即保持信息传递的不断更替；再次是编排的节约性；最后是编排的节奏性。

四、知识和能力

除了一般的科学文化素养外，以下两方面是电视策划人必备的。

(一) 专业知识和技能

作为电视节目的策划者，首先要具备一定的专业知识和技能。

专业知识分为两类：一类是主专业类知识，另一类是相关专业类知识；专业技能分为三种：研究能力、实施能力、整合能力。

知识结构主要分为三类：一是该领域新近发生的各类信息。比如，新闻节目策划者需要知道新近发生的各类重大事件、政府部分相关动态等；二是业务操作范围内需要用到的专业知识，即业务操作知识；三是和专业相关的一些预备知识，这类知识是为了应急而准备的。

(二) 特殊知识和能力

1. 法律知识与其他综合知识　策划者在进行节目策划时，常常需要涉及法律事务方面的一些问题，随着节目制作自由度的增加、节目内容涉及面的扩大，这些知识就越发显得重要。这种知识常常贯穿节目制作整个过程，如对国家机密的保守、暗访手段的运用与控制、信息资料获取的渠道与手法、对当事人权益和隐私的保护、对节目制作抄袭行为的防范和应对等，这些都是策划者需要拥有的特殊知识，拥有这些知识是我们运用专业知识顺利地制作节目的保证。

除了法律知识外，其他综合知识还包括美学知识、伦理知识、科学知识以及各类社会知识等，这些知识对策划者在制作节目过程中和当事人打交道、取得完整的信息资料、总结正确的理论观点以及归纳到位的点评提供有益的帮助。

2. 公关能力、交易能力、管理能力 当今的电视策划人已经不仅是单纯的节目制作者，还是节目的总设计师，是节目的灵魂，他不仅负责专业内容的节目制作，而且负责专业外的事务处理，包括广告处理、对外节目交流与合作、人力资源管理和财务核算等。因此，他不仅需要培养专业能力，还需要拥有一些特殊的能力，即公关能力、交易能力和管理能力。

第二节　电视栏目策划流程

电视栏目策划是一个完整的过程，从获得灵感到确立目标，从着手拟订计划到具体实施，从预期效果检测到受众市场调查，整个过程连贯而协调。

一、收集信息

信息资料是策划的基础，也是目标确定的重要参考因素，一个好的策划也是从信息的收集开始的，因此，在策划前要重视资料收集。栏目策划要着重了解观众需求的新变化，要了解兄弟电视台有关栏目的设置与运作情况，了解本台栏目设置的空白点，了解当代电视发展的趋势，力求收集的信息全面、可信。

需要获取的信息分为以下五类。

（一）反馈信息

电视节目的反馈信息就是节目播出后收到的评价与反响，它来自社会各个阶层：受众、市场、媒介内部、同业对手等；它可以通过多种形式反映出来：民意调查、收视率图表、观众来信、行业会议、电话热线、广告指数、有线电视订户数等。信息的反馈和信息的传播一样，都反映了信息不断循环的沟通过程。对电视节目策划而言，其作用就在于检验传播者的策划效果，证实传播者的策划预期，改进传播者的策划方案，启发传播者的策划灵感，激发传播者的创作热情。

（二）受众信息

大众媒体的受众是一个复杂、多变的因素，受众的年龄、职业、文化程度、收入水平以及接受心理和行为等都会对媒介的发展产生影响，从而成为制约媒介定位的要素。在现代社会，由于媒体的增加和频道的增加，受众的主权得到了强化，其需求也日趋多样化，因此，受众的细分化已成为必然。

1. 受众细分的标准

（1）受众环境。包括地理区域、城市规模、通信条件等，这一指标对区域性媒介很有参考价值。

（2）受众状况。包括人口数量、人口密度、年龄结构、性别比例、收入状况、职业结构、文化程度、社会阶层等，这一指标对媒介覆盖区域中可能达到的"触及率"（指媒介受众在覆盖区域总人口中所占的比率）具有预测价值。

（3）受众兴趣。包括受众的生活方式、价值观念、利益追求等，这一指标对媒介的内容定位具有指导价值。

（4）受众习惯。包括特定观众收看电视的时间与频道等，这一指标对媒介的内容与形式定位以及电视的时段安排都有一定的参考价值。

2. 受众细分方法 受众细分可以借鉴市场细分的几种常用方法。

（1）单一变数细分法。即以影响受众需求的某一种因素为标准进行细分。比如，根据受众的年龄划分成不同的年龄段，由于同年龄段的受众需求有相对的一致性，这就为面向不同年龄段受众的媒体奠定了存在的基础。比如，可以开办面向老年人的频道或栏目，如《夕阳红》等。

（2）多种变数细分法。即根据影响受众需求的两种或两种以上的因素进行观众细分。比如，根据受众的地理区域、人口状况和兴趣爱好等，可以发现地方性的生活、证券、音乐等栏目的发展空间。

（3）系列变数细分法。即根据影响受众需求的层次系数，逐步逐层地进行受众细分。这对综合性、全国性的大媒体较为适用。省级以上电视媒体依照受众的兴趣爱好、职业需求，可首先划分为新闻频道、经济频道、文艺频道、生活频道、教育频道等，然后可再按受众的职业结构、文化程度、社会阶层、生活方式等进行第二层次的细分，为栏目的设置提供依据。

（三）自身信息

自身信息是指有关策划单位群体、个体或组织内部各部门、各环节的信息，它主要包括软件资源和硬件资源两部分。

1. 软件资源 软件资源主要指人才资源，包括人员数量、人员素质、人员水平、人员能力。一个好的创意和策划能否付诸实施，或在运作中能否产生预期的良好效果，都取决于人的作用。无论是在媒体策划阶段，还是在方案执行阶段，策划人一定要考虑是否有足够的合适人选投入。只要做到知人善任，把最合适的人选安排到相应的工作岗位，才能保证策划的顺利实施，否则，再好的策划也只是空中楼阁。有些栏目、节目的策划首先要考虑的是依据媒体现有人才的优势和长处，因人而设立栏目；有的电视台集中了若干名优秀的文艺编导，那么就应以文艺节目或娱乐节目为主攻方向；有的电视台纪录片创作队伍阵容强大，就可以打纪录片创作的品牌；有的策划出发点是一个特定的人，如果找到一个即兴发挥很好的主持人，那么就可以为他策划一个节目。

人才资源历来是媒体各项策划的重要因素，因为一切策划方案都要靠合适的人去完成。如凤凰卫视中文台开设的《小莉看时事》《锵锵三人行》和《凤凰早班车》都是因人而定或因人的实施而成功的栏目。

2. 硬件资源 电视是一个重装备、高消耗的媒体，其形声并茂、声画一体的优势在传统媒体中独树一帜，其受众面远远大于其他传媒。但是，要办一个频道，却需要投放大量的现代电子摄录设备和运行资金。

即使是办一个栏目或一个大型节目，资金与设备的投入也不少。如2012年中央电视台出品的《舌尖上的中国》，从策划选题到立项历时9年，第一季虽然只有7集，摄制组却走遍了包括港澳台在内的全国70个拍摄地，拍摄历时13个月。前期团队中，调研员3人，导演8人，15位摄影师拍摄，3位剪辑师剪辑。碎片似的剪辑方式将不同地域之间的故事组合在一起，形成东西南北饮食文化反差。在《舌尖上的中国（第二季）》的拍摄中，摄制组走访了中国20多个省、市、自治区（包括香港、台湾地区）的115处地点，调研采访人物300多人，拍摄美食400多种。摄制组将近200人，包括中央电视台摄制团队及荷兰、中国台湾地区的摄影师和剪辑师。

现场直播是当代世界电视发展的趋势，遇有重大活动、重大新闻事件，各媒体都不遗余力、云集现场，以最快的速度、最好的质量向全世界传播，这既是实力的较量，也是创品牌的机会。凤凰卫视对美国"9.11"事件的直播报道就是一个例子。再如1997年香港回归，这是举世瞩目的大事件，为做好这一重大事件的报道，中央电视台出动了1660多人的队伍，其中仅赴港人员就达289人。技术系统投入了有史以来数量最多、性能最先进的设备，其规模相当于一个省级台，其中包括 11 辆转播车、9 个演播室、21 个卫星转发器、43 套中继微波设备、200 套 ENG、250 台录像机、11 套多媒体设备和 3 架供航拍用的直升机，实现了 72 小时的连续播出。

在新媒体融合趋势下，大事件、大协作、大传播模式在重大事件直播中都起到了重要作用。例如，在报道 2021 年 7 月 21 日河南特大水灾时，电视台融媒体直播实现了创新式协作。江西都市 2 频道融媒体平台全程进行直播。江西省 392 名指战员、68 辆消防车、52 艘舟艇、1000 余件套救援装备，紧急前往河南增援。7 月 25 日台风"烟花"登陆浙江省，江西都市 2 频道融媒体团队亲赴现场直播，还同时保持了与其他融媒体平台联动。互联网时代，电视台对重大事件的直播已经实现了跨融媒体、跨平台融合。从江西都市 2 频道的例子可以看到，当下电视台所做出的积极应对，以大事件、大协作、大传播实现了大新闻事件互通互融的方式，这也是资源共享的创新协作方式。

具体言之，硬件资源至少包括这样一些项目：①资料信息。包括录像带、录音带、资料片、文字素材等方面的信息存储。现在的节目制作中常常是新老资料合用，用以增加节目的对比度和说服力。②设备技术信息。技术与设备是节目播出的保障，作为一个电视策划人，应该了解现有的技术设备和技术力量，这样不仅在策划时可以根据实际情况来操作，采用合适的制作与传播手段，也可以在策划后避免因为技术和设备的因素而导致的播出障碍，以实现传播效果的最优化。③管理经营信息。包括节目制作、传播过程中的操作流程、管理环境、节目的经营状况、广告指数等，了解这些信息能为电视策划人提供节目制作的参考，为确立策划目标、实现策划效果起到积极的作用。④外事交流信息。指有关媒体或节目对外交流与活动的信息，它包括各类社会活动信息、商务活动信息。

（四）媒介信息

电视媒体之间的竞争是媒体定位中需要考虑的又一个重要的外部环境因素，不仅要面临新媒体的挑战与竞争，还要面临传统媒体间的竞争，更要面临同类型媒体之间的竞争。

现在全国省级以上电视台都已拥有卫视频道，有近 50 套节目落地，城镇居民一般都可以收看到几十套电视节目。过去省级电视台一家独大的覆盖传播优势已不复存在，电视已从地域性覆盖变为全球或大区域性覆盖，观众凭借手中的遥控器已经有了大范围的选择余地，从而使电视媒体之间的竞争更加激烈。

电视节目作为电视媒体内部的一个子系统，不仅受到宏观大系统的制约，更受到其他系统内部相关子系统的影响。作为媒体单元的组成部分，电视策划人在了解自身信息的同时也应该掌握他人信息,这样才能使自己在竞争中保持优势与特色。媒体之间的竞争,说到底是内容的竞争、节目的竞争,谁拥有高质量的报道内容和精彩的节目,谁就能赢得受众。媒体受众市场的不断细分化,客观上加剧了媒体之间的竞争,能否找准合适的市场定位并生产出高质量的媒体产品,决定着媒体的兴衰成败。而媒体定位正是要寻找媒体竞争对手的薄弱环节,发现市场空白点,从而选择正确的发展方向。

如江苏卫视的《非诚勿扰》于 2010 年 1 月首次播出,至今已经流行了 12 年,与其他相亲节目相比,它显现出一定的独特性。节目中的男女嘉宾其实都是事先安排好的,而让观众兴奋的各种牵手环节也都是预设的,它把观众想看的东西浓缩化地呈现出来,使节目具有更强的戏剧性和表演性,对电视台而言,保证了节目的收视率,对观众来说,有强烈的新鲜感。

媒体想要在竞争中超越对手,并非完全不能跟进,但绝不能简单模仿和克隆。在电视节目的策划中,一定要有自己的独特之处,即使在跟进,也要有一二个亮点超过对手,有人把这叫作"跟进中的超越"。

如《新闻 30 分》是中央电视台新闻频道与综合频道每天并机播出的一档新闻栏目,其前身是《午间新闻》,1995 年 4 月 3 日更改为现名,每天 12 时整点播出。2021 年,中央电视台开始创新节目,并对优质 IP 进行升级,《新闻 30 分》推出"plus 版",在新版中整合广播、电视、新媒体端信息,实现全媒体平台的互动。特别是在晚间时段,运用大数据技术和虚拟技术来打造 1 小时的国际新闻节目。同质化新闻节目很多,而《新闻 30 分》plus 版更注重新闻报道的时效性,通过新媒体技术、跨媒体平台联动,提高了新闻的可视性。

媒体竞争,既来自不同类型的媒体,又来自同一类型的媒体,还来自同一媒体内部的栏目与栏目之间。

2010 年以前,音乐类的综艺节目数量很少,主要是湖南电视台的《超级女声》和《快乐男声》。近几年来,随着音乐选秀节目升温,这类综艺节目的收视率以及关注率不断提升。歌唱比赛类综艺节目竞争日益白热化,同类节目越来越多,如《中国好声音》《最美和声》《梦想的声音》《明日之子》《天籁之战》《我是歌手》《中国梦之声·我们的歌》等,其中,《我是歌手》(*I am a Singer*)是湖南卫视从韩国文化广播公司(MBC)引进并推出的音乐竞技类节目,由湖南卫视节目中心制作。《中国梦之声·我们的歌》是由东方卫视打造的代际潮音竞演综艺节目。《K 歌之王》是江苏卫视推出的歌唱类综艺节目,节目借鉴了卡拉 OK 的形式,在环节设置方面包含竞争、对抗、过关、闯关、奖励等竞赛元素。由此可见,只有在栏目的选题内容和拍摄手法上出新,才能找到自己的立足之地。

北京电视台财经频道原《北京特快》，在创办之初定位于新闻专题性节目，以《东方时空》为赶超对象。后来他们经过分析研究发现，《东方时空》虽然标榜为新闻杂志节目，但新闻性并不突出，《东方之子》定位的不是新闻人物而是名人，《生活空间》讲述的不是老百姓的新闻故事，而更多涉及的是百姓情感、生活、家庭方面的故事，只有《焦点时刻》（后改为《时空报道》）具有新闻性，所以，从结构上看，《东方时空》还不能算完全的新闻性栏目。于是，北京电视台决定把《北京特快》的超越点定在强化新闻性上。另外，《北京特快》的策划人还发现，即使在新闻类的节目中也还有不足之处，如《新闻联播》《晚间新闻》几乎都是短新闻的播放，而《焦点访谈》类的新闻专题性栏目又缺少短消息的补充。正是基于这种情况，《北京特快》设置了消息板块"时讯快递""百姓热线"来满足量的需要，又设置了"冷眼观潮""特别报道"来满足观众对深度的渴望，从而实现了量与深度的有机结合，深受北京观众的欢迎。

媒体之间的竞争促使媒体的领导者们更加注重栏目的质量，电视台频繁的改版、末位栏目淘汰制就是内部竞争中的产物。各栏目的制片人绞尽脑汁，想方设法地从栏目的整体定位上策划出超越竞争对手的卖点。这股强劲的竞争之风竟然也波及了栏目内的子栏目，如《东方时空》的子栏目《生活空间》在重新定位于"讲述老百姓自己的故事"后，仍然处于《东方之子》和《时空报道》两个子栏目的夹缝之中。因此，只有在栏目的运作上即从选题内容和拍摄手法上与之拉开距离，才能找到自己的立足之地。

（五）背景信息

背景信息是指和节目内容相关的、对节目传播具有影响的、来自社会大环境的信息，包括政策信息、经济信息、国际信息等。

政府对电视的宏观政策，对电视频道的审批，对节目内容的审查，对宣传方针、宣传原则、宣传目标、宣传要求的规定，等等，都是媒体策划定位中要遵循的重要依据。

为了及时报道社会重大事件，媒体必须时刻关注政府的动态信息，及时反映其行为与决策。如2001年4月美国间谍侦察机闯入中国领空并撞落中国军用飞机，在没有获得中国许可的情况下擅自降落中国军用机场，这一事件引起了全世界的关注。中国政府要如何处理该起事件？以何种方式回应美国？各大媒体除了派出人员前往事发地点外，都安排了记者常驻北京，密切观察中国高层动静，以便掌握第一手资料，及时做出后续报道。

除了突发事件，节目制作者平时也要多加强与政府的联系，尽可能在各种政策、法规颁布之时及早知晓，制作出新颖的、时效性较强的节目。

经济组织对媒体的控制主要使用经济手段,通过向媒体投资、提供广告、赞助等对媒体施加影响。有的采取联办栏目和节目的方式,借助媒体宣传自己、扩大影响;有的通过赞助,为企业做带有广告性质的变相的新闻报道,这样就导致了"有偿新闻"的产生,这种影响可能诱使新闻媒体的员工背离职业道德,从而损害大众的利益,最终也损害媒体自身的利益。在市场化的今天,媒体作为产业,要想实现良性循环,离不开经济的支撑,当然也离不开投资方的经济支持,这些经济组织与媒体实际上是风险共担的利益共同体。一个媒体既要坚持自己的编辑思想和新闻工作准则,又必须考虑在政策许可范围内,尽可能降低经营风险,使合作者的利益得到保障,这些都是媒体的经营者在媒体定位时必须兼顾考虑的重要因素。

国际信息是指来自国际方面的、老百姓感兴趣的信息。随着国民文化素养的提高,人们对国际信息感兴趣的程度越来越深,同时,由于中国国际政治地位和影响力的不断提升,许多国际信息和国内信息都存在一定的内在关联,作为策划人必须关注这类信息的动态,用以丰富节目的资讯。凤凰卫视在这方面可谓起到了表率的作用,每一次国际上有关政治、经贸等方面的重要会议,节目组都派出记者做随访报道,并根据实际情况策划出不同的节目类型和播出形式,起到了非常好的传播效果。

二、信息资料的采集方法

(一) 信息资料简采集原则

在我们对各类信息资料进行识别之后,下一个工作就是将零散的资料按照策划人心中初拟的方案一一搜集。对有益资料的搜集不是盲目的,它必须遵循一定的原则与规律。

1. 纵深原则 策划人在进行信息采集时,首先要注意信息的内在价值,不要被信息表面的现象所蒙蔽,要善于透过现象看到本质。许多信息具有假象性,采集信息时需要将信息向纵深挖掘、向横向拓宽,这样才能找到真正有价值的素材。

2. 精确原则 精确原则是指信息搜集要以事实为准绳,用真实的资料为节目提供策划的依据。

3. 时效原则 这里的时效包含了时间、时新、时宜三方面的含义。时间是指信息采集要依据时间而定,不可过早,也不可过晚,应该符合栏目策划时期的需要,这样的资料才具有价值;时新是指搜集的信息必须是针对当前的社会问题,过往的资料往往会显得说服力不强;时宜是指信息采集要对症下药,

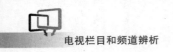

不要为了说明问题而擅用"货不对板"的佐证，这样会显得牵强。

(二) 信息资料的采集方法

1. 文献调查法 主要是指通过搜集各类文献资料或者通过对现有文献资料的分析来获得有用信息的方法，其方法可概括为三种：一是直接进行文献调查，即获取第一手资料，尽可能用眼见为实的资料增强说服力。二是间接进行文献调查，也就是要善于通过间接的渠道了解和掌握有用资料，为主题服务。三是注意获取非文献性信息。在从事文献资料的调查时，也应留意一些有价值的非文献性信息，以备需要。

2. 社会调查法 又称实际情况调查法，是一切以信息采集为目的的社会实践活动的总称。社会调查是提高对资料分析和观测效果的一种有效方法，它通过与社会的实际接触，获得更多在文献上难以找寻到的最新信息，或者用文献难以反映的实物资讯，如一些新的观念、新的态度、新的方案和新的设备等。社会调查法主要是对人和物的实地考察，具体操作形式有访问法、问卷调查法、样品搜集法、现场调查法。

在信息的处理中，要注意对信息真伪的辨析，包括信息产生的环境、来源、主流倾向、可行性、可信性等。对某些数据化的信息，在必要时还要进行深入的调查走访，比如，这部分观众为什么喜欢这类节目，即不但要知道观众需求什么，还要知道观众为什么有这种需求，这是进行正确决策的科学依据。

三、创意构思

创意指为了确定和表现栏目的主题而进行的一种创造性思维活动，它以富有创造性的主意、意念或点子为形式贯穿策划的全过程，并以新颖的策划方案和可视（听）形态表现出来。

创意是策划的前提，也是策划的核心，还是策划的艺术境界。如果创意错了，再好的策划也不能取得良好的效果。创新构思包括以下几个方面。

(一) 确定主题

所谓确定主题，就是明确节目表述的中心内容、核心理念。

制订方案的第一步就是策划人首先要向栏目组的全体同仁讲明自己的构思、设想，对制作该栏目有一个宏观上的设计，希望形成的风格样式，希望产生的社会效应，然后再由各环节具体的操作人员商议和讨论这种方案的可行性；参与前期资料搜集的记者将自己实际掌握的信息展示出来，并根据自己的经验表述资料的价值和方案的实用性；策划人须根据群体意见的汇总来定夺最佳的传播方案。这种做法的价值在于将多种思路交汇起来,寻找最合适的传播方式,而且,事前的交流可以防止实际操作中的意见分歧和矛盾。

鲜明的主题是栏目策划的第一步,它为栏目的具体制作提供了方向。

对《东方时空》栏目成功的创意进行分析,对我们进行栏目策划是很有意义的。

《东方时空》栏目开播于1993年5月1日,每天7:00在中央电视台第一套节目首播,是中央电视台第一个早间板块节目,也是新闻评论部自我标榜的新闻杂志型电视栏目。说它是"自我标榜",是因为初创阶段的栏目还不是纯粹的新闻杂志型栏目。直到1996年1月27日,《东方时空》在播出千期后进行改版,改版后作为纯粹的电视新闻杂志,才拥有了更高的收视率。

《东方时空》的最初创意,是基于满足观众多层次、多方面需要的考虑,而在内容的设计上涵盖了新闻性、社会性、服务性和娱乐性,于是,在子栏目的安排上就有了如下相应的设计:《东方之子》8分钟、《东方时空金曲榜》8分钟、《焦点时刻》9分钟、《生活空间》8分钟,将4个小栏目名称里的一个字相连,便有了《东方时空》的名称。后来,由于评论部另一个焦点栏目——《焦点访谈》的诞生,《焦点时刻》子栏目改名为《时空报道》。《东方时空金曲榜》栏目由于与新闻相去甚远,虽说为观众所喜爱,但为了"纯粹",也只得忍痛割爱,从此在栏目中消失,而以子栏目《面对面》取而代之。

《东方时空》子栏目《东方之子》是一个人物栏目。此前,中央电视台曾有一个影响深远的《人物述林》栏目,为了与其专题片式的摄制方法相区别,《东方之子》的策划人选择了访谈方式,其创意策划考虑了以下几点。

一是对时代变化的适应。随着人们文化程度的不断提高,人的个性化发展趋势和与社会交流的要求变得越来越强烈,人们希望传媒提供更多的表现他们自己的机会。那种封闭式的、一厢情愿的、不和观众的心灵情感交流的栏目已经明显疏远了观众,处于尴尬的境地,而访谈则可以使节目和观众的交流更直接、更深入、更真切。

二是为了在屏幕上留下更多真实的话语和面容。不导演、不拔高,一切都是真实自然的流露和记录。

三是为了推出全新的主持人。这个强烈的愿望几乎成了创办这个栏目最重要的一个因素。

四是出于技术考虑。如经费问题,考虑到栏目的用量大,访谈相对来说制作简单、开支少、周期短。

江苏卫视引进德国栏目 Super Brain 而推出的大型心理学科学竞技真人秀栏目《最强大脑》,专注于传播脑科学知识和脑力竞技,是知识类真人秀栏目的

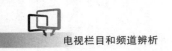

代表。每集都有特定主题，一方面，栏目组邀请音乐、体育、影视等领域记忆力超群的高手参与挑战，然后以科学方式分析高手的能力；另一方面，也邀请了一些文体明星参与，增强了栏目的话题性和观赏性。

事实上，早在2016年的中韩综艺编剧论坛上，《最强大脑》制作人曾公开表明最新一季的《最强大脑》导演组已经开始分为内容导演和项目导演，进行精细化发展。《最强大脑》最重要的两部分，一个是选手部分，与挑战相关的项目导演会更多地参与其中；另一个是挑战部分，与选手、嘉宾相关的内容导演会更多地参与其中。大编导也就是制片人，统筹12期栏目，其重要性位居内容导演和项目导演之上。内容导演和项目导演的重要作用就是通过事先的"剧本"设定，这样的精细化的运作有着明显的"剧本"运作痕迹，能够让节目变得更有看点，使栏目最终呈现出更戏剧化的效果。

（二）选择形式

栏目的传播形式是包装节目内容、传递节目信息的外在表现手法。栏目的传播形式有很多种，从时间上看，分为录播和直播；从空间上看，分为自播和多地合播；从人员上看，分为单人主持、双人主持和多人主持；从类别上看，分为新闻、社教、文艺、服务；等等。选择形式时，要充分考虑这些因素。

如在综合性新闻栏目中，受单位时间内信息量大的制约，大部分的新闻都采取动态新闻报道的形式，即以消息的形式在现场播报，有时在某个特定的节日或时期，也可以采取连续报道和系列报道的形式来衬托一个时期的信息主题。

选择适当的栏目形式是一个非常重要的过程，不同的表现手法会对栏目起到事半功倍或事倍功半的效果。

创意的价值在于创新，这是电视媒体获得最佳效果的制胜法宝。现在很多电视娱乐节目都是清一色的歌舞小品、男女速配、欢乐游戏，其原因就在于互相"克隆"，没有新的创意。创意并不反对借鉴，如果在借鉴的基础上有所超越与独创，仍然是较好的创意。

仍然以《东方之子》的形式为例。在表现形式上，《东方之子》采用了三种制作方式。

（1）单一访谈式。主持人与人物在某一固定环境中交谈，背景多以演播室为主，还可利用家里和办公室。

（2）访谈+现场实录式。在主持人与人物的对话过程中，不断切入同期记录的人物活动，但这种纪实性段落必须体现人物的性格及其行为特点。

（3）访谈+现场实录+解说式。如果人物背景材料丰富，为传达更多的信息，可在访谈加现场实录的基础上适当使用解说词。

在人物选择上,《东方之子》注意把握焦点,即被访人独特的业绩与经历,以此作为整个交流过程的核心。它不以介绍人物的业绩和经历为主,不铺陈其成功或经历的具体过程,而是着重展示人物独特的内心世界和感受。以写意方法从"焦点"切入,抓住若干主要方面,深入开掘,以点带面,勾勒出独特的人物形象。《东方之子》还注意人物所具有的新闻性,但点到即止,不刻意渲染,以区别于常见的新闻人物专访,而是特别注意挖掘与展示人物未曾被发现的、有价值的独特的"那一面"。另外,根据当今广大观众的基本需求,《东方之子》侧重揭示人物的变化,即对时代快速变化的反应能力、应变能力和相应的行为选择取向,给观众留下一种整体性的感受。

电视栏目的创意往往不能一蹴而就,而是需要一个不断发展的过程。如《东方时空》就进行了多次改版,最近的一次是 2009 年 8 月 3 日,转型为一档梳理解读当日资讯的新闻栏目,延续至今。

电视业进入了栏目模式创意竞争的阶段。创意既包括对各种既有形式的创新,也包括对内容元素的重新组合。栏目模式的创新是各类内容元素、形式结构元素的整合式创新。模式层面的创新涉及主题、题材、定位、类型、形式、结构、编排等,还包括将各类节目内容、形态等元素进行创造性的重新组合编排。

比如,安徽财经卫视《帮女郎帮你忙》以民生新闻为主要题材,立足本地,彰显人文关怀。栏目以普通人的视角、亲民的态度,关注社会中的弱势群体。栏目形式上力求创新,如"帮女郎"既是记者,又是矛盾的调解人,还是现场主持人;既是报道事发现场,也帮助联系相关部门,参与讨论、解决问题。该栏目报道首创"1+2"互动模式:直播室设置主播台,栏目主持人把控节目的新闻播报。2 名"帮女郎"热线接听观众电话,观众和主持人积极互动。观众可以参与节目制作,直接发声,成为栏目内容的一部分,这样大大调动了观众参与热情。

总之,栏目的创意要出新,必须打破条条框框,富于想象力,要在联想、意象的重组中创造机会。要善于反向思维、出奇制胜,超越惯性思维方式。

四、成本核算

无论是频道还是栏目,开支都是巨大的,因此,策划中还必须考虑成本因素。

(一)开支费用

现在大部分的电视台都采取了制片人制,由栏目制片人独立承包、核算和计划栏目的全面运作，其中最主要的一项工作就是独立筹划栏目经费的管理与支出，就是既要完成所属电视台下达的任务，上交一定额度的广告收入，又要负担栏目组全体人员的工资和奖金。策划人在制订节目方案时，要合理地计划制播过程中所需的设备、人员等费用，尽可能减少额外费用的支出，同时也要防止因经费紧张而出现制播受阻的情况出现。

（二）后勤调动

后勤调动是指除节目制作以外的其他附属协作部门协调工作的安排。一个节目的制作是一个复杂的系统工程，摄制仅仅是这个系统工程中的一个分支，这个系统工程的运作有赖于各个子系统的协助。策划人要事前筹划并联系好各协作部门，特别是直播节目，防止出现因设备及其他专业人员缺乏而导致制播故障。

第三节 电视策划方案

电视策划的结果是形成策划方案，它是策划流程的最后一个环节，是在搜集信息、确定目标、协调各个环节之后对创意构思的落实。其中的重要内容是栏目或频道的定位，定位准确与否，直接关系到栏目或频道的生存与发展。

"定位"是策划的一个重要内容，集中表现在内容与形式两方面，下面以栏目策划为例，略述之。

一、栏目的内容定位

（一）宗旨

栏目的内容定位是要解决一个栏目设立的目的与存在的意义问题，它是一个栏目的主心骨、栏目的灵魂。

栏目的内容定位大致规范了栏目的性质、内容和表现范围，同时也是形成一个栏目特色的重要标志。

如中央电视台品牌栏目《人与自然》的宗旨是：给观众以美的艺术享受，同时也潜移默化地影响观众，增强环保意识，热爱大自然，保护大自然，合理地利用大自然。下辖子栏目中，《绿色视野》涉及环境保护和发展问题，《我和我的朋友》讲述人与自然交往中产生的许多特定情感和感人故事，《奥秘百科》是探索大自然、认识大自然的窗口，《生物圈》则展示丰富多彩、千姿百态的动物、植物以及微生物。

《百家讲坛》是中央电视台科教频道2001年7月9日开播的讲座式栏目，栏目在20余年的发展中，始终选择大众最感兴趣、最前沿、最吸引人的选题，既有学术创新，也兼顾雅俗共赏。栏目选材广泛，涉及文化、生物、医学、经济、军事等各个方面，但更多地聚焦文化题材，特别是在科普中国历史、中国文化方面发挥了重要作用。栏目"让专家学者为百姓服务"，架起了专家和百姓之间的认知桥梁，具有普及、传播中国优秀传统文化的意义。

为了更加精确地匹配目标受众的需求，探寻大众传媒作为主流媒体传播中国传统文化所期的重要意义，《百家讲坛》第二任制片人对栏目形态做出调整，定位为"一所名家名师的开放大学"，让学术研究走进寻常百姓的生活。在内容上，注重雅俗共赏，挖掘中国传统文化中的新内容；在形式上，通过新媒体探索三线并行模式；在品牌化上，突出传统文化辨识度。《百家讲坛》对栏目性质、内容和表现范围的精准规划，符合目标受众的需要，兼顾学术思考和平民意识。

（二）选题

谨慎选题，要根据栏目的宗旨、性质、影响力、受众面以及当今社会的现实状况来设计栏目内容，好的选题往往是成功的一半。一般来说，选题有以下几方面的技巧。

1. 选题要有热点 即选题应是当今社会人们普遍关心、和人们生活息息相关的话题。《焦点访谈》是最为典型的代表性栏目，所谓"焦点"，就是社会的热点问题。而现在逐渐成为热点的民生新闻类栏目，诸如《零距离》，选题则紧紧围绕和老百姓生活息息相关的热点话题，都取得了很好的收视成绩。

2. 选题要有时效性 即选题往往和当时的社会环境或者某一特殊时段发生的重大事件相吻合。这对新闻栏目来说尤其重要。

3. 选题要有绝对性 即选题需要保持自己的信息的唯一性，避免和其他电视媒体同类栏目相冲突。

4. 选题要有深入性 即选题要善于从其他渠道的信息源中挖掘对观众有吸引力的、有进一步阐述价值的引头，并由此扩展开来。

（三）受众定位

受众定位，就是确定栏目的目标受众，做到有的放矢。

一方面，要注意寻找受众群体的空白点，另辟新的发展空间；另一方面，要注意对受众群体进行新的分类重组，获得新的发展天地。比如，可根据受众的政治、经济、文化等社会背景的不同，或根据受众的年龄、性别、职业、文化程度和个人爱好的差异，确定媒介的受众群体。

比如，中央电视台的《经济半小时》将收视对象稳定为25～50岁、月平均收入在中等以上、拥有较高的消费能力和投资决策能力的高素质人群，并致力于更加贴近现实、关注民生，用大众化的社会经济新闻拓展更为广泛的收视群体。

大体来看，目前电视屏幕上的栏目绝大多数是公共性栏目，也就是说，多数栏目的观众并不限定在某一特定范围之内。诸如社会性节目《东方时空》《焦点访谈》，经济性节目《经济半小时》，文化节目《文化园林》，体育节目《体育大世界》，以及科技栏目、卫生栏目，等等。公共性栏目并不意味着无对象性，相反，由于其对象是整个社会，包含了不同职业、不同年龄、不同文化层次等多种因素，因此更需要加强栏目的受众意识，使栏目层次多样、丰富多彩，达到雅俗共赏。

（四）文化品位

文化品位是一个栏目根据自己的宗旨、观众群等因素对栏目内容的文化层次的定位。

电视是大众传播，应以大众化为主体，这一点也是当今电视屏幕的现状。但是，作为大众传媒的电视毕竟还具有教育功能、认知功能、审美功能，故大众化不能是变成庸俗化、粗俗化，必须担负起提高观众文化素质的职责。因此，一定的文化品位是必不可少的。

当然，文化品位必须根据栏目的性质、内容、受众来确定，既不能都浅而白，也不能都深奥、玄妙。

（五）民族特色、地方特色

中央台应有中国特色，各省级、市级地方台则需要办出地方特色，这是由于不同地域、不同民族在政治、经济、传统文化背景等方面的差异引起的审美心理的不同。比如，广州电视台的《顺意坊》《万紫千红》、上海电视台的《大舞台》、武汉电视台的《武汉掠影》等，就分别充满了浓郁而独特的粤味、沪味和汉味。这种具有鲜明地方特色的栏目共振于社会脉搏，使特定社会与电视融为一体，不可分离。

二、形式策划

在形式方面，栏目定位主要表现为栏目的结构形态、表现形式以及时段选择等。

（一）结构形态

1. 杂志型　就是借用文字刊物的名称。杂，是不纯、混合的意思，志是指记事的书或文章。电视专栏节目中的杂志片，实际上是一种借用语，是将不同的内容和形式的节目编排在一起的专栏节目。其类似定期出版的杂志，集新闻性、知识性、文艺性等各种栏目之锦，内容丰富多彩，结构灵活自由，形式多样活泼。

杂志化的另一名称是板块化。"板块"是地质学中的一个概念，在电视学中用于对集合式栏目的一种形象称呼。板块式栏目是指具有基本固定播出时段及周期，内容融新闻、信息、服务、文化娱乐等多种节目类型为一体，多采用主持人串联式播出的大时段节目。

栏目的板块化、杂志化是大的趋势。像早期的《东方时空》曾经由"东方之子""音乐电视""焦点时刻""生活空间"四个板块组成，《环球45分钟》开设了"地球探秘""人海萍踪""好望角""音乐厅""红舞鞋""金唱盘""国际传真""信不信由你""家庭滑稽录像""我怎么没想到"等十几个小板块。栏目在进行板块、杂志型结构定位时，必须注意各板块之间的有机联系。

但是，栏目杂志化的"杂"并非杂乱无章，相反，"杂"的目的是使栏目的内容与形式更鲜明、更突出。最明显的是，栏目杂志化后，由于编排上的板块化，因此其内容与结构都更加清晰、明白。栏目杂志化必须把握住这样一条原则："杂"是"杂而不乱""杂而有序"。一个栏目在开设之初，就已有了内容、性质、形式的定位，这是专栏之所以成立的起点。栏目定位就已经规范了该栏目的主旨、内容与主要形式，如果脱离这一点，一味追求没有分寸的"杂"，专栏也就名不副实、名存实亡了。特别是在内容上，一个专栏杂志化时绝不能追求"包罗万象""一网打尽"，否则就成了大杂烩。

1987年1月，中央电视台开办《九州方圆》，把原来《为您服务》《人物述林》《祖国各地》《兄弟民族》《电视纪录片》等七个专栏节目合并为一个大型杂志型节目，并采用了综合栏目主持人与各个小专栏的主持人串联的"大板块"结构形式，结果收视率下降，这一组合尝试失败，只好恢复原貌。这一尝试未能成功的原因固然很多，但是，贪大求全，将内容上相去十万八千里的栏目掺杂在一起则是主要原因。

2. 专题型　与杂志型栏目相对应的是专题型结构形式，即每期栏目由一个独立完整的报道构成，没有设计安排若干小栏目，像《焦点访谈》《新闻调查》等，都是由一部纪录片式的报道、调查式的报道、访谈式的报道形式构成一期栏目内容的制作，使报道具有一定的深度。专题型的栏目结构在20世

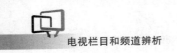

纪80年代至90年代初成为主流形式。90年代中期以后，杂志型栏目兴起，并成为一种时尚。90年代末期以来，专题型栏目又受到青睐。发展到当代，专题片与谈话栏目方式的融合又成为许多栏目选择和运用的形式。

（二）表现形式

表现形式策划，是指在栏目选题设定之后，所考虑的节目内容的制作手法和播出形式。一般来说，制作手法要根据栏目的时间、性质、类别、地域等具体情况而定。比如，《焦点访谈》是一个监督性、批评性的新闻栏目，为此，栏目策划者在素材搜集的过程中常常采用偷拍、暗访等手法，并且将这些过程真实地展现在观众面前，以获得不俗的收视效果和社会效应。

栏目的节目表现形式多种多样，可以是一个个短小精致的纪录片，也可以是专题报道；可以是人物访谈，也可以是对话；可以先期做好，也可以是现场播出，使观众成为节目的一部分；可以节奏激烈，也可以舒缓。比如，《东方时空》几个板块综合运用多种方式：《东方之子》是人物专访，采用主持人与被访人物的双向交流形式；《音乐电视》采用介绍方式；《生活空间》好似一部短小的纪录片，强调纪实性；《时空连线》则是话题专栏，有现场报道，强调深度报道，更要求主持人和专家做独到的评析；《夕阳红》节奏缓慢；《七巧板》活泼而明快。

播出形式有多种多样，从时间划分，有直播、录播两种；从场地划分，有演播室播出和现场播出；从地域划分，有本地独立播出和多台联合播出；等等，这些播出形式都是根据具体的节目需要来使用的。如一年一度的春节联欢晚会常常使用多地域、多场景、多媒体、多时空，录播与直播相结合的形式，主要就是为了体现整个华人世界重大节日的浓重气氛。

（三）时段选择

这是栏目定位的重要内容，涉及不少因素。

1. 协调性 是对整个电视台栏目设置的综合考虑，必须为整体服务，考虑相邻栏目之间的关系、衔接等。如《新闻联播》和《焦点访谈》的衔接，《新闻30分》和《共同关注》的衔接，等等。

2. 对象性 要根据栏目观众来确定播放时间。比如，少儿栏目播出时间不能放到太晚的时段，对象化的栏目不宜占用黄金时段，老年人栏目最好安排在家人都去上班后的白天，等等。时段选择还应考虑将不同电视台相同类型栏目在播放时间上互相错开，以免"撞车"。

3. 稳定性 必须指出的是，栏目一旦定位，不应随意变换，否则会显得立足不稳、缺乏信心。比如《东方时空》的改版就过于频繁，从1996年1月

第九章 电视栏目和频道的策划

27日1001期开始,《东方时空》做了新的调整、改版,将《音乐电视》割爱,增加了主持人的言论小栏目《面对面》,同时将《焦点时刻》改名为《时空报道》,并侧重于社会新闻,以在名称和内容上区别于《焦点访谈》。新版《东方时空》不再设小栏目主持人,而设一名总主持;然后播放时长改为2小时,受到非议后又改回来,成为现在的模样——《时空连线》《百姓故事》《东方之子》。总之,定位的调整必须以栏目更加丰富、完善为出发点。

三、运作方式

从世界范围看,目前栏目运作方式大致有如下三种。

一是编导核心制。目前,从国内栏目运作情况来看,这种运作方式最为普遍,很多栏目制片人实际上是挂名的,编导拿着经费操办栏目,不考虑栏目的整体要求,这样,同一栏目中,不同编导制作的节目可能差异很大。但制片人并不控制编导,往往是栏目中不同的编导各行其是,这种体制便于发挥编导的个性和积极性,但从整体看,也容易造成栏目的散乱。

二是制片人核心制。中央电视台从新闻中心开始逐渐实行制片人核心制,但现在情况也很复杂。制片人的功能、性质、作用及权力都不一样,很难说是统一的,但是从这一体制的要求来说,制片人是核心,不仅掌握人、财、物的权力,而且决定整个栏目的版式、节目的形态,编导只是作为他的部下云实现他的意图。《东方时空》在这方面体现得较为明确,节目中体现不出编导的思想,感觉不到编导的作用。栏目由制片人掌控,他才是栏目的核心。通常是制片人给编导设置好大的模式,无论谁做编导,都必须按这种大模式操作。

三是主持人核心制。在国外,主持人核心制是比较流行的一种方式,主持人就是栏目的形象。主持人背后有庞大的制片人队伍、编导队伍、策划队伍,其成功是背后一大批人努力的结果。这种机制比较容易打开知名度,只有主持人树立了形象,抢夺了市场,栏目才有可能获得巨额利润。目前在我国,这种真正意义上的以主持人为核心的栏目尚处于尝试或起步阶段,但可以肯定地说,主持人核心制是一种趋势。

四、频道的规划和设置

频道是电视传播的基本载体和通道,是电视形态完整性的体现。规划和经营好频道,利用好频道资源,是电视媒体的基本任务和发展的前提条件。

（一）频道规划和设置的原则

1. 专业要专，要突出传播主效果 电视媒体的传播目的决定电视传播的方向、原则和重点。在众多的传播内容和方式选择上，要突出主要目的和主效果。比如，要突出宣传教育引导功能，更好地为中心工作服务，可以设置新闻综合频道；要突出娱乐功能，丰富和活跃广大群众的业余文体生活，可以设置文体频道。要把这种传播的目的性和重点作为设置频道的主要因素，否则就达不到预期目标，收不到预期效果。

2. 要努力适应受众需求 频道的定位如何，直接决定着对观众的传播效果。我国电视媒体所体现的党和人民喉舌的属性决定了媒体目的与媒体受众需求的一致。在频道设置工作中要体现鲜明的群众性特点，体现人文关怀的思想和理念。

3. 要突出民族特色和地域特色 频道设置的大忌就是千篇一律，重复雷同，缺乏特色。作为一种文化传播活动，没有特色就没有生命力。在设置频道时，要坚持从所处的民族和地域实际出发，挖掘本民族、本地域的历史文化、风土人情、自然景观等，并使之与时代精神相融合，力求体现独到之处，坚持走以特色求发展的道路。

4. 要坚持从实际出发 要认真考察并运营好相应的频道所需要的人力、物力和财力，在此基础上审视自身的实力是否具备，是否经过努力就可以做到，以及频道正式运营后能取得多大的社会效益和经济效益。尤为重要的是，要充分了解节目市场，充分考虑该频道的节目源是否有保障。

5. 要坚持少而精的原则 电视媒体的影响主要在于所播出的节目的质量，而不在于拥有频道的数量。如果各方面能力有限，却要办众多的频道，反而会造成力量分散，哪个频道也运营不好。应该控制频道数量，努力提高质量，把频道办成精品频道。

（二）频道规划和设置的基本方略

1. 做好市场调研 一是了解收视市场的情况，找准与收视市场的结合点。在了解受众收视规律的同时，要尽最大努力了解本频道覆盖范围内受众的收视心理、习惯和需求，找准频道与受众需求的结合点和突破口。二是了解电视市场情况。既要了解同一覆盖范围内频道的总体情况，更要尽可能了解国内外同类频道的运营情况，借鉴成功经验。三是了解节目市场，做到心中有数。要经常关注节目市场的风云变幻，保证频道运营中高质量节目储备充足。

2. 更新频道设置的传统理念 由于历史上的约定俗成，电视人在研究设置和划分频道时，基本上都按照传播内容的种类来进行的，分为时政、经济、

第九章 电视栏目和频道的策划

文体、影视等。这种设置和划分有合理的一面，既便于节目配置，也便于操作运营，其基本理念是为频道运营者提供便利。但是，在电视频道迅猛增加的今天，这种划分不应再成为唯一的方法和原则。应该根据收视分众化的现实特点，根据频道多样化的实际，站在受众而不是媒体的角度，尝试从受众的特点和需求出发设置和划分频道。比如，从年龄结构出发，设置少儿频道、青年频道、老年人频道；从职业特点出发，设置学生频道、白领频道、农民频道；从地域出发，设置城市频道、乡村频道；从民族出发，设置民族频道；等等。

3. 寻找可能存在的空白点 应该说，随着电视业的繁荣发展，卫星电视超强覆盖，有线电视从城市扩展到乡村，寻找一定收视范围内的频道的空白点已经十分困难，寻找可以开办和操作、有较好前景的空白频道更是难上加难，但这并不等于说已经没办法突破和超越，只能和别人重复、交叉设置频道。要努力寻找可能存在的空白领域，根据自身的能力来填补空白。同时还可根据现有情况，选择可以进一步做活的角度、方向，努力加以超越。

4. 集中力量进行突破 频道的设置十分重要，频道的运营工作更为复杂，设置不当，会使运营难度成倍增加。因而，设置频道要把理想状态和现实紧密结合起来，坚持实事求是，从实际出发，坚持少而精、宁缺毋滥的原则，避免盲目求大求全和四面开花，要集中力量选择重点进行突破，保证频道的成功运营。

（三）完善频道设置和运营的策略

当前，频道设置和运营中存在的突出问题是：频道数量过多过滥，频道定位重复交叉，频道专业化程度不高。为了改变这种情况，需采取以下策略。

1. 宏观调控，压缩规模，优势互补 一是要树立频道专业化发展的长远性意识。要充分认识到，由于历史的原因和电视业的现状，频道专业化发展既需要资金的积累，也需要人力、物力的支持；既需要观念的转变，也需要市场的认同。事实表明，频道专业化还要经历一个逐步走向成熟的过程，避免表面化、形式化、名称化，这是一个发展和探索的过程。二是要坚持从实际出发，集中力量办好特色频道。对电视媒体来说，目标和发展方向已经明确，关键是要坚持从实际出发，量力而行，不能一哄而上地搞专业频道。要避免贪大求全，勇于压缩频道战线，集中有限的人力、财力、物力，办出真正有特色的专业化的频道。三是要加强对频道发展的管理和调控。管理部门对频道的开办和设置要进一步加以调控，要统筹兼顾，合理布局，提倡优势互补，避免重复建设。

2. 强化运营，扩大影响，彰显特色 一是做好频道整体形象的策划和包装。频道设置以后，要从总体上进行策划，制订确立频道整体形象的宣传方略，展示独特的频道形象，最大限度地吸引和影响观众。二是做好频道的节目编排，使频道整体风格突出、特色鲜明，要使频道节目的配置与频道定位相适应，以利于彰显频道的风格和特色，要使频道播出节目的编排顺序、流程以及播出时间符合频道收视人群的收视习惯，最大限度地满足观众的需要。三是集中办好支撑频道的重点栏目。重点栏目尤其是名牌栏目对频道乃至电视媒体自身的意义是不言而喻的。在特定的频道中播出自办的符合定位的精品节目，不仅是电视媒体的任务，也是提升频道品位、扩大频道影响、提高频道节目收视率的要求。四是适当举办有助于提升频道知名度和影响力的社会活动，增加观众对频道的认知，推进频道形象的树立。

（四）频道的栏目编排

1. 栏目设置的原则

（1）功能性原则。栏目的设置应该随着客观实际的变化而不断更新，使电视的社会功能得到全面发挥。

（2）层次性原则。包括两个方面，一是观众的群落层次，表现为人口统计学特征的不同；二是观众的需求层次，表现为观众需求的不同。栏目设置要充分考虑这两个层次的交叉点，以实现电视节目的对象化传播，提升频道的专业化程度。

（3）系统性原则。要求把电视台的各种节目资源作为统一的整体来运作，体现在频道中，就是要发挥栏目的整体优势，实施最佳的编排策略。

（4）多样性原则。节目内容的多样性是为了适应观众需求层次的多样性，节目形态的多样性是为了适应观众群落层次的多样性。

2. 栏目运作中的注意事项 根据以上专业化频道栏目设置的原则，在具体运作中就要考虑以下几点。

（1）栏目时长。栏目的时长取决于目标受众对某个特定节目的关注度和停留时间。栏目的时长不仅可以体现栏目的总体布局（长短配合的结构体系），还可以体现对目标受众的关照。有时，设置延长型节目也不失为一种策略。

在栏目编排这个环节，首先要考虑的是各类节目所占全部节目播出时间的比例，其次是节目之间的关联性。要形成节目资源的整体优势，就应该通过不同的方式形成"节目群"，即根据某一宣传思想，把几个不同类型或几个相关类型的节目有机地组合在一起，将符合观众某种心理特征的节目集中安排在一个特定的时间内播出。

（2）栏目时段。栏目编排一般比较重视黄金时段，特别是晚间黄金时段。在这些时段，比较适合播出喜剧、戏剧、新闻杂志、体育和特别节目等针对家庭收视的节目，有利于形成观众递增的势头。这一时段的节目编排应采用大众化栏目和分众化栏目交叉进行的方式，力求在锁定目标收视群体的同时，通过大众化栏目提高整个时段的收视点数。但是，重播节目在24小时之内一般以3次为上限，轮播方式虽然能够提高节目资源和时段资源优化配置的程度，但必须限制重播次数。

板块式节目是基于通过较长时间类似节目的安排，增加和挽留观众，把喜欢欣赏某类节目的受众由一个节目带到下一个节目而采取的策略。栏目化、板块化是实施频道专业化策略的重要手段。

（3）评价尺度。为了满足不同受众群体多层次的客观需求，频道必须确立一个能够评判栏目设置专业化、对象化程度的尺度。

3. 栏目内容的专业化程度

（1）栏目覆盖的受众群落层次。根据频道划分的方法和各节目的定位，可以把栏目分为大众化、分众化、小众化等几个层次。这种划分单纯从栏目目标受众的数量考察，对栏目收视率具有参考意义。大众化指适宜专业频道主题下一切观众收看的栏目，分众化指适宜频道主题下部分受众收看的栏目，小众化指针对专业频道主题下某一特定范围受众收看的节目。鉴于小众化栏目很少，大众化栏目适合频道主题下的所有受众，因此，分众化栏目最能体现频道节目的受众层次性特征。从理论上讲，在三类栏目中，分众化栏目的比重越大、所分层次越高，频道对象的专业化特征越明显。

（2）观众需求层次。观众对电视节目的需求可分为生活需求、文化娱乐需求、生产和工作需求、社会活动需求、发展需求等。观众的一般需求在综合频道是可以得到满足的，而观众的特殊需求只有在不同的专业频道才能得到满足。因此，在频道划分上必须进行宏观控制，指导专业频道为满足观众的不同需求进行不同层次的节目设置。尤其要不断丰富专业化频道的节目内容，并开拓发展空间，为观众提供各种满意的服务。

（3）栏目类型。在节目内容定位上不以"意见领袖"自居，而是从实实在在的关爱出发，为广大观众提供最及时、最需要的信息。在实施频道专业化的过程中，要不断增加栏目类型，拓展节目的多种功能，如教育、娱乐、益智等。同时，要促进栏目内容类型的多样性，如树立信息发布的权威性，对专题类栏目进行广度和深度上的发掘、开拓，等等。

五、栏目策划方案

栏目策划的信息收集、创意构思、媒体定位完成之后、就要编制详细的策划方案，并付诸文本。策划方案的写作过程乃是一个完善策划思路、理清思路的过程，策划方案的文本还是供领导审批的重要依据。因此，策划文本的撰写也是关系到策划能否成功实践的前提因素。

（一）策划方案框架

电视栏目策划方案一般包括这样几个因素。

（1）栏目目标定位。包括栏目宗旨、主题词、栏目受众、栏目总体框架、栏目制作播出周期。

（2）需求分析。

（3）栏目制作分析。

（4）主持人的选择和条件。

（5）栏目的运作方式。栏目运作阶段、栏目组成人员、栏目创收构想、栏目支出预算。

（6）包装和推广。

（二）策划方案实例

中央电视台《21：00 新闻栏目策划书》[①]

【传播理念阐述】

改造后的21：00新闻将是一档体现纯正新闻性和鲜明电视特征的全新栏目。

本栏目积极地与国际通行的新闻传播原理和运作方式接轨。反映世纪之交人类对社会和自然环境的监测，对生存状态的关注以及中国社会转型过程中一系列令人眼花缭乱的急剧变化。进一步树立中央电视台作为中国第一新闻媒体的社会公众形象，提高中央电视台新闻节目与境内外媒体的竞争能力。

本栏目重点体现电视新闻媒体的告知、启迪、监督等社会功能。

所谓告知，是指以快速的时效向观众传递密集的信息，满足观众的信息饥渴。所谓启迪，是指以透彻、通俗的分析对纷纭复杂的各种社会现象进行解释，以解受众心中之惑。所谓监督，是指以准确、尖锐的揭露唤起公众对社会腐败、阴暗现象的警醒与正视。这三大功能也可以通俗地称为"解渴、解惑、解气"。

本栏目在编辑方针上奉行两个基本原则。

（1）新闻与宣传分离的原则。

（2）事实与评论分离的原则。

一、栏目定位

本栏目是中央电视台继《新闻联播》之后、晚间时段最重要的一档综合性新闻节目，内容以国内新闻为主，包含重要国际新闻。融会大事，关注百姓。

---

① www.cctv.com/www.cctv.com.cn。

二、内容构成

1. 一句话要闻。以十分简明、快节奏的方式报道当天的重要新闻（包括国内、国际）。
2. 最新收到的重要国内新闻。
3. 两条左右监督性报道，选取百姓关心的问题，多侧面组合报道，4～5分钟。
4. 国际快讯，3分钟左右。
5. 一组组合式深度报道，4～5分钟。
6. 配合当日重要新闻背景或新闻人物，2～4分钟。
7. 国内简要新闻。
8. 当天全国晚报新闻。

三、目标收视群体

新闻媒体或某一新闻栏目的受众通常有精英和大众两种基本取向。与之相对应，精英取向将着眼点放在新闻的社会意义上，大众取向则将着眼点放在新闻的趣味性上。对于收视群体的定位是栏目编辑必须清醒认识的问题。

由于没有时间进行科学详尽的受众调查和分析，我们只能根据21：00时段的特点作出如下判断。

我们认为，21：00新闻与其前后播出的《新闻联播》和《晚间新闻报道》的间隔时间都不长，而其他媒体21：00时段又大都以娱乐性节目为主打。因此，本栏目应以精英取向为主，兼顾一般观众。

本栏目主要收视群体将定位为政界、工商界和知识界人士。这三大类型的收视群体是国家精英阶层的主体，也是权威而严肃的新闻媒体必须重点争取的对象。这三大类型的收视群体密切关注国际国内的时事动态、关注国家大政方针的制定和实施、关注国民经济的发展和走向、关注文化教育事业的改革与振兴，尤为关注社会和经济中的主要矛盾以及制约改革发展的各类症结瓶颈。

我们相信，以上观众定位既能保证观众的数量，更能保证观众的质量。21：00时段的开机率较高，正属黄金时段，目前国内电视台在该时段以播放电视剧和综艺节目为主，以北京地区节目收视为例，除北京台一套在21：00轮换播出《中国体育报道》《北京特快》外，均无专门而固定的新闻节目。本栏目播出后，主要竞争对手是凤凰卫视21：00的《时事直通车》，可能还有本栏目的模仿者。

但是，无论是从媒体的权威性、新闻资源的占有量，还是从中国内地观众的接近性和普适性看，本栏目的优势都是难以比拟的。因此，台领导提出实现收视率提高3个百分点的目标是有把握的。

四、优先报道的题材与领域

本栏目在题材的选择和新闻价值的判断上，以新闻的关切度为主导指标，提供社会普遍关心、高度关注的新闻报道。

我国国情复杂，政治和经济发展具有极大的不平衡性，改革发展的机遇与大量社会问题并存。有鉴于此，本栏目应该有限关注宏观问题，但是这并不排斥见微知著，恰恰相反，从个案着手、从平民角度出发，透析带有普遍性的问题，这往往是切入报道的最佳方式。

对宏观问题的关注要求我们紧紧围绕国计民生选定报道领域与题材。

1. 政治和经济决策相关信息发布部门，立法和司法机构，国防与外交部门，重要经济活动场所，科技、文化教育以及其他社会公共事业等均是我们优先报道的领域。

2. 以经济建设为中心，推进民主与法治，推动改改革与开放，反腐惩贪的内容是我们优先关注的题材。

3. 舆论监督题材。

4. 突发事件报道。重大自然灾害、重大事故等。

5. 一般不予报道的对象与题材。

（1）没有实质意义的会议新闻。

（2）部门、地方和企业的经验总结式新闻。

（3）典型人物和先进集体的宣传性报道。

（4）群众中的轻度违法行为，如农贸市场的缺斤短两、街头商贩的违章经营等。

（5）一般性的新闻发布会、剪彩仪式。

（6）没有时效性和具体情节的新闻。

（7）一般性的社会新闻、软新闻。

（8）具有有偿新闻嫌疑的新闻。

（9）宣传纪律禁止播发的新闻。

6. 重大节庆日活动报道。报道角度避免与其他新闻栏目雷同，克服宣传腔。盛大场面固不可少，但不应充斥整个报道，可多从百姓角度折射。

以上取舍当以新闻价值为准，形式服从内容。

五、特别鼓励的报道样式

以下几种新闻报道样式将被特别鼓励在本栏目中大量采用。

1. 现场报道。重点报道鼓励记者在现场完成全部采访和报道内容，避免播音员和记者在机房进行后期配音。

2. 第一时效的报道。尽可能多地把现场信号引入演播室，尽可能多地在栏目中采用同步报道手段。

3. 当天和当晚的报道。本栏目的截稿时间为21：20，本栏目鼓励报道当天19：00以后发生的新闻事件。

4. 第一反应的报道。本栏目鼓励播发当天重要新闻的背景报道、深度报道、跟进报道以及对当日新闻人物的采访报道。

5. 为保证第一时效和第一反应，鼓励演播室主持人进行远程图像或电话直播采访。

6. 连续报道。本栏目反对总结性的报道，鼓励对重要新闻事件的追踪式报道。

7. 多角度展示事件各个侧面和层面的组合式报道。

8. 充分展示事件发生发展过程和细节的报道。

9. 独家的揭秘性报道。

10. 采用特殊拍摄和采访手段的报道。

六、客观报道要义

1. 坚持正确的舆论导向，但要用事实说话，避免宣传性的主观报道。

2. 忠于事实。

（1）事实和评论分离。

（2）重要事实应以当事人的表述呈现出来，避免报道者主观臆断。

（3）呈现的新闻应不含报道者的感情色彩。

（4）平衡而公正地呈现问题的全貌，防止畸轻畸重。

（5）监督性报道必须采访到被监督当事人。

（6）给予报道所涉及的双方回应的机会。

3. 正确性与可靠的消息来源。在事实与评论分离的基础上，保证所报道事实的正确性以及有助于实现正确性的可验证性，将可以看到的、有实际证据支持的，而且又是经过认可的事实传递给公众，因此，人的心理活动一般不能直接报道。

4. 平衡处理信息。编辑和记者有义务与新闻事件保持一段专业距离，对事件或议题的各种不同立场，应该妥善作出衡量和比较，避免呈现一面之词，去除记者的个人好恶与偏见。

5. 反对报道偏见。

七、语言风格规范

1. 目标。形成独特的话语系统，既有别于官方文件话语，又有别于其他媒体、栏目或失之呆板或流于媚俗的套路，以文明社会中慎重有礼的语言编辑报道，确立一种植根于民族文化优秀传统、符合国际通行新闻语言规范的报道风格，在中文视听媒体中独树一帜，体现法治精神和文化意识。

2. 要求。

（1）尽可能多地采用现场采访同期声。

（2）标题及字版制作简洁规范。

（3）语言色彩问题。报道者应使用通俗鲜活而又符合汉语规范和语言习惯的口语。根据客观报道原则，报道语言当是中性的，不能使用有感情色彩的词汇，尤其是比较级和最高级的形容词和副词，以免以记者的先入之见（很可能是偏见或成见）误导观众。

（4）法制报道语言问题。终审判决前司法对象一律称"犯罪嫌疑人"，在报道其涉嫌犯罪过程中，尤应避免主观性。

3. 新闻叙述方式。坚持叙述方式的客观性，反对主观性的语言表述；讲究新闻叙述的技巧，要用讲故事的方式吸引观众，叙述过程要突出新闻点和新闻眼，反对平铺直叙，反对面面俱到。

八、视听形象设计

1. 播音形象。参照国内新闻栏目的各种风格，新闻播音员宜呈现庄重、稳健、大方得体的形象，在屏幕上应洒脱自信，有一定主体意识，给观众以依赖感。为凸显和保持栏目形象的固定性和个性特色，宜采用固定主播制，不宜与其他新闻栏目串播。

2. 播音风格。本栏目信息密集，为形成视听冲击力，并逐渐与国际标准靠拢。播报语速应比本台其他新闻栏目稍快，每分钟应在 260 字以上；语调应借鉴 CNN、BBC，无论是山崩地裂还是举国欢庆，都应平淡从容，不以物喜，不以己悲，从容镇定，一以贯之。

3. 现场拍摄要求。尽量使用三脚架进行拍摄；镜头中出现采访对象的标准是只能见到一边耳朵；推拉摇移的镜头要少，固定的中近景镜头要多，摄像记者要多捕捉现场的细节镜头。

4. 现场报道要求。记者的现场报道要自然流畅，有说服力，出镜记者要加强对现场细节的描述。

5. 记者出镜要求。近景出镜，镜头的下部要卡在记者衣服正数第四个纽扣的位置。

6. 栏目包装设计。

（1）片头：时长 12 秒。隔场片头 4 秒、突出 CCTV 标识和栏目特征。

（2）节目宣传片：时长 30 秒。一套滚动播出，展现 21：00 新闻的全新面貌和节目特征。

（3）新闻提要：包装格式固定，与片头画面连接，提要内容为每日重要事件素材，附音乐、同期声及解说。

（4）图版：包括新闻图版、电话报道图版、地图图版，建议为活动背景。

（5）字体：字版字幕格式为黑体，白字。

九、消息来源

1. 新闻采访部。
2. 社会新闻部。
3. 地方新闻部。
4. 海外中心新闻部。
5. 经济信息中心。
6. 新华社。
7. 其他媒体。
8. 栏目信息采集和各部门通联网络。
9. 由观众热线、栏目网址构成的新闻线索网路——每天在节目片尾打出热线电话和网址。

主要参考文献

1. 阿伯克龙比. 电视与社会 [M]. 张永喜, 译. 南京: 南京大学出版社, 2002.
2. 傅显明, 张隆栋. 外国新闻事业史简编 [M]. 北京: 中国人民大学出版社, 1988.
3. 甘惜分. 新闻学大辞典 [M]. 郑州: 河南人民出版社, 1992.
4. 郭镇之. 电视传播史 [M]. 北京: 北京师范大学出版社, 2000.
5. 郭镇之. 中国电视史 [M]. 北京: 文化艺术出版社, 1997.
6. 韩青, 郑蔚. 电视服务节目新论 [M]. 北京: 中国广播电视出版社, 2005.
7. 何丹. 电视文艺 [M]. 北京: 中国广播电视出版社, 2001.
8. 洛尔. 奥普拉·温弗瑞如是说 [M]. 林达, 译. 海口: 海南出版社, 2000.
9. 吕正标, 王嘉. 电视新闻节目理念、形态与实务. [M]. 北京: 中国广播电视出版社, 2004.
10. 刘桂林, 陈万利, 刘斌. 电视新闻栏目定位与运作实录 [M]. 北京: 中国广播电视出版社, 2005.
11. 冷智宏, 许玉琪. 电视生活服务节目定位、形态与包装 [M]. 北京: 中国广播电视出版社, 2003
12. 麦克奎恩. 理解电视: 电视节目类型的概念与变迁 [M]. 苗棣, 赵长军, 译. 北京: 华夏出版社, 2003.
13. 宁匠. 电视娱乐节目理念设计与制作 [M]. 北京: 中国广播电视出版社, 2003.
14. 任远. 电视纪录片新论 [M]. 北京: 中国广播电视出版社, 1997.
15. 孙玉胜. 十年: 从改变电视的语态开始 [M]. 北京: 生活·读书·新知三联书店, 2003.
16. 斯克特. 脱口秀广播电视谈话节目的威力与影响 [M]. 苗棣, 译. 北京: 新华出版社, 1999.

17. 石屹. 电视纪录片：艺术、手法与中外观照［M］. 上海：复旦大学出版社，2000.
18. 石长顺. 电视栏目解析［M］. 武汉：华中科技大学出版社，2003.
19. 唐世鼎，黎斌. 世界电视节目荟萃［M］. 北京：中国传媒大学出版社，2005.
20. 汪文斌，胡正荣. 世界电视前沿［M］. 北京：华艺出版社，2001.
21. 徐舫舟，徐帆. 电视节目类型学［M］. 杭州：浙江大学出版社，2006.
22. 项德生，郑保卫. 新闻学概论［M］. 武汉：武汉大学出版社，2000.
23. 朱羽君. 中国应用电视学［M］，北京：北京师范大学出版社，1993.
24. 詹金斯. 融合文化：新媒体和旧媒体的冲突地带［M］，杜永明，译，北京：商务印书馆．2012.
25. 张联. 电视节目策划技巧［M］. 北京：中国广播电视出版社，2002.
26. 张莉，张君昌. 中国电视十佳公共栏目［M］. 北京：新华出版社，2004
27. 中国广播电视大事记［M］. 北京：北京广播学院出版社，1987.
28. 当代中国广播电影电视大事记（1984—1995）［M］. 北京：中国广播电视出版社，1997.
29. 中央电视台研究室. 中央电视台发展简史［M］. 北京：中国广播电视出版社，1993.
30. 中国电视［J］，1996—2021.
31. 电视研究［J］，1998—2021.
32. 现代传播［J］，1990—2021.
33. 中国广播电视学刊［J］，1996—2021.